OS CINCO SENTIDOS

Do autor:

Notícias do mundo

MICHEL SERRES

OS CINCO SENTIDOS

FILOSOFIA DOS CORPOS MISTURADOS – 1

PRÊMIO MÉDICIS DE ENSAIO

Tradução
Eloá Jacobina

BERTRAND BRASIL

Título original: *Les cinq sens*

Capa: Simone Villas Boas utilizando detalhe da sexta tapeçaria da série *LA DAME A LA LICORNE*, *c.* 1490-1500, Museu Cluny, Paris.

Editoração: Art Line

2001
Impresso no Brasil
Printed in Brazil

Cip-Brasil. Catalogação-na-fonte
Sindicato Nacional dos Editores de Livros, RJ

S51c Serres, Michel, 1930-
Os cinco sentidos / Michel Serres; tradução Eloá Jacobina. — Rio de Janeiro: Bertrand Brasil, 2001
364p. — (Filosofia dos corpos misturados; 1)

Tradução de: Les cinq sens
ISBN 85-286-0844-1

1. Percepção (Filosofia). 2. Fenomenologia. I. Título. II. Série.

CDD - 128.3
01-1515 CDU - 128

EDITORA BERTRAND BRASIL LTDA.
Rua Argentina, 171 — 1º andar — São Cristóvão
20921-380 — Rio de Janeiro — RJ
Tel.: (0XX21) 2585-2070 — Fax: (0XX21) 2585-2087

A Jacques Axel,
meu modelo de sapiência e de sagacidade

SUMÁRIO

VÉUS

NASCIMENTO ~ TATUAGEM ~ TELA, VÉU, PELE ~ HERMES E O PAVÃO ~ SUTIL ~ VARIAÇÃO ~ VEIRO ~ BRUMAS ~ O SENTIDO COMUM ~ MISTURA, DESVELAMENTO

NASCIMENTO

Perigoso em um navio, o fogo nos expulsa. Queima, arde, morde, crepita, estala, fede, ofusca, incandescente, e multiplica-se rápido para se tornar senhor a bordo. Uma entrada de água é perigo menor, vimos navios destripados voltarem ao porto cheios de mar até as obras-mortas. Feito para amar as águas, fora e mesmo dentro delas, um navio tem horror ao fogo: sobretudo quando os paióis estão repletos de torpedos e obuses. Bom marinheiro é bombeiro adestrado.

O treinamento para incêndio exige mais dele, mais duro, mais implacável, do que o que fazem para amarinheirá-lo. Ainda guardo na memória alguns suplícios que indicam, para viver ou sobreviver, uma certa relação com os sentidos. Tínhamos de descer em poços verticais e escuros por escadas intermináveis, rastejar ao longo de calhas úmidas até baixos compartimentos subterrâneos onde ardia uma camada de óleo. Devíamos ficar lá bastante tempo, deitados sob a fumaça acre, o nariz no chão, imóveis para não sacudir a nuvem espessa que pesava sobre nós. Era preciso sair lentamente à chamada do nome, pausadamente, para não sufocar o vizinho com um gesto brusco que faria baixar o nível das espirais de fumo. O espaço respirável é uma exígua camada ao rés-do-chão, estável por um bom tempo. Saber prender o fôlego, calcular a distância até o braseiro ou a proximidade mortal, contar o tempo ainda disponível, conseguir andar, dirigir-se, cego, tentar não ceder ao deus universal do pânico, ir-se contendo até a abertura de saída loucamente desejada, eis duas ou três coisas que sei do corpo. Não interpretem isto como um apólogo, ninguém vê sombras dançantes no fundo da caverna quando um fogo abrasa. A fumaça arde os olhos, ocupa o espaço, sufoca, é preciso se deitar, cego. A gente só consegue sair às apalpadelas, só resta o tato como guia.

Saber inútil até que chegue o verdadeiro dia de fúria; veio, sem aviso, num dia de inverno, no mar. O fogo roncava como um trovão, aterrador, num minuto fecharam-se as portas estanques. Eu admirava os que se atiravam, sem pensar, pelas escadas, nos alçapões. Ouvi muito ruído e já não tenho lembrança.

De repente, estou só. O que aconteceu? No compartimento hermético, o calor insuportável faz desmaiar. É preciso sair. A porta, atrás, bloqueada definitivamente, volantes e alavancas em posição de estanque, trancadas pelo outro lado. Sufoco sob a fumaça espessa, deitado no chão movediço, sacudido pelas pancadas de mar. Então, a vigia, só resta a pequena vigia. Levantar-me sem respirar, tentar abrir os ferrolhos enferrujados que a interditam. Resistem, foram pouco usados, uma ou duas vezes, com certeza, desde o lançamento do casco. Não cedem. Deitar de novo para recobrar fôlego, rente ao chão. O tempo torna-se mais ameaçador como se a onda recuasse. Levantar outra vez, em estado de apnéia, e tentar outra vez soltar os ferrolhos que parecem ceder lentamente. Três, quatro vezes, não lembro mais, volto outras tantas ao chão, maxilares crispados, músculos paralisados, insisto, insisto, a janela fechada. Bruscamente se abre.

A luz entra e, sobretudo, o ar, o vento furioso que agita a fumaça, que sufoca ainda mais; passo, rápido, a cabeça pela abertura. Tempo execrável, o frio investe com brutalidade, não posso abrir os olhos na violência da poeira gelada das ondas, as orelhas, feridas pela passagem, parecem arrancadas; súbito, meu corpo se retrai, exige permanecer no reduto quente. Ponho a cabeça para dentro, mas sufoco, dentro, e já ouço pequenas explosões, o fogo deve ter alcançado o depósito de munições; é preciso sair, sair o mais depressa. Passar a cabeça, enfiar um braço, o ombro ainda não, mas a mão, o punho — o ângulo do cotovelo cria obstáculo — pelo pequeno intervalo entre o pescoço e o aro de cobre que contorna a vigia. Não posso sair, é preciso que saia. Tudo arde e minha cabeça gela.

Fiquei lá dentro, imóvel, vibrando, pregado, gesticulando em torno da coleira fixa que me comprimia, por tempo bastante longo para meditar, não, para que meu corpo aprendesse para sempre a dizer "eu" em toda verdade. De verdade, sem nunca poder se enganar. Sem erro, convictamente, porque esta meditação sombria e lenta, fulminante, decidia, simplesmente, a vida.

Estou dentro, queimado, carbonizado, só a cabeça de fora, gelada, tiritante, ofuscada. Estou dentro, expulso, excluído, a cabeça e o braço, um ombro só, o esquerdo primeiro, estão de fora, na tempestade desencadeada. Dentro, no meio do fogo louco que se expande, o todo preso em uma coleira de angústia, a cabeça e o segundo ombro a custo desprendido saem, entregues à tormenta. Não estou salvo, ainda nem saí, aprisionado ainda, todo em um único lado da janela, o aro de cobre aberto no flanco do navio incendiado não tem a dimensão do círculo comprimido do tórax. Ainda dentro, mesmo que a cabeça e os dois ombros apontem no inverno. A vigia comprime o peito à beira do esmagamento. É isto, vou morrer. Não consigo apoiar o pé em lugar algum, atrás, no inferno da queimadura onde ainda estou, os braços colados ao corpo não servem para nada, fiapo de palha enfiado num buraco, sem poder avançar, sem esperança de voltar atrás, vou morrer de sufocamento. Ou não respirar na fumaça, ou não respirar ante o vento gelado, ou não respirar no meio da coleira enferrujada, não consigo sequer decidir.

Então, uma pancada violenta de mar, mais oblíqua e seca, faz o aro passar por minhas costelas flutuantes. Sim, Deus seja louvado, estou fora. Inspiro o ar frio até desmaiar. Horror, o mar, mais feroz, expõe o fundo do barco a uma ressaca descontrolada. Ele se desequilibra pelo outro bordo, e cá estou eu, enfiado de novo até o meio, no círculo de ferro, estou dentro, ainda. Dir-se-ia que o casco passava sobre montes de pedras. Uma pancada de um bordo me libertava, uma pancada, de outro bordo, me reaprisionava.

Eu estava dentro, eu estava fora.

Quem, eu?

Todo mundo compreende isso, sem drama nem espanto. Basta passar por uma abertura estreita, um corredor apertado, balançar-se em cima de uma prancha, em uma balaustrada vertiginosamente alta, para que o corpo fique alerta. O corpo sabe dizer eu, sozinho. Sabe até que ponto eu estou aquém da barra, sabe quando estou fora da barra. Calcula os afastamentos do equilíbrio, regula imediatamente seus intervalos, sabe até onde não ir longe demais. A cenestesia diz eu sozinha. Ela sabe que eu estou dentro, sabe que eu me desprendo. O sentido interno clama, chama, anuncia, brada, às vezes, o eu. O sentido comum é a melhor coisa do mundo para dividir o corpo.

Passada a perna, ainda estou no interior, a perna, a coxa, o joelho entregues ao exterior. Tornam-se quase negros para mim. A bacia passa, até o sexo, as nádegas, o umbigo estão certamente fora, eu continuo dentro. Sei o que é um homem-tronco, acredito saber, por um instante, como se sentem os membros fantasmas. Em um momento preciso, o momento, justamente, em que o corpo dividido grita *ego* num impulso geral, eu passo para o exterior, posso tirar o resto do corpo, tirar os pedaços que ficaram dentro, sim, os pedaços esparsos subitamente escurecidos pela virada brutal do *iceberg*.

Os trancos desordenados do barco à deriva atiram o eu à esquerda e à direita da janela da esperança. Eu moro dentro, eu moro fora; o eu, interior do barco, vem ao exterior entre as rajadas glaciais do vento. As pancadas do mar alongam ou esticam o tórax em alguns milímetros, afastamento muito pequeno. O corpo conhece esse intervalo, sabe calcular os movimentos ao redor. Eu estou livre ou enclausurado, respirando ou asfixiado, ardendo de fogo interno, raspado pelo vento veloz, morto ou vivo. Eu sucumbo ou eu existo. Existe um lugar quase pontual que o corpo inteiro assinala na experiência espacial da passagem. O eu salta globalmente deste ponto local, passa decididamente de uma metade a outra, no momento em que este ponto desliza, à proximidade do estreito, de sua face interna para a face externa.

Desde meu quase naufrágio, costumo chamar de alma esse lugar. A alma mora no ponto onde o eu se decide.

Somos todos dotados de uma alma, depois de termos arriscado, salvado, nossa existência, na primeira passagem.

Compreendi, na tarde do dia da fúria, o sentido do grito: salvai nossas almas. Basta salvar este ponto. Estive fora, no frio horripilante, quando o ponto ultrapassou o limite do colete de força, antes, estive sempre dentro. Descartes não estava errado ao dizer que a alma toca o corpo num lugar quase pontual, mas posicionou mal a glândula pineal. Ela vagueia em torno do plexo solar. De lá ela ilumina ou obscurece o corpo, por clarões ou eclipses, torna-o translúcido ou epifânico, transmuda-o em corpo escuro. Todo mundo a posiciona, em torno dali, onde lhe dita o corpo.
 Todo mundo a conserva marcada, definitiva, onde o dia de seu nascimento a fixou. Muito freqüentemente a esquecemos, a deixamos à sombra do

sentido interno, até o dia em que a brusca fúria do tempo nos faz nascer — acaso, dor, angústia, sorte — uma segunda vez. Nada mau que nesse dia de juventude fôssemos piloto de um navio para verificar, ainda contra Descartes, que um piloto diz eu por sua nau inteira, do fundo da quilha à ponta do mastro e da popa à proa, e a alma de seu corpo entra na alma do barco, no centro das turbinas, no coração das obras-vivas. Para se libertar desse barco é preciso ir procurar sua alma no paiol, no lugar onde o fogo é verdadeiramente perigoso, num dia de desespero.

TATUAGEM

A alma habita um quase-ponto onde o eu se decide.

Os ginastas educam sua alma para se moverem ou se enrolarem em torno dela. Os atletas não têm alma. Eles correm ou lançam; mas os saltadores têm uma que atiram por cima da barra ou para além dela; enroscam mansamente seus corpos em torno do lugar em que a atiram. A diferença entre o atletismo e a ginástica, fora os saltos, tem a ver com a prática da alma. A barra fixa, o salto mortal, as argolas, o exercício no solo, o trampolim, os mergulhos valem por exercícios de metafísica experimental, como a passagem pela pequena vigia onde o corpo sai a procura de sua alma, onde ambos brincam, como os amantes, de se perderem e se acharem, às vezes de se separarem, para depois se juntarem, no risco e no prazer. Em certos jogos coletivos, os jogadores perderam sua alma porque a confiaram todos a um objeto comum, a bola: organizam-se, equilibram-se, enrolam-se em torno dela que vira coletiva.

Perde tua alma para salvá-la, dá tua alma para reencontrá-la.

A alma, quase-ponto, é encontrada no volume, exatamente em um navio, pelo espaço de deslocamentos extraordinários; podemos procurá-la de maneira superficial, agora: estudo mais difícil.

Eu corto minhas unhas.

Onde o sujeito se decide? Canhoto, seguro o instrumento com a mão esquerda e ofereço as lâminas abertas à ponta do indicador direito. Coloco-me no cabo da tesoura, o eu agora se situa aí e não na ponta do dedo direito. A unha: desajeitada ao longo do fio de aço; a mão: sutil e sagaz no manejo do corte. O sujeito mão esquerda trabalha o objeto dedo direito. A mão esquerda participa de mim, inundada de subjetividade, o dedo direito, do mundo. Se a tesoura mudar de mão, tudo muda ou nada muda. O eu habita meu indicador esquerdo cuja unha acaricia com esperteza e sem timidez o fio fino, na proximidade máxima; o cabo do instrumento que a mão direita segurou é deserdado por mim. Um motor estranho aciona a máquina e meu indicador demarca, ao se oferecer, o limite exato da mordida. De um lado, eu corto uma unha, do outro, minha unha é cortada. A apresentação do dedo à lâmina, a flexibilidade ou a rigidez de seu movimento, no instante do corte, a precisão do tratamento bastam ao observador externo para determinar exatamente o estado de alma, o lugar em que ela se encontra, agora, como em equilíbrio. O canhoto tem a alma à esquerda. À direita está um corpo escuro, híbrido quando foi contrariado.

Mas isso muda e varia. Com as unhas dos pés, a reversão não ocorre. Tão longe, ainda é o corpo, ou sempre o mundo. Tão longe, a alma se ausenta. Nenhum artelho toca a lâmina como o faz a alma de meu dedo médio esquerdo. Deixemos os instrumentos.

Com o médio eu toco um de meus lábios. Neste contato reside a consciência. Começo a examiná-la. Ela se esconde geralmente em uma dobra, lábio pousado sobre lábio, palato colado à língua, dentes sobre dentes, pálpebras abaixadas, esfíncteres contraídos, mão fechada em punho, dedos pressionados uns contra os outros, face posterior de coxa cruzada sobre a face anterior da outra, ou pé pousado sobre o outro pé. Aposto que o homúnculo, pequeno e monstruoso, do qual cada parte é proporcional à grandeza das sensações, cresce, infla nos locais dos automorfismos, quando o tecido da pele se dobra sobre si mesmo. A pele sobre si mesma adquire consciência, também sobre a mucosa e a mucosa sobre si mesma. Sem dobra, sem contato de si sobre si mesmo, não haveria verdadeiramente sentido íntimo, nem corpo próprio, muito menos cenestesia, tampouco verdadeiramente esquema corporal; viveríamos sem consciência; apagados, prestes a desaparecer. A garrafa de Klein ou os *bonnets croisés*[1] ajudam

[1] Conforme explicação que me foi dada pelo professor Celso Costa, doutor em Matemática e titular do departamento de Geometria da UFF, *bonnets croisés* seria um plano projetivo: "o plano

a nossa identidade. Temos superfícies esquerdas quase planas, sem dobras, desertas, por onde a consciência passa, fugidiamente, sem deixar memória. Ela mora nas singularidades contingentes, onde o corpo a tangencia.

Toco meus lábios com meu dedo, meus lábios, agora, conscientes deles mesmos. Posso, então, beijar meu dedo e, quase indiferentemente, tocar meus lábios com meu dedo. O eu vibra de um lado e de outro do contato, alternativo, e devolve de repente a outra face ao mundo, ou, ao passar de súbito pela vizinhança imediata, deixa atrás de si um objeto apenas. No gesto de fazer calar, o corpo, localmente, joga bola com a alma. Os que não sabem onde se encontra sua alma tocam a boca e não a encontram. A boca que toca a si mesma faz sua alma e sabe dá-la à mão, a mão que aperta a si mesma sabe formar sua alma pálida, pode dá-la, ao bel-prazer, à boca que já a possui. Meras contingências.

O corpo nem sempre, nem em toda parte, sabe jogar bola. Existem dois lugares onde esta contingência não entra. Toco meu ombro com minha mão, e não posso fazer com que meu ombro toque minha mão. Em relação à mão, à boca, o ombro ainda é um objeto do mundo. Falta-lhe um objeto bruto, rocha, tronco de árvore, cascata, para que volte a ser sujeito. O ombro não tem alma, salvo em relação ao que tem lugar fora do corpo. Decidam agora onde se encontra a alma enfiando os cotovelos nos joelhos, colocando uma parte do corpo sobre a outra.

Isto não tem fim ou não tem limites a não ser a flexibilidade de cada um.

A ginástica inaugura e condiciona a metafísica.

Falta agora desenhar ou pintar. Isolem, se possível, as pequenas zonas secretas onde a alma, com certeza, ainda mora, cantos ou pregas de contingências; isolem também, ainda se possível, as zonas instáveis que sabem brincar de alma uma com a outra, como de bola, contornem as esferas ou paralelepípedos, que só se tornam sujeitos diante de objetos, as regiões densas ou compactas que permanecem objetos, sempre, sozinhas ou diante daquelas que as subjetivam, desertos desprovidos de alma, escuros; o desenho só raramente contorna zonas compactas, que explodem, fuzilam

---

projetivo e a garrafa de Klein são superfícies fechadas não-orientáveis, isto é, possuem apenas um lado. Estas superfícies só se realizam, sem auto-intersecções, no espaço de quatro ou mais dimensões. Em termos de complexidade topológica, o plano projetivo seria mais simples, seguido da garrafa de Klein." (N. da T.)

ou fogem por corredores estreitos, formam gargantas, chaminés, percursos, passagens, chamas, ziguezagues e labirintos; eis, na pele, à superfície, a alma instável, ondulante e fugidia, a alma estriada, anuviada, tigrada, zebrada, sarapintada, chamalotada, conturbada, constelada, multicolorida, matizada, impetuosa, turbulenta, incendida. Uma idéia selvagem, a primeira depois da consciência, consistiria em riscar finamente essas zonas e passagens, e colorir, como um mapa.

Eis a tatuagem: minha alma constantemente presente, branca, cintila e difunde-se nos vermelhos que se permutam, instáveis, com os outros vermelhos, os desertos são escuros por falta de alma; verdes os prados onde a alma, raramente, contudo, às vezes, se instala, ocre, malva, azul frio, alaranjada, turquesa... Assim, complexa e um tanto assustadora, surge nossa carta de identidade. Cada um tem a sua, original, como a impressão de seu polegar ou a marca de seus maxilares. Nenhuma carta é igual a nenhuma outra, todas mudam com o tempo; fiz tanto progresso desde minha juventude triste e trago na pele o traço e os caminhos abertos por aquelas que me ajudaram a procurar minha alma difusa.

Os que têm necessidade de ver para saber ou crer desenham ou pintam e fixam o lago de pele inconstante e ocelado, tornam visível, com cores e formas, o puro tátil. Mas, para cada epiderme, seria preciso uma tatuagem diferente, seria preciso que ela evoluísse com o tempo: cada rosto pede uma máscara tátil original. A pele historiada traz e mostra a própria história; ou visível: desgastes, cicatrizes de feridas, placas endurecidas pelo trabalho, rugas e sulcos de velhas esperanças, manchas, espinhas, eczemas, psoríases, desejos, aí se imprime a memória; por que procurá-la em outro lugar; ou invisível: traços imprecisos de carícias, lembranças de seda, de lã, veludos, pelúcias, grãos de rocha, cascas rugosas, superfícies ásperas, cristais de gelo, chamas, timidez do tato sutil, audácias do contato pugnaz. A um desenho ou colorido abstrato, corresponderia uma tatuagem fiel e sincera, onde se exprimiria o sensível. A pele vira porta-bandeira, quando porta impressões.

Nascimento do desenho cambiante nas carícias: nua, estirada, enroscada a meu redor, tigre, puma, tatu, procuras adivinhar minha pele historiada, líquida e cambiante. Nossa alma se difunde de tal forma que não estamos unidos.

Alma global: pequeno lugar profundo, perto do espaço da emoção. Alma local e de superfície: lago viscoso pronto a agarrar, onde a luz brinca, múltipla, irisada, lentamente cambiante, sujeita a tempestades. Ponta dura e plumas de pavão, ela nos espeta e se pavoneia.

Aí, começa, verdadeiramente, a história. Como dois labirintos tão complicados podem se encontrar, se sobrepor, se complementar? Ariadne se perde no de Teseu. Teseu não se encontra nas avenidas e entroncamentos traçados no monte de Ariadne. Seria preciso conceber a relação de duas espécies, dois gêneros, dois reinos, tigre e pavão, zebra e jaguar, joaninha e papoula, centopéia e calcedônia, um camaleão no mármore. Acontecem milagres, alguns ligres ou tiglões sobrevivem a duras penas. Ou melhor, é preciso que Ariadne se torne branca, que Teseu reenrole em sua roca todos os fios que embaraçam e dividem o corpo multicor de Ariadne. Nossa alma de superfície, salvo milagre, cria obstáculo a nossos amores, como se tivéssemos uma couraça de tatuagens. É preciso depor a couraça, fundir o mapa dos caminhos e das encruzilhadas, descobrir a alma ou fazê-la arder de outra maneira, para que as chamas se misturem.

Quando a alma entra em um órgão, ele adquire consciência e a perde. Se o dedo toca o lábio e se diz eu, a boca torna-se objeto, mas na verdade o dedo se perde. Quando a alma se coloca nele, ela o rouba. Quando levanto estes tijolos, estas pedras, estes concretos, estou todo inteiro em minhas mãos e meus braços, minha alma está ali, densa, mas, de repente, minha mão se perde no corpo granuloso dos cascalhos. O objeto reduz-se a um corpo escuro e a alma a um vazio branco. A alma transparente como um anjo, raramente ali, embranquece os lugares onde desce; a pele, historiada de cores variadas em outra parte, torna-se, aqui, tanto mais clara quanto se anima luminosa até à brancura. Vê: a pele do rosto dele brilhava. Vê: ele se transfigurou diante deles, branco como a neve. A alma, como poças, forma a tatuagem, o conjunto dessas linhas cruzadas desenha um campo de forças: o espaço da pressão extraordinária da alma para apagar docemente as sombras do corpo, e os recuos máximos do corpo para resistir a esse esforço. Na pele, a alma e o objeto se avizinham, avançam, ganham ou perdem terreno, mistura demorada e vaporosa do eu e do corpo negro, de onde sai, em um dado momento, a cauda de pavão de cores misturadas. A luta termina com o corpo místico branco de alabastro. Não sou mais nada. Ou com o corpo cibernético, caixa-preta, outro nada.

A transfiguração extática, perda do corpo na alma, retira a tatuagem. O descascamento obtido, o autômato perfeito também a retiram da caixa-preta total. Assim, o corpo, misturado, encontra-se no meio, entre céu e inferno: no espaço cotidiano.

O dualismo só permite conhecer um espectro diante de um esqueleto. Todos os corpos reais são chamalotados, misturas imprecisas e em superfície de corpo e de alma. Parece tão simples, embora perverso ou irrisório, dizer os amores de uma larva e um autômato, de um fantasma e uma caixa-preta, como os amores do compósito e do contrastante são consumados sem serem ditos.

Descrevi a tatuagem só para mostrar os traços da alma e os do mundo. Sempre pensamos conhecer melhor quando já vimos ou tornar mais compreensível desenvolvendo formas e exibindo cores. Decerto, as tatuagens vistas e visíveis, impressas à ponta de ferro em brasa, têm sua origem nesta sarapintura de alma, labirinto complexo do sentido que não sabe resolver sua tensão para o interior ou para o exterior e pulsa nestes limites. Mas só as desenhei, colori ou pintei para mostrar o tangível: quadro abstrato do tato. Abstrato por abandonar o visível e reencontrar o tátil. A carta de identidade, um pouco fluida e como que elástica, segue o mapa delicado do tato. Esquece a geometria pela topologia; esquece a geometria pela geografia; esquece o ponto de vista, a representação, pelos montes, estreitos, blocos, planos projetivos, bordas que vêm ao contato, à contingência. Faz da pele um polegar generalizado. A pele sabe explorar os arredores, os limites, as aderências, bolas e nós, litorais ou cabos, os lagos, promontórios e dobras. O mapa na epiderme exprime certamente mais que o toque, mergulha profundamente no sentido interno, mas começa no tato. Assim, o visível diz mais que o visível. Não há palavra de ordem do contato para designar um intocável, um intangível, em um sentido próximo desse invisível presente ou ausente no visto e complementar a ele, abstrato dele, encarnado em sua carne. No entanto, o espírito da finura habita o tato. A alma é intacta, neste sentido. A alma intacta encanta o tato, como o invisível de topologia povoa e ilumina o visível da experiência, do interior. No faustoso luxo da sensação tátil, parece que toco um abstrato novo, em dois lados pelo menos, no lado da mistura e da sarapintura, no lado onde o geômetra abandona a medida para calcular as formas singulares, as arestas e as corredores.

 Muitas filosofias referem-se à vista; poucas ao ouvido; menos crédito ainda dão ao tato e ao odor. A abstração recorta o corpo que sente, suprime o gosto, o olfato e o tato, conserva apenas a vista e o ouvido, intuição e entendimento. Abstrair significa menos sair do corpo do que o partir em pedaços: análise.

Recuo ante a dificuldade erguendo um palácio de abstrações. Hesito ante o obstáculo como tantos têm medo do outro e de sua pele. Como tantos têm medo de seus sentidos e reduzem a nada, à tábua rasa do inimaginável, a suntuosa cauda de pavão virtual e dobrada da degustação. O empirismo mergulha na sarapintura que exige muita paciência e um intenso poder de abstração. O que esperar, desde que se deram o fato do nascimento e o do reconhecimento de si?

A alma e o corpo não se separam, mas se misturam, inextricavelmente, mesmo na pele. Assim, dois corpos misturados não formam um sujeito separado de um objeto.

Eu acaricio tua pele, beijo tua boca. Quem, eu? Quem, tu? Quando toco meus lábios com minha mão, sinto a alma que passa como uma bala de lado a lado do contato, a alma se sacode arfante em todo o redor da contingência. Talvez eu saiba quem sou brincando assim com minha alma, multiplicando os finos traços do autocontato sobre os quais a alma voa em todas as direções. Eu te abraço. Nunca havíamos aprendido senão o duelo, o dualismo, senão a perversidade, amantes irrisórios, cruéis e apressados. Eu te abraço. Não, minha alma não voa à volta desse tênue filete que mantemos, os dois, a toda volta do contato. Não, isso não é minha alma nem a tua. Não é tão simples, nem tão cruel. Não, eu não te objetivo, nem te congelo, nem te prendo, nem te violo, nem te trato como o desagradável marquês. Nem espero que empunhes essa bandeira. Seria preciso, para isso, que eu virasse espectro e que te tornasses autômato. Seria preciso, para isso, que virasses larva ou lêmure, que eu virasse caixa-preta. De fato, por doença ou fadiga, essa situação-limite acontece. Em todos os outros casos, quase todos, aplico uma cor sépia sobre tua zona opalina, ou uma região clara sobre um território violeta. Tudo depende do lugar, tudo depende do tempo, da circunstância. A paciência começa. E a exploração infinita. Tateamos, no mato da circunstância como um cego de nascença que decifra o braile, como se puxássemos os cobertores, à noite. A inquietude, a atenção estremecem, novas e refinadas. Escuro sobre escuro, claro sobre confuso, obscuro sobre meios-tons, arco-íris sobre espectro com todo o cromatismo estendido, imagens necessárias aos que carecem de tato, desfiladeiro sobre planície, monte sobre vale, promontório sobre golfo ou estreito, figuras, a alma lívida foge, esconde-se, retira-se, adquire máscaras e aparências, mostra-se de longe e se refugia, deixa em seu rastro uma nuvem de tinta, uma onda de perfume, constrói parques, fontes e calçadas de mármore, encoraja-se, avança, ataca docemente, sorri e se deixa rever, espera, reconhece os vestígios, impõe-se, anula-se, grita ou cala-se, murmura demoradamente e, súbito, no canto do bosque, ao longo do corredor, da chaminé, numa curva esférica ou na quina de um ziguezague, há muito tempo inesperada no percurso do labirinto indecifrável, Ariadne branca, Ariadne aparece, eis tua alma branca radiante que vem, transfigurada em cima da montanha, envolta em uma aurora imaculada.

A morte sobre o cadáver também faz esse engrama liso.

A variedade de cores, de formas, de tons, a variedade das pregas, dos franzidos, dos sulcos, dos contatos, morros e desfiladeiros, das peneplanícies, a variedade topológica singular que é a pele é descrita o mais pobremente possível por uma mistura compósita, gradual e maleável, de corpo e de alma. Cada lugar singular, mesmo banal, forma então uma mistura original. Digamos que essas misturas, quando chegam ao contato, analisam-se ou fazem surgir, de sua composição, os elementos simples. Como se, de repente, um pólo atraísse a alma, como se o outro pólo assumisse o objeto. Em estado livre, são mistos, mão e fronte, cotovelo e coxa; em estado de contato ou de contingência, reagem um sobre o outro e suscitam simplicidades que temos o costume de pensar como zero e um, alma e corpo, sujeito diante do objeto. Esses simples são pouco vistos na natureza, nunca encontramos senão o espectro indefinido de seus compostos, só conhecemos os simples pelos matizes e por suas reações recíprocas.

Ninguém viu a grande batalha dos simples, nunca experimentamos senão as misturas, só encontramos reuniões. O corpo puro é mais que improvável, corpo negro ou alma cândida. Milagre: alabastro ou azeviche.

Eu te abraço, nossa contingência faz, aqui, agora, matiz sobre matiz, mistura sobre mistura. Sépia sobre cinza ou púrpura sobre ouro. Carta sobre carta ou cartas na mesa. Duas ligas mudam de título, as cartas são arranjadas, embaralhadas, redistribuídas. Uma tempestade eclode nos dois campos. Redesenham-se as linhas de força, curvas de nível, declives, vales. As redes mudam de trama. Quando um amarelo cai sobre um azul, vira um verde. Mudam os títulos das alianças, os títulos das ligas. Eu te abraço Arlequim, eu te deixo Pierrot; tu me tocas duquesa e te afastas marquesa.

Arlequim do setor e a marquesa do lugar. Ou: eu te abraço cobre e te solto bronze, tu me abraças argentão, tu me soltas *vermeil*. Talvez brinquemos de pedra filosofal que transforma as ligas e transmuda os títulos. Nada é mais abstrato, nem mais sábio, nem mais profundo, que essa imediata meditação sobre os mistos, nem mais fino nem mais difícil de apreender que essa refundição local e complexa, que essa conversão transtornada ou essas reviravoltas instáveis; sem dúvida nunca se disse nada da mudança, da transformação em geral, que teria acontecido ali, na vizinhança fina de nossa contingência. Ninguém pode pensar a mudança, a não ser sobre misturas: quando se tenta pensar sobre os simples, só se chega a milagres, saltos, mutações, ressurreições, até à transubstanciação. Eis a mudança em títulos, em ligas, em tecidos e mapas, eis a mudança por desenhos e reações, chamalote sobre chamalote, mestiçagem.

Um dia algum bárbaro saberá dizer de que química prodigiosa se trata nessa conjuntura, um sub-bárbaro venderá as pomadas. Horror, iremos rever essas tatuagens em artifício. Sim, o simples aí se desloca, seu movimento browniano produz as variações da sarapintura, nossa emoção marca nele o sinal exato. Ficamos tão emocionados que mudamos de cor, cauda de pavão sobre arco-íris, espectros subitamente tornados instáveis. Tu me abraças matizada, eu te solto chamalotada; eu te abraço rede, tu me soltas feixe. Nós nos acariciamos segundo as curvas de nível, soltamo-nos em laços variados, nos enlaçamentos que mudaram de lugar.

Se te queres salvar, arrisca tua pele, se queres salvar tua alma, não hesites, aqui, agora, a entregá-la à tempestade variável. Uma aurora boreal brilha na noite, inconstante. Propaga-se como esses letreiros luminosos que não param de piscar, acesos ou apagados, em clarões ou eclipses, passa ou não passa, mas em outro lugar, flui, irisado. Não mudarás se não te entregares a essas circunstâncias nem a esses desvios. Sobretudo, não conhecerás.

Nesse faustoso renovamento, ondulações, flutuações, caprichos versáteis por mil mudanças e reviravoltas, acontecem, às vezes, bruscas simplificações, uma saturação, uma plenitude, acontece todas as cores, em todos os tons, concordarem em branco, todas as linhas possíveis, passando por toda parte, formarem o plano, o nó fazer um ponto. Acontece, às vezes, a soma, a totalização. Mapa branco, tecido liso, luz de aurora. A meditação imediata culmina em um ápex, em um lugar, em uma aparição ofuscante do simples por saturação de presença, uma plenitude, transfiguração de tatuagem pinturilada em alma pura. O eu manifesta-se pouco fora das circunstâncias. Eu sou, eu existo nesta contingência misturada que muda,

muda pela tempestade do outro, por sua possibilidade de existir. Nós nos colocamos um e outro em afastamento do estável, no arriscado.

No auge saturado da mistura, o êxtase de existência é uma soma tornada possível pela contingência do outro. Minha contingência torna possível a mesma descoberta para ele. Soma branca de todas as cores, centro estrelado dos fios.

No raso, vazio e nulo, dessa mesma mistura, a morte, também branca por subtração ou abstração, é lisa.

Sem a experiência dos corpos misturados, sem essas sarapinturas tangíveis e essas multiplicidades atenuadas, iríamos confundi-los por muito tempo. Essa confusão em que a morte se assemelha à glória, em que a vida bem-aventurada tem lugar no túmulo, fizera da metafísica uma preparação para o assassinato.

No entanto ela é uma arte de amar.

TELA, VÉU, PELE

No ano de mil, oitocentos e noventa, Pierre Bonnard pintou um penhoar; pintou uma tela que mostrava um penhoar e uma mulher no meio de folhas.

Essa mulher, morena, vista de costas, esboça um movimento de torção para a direita, como se ela se escondesse, enrolada em um pano amarelo-laranja, muito longo, muito amplo, que a reveste toda, ereta, da nuca aos pés, mal vislumbramos o nariz, uma ponta de orelha, um olho fechado, a testa, os cabelos, uma espécie de coque. O penhoar vela a mulher, o tecido vela a tela. Constelado de luas ou meias-luas, salpicado de crescentes mais escuros que ele, o pano vibra de luzes e sombras, jogadas umas sobre as outras. As meias-luas, postas em todos os sentidos, mas dispostas em distâncias regulares, criam um efeito monótono. A dispersão foi mais trabalhada que a vibração, a impressão do tecido estampado predomina sobre o efeito óptico: o olho é roubado. Traje de quarto, pálpebra baixa como que sonolenta, luz de luas.

A vestimenta, um tanto esvoaçante, ocupa o espaço, o pano sobe ao longo do corpo, vertical como um rolinho chinês. A folhagem domina o fundo, invade um pouco o pano, tão pouco que, a rigor, o quadro se reduz ao tecido. Por que Bonnard não pintou diretamente sobre o penhoar, por que não expôs o véu do penhoar, seu pano em lugar da tela? Por que então não pinta no tecido, mas em outra contextura?

Tirem as folhas, tirem o penhoar: tocarão a pele da mulher morena ou a tela do quadro? Pierre Bonnard menos deixa ver do que sentir sob os dedos películas e camadas finas, folhagem, pano, tela, em liso, desfolhamento, desnudamento, desvelamentos refinados, cortinas leves, acariciantes: sua arte cheia de tato não faz da pele um objeto banal de se ver, mas o sujeito que sente, sujeito ativo sempre por trás. A tela se recobre de telas, os véus se acumulam e só velam véus, as folhas se amontoam nas ramagens. Folhas que ficam sob as páginas. É provável que vocês leiam percorrendo com o olhar estas páginas em que escrevo a propósito de Bonnard, levantem as folhas, virem as páginas, uma atrás da outra, mais outra, sempre coberta de manchas de efeito monótono, o olho, enfim, não encontrará mais nada. Continua a tocar a folha impressa, película fina, suporte de sentido, a folha, a página, tecido-pano, pele, a própria tela da mulher de Bonnard. Folheio o penhoar.

Ele recobre a pele para recolher as películas.

A Criança com balde, pintada cinco anos mais tarde, é parte de um biombo, a terceira das quatro folhas. A criança brinca no tecido esvoaçante de um desses panôs dispostos em linha oblíqua para esconder, ela está em uma das folhas. Anteparo colocado para se despir, estrutura montada para jogar o penhoar, tela estendida como uma roupa longe da pele, novo véu.

Vestida com um avental estampado de xadrez, a criança flutua no pano do biombo, na tela de Bonnard, no tecido de sua roupa ou invólucro e vela-se de peles à proporção. Acocorado na areia, todo roliço, parece encher o balde de baixo de uma laranjeira redonda repleta de folhas: arvorezinha em um vaso, homenzinho junto do balde, ambos produtos de areia ou terra, rodeados, ambos, dessas variedades moles que os recobrem, folhas entrecruzadas, tecido de xadrez, a tela de Bonnard imprime-se de telas, exprime véus.

Que vento fará voar esse avental, fremir essa folhagem, estremecer esse biombo, que vento em nossa pele?

Trinta e cinco anos depois, o mesmo Bonnard faz um *Nu no espelho*, também chamado *A toilete*. Uma mulher nua, de sapatos de salto alto, vista de três quartos por trás, olha-se no espelho. Sua imagem não é vista de frente.

Os dois espelhos e a nudez, a frente escondida ou a imagem roubada, o segundo espelho tão vazio quanto o primeiro, tudo nos leva a sentir as ilusões da óptica, a discorrer sobre erotismo e representação, ainda. Não.

Ela está nua, vejam sua pele: coberta de tatuagens, matizada, tigrada, granulada, ocelada, pontilhada, crestada, malhada, mais constelada ainda que o velho penhoar, salpicada de manchas menos monótonas, chamalotada. Sua epiderme está pintada de maneira bem singular. Ela despe o roupão, dir-se-ia que as estampas do tecido ficaram em sua pele. Mas, no penhoar, as meias-luas se distribuem de forma regular, mecânica, reprodutível; na roupa cutânea, vívidas, as impressões distribuem-se ao acaso, de maneira inimitável. Poderíamos reconhecer o modelo. A última pele, a que é penteada, não é impressa lisa, homogênea nem monótona, mostra-se e brilha como um caos de cores, de formas, de tons. Nenhuma outra mulher tem a pele desta mulher, específica. Vocês a reconheceram.

Na mistura dos matizes, no caos das marcas e toques, reconheceram a *Belle noiseuse* (*A Bela provocadora*), que Balzac dizia inimaginável: de fato, sua imagem não está nos espelhos, ela não é representada. Ali o corpo se ergue acima da desordem, ali Afrodite se ergue acima das águas, ainda mais complexa em sua pele do que o ruído náutico e sua deflagração. Não, o velho pintor da *Obra-prima desconhecida* não sucumbira à loucura, mas antecipava mais de um século de pintura. Balzac sonhava com Bonnard, a vida projetava a arte, a razão e a ordem meditavam o caos da singularidade.

Então o efeito no espelho, em frente, espelho que só é visto pela metade, então a imagem da mulher no espelho são reduzidos a uma espécie de cortina, um revestimento de banheiro, ele próprio ocelado, ondulado, chamalotado, constelado, salpicado de cores e de tons, tatuado. Mistura sobre mistura e caos sobre caos, a pele tem por imagem a cortina, tem por reflexo uma tela, por fantasia uma toalha.

Mas a tela, no todo, janela, parede, prato, mesa, frutas, panejamentos, guardanapos esparsos, a tela poderia servir de biombo ou de cartaz ou de folha ou de véu: cortina salpicada, tatuagem, semelhante à pele.

A mulher de corpo pintalgado diante do reflexo pintalgado da cortina tem na mão uma echarpe: um pedaço da cortina, uma ponta de tela, um canto de sua pele? Retalho em continuidade com o trapo colado.

O *Nu no Espelho* de Pierre Bonnard mantém em equivalência ou em equação a tela, os véus e a pele. A nudez é coberta de tatuagens, a pele é impressa, impressionada. O nu enfia o penhoar ou a criança o avental, tecidos impressos, sóbrios ou cintilantes, que expressam mal, com rigidez ou convenção, nossas impressões singulares. O pintor mancha a tela para expressar, digamos, suas impressões: ele a tatua, expõe sua pele frágil, privada, caótica.

Uma exibe sua pele, outra expõe suas telas, e outra estende seus véus luxuosos.

A mulher nua no espelho ocupa-se de sua toalete como o pintor de sua palheta e muitas vezes dispõe da mesma quantidade de recipientes: tubos, frascos, pincéis, vaporizadores, sabões e bases, velaturas ou cremes, emulsões, rímel, todos os petrechos cosméticos. Ela se lava, se arruma e se penteia. Ela maquia sua pele, base e ruge de superfície, como o pintor prepara uma tela. A pele se identifica à tela como a tela há pouco se identificava à pele. O modelo faz na pele o que o artista faz dela; claro, eles têm em comum a virtuosidade dos efeitos ópticos, mas também trabalham com uma variedade comum sobre a qual passam seu tato. Suas mãos enluvadas de pele passeiam por uma pele.

Dizemos de maneira equivalente cosmética ou a arte da maquiagem. Os gregos tiveram a requintada sabedoria de fundir numa mesma palavra a ordem e o ornamento, a arte de ornar com a de ordenar. O cosmo designa a arrumação, a harmonia e a lei, a conveniência: eis o mundo, terra e céu, mas também a decoração, o embelezamento ou o arranjo. Nada é tão profundo como o enfeite, nada é tão abrangente como a pele, o ornato e as dimensões do mundo. Cósmico e cosmética, a aparência e a essência saem de uma mesma fonte. A maquiagem iguala a ordem, e o embelezamento equivale à lei, o mundo surge ordenado, em qualquer nível em que se considerem os fenômenos. Todo véu sempre se apresenta magnificamente historiado.

A mulher nua no espelho imita o demiurgo, superior ao físico. Ela constrói a ordem de um véu, prepara sua pele, adorna uma cama, uma variedade de mundo, submete-a a uma lei. O pintor faz aparecer a ordem do mundo na ordem do parecer, ela também. Tudo isso é o que sempre se diz nos discursos sobre os efeitos enganadores ou fascinantes da vista e do deslumbramento, no esquecimento da variedade trabalhada: tela, véu, pele que as mãos tecem ou preparam, amaciam, fortalecem.

Objetivamente. A mulher nua na toalete, diante dos dois espelhos, trabalha em seu auto-retrato: artista em seu ateliê. Pinta o rosto, o pescoço, outrora untava os seios, trata de dedos e unhas, arranca os fios demasiado longos de seus pêlos, modela uma máscara, à maneira dos índios ou dos negros, dá a si mesma uma identidade. Pinta a pele do rosto, pinta uma máscara ou sobre uma máscara, a pele torna-se véu, depois tela, como se o tecido cosmético houvesse recebido a impressão da face, como se o arranjo tão feito, tão perfeito pudesse ser arrancado, como se o afresco, ainda fresco, pudesse ser retirado, tela móvel, tão distante do corpo como o penhoar, como o avental, como a folha do biombo, objeto inconstante, objeto volante. Impressão ou marca sobre a malha formada de perfumes, de emulsões ou de pomadas. A pele do sujeito se objetiva, poderia ser exposta no museu. Assim como o polegar marca seu traço na página, impressão digital caótica ou ordenada, em todo caso singular, também o rosto imprime sobre essa máscara, tão fina que poderia flutuar na leve aragem, seu relevo indelével, sua personalidade. A mulher nua com o cosmético prepara, misturando os tons e as paletas, o molde de suas impressões.

Entremos nas festas galantes onde rodopiam e dançam tantas máscaras e disfarces fantásticos: mostram-se, exibem-se, escondem-se, caem, mudam, em dado momento a pele se perde, a pessoa se afasta, as metamorfoses voam pelo ar. Nas quermesses amorosas, os dançarinos mudam de pele. Os despojos que passam, vivos, lestos, delicados, no ar tênue, como espíritos, só são visíveis no instantâneo; Watteau, Verlaine os perceberam. Pequena explosão de alegria perigosa, onde a cosmética, enfeite preparado para a noite, apenas, destaca-se sobre a beleza, para a eternidade.

A cosmética tende para a estética no sentido da teoria das Belas-Artes, pudemos ver, tanto quanto Bonnard, nas ruas de Paris, tanto quanto Boucher ou Fragonard, a maquiagem das mulheres às vezes tão bem harmonizadas com a natureza delas que perdemos o fôlego, como diante do mundo; mas a cosmética passa à estética no sentido da sensação, por essa mesma harmonia: a mulher nua no espelho tatua sua pele, na boa ordem e segundo as leis, segue caminhos muito precisos: reforça o olho e o olhar, realça com a cor o lugar do beijo, coroa a zona da palavra e do gosto, sublinha a orelha com um pingente, um brinco, traça pontos ou ligações entre as cavidades ou as proeminências dos sentidos, desenha o mapa de sua própria receptividade. Pela cosmética a verdadeira pele torna-se visível, como que vivida por si; pelo enfeite a lei singular do corpo aparece, como pelos traçados convencionais, cores ou curvas no mapa-múndi, o mundo em sua ordem mostra suas paisagens. O nu tatuado caótico e provocante traz sobre si o lugar comum e instantâneo de seu *sensorium* próprio, planícies e relevos onde se misturam os fluxos vindos dos órgãos da audição, da vista, do paladar, do olfato ou atraídos por eles, pele chamalotada onde o tato totaliza o sensível. A cosmética reproduz esta soma ou esta mistura, procura pintá-las, variando quanto às convenções sociais, segue instintivamente essa tatuagem temporária. Entendam assim as máscaras entregues aos museu: a cada uma, sua cartografia sensitiva, a cada uma sua cosmetografia, se ouso escrever assim, a cada uma sua impressão facial ou mais precisamente suas impressões pessoais, outra maneira, em nossas línguas latinas, de dizer sua máscara impressa. Não usamos argolas penduradas no nariz como outras pessoas, decerto porque esquecemos o olfato.

Não, a mulher não põe uma máscara mentirosa como dizem os moralistas, nem remedeiam o irremediável como pretendem os jovens; ela traça o Mapa de Ternura[2] do tato, e seus riachos de ouvido, rios de paladar e lagos de escuta, águas misturadas frementes de onde se ergue sua beleza, fiel. Torna visível sua invisível carteira de identidade ou corpo impressionável. Seu mundo sensível se recobre de um plano, na escala exata de sua superfície: traço a traço, olho a olho.

Quem nunca sonhou com um mapa semelhante para o próprio mundo, identicamente riscado, medida por medida, sonho impossível de uma névoa ultrafina que abraça todo detalhe fractal da paisagem, sonho cósmico de uma cosmética refinada na pele de cada coisa, que carregaríamos, exibiríamos, exporíamos depois de tê-lo desenrolado ou desdobrado para tornar visível o mar vinoso e seus encrespamentos mais finos do que rugas no canto de um olho que ri, o malva pastel desse lilás, esse canto de céu, essa corola, inclinada, úmida, o cosmo em sua ordem e seu adorno?

O Jardim estende, esconde, aplaina esse invólucro transparente, infinitamente invaginado em cada objeto. Ele objetiva a face da paisagem, a membrana de sua máscara.

Antes de qualquer forma, antes da cor, do tom, é preciso tocar bem o suporte. A pele, névoa, o véu ou a tela. A imagem se forma sobre uma variedade desdobrada, o mapa é desenhado em uma página, imprime-se nela.

Bonnard amava toda espécie de suportes: os cenários, os cartazes, papéis, tecidos, ventarolas, velinos de livros, cartolinas de embalagens, folhas de biombos, trabalhou nas máscaras do Ubu rei. Antes de qualquer

[2] *Carte de Tendre*, mapa imaginário do país da Ternura, concebido por Mlle. de Scudéry. (N. da T.)

olhar, o grão da tela. O olho não pesa sobre o lugar, não imprime nada nele. Nos postos avançados do sujeito, a pele. Todas as coisas estão envoltas em uma névoa. No começo, o tato: na origem, o suporte.

O pintor, com a ponta dos dedos, acaricia ou agride a tela, o escritor arranha ou marca o papel, aplica sobre ele, pressiona-o, imprime-o, momento em que o olhar se perde, diante do nariz, visão anulada pelo contato: dois cegos que só vêem com a bengala ou o bastão. O artista ou o artesão, com a brocha ou o pincel, com o martelo ou a caneta, no instante decisivo, entrega-se a um pele contra pele. Ninguém jamais modelou, jamais lutou se se recusou a ter contato, ninguém jamais amou nem conheceu.

O olho, à distância, flana, passivo. Não há impressionismo sem uma força impressora, sem pressões do tato.

Com seus dedos, Bonnard nos faz tocar a pele das coisas.

O Jardim de 1936 traça, quase em diagonal, o caminho para o paraíso. Nenhuma perspectiva, nenhuma profundidade, nenhum relevo fielmente reproduzido permitem pensar que a direção do olhar foi organizada. Bonnard nos atira um buquê na cara. A mulher morena cobria-se com o penhoar, o biombo escondia não sei o quê, os espelhos só refletiam cortinas diante da nudez, o olho era enganado. Aqui, o paraíso foge, para fora da vista, dissimulado por uma cortina de folhagens ou de árvores que fazem parte do paraíso. E se oferece pleno de mansidão. Quem decorou esta roupa jardineira, este véu estampado, esta folha, teve de mergulhar, nu, na flora, banhar-se demoradamente nas cores e nos tons.

No mesmo ano, aparece o *Nu na banheira.* Imersão. Não posso dizer que vi este nu. Não posso pretender que o conheço, tento escrever que sei, que vi o que Bonnard quis fazer. O banho revela, na vizinhança da pele, sensitiva, na vizinhança das aparições ou impressões que a envolvem ou banham, uma espécie de membrana, uma película fina que se introduz ou nasce entre o meio ou a mistura e o banhista ou a banhista, uma variedade comum ao que sente e ao que é sentido, um tecido aracnídeo que lhes serve de borda comum, de fronteira, de interface, um filme de transição que separa e que une o impressionante e o impressionado, o impressor e o impresso, fino estofo de impressões, o banho revela este véu.

A tela da imersão expõe o segredo de Bonnard e, no fim das contas, o do impressionismo. O banho realiza o ensaio da sensação, ensaio no sentido de laboratório. Eis a experiência da sensação, ou melhor: eis a experiência ou a sensação. Bonnard se joga, nu, na piscina do jardim, no meio do banho de mundo. Os nus expostos em séculos de pintura não se destinam aos *voyeurs*, mas mostram o sensível, todas banhistas. Não modelos a serem pintados, mas modelos do que é preciso fazer para poder pintar ou pensar algum dia: lançar-se no oceano do mundo. Sentir que se forma ao redor de si esta membrana, este tecido, este véu invisível.

E retirá-lo docemente, com tato e delicadeza, desse corredor laminado entre pele e coisas, estender, desdobrar, exibir, expor, alisar, deslizar lentamente esse véu tênue, cósmico no jardim cosmético sobre a pele da *Bela provocadora* saída do banho, sobretudo, não rasgar este véu, eis a tela.

O jardim pinta uma espécie de banho. Não posso decidir se ele mostra o tecido das próprias coisas ou a epiderme esfolada de Pierre Bonnard, o sujeito da impressão ou o objeto impresso. O banho os reúne, nele mergulha o sujeito impresso de folhagens e de flores.

Chamamos sudário um pano branco concebido para enxugar o suor; mortalha, quando colheu o suor da agonia. A pele se reveste de transpiração, exsuda e se marmoriza, perolada, enevoada como a do nu feminino. O lenço materializa o véu líquido, a máscara rorejante de suor e sangue: o tecido se assemelha ao fluido, um pouco mole, tal qual ele, sólido, porém, pelos depósitos deixados, quase gasoso pela evaporação. O filme entre pele e banho recebe as transições de fase, as trocas. O penhoar, no banheiro, entre vapores, poderia ser chamado sudário.

Pode-se visitar, em Turim, o sudário que envolveu o corpo de Cristo no túmulo, o véu de seu rosto, mergulhado vivo nas torturas mais cruéis, coberto de suor, de sangue, de cuspe, de poeira, escarificado pelo flagelo, crivado de pregos, perfurado a ponta de lança, seu cadáver foi enrolado nesse tecido de linho inserido entre o mundo atroz e a pele impressa, foi enterrado sob esse véu. Suavemente retirado, estendido, desdobrado, alisado, exposto, o véu torna-se tela, mostra os traços do corpo, do rosto, eis o homem.

A tradição chama Verônica a santa mulher que enxugou a santa face do crucificado, coberta por uma máscara líquida, rorejante de suor e de sangue, e este nome significa, nas línguas antigas, o verdadeiro ícone, a imagem fiel. Verdadeira, fiel, porque impressa, impressionismo.

Verônica torna-se a padroeira dos pintores: os olhos cheios de lágrimas, cega de tristeza e piedade, tomou nas nãos a impressão da pele, a máscara da dor, santa mulher de contato e de carícia, mãos abertas sem olhar.

O Jardim de Bonnard se parece com o penhoar, o mundo tem mais luxo e uma felicidade maior que o pano tecido impresso regular; o jardim amplia à escala da paisagem a pele salpicada do nu no toalete, com mais riquezas nos tons e nas manchas, com mais exuberância: eis o sudário do artista que sai gotejante de seu banho no mundo, verdadeira imagem do jardim.

Uns olham, contemplam, vêem; outros acariciam o mundo ou se deixam acariciar por ele, atiram-se, enrolam-se, banham-se, mergulham nele e, às vezes, se esfolam. Os primeiros não sabem o peso das coisas, pele lisa e chapada onde se encastoam grandes olhos; os segundos se abandonam ao peso das coisas, a epiderme deles recebe a pressão delas, localmente, no detalhe, como um bombardeio, sua pele, portanto, é tatuada, zebrada, tigrada, enevoada, perolada, constelada, salpicada caoticamente de tons e matizes, de pregas ou bossas.

A pele deles vê, como uma cauda de pavão.

Ela vê, ela é vista, ela varia, desdobra-se e se expõe. Pierre Bonnard nos deu, durante meio século, suas sucessivas metamorfoses, túnicas arrancadas. Acreditamos nas imagens, não, os espelhos se esvaziam, eis as peles, finas e sensitivas. Exposição de troféus ou de escalpos, pendurados na parede.

O jardim-paraíso desdobra um despojo feliz.

O penhoar de Bonnard, os nus de Bonnard, os jardins de Bonnard mostram flores de pele.

O olho perde o predomínio no próprio terreno de sua predominância, a pintura. No ponto máximo de sua força, o impressionismo volta a seu verdadeiro sentido inicial, ao contato. O nu, ocelado como um pavão, nos faz voltar ao peso, à pressão das coisas, à gravidade da coluna de ar em cima de nós e a suas variações. As membranas, cortinas, lenços, folhas, penhoares são impressos como livros, pela energia de uma pressão. A pele, cera dura e branda, recebe essas pressões variáveis segundo a força das coisas e a suavidade da região, daí essas tatuagens, traços e marcas, nossa memória e nossa história, pergaminho de nossas experiências. Nossa veste cutânea traz e expõe nossas lembranças, não as da espécie, como acontece com os tigres ou jaguares, mas as da pessoa, a cada um sua máscara, sua memória exteriorizada. Nós nos cobrimos de capas ou mantas por pudor ou vergonha de mostrar nosso passado, nossa passividade, para esconder nossa pele historiada, mensagem privativa, mensagem caótica, linguagem indizível, demasiado desordenada para ser compreendida, e substituí-la pela impressão convencional ou cambiável das roupas, pela ordem simplificada do cosmético. Nunca vivemos, rigorosamente, nus e nunca verdadeiramente vestidos, nunca velados e nunca desvelados, exatamente como o mundo. A lei sempre se apresenta ao mesmo tempo que um véu ornamental. Exatamente como acontece com os fenômenos. Véus sobre véus, ou mudas sobre mudas, variedades impressionadas.

Os velhos epicuristas chamavam de simulacros umas membranas frágeis que voam pelo ar, emitidas em toda parte, recebidas por toda parte, encarregadas de fazerem sinal e sentido. As telas de Bonnard, e de outros, talvez ocupem a função de simulacros. Claro, elas fazem de conta. Mas, sobretudo: partindo da pele do pintor e do fino invólucro das coisas, o véu de um encontra o véu dos outros, a tela assume a junção instantânea das mudanças. Simulacro simultâneo.

Os pintores vendem a pele deles, os modelos alugam a sua, o mundo dá as dele, eu não salvei a minha, aqui está ela. Esfolada, impressa, gotejante de sentido, geralmente sudário, às vezes feliz.

HERMES E O PAVÃO

Falemos do pavão, ave duas vezes monstruosa, que carrega tantas plumas, e tão longas, que não pode voar, como se a evolução tivesse errado, por excesso, que apresenta cem olhos que imaginamos que voam, que sabemos que não voam. Quando se pavoneia, exibe uma cauda ocelada onde expõe os olhos de plumas de pavão.

Um dia, galináceo de sua gesta, ele cruzou o caminho de Hermes. Argos, homem que tudo vê, trazia, dizem, dois pares de olhos: um na frente da cara, como todo mundo, o outro atrás da cabeça. Sem ângulo morto. Há os que dizem que tinha cem, cinqüenta na frente e outro tanto na nuca, outros, que era uma infinidade espalhada pela pele. Clarividente no início da tradição, virou puro olhar, globo ocular de olhos, pele tatuada de ocelos no fim do fantástico acréscimo. O acréscimo e a fantasia sempre se acompanham. Argos vê tudo e olha o tempo todo: dorme somente com um par de olhos, ou só com a metade das pálpebras fechadas. Metade adormecido, metade em vigília; o melhor vigilante da terra e do ar faz jus ao apelido de Panoptes, o pan-óptico.

Exemplo excelente da visão perfeita e da pele lúcida, como o pintor, há pouco, dava o da visão e da tatuagem perspicaz.

Panoptes, nos dias de hoje, teria obtido o prêmio no exame do mundo e da experimentação, teria ocupado todos os altos postos nos laboratórios e observatórios ou no trabalho de campo; teria mantido a guarda às maravilhas. Precisamos sempre de uma constante atenção às coisas, em ciência, ou em nossas viagens.

Ora, naquele tempo, naqueles tempos míticos, Argos foi encarregado da supervisão. Panoptes vai se tornar o espião dos amores marginais de Zeus, instigado por Hera, a esposa ciumenta, que o colocará ao mesmo tempo no meio da relação conjugal dos deuses e da aventura galante de Júpiter com uma ninfa.

Observar as coisas ou supervisionar as relações, enorme diferença: dois mundos talvez se oponham aí, dois tempos, o do mito e o de nossa história.

O exame atento dos objetos não interessa ao mito, Argus vai virar detetive particular. Dotado de cem olhos abertos quando os outros cem dormem, ei-lo policial, carcereiro, espião: tudo às espreitas.

A cultura se refina quando os olhares se deslocam das relações entre os homens para os objetos inocentes. A moral se aprimora, leveza delicada na vida coletiva mais amena, quando volta a atenção dos amores inquietos mal vividos por nossos vizinhos, ou de suas opiniões, para a trajetória de um cometa. A sociedade onde a vigilância domina envelhece rápido, soberania abusivamente arcaica, o passado aí permanece, monstruoso, ela acusa a idade do mito.

Vigiar, observar. As ciências humanas vigiam, as ciências exatas observam. As primeiras têm a idade dos mitos, as outras, novas, nasceram conosco, têm a idade da história. O mito, o teatro, a representação, a política não ensinam a observar, incitam a vigiar.

Panoptes vê tudo e sempre e em toda parte: em que tarefa os deuses o empregam: na vigilância ou na observação?

No sentido grego do verbo ver, ele encarna o homem teórico, esfera onidirecional de olhos abertos. Para que serve a teoria? Para vigiar as relações ou para examinar os objetos?

 Eu diria pobre quem carece de objeto. O mito carece de objeto, como o teatro ou a política.

Dispúnhamos de poucos objetos, outrora, antanho, há pouco tempo. A humanidade das coisas raras não abandonou nossa memória. Pobres de coisas, nossa riqueza só consistia de homens. Só falávamos deles e de suas relações. Vivíamos em e de nossas relações. Diria, portanto, pobre o mito, sem objeto algum; diria, pobre o teatro, privado de coisas, pobres as teorias e as políticas, pobres ou miseráveis nossas filosofias, miseráveis nossas ciências humanas.

Nós nos lembramos tão precisamente de uma tal miséria que não conseguimos reconhecê-la quando a encontramos, aqui ou ali, nas nações do mundo, nas narrativas ou nos discursos abstratos. Mal saímos de lugares, de famílias, de coletivos privados de coisas, onde fomos, por muito tempo, compelidos às relações, condenados a um dado reduzido ao dizer. A penúria leva à vigilância e à alcagüetagem; as cidadezinhas de minha infância rumorejavam de Argos lúcidos e tagarelas. Todo mundo sabia tudo sobre todo mundo como se, no centro de todos, uma torre pan-óptica vigiasse, contrato social indiscreto ou inevitável flagrante policial. Ninguém se ocupava das coisas, ou bem pouco, cada um controlava a relação de cada um com cada um. Conheci sociedades compostas unicamente de sociólogos. Eles tinham um talento louco para a vigília e a narrativa. Mal saímos dessa Antigüidade, nem todos saímos dessa pobreza que durou das idades míticas até recentemente. Lembro-me das sociedades míticas todas inteiramente presas na representação, adormecidas na linguagem. A pobreza não é medida só pelo pão, mas pela palavra; não só pela falta de pão, mas pelo excesso, pela exclusividade, pela prisão das palavras. A língua cresce quando falta o pão. Quando o pão chega, a boca, por muito tempo faminta, tem trabalho demais para ainda se ocupar de falar. Aprendemos a amar os objetos.

Coisa alguma circula nos tablados de um teatro, dão espetáculos e palavras aos que não têm senão palavras. Nossas teorias são vazias de objetos, vigiam as relações. Pois peçam pão à filosofia, ela devolve boas palavras e representações. Peçam pão, ela só tem circo. Ela vive de relações, de ciências humanas, no mito e na Antigüidade, sem sair da cidadezinha de nossa infância; não tem mundo, não produz coisas, não fornece pão. Há quanto tempo podemos dizer que ela é pobre, pobre e faminta, como era em nossa juventude?

Uma filosofia próspera e produtiva daria pão à saciedade a qualquer um que passasse.

O aumento dos objetos, a avalanche das coisas nos fizeram esquecer o tempo de sua ausência. E esse tempo, agora, nos parece tão velho! Arcaico, antediluviano, sim, mítico. Os mitos e a filosofia nos falam desse tempo. Lembranças dos lugares onde os namorados eram vigiados, onde eram perseguidos até o Bósforo, em um espaço sonoro e vazio, sem que ninguém pensasse em comer. Assim as filosofias sem objeto — quase todas —, assim as filosofias que tiram seus valores somente das ciências humanas — quase todas —, envelhecidas e pobres, parecem-nos tão antigas que as vemos como mitos. Diríamos que são política, teatro, magia. Quando encontram, por acaso, um objeto, elas o transformam, num passe de mágica, em relação, em linguagem, em representação.

Elas nos puxam para trás. Considerando tudo, mais vale o observador que o vigilante, detetive ou policial, o astrônomo que cai no fundo do poço do que a mulher que, pelas costas, zomba dele com as companheiras. Quem se apresenta no real, o que olha os astros boquiaberto, ou a que se esconde por detrás para comandar a cena ridícula? Será que as lavadeiras sabem que um poço dá uma excelente luneta e que, do fundo desse cilindro vertical, único telescópio conhecido na Antiguidade, podemos ver as estrelas, em pleno dia? Riem de quê? Não sabem que o sábio desce conscientemente ao buraco. Os fabulistas que ainda nos fazem rir sabiam disso? E os filósofos? É melhor passar das relações às coisas, invenção exigente, do que voltar dos objetos às relações, prática fácil: da ciência ao teatro, do trabalho à política, da descrição ao mito, da coisa-estrela à representação cômica. As ciências exatas chegaram depois de o objeto ter emergido, elas ajudam sua emergência. A volta atrás dá medo: quando os objetos se tornam relações, apostas, fetiches, mercadorias. Regressões. Qualquer ingenuidade progride na suspeita.

Inundados de objetos, sonhamos com relações como com o paraíso perdido. Paraíso que constituía um inferno muito ordinário, povoado de olheiros e de policiais voluntários, visguentos de suspeita, onde a preguiça o disputava à política. A filosofia da suspeita constitui a mais velha ocupação do mundo. As coletividades ainda privadas de objetos, por sua própria vontade ou pela crueldade dos outros, entregam-se às delícias da polícia, à prisão política, condenam-se ao inferno das relações. Inversamente, seus senhores não querem objetos. Prova de que as coisas se liberam da vigilância, que a observação se libera da suspeita.

As ciências que não conhecem objetos só têm métodos de detetives ou polícias, participam do mito. O saber objetivo faz a história presente, as ciências humanas, antigas, remetem à mitologia. O observador tece à luz do dia o que o vigilante desfaz durante a noite. Teremos medo de quê?

Hermes vai matar Panoptes, o portador de mensagens vai sobrepujar o vigia, vigilante ou observador. A comunicação, a informação matam a teoria. Como?

Zeus, príncipe dos deuses, ama Io, bela ninfa; Hera, princesa, sofre de ciúmes. O ciumento habita um lugar de espinhos onde a vigilância começa: lugar ou olhar por onde se vê. Zeus engana Hera e trapaceia: transforma a ninfa em novilha. O quê, eu amar um animal? Ela brilha, porém, de uma brancura maravilhosa, pelagem lisa.

Hera suspeita, Hera desconfia do touro que ronda em torno da vaca. Como sabe metamorfosear os seres tão genialmente quanto Zeus, ela envia um moscardo, o próprio desejo espinhoso, que pica a fêmea e a assusta, e a obriga a partir. Io, errante, galopa pela Europa, dá seu nome ao mar Jônico, correndo pela praia, passa, fugidia, pela Ásia, pelo lugar depois chamado Bósforo ou passo da Vaca, vagante, ela sofre e se lamenta, infeliz de ser amada por um deus, tão dorida no vaguear e no amor quanto Prometeu, crucificado, na vingança e na imobilidade.

Hera adivinhou certo, Zeus escondia-se, de fato, sob a aparência do touro.

A rainha, em cheque, chama Argos, a quem nada escapa. Panoptes guarda a vaca, nem mesmo Zeus pode fazer nada. O rei, por sua vez, está em cheque.

A teoria, pan-óptica, vê tudo, do alto de sua torre, ciumenta.

O método, nas ciências humanas que só tratam de relações, segue a suspeita, policial ou inquisitorial. Espiona, segue, sonda as entranhas e os corações. Faz as perguntas, e suspeita das respostas, nunca ele se questiona sobre seu direito de agir assim.

Deus não é enganador, digamos, nas ciências exatas onde o objeto, inocente, continua fiel e confiável. O homem engana, nas ciências humanas, pior ainda, ele trapaceia. Em ciências exatas, se Deus não engana, com mais forte razão, não trapaceia. O homem, em ciências humanas, engana e trapaceia. Não só sutil como o Deus das ciências exatas, não só complexo e refinado, mas esconde seu jogo, enganação, finge uma outra estratégia e muda bruscamente de regra, trapaça, jogada em impedimento. O homem trapaceia nas ciências sociais onde o abuso vira lei. Onde a mudança de regras vira lei.

As ciências exatas constroem teorias sutis, mas leais, finas e estáveis. Um gato aí continua um gato, princípio de identidade. As ciências humanas e sociais descrevem teorias mais desleais ainda do que a fraude. Mais trapaceiras que a trapaça, para desmontar o objeto delas. Então, tudo se torna possível, uma vaca é uma mulher ou um deus é um touro, até o princípio de identidade varia. Razão que vigia quando a razão dorme, razão que dorme enquanto vela, inferno das relações onde a própria estabilidade flutua.

As ciências humanas têm de multiplicar as piores práticas por debaixo ou por detrás. O termo hipocrisia diz muito bem esse movimento: por detrás do objeto ou da relação, ou por debaixo, o método é crítico, hipócrita. Ele frauda os fraudadores, engana os enganadores, esconde-se nas costas de quem escamoteia — ou de quem escamoteia o feito nas costas dos jogadores —, rouba os ladrões, finge de polícia entre os policiais, dá lição aos mais famosos detetives, investiga a casa do grande inquisidor, vigia os olheiros, trai os mentirosos, estuda os fracos e os miseráveis, explora-os, tomando-lhes a informação, seus pequenos segredos, seus últimos bens.

O método hipócrita consiste em se posicionar sempre atrás e produzir imediatamente uma fila. É preciso, pois, pular logo para trás do último da fila, situar-se nas costas do último que ainda tem as costas visíveis, depois ocultar as suas próprias costas de medo de ser apanhado, por sua vez, por quem tenha compreendido a manobra. Donde as regras do método: para mentiroso, mentiroso e meio; para perverso, mais que perverso, como se dissessem mais-que-perfeito; para olheiro, teórico.

O movimento não tem fim e constrói longas cadeias de razão, monótonas e difíceis, que procuram chegar a uma conclusão. Em outras palavras, as filosofias que se apóiam nas ciências humanas tentam se apoderar de situações que afinal escapariam a qualquer crítica, encontrar o limite da cadeia ou o fim da fila. Entregam-se, pois, a raciocínios por *extrema*, tal como na idade clássica, os filósofos que se apoiavam nas ciências exatas iniciantes se apoderaram da situação limite divina, do Deus não enganador dos filósofos e dos sábios. Deus não pode se enganar nem nos enganar, eis o ponto extremo. Aqui, o lugar limite estaria, no extremo inverso, onde toda trapaça imaginável, de tanto trapacear ou enganar, seria sempre prevista. O pan-óptico já viu tudo sempre, extralúcido e incontornável.

A teologia tradicional do conhecimento e do mal teria previsto esses fechamentos nos limites? Eis o Diabo e o Bom Deus.

Ao Deus dos filósofos e dos sábios que dominam a idade clássica e a emergência das ciências modernas, nossa idade das ciências sociais opõe o Diabo, nova situação máxima?

Deus não engana nem trapaceia. Os objetos, nas ciências exatas, ficam estáveis. O homem engana e trapaceia, mais e mais que desaparece, às vezes, como Zeus sob a pele do touro, como Hera sob o ferrão do moscardo.

Ora, aquele que trapaceia e engana faz isto porque quer ganhar. Portanto, o primeiro atributo de Deus consiste em não fazer caso de ganhar.

Afastem-se das apostas, desdenhem a vitória ou a perda, entrarão em ciência, em observação, em descoberta, em pensamento.

Aqui se definem exatamente duas situações máximas: um ápex, estável, de confiança; um extremo na desconfiança. A estabilidade do objeto corresponde a uma falibilidade das relações.

Deus guarda as ciências exatas desde a idade clássica. Alguns dizem que as detêm, outros dizem que as favorecem. O Diabo domina as ciências humanas, maldosissimamente enganador e trapaceiro. Usa de astúcias extremas, refinadas, para pôr em cheque o poder e a bondade de Deus, para conquistar ou reconquistar, dizem, o lugar de Deus. Deus não usa de nenhuma astúcia, abandona qualquer luta. A guerra entre o Diabo e o Bom Deus nunca teve lugar: um quer vencer; o outro, não.

Indiferente ao ganho e à derrota, fora da escala das vitórias e das perdas, fora do pódio escalar, fora da métrica, Deus é infinito. Eis definido o infinito pela indiferença à luta de todos os diabos.

Livre do inferno das relações, ele se consagra ao objeto, pois criou o mundo, integral dos objetos. Tudo deriva, pois, de sua saída do jogo.

Hera e Zeus jogam xadrez, para serem enganados ou para ganharem, diabo contra diabo, maldosissimamente trapaceiros. O Diabo é o deus dos mitos, ou das ciências humanas, o nosso. Pensamos sob seu império regressivo.

Podemos conceber um homem novo que não cuide de trapacear nem de enganar, liberto do pódio animal onde a vitória traça o percurso?

Panoptes, em uma situação extrema, vê tudo, sabe tudo, nada lhe escapa. O mito, por imagens falsamente ingênuas, diz excelentemente os conceitos que temos dificuldade em formar. Trata-se, no jogo, de achar os golpes inevitáveis. Donde a construção de situações extremas: Deus, o Diabo, o Panoptes, o próprio, Hera, a rainha, e Zeus, o rei. Os mais fortes desafiam os mais fortes, como no cio dos uapitis.

Zeus quer enganar sua mulher que quer pegá-lo; portanto, trapaceia: aí onde você vê uma vaca, passa uma mulher. Hera trapaceia: o moscardo voa e pica pela vontade dela. A deusa coloca-se atrás do deus, que se coloca atrás dela; ele joga às escondidas da que joga às escondidas dele. Jogo infinito, cada qual tem um dorso a oferecer ao outro uma superfície frágil e cega.

Procuremos, pois, um terceiro homem, incontornável. Imaginemos alguém que não tivesse costas: insone, sem ângulo morto nem mancha ocular, sem desatenção nem inconsciência, intensamente presente, uma integral de faces, uma esfera onidirecional de olhos, um geometral de facetas resistentes, vigiando e dormindo por clarões e eclipses, como um farol na costa, melhor, como um conjunto de fogos e sinais a dominar uma zona e a povoar a noite, olhares ou apelos a piscarem aleatoriamente: Argos. Eis enfim a teoria total, o método inapreensível que pode apreender tudo, não contornamos o corpo de Argos. Eis enfim a boa posição, para aqueles que desejam o primeiro ou o último lugar, crítica e jamais criticável; presença observadora sem opacidade observável, sempre sujeito, jamais objeto. Ninguém pega Panoptes por trás, ele não tem em baixo nem atrás, esfera de *scanner*.

Os que se ocupam dos homens e, portanto, reinam sobre eles mantêm-se sempre em ângulo morto, na mancha escura cega, impotente, do sujeito ativo ou presente, em suas costas. A doença atinge uma parte fraca, ou o sono, a miséria, a pobreza lingüística, o desconhecido residual das relações coletivas ou a esperança infantil. O médico dos corpos ou das almas, o economista, o político, os retóricos ficam nesse ângulo, mantêm-se atrás da zona da mancha fraca, ao abrigo dos ofuscamentos, no escuro da inconsciência ou acima do tremular das lágrimas. Vêem sem serem vistos, encontrando cada qual seu espelho sem estanho ou seu ciúme. O filósofo que os totaliza ou resume, integra-os e reflete, torna-se pan-óptico: incontornável, inapreensível como Argos.

Vocês que olham tudo com os olhos sempre abertos, sua lucidez nunca se banha em lágrimas?

Eis o estado do jogo: Zeus, o próprio, em cheque. A rainha vence o rei com a torre pan-óptica. Zeus então recorre a seu cavaleiro, Hermes passa. O rei manda o anjo atacar, ordena-lhe que mate Panoptes.

Impossível abordá-lo ou surpreendê-lo. Não há surpresa para um supervisor, considerem os prefixos que indicam a estratégia do sempre mais. O cavaleiro precisa contornar a torre incontornável. Como?

Hermes adormece Panoptes e o mergulha em um sono mágico tocando a siringe, como outros engabelam as serpentes de óculos fascinantes. Hermes inventa a siringe ou a flauta de Pã para essa batalha.

Novo combate entre posições extremas: Panoptes possui a integral dos olhares, não dá nenhuma chance a adversário algum na ordem da visão. Hermes, então, sai do terreno onde Argos permanece inapreensível e passa à ordem dos sons tomando sua integral: daí o nome da flauta de Pã. Pã contra Panoptes, considerem os prefixos que indicam a estratégia de uma guerra total. Audição diante do olhar, estranho conflito de faculdades sensíveis; ouvido contra visão ou orelha contra olho, integral oposta a uma integral, panóplia por panóplia, soma das ondas contrabalançando a soma das evidências. Geometral das mensagens contra iconografia das intuições, luta fabulosa em um espaço inconcebível, o sistema da harmonia envolve a teoria das representações.

Súbito, essas gigantomaquias fantásticas, todo-poderosos contra todo-poderosos, Diabo e Deus, Júpiter e Juno, Pã e Panoptes, se reduzem a um confronto aparentemente simples. A siringe adormece Argos, a naja se contorce, inofensiva, ao ouvir a flauta indiana. De onde vêm essas mágicas de fascinação? O encantamento vem do canto. O que pode a orelha contra os olhos, o que pode o som contra a visão, a audição contra o olhar?

Um acontecimento visível é localizado, posicionável em distância e ângulo, coordenado com os acontecimentos visíveis nos arredores; ocupamos um ponto de vista, percebemos perfis, a vista define um lugar. O mito pan-óptico busca forçar este lugar, exceder suas definições. Assim como Leibniz somava as perspectivas de uma coisa para obter sua iconografia ou o geometral, assim Panoptes integra os pontos de vista de um corpo, soma os locais de onde ele vê. Deus sozinho, no caso do primeiro, descobre de imediato todos os perfis de uma coisa; Argos, sozinho, esfera redonda, apresenta-se como um olho de olhos — visão facetada como a das moscas. Vantagem real, mas frágil, ou limitada, pois o melhor dos supervisores, geometral-sujeito, vê o espaço soma dos lugares e também cada coisa de perfil, longe de perceber um geometral-objeto. Seu corpo, sempre ligado a um lugar, faz-se de farol, redondo como sua lanterna, difundindo ao redor as pinceladas luminosas, recebendo a claridade das coisas em todos os pontos de sua esfera.

Um acontecimento sonoro não tem lugar, mas ocupa o espaço. Se a fonte muitas vezes permanece vaga, a recepção se difunde, ampla e geral. A visão fornece uma presença, não o som. A visão distancia, a música toca, o ruído assedia. Ausente, ubíquo, onipresente, o rumor envolve os corpos. O inimigo pode interceptar o rádio, mas não pode entrar nos semáforos: a vista permanece discreta, as ondas nos escapam. O olhar nos deixa livres, a audição nos cinge; quem se livra de uma cena abaixando as pálpebras, cobrindo os olhos com as mãos, ou voltando as costas e fugindo, não consegue se livrar de um clamor. Nenhuma divisória, nenhuma bola de cera bastam para detê-lo, qualquer matéria, a rigor, vibra e conduz o som, sobretudo a carne. O véu negro cega, hermético à luz, outros corpos obstruem outras passagens, Hermes conhece o veículo que não conhece paredes herméticas. Visão local, audição global: mais que a iconografia, geometral para o sujeito ou o objeto, o ouvido conhece a ubiqüidade, poder quase divino de ocupar o universal. Óptica singular, acústica total. Hermes livre-trânsito vira músico, pois o som não conhece obstáculo: começo da ascendência total do verbo.

Falamos ao mesmo tempo de magia, de filosofia, do sentido comum e do mundo como ele é. Pã fascina Panoptes abalando sua carne condutora, o som estridente faz arrepiar a pele coberta de olhos, estremecer os músculos, correr as lágrimas, vibrar a estrutura óssea. A esfera clarividente cobre-se de um lago de lágrimas, Argos sucumbe de emoção. O global vence a soma das situações. A integral inutilmente procurada pela adição dos lugares e dos pontos de vista, pela justaposição dos olhos, é atingida pela onda, sem dificuldade, imediatamente: já viram sem chorar uma obra que conseguisse sem esforço, ao primeiro gesto, o que milhares de trabalhos empreendidos durante todos os anos de suas vidas tentaram conseguir? Argos se prostra. Por mais pan-óptica e lúcida que essa esfera clara pareça, ela continua diferencial e pontilhista, analítica de pequenos estados ou de cenas nanicas. Por mais rudimentar que seja um som lançado, ele consegue logo se impor ao redor. Mágica, se quiserem, esta vitória é óbvia. O som faz perder a vista ou fascina a vista: ela se fixa na ponta extrema de um feixe sutil; mas o que faz comumente o olhar senão fixar esse feixe? O som devolve a visão ao lugar dela.

Assim, Leibniz, correndo infinitamente atrás da soma inintegrável das iconografias, conseguiu fechar seu sistema com a Harmonia universal. A representação, mesmo pan-óptica, adormece quando a Harmonia ressoa. Melhor, se conseguimos formar a idéia de um mundo, ou de Deus, ou mesmo de um sistema, se atingimos as totalidades, nunca somos levados pelas representações parciais ou intermináveis; só chegamos a isso pela harmonia, música de Pã metafísica.

Magia marginal, sentido corrente ou alta filosofia, conseguimos o mesmo resultado: que Pã vença. O mito resume em atos simples, perfeitamente somados ou integrados, o que dispersamos em discursos ou disciplinas. Mas o mundo, a nossa volta, berra esse resultado, ouço o ambiente que preparamos ou construímos e que nos mergulha em um barulho inextinguível. Há um bom tempo que dormimos, drogados de ruídos e de músicas, sem ver mais nada, sem mais pensar. Hermes tomou o poder mundial, nosso mundo técnico só existe pela integral do caos, não encontrarão mais nada sobre terra, nem pedra nem rastro, nem um pequeno inseto nem um buraco, que não esteja recoberto pelas águas diluvianas da balbúrdia. O grande Pã ganhou, aboliu todo o silêncio do espaço. Se têm piedade de mim, ensinem-me onde pensar.

A flauta de Pã perfura e inquieta. Uma noite de junho, eu aguardava um eclipse total do sol num terraço em frente a um jardim, diante da folhagem de um sicômoro, nos anos distantes em que os dias findavam mergulhados no silêncio. A obscuridade fez-se logo, o vento do eclipse, como uma onda, passava por lá quando irrompeu entre os vizinhos uma espécie de dança selvagem, ao som incisivo, adstringente, estranho da flauta de Pã. Jovens davam uma festa, confundiam o obscurecimento com o crepúsculo e divertiam-se ao cair da noite. Que se saiba, o véu da luz solar obnubila a ponto de inquietar, transporta a um outro mundo. Pã me levou lá, eu sabia que ele tinha ofuscado o sol e minha vista, varrido o espaço com a vaga de vento, encoberto as aparências com tons laranja, púrpura e verde de doer os dentes, ouvi chegarem, apavorado, umas espécies de deuses astecas, cruéis e complicados.

Eis o segundo estado do jogo: Hera, ela própria, em cheque. O rei toma a torre da rainha com o movimento do cavaleiro. Ninguém mais fala de Io, que, chorando, vai em direção ao Cáucaso, para junto de Prometeu acorrentado, virgem erguida ao pé da cruz, ninguém fala dela, salvo os que choram a desgraça do mundo. Hermes adormeceu Panoptes e o matou: todo mundo fala do assassinato.

Argos só tem posição local por mais longe que sua visão alcance. Ele integra a informação de um lugar, sem falha nem erro, analista refinado. Hermes intercepta todas as informações em todos os lugares, transposições e traduções, interferências e distribuições, ele ocupa as passagens. Argos mantém um ponto tático. Hermes invade os sítios estratégicos. Um vencerá uma batalha, o outro ganhará a guerra. Argos, intensamente presente, detecta qualquer presença; mas quem está em toda parte só precisa fazer da presença ausência por ubiqüidade. A polícia bloqueia as estradas, já não cuida de ir ao encalço. Não tem mais necessidade de vigiar, aqui e agora. Tudo muda quando a presença não está mais no começo.

Da luz, Panoptes detém o lado claridade, Hermes se apossa da flecha de sua velocidade. A filosofia clássica confiava até recentemente na iluminação, a filosofia contemporânea descobre a rapidez do raio. A velocidade da luz prepondera sobre sua pureza. Considerem a novidade dessa vitória: a principal qualidade de uma teoria ou de uma idéia, seu mais antigo valor, a clareza, acha-se ultrapassada pelo sistema de sua passagem. Pã ou Hermes mata Panoptes: a celeridade de uma mensagem vale mais que a lucidez de um pensamento. Falamos do novo estado do conhecimento.

Falamos de sentido comum e de filosofia, dizemos ao mesmo tempo nosso mundo. A rede de comunicação torna inútil a presença, não tem centro; torna obsoleta a vigilância. Os circuitos audiovisuais ou informatizados fazem rir os admiradores da última guerra presos aos campos de batalha romanos. Os marinheiros passam sem olhar os faróis, com todas as proteções garantidas na sala de escuta e nas telas de gráficos. Quem regula à sua vontade os códigos e sua circulação no espaço pode deixar em paz os vigilantes: estes dormem ouvindo música, nos tombadilhos dos navios. A passagem sussurrante das mensagens paralisa o cão, o espião, o alcagüete, anestesia o carcereiro. O espaço mais bem guardado, a prisão mais fechada, com telefone, televisão e telecomunicações dão férias a esses avatares de Panoptes, a todas essas figuras que ainda têm presença no presente, sim, todas essas sucessivas figuras da fenomenologia. Hermes, o espírito, presente em toda parte, desce, de súbito, no espaço.

Hermes, a rede, substitui todas as estações locais, torres de vigia justapostas no espaço ou figuras sucessivas no tempo: seu geometral desqualifica toda fenomenologia.

Falamos ao mesmo tempo do senso comum, escuta e ouvido, e logo do verbo e do código; da música e do campo; da droga e da anestesia, por esquecimento da presença ou perda da intuição; falamos dos jornais, das revistas, polícia ou política, a luta de Pã contra Panoptes que se dá todos os dias; do novo estado do conhecimento. Falamos das relações e dos objetos, saber e vigilância, concorrência e sociedade. O mundo da informação toma o lugar do mundo observado; as coisas conhecidas porque vistas dão lugar aos códigos permutados. Tudo muda, tudo decorre da vitória conquistada pela tábua de harmonia sobre o quadro dos olhares. A gnosiologia muda, e a epistemologia, mas também a vida cotidiana, o nicho móvel onde o corpo mergulha, e também a conduta, portanto, a moral e a educação.

Ainda nos prendíamos com amarras, cabos ou ancoragens, às próprias coisas pela observação, pela idéia da clareza ou da função da intuição. A teoria, por vontade própria, foi marcada pelo ato de ver e pela fenomenologia das aparências entregues à óptica. As amarras se soltam. A mensagem torna-se o próprio objeto. O código significa o dado, o banco tomou o lugar do mundo.

Ou antes: a mensagem volta a ser o dado, como durante o que denominei de a Antigüidade, onde o coletivo se alimentava de suas relações e de suas mensagens, no desprezo ou esquecimento dos objetos. Voltam as relações, trazendo com elas a carga assustadora e regressiva das apostas e dos fetiches, toda a mitologia. A ciência, à frente, corre com suas premissas. A riqueza reconduz à pobreza. A produtividade acumulada reproduz a miséria. Pã mata Panoptes: a idade da mensagem mata a era teórica. Será que as ciências humanas vão reabsorver as ciências exatas, como fizeram na Antiguidade? Como elas o dizem pelo mito?

Então a guerra acontecerá sempre mais dura, veremos reflorescer nas ciências os segredos e os ardis, o ciúme subir até o céu onde os deuses, velhos amantes que se tornaram caprichosos com a idade, ainda se entregam a sua velha luta de morte.

Multiplicado pelo rigor e pela eficiência, o inferno das relações voltará?

Cansados desses jogos enganadores, dessas trapaças, sonhando que nossa vida breve escape a esse tempo monótono de sangue e de morte, esperamos voltar a uma instância de confiança que não engana nem trapaceia, para uma teoria do conhecimento que reúna as ciências exatas e as ciências humanas. Novo saber, nova epistemologia, homem novo, educação nova, só escaparemos à morte coletiva nesta condição.

Hera, em cheque, joga ainda e contudo. Despoja Argos morto, toma do vigilante a pele pan-óptica, trapo flutuante rasgado de pálpebras fechadas, para depositá-la sobre a plumagem de sua ave favorita, o pavão. Da cabeça onidirecional de olhos intensos só resta a dupla cor dos ocelos e seu espargimento resplandecente, leque fascinante e sedoso. O galináceo imóvel pia rouco e desafinado quando Hermes toca a flauta, cambaleia quando Hermes passa e voa, anuncia, quando se pavoneia, a teoria morta. A vista olha no vazio um mundo de onde a informação já se foi. Uma espécie em via de desaparecimento, ornamental, faz admirar nos parques e jardins públicos, onde se juntam os curiosos, a representação.

O tato vê um pouco, ele tem ouvido.

Nas cidades só nossos semelhantes nos vêem, decerto nos consideram como nós os consideramos, a altura, o peso, pouco varia a espessura. Os olhos-de-boi, as rótulas, as vidraças têm olhares vazios.

Pavões de cauda ocelada, vacas, moscas, cães, lebres e pirilampos, passam na paisagem com grandes olhos glaucos ou pequenos aparelhos visuais de múltiplas facetas que nos figuram gigantes, minúsculos, detalhados, incolores, abrilhantados de mil maneiras diversas, estriados, zebrados, ondeados.

Nós consideramos a paisagem, no conjunto e nos detalhes, ela nos considera como uma paisagem.

Estamos dissolvidos nela e em sua variedade.

Nossa pele varia como uma cauda de pavão, embora não tenha plumas, que até parece que vê. Ela percebe confusamente em toda o espraiado de sua superfície, vê, clara e distintamente, pela singularidade superaguçada dos olhos. Por todo canto ela tem espécies de ocelos vagos. A pele forma bolsas e pregas, neste embrião ela se afina, eis o olho, em todo canto ela dilui as evidências ali concentradas, apenas ocelada. Faz um buraco, um leque debruado, plissado, perfurado, semi-ovalado, eis a orelha onde o ouvido se condensa, de todo canto, tímpano, tambor, ela ouve amplamente e menos, mas ouve sempre, vibrante, como auricular. Nossa pele se assemelha às dos jaguares e das panteras, das zebras, mesmo que não tenhamos pêlos. O desenho dos sentidos desdobra-se nela, salpicado de centros surdos, constelado de marcas; a pele forma uma variedade de nossos sentidos misturados.

A pele, tecido comum com suas concentrações singulares, desenvolve a sensibilidade. Ela estremece, exprime, respira, escuta, vê, ama e se deixa amar, recebe, recusa, recua, eriça-se de horror, cobre-se de fissuras, rubores, feridas da alma. As doenças mais instrutivas, os males de identidade afetam a pele, formam tatuagens que escondem tragicamente a sarapintura de nascença e de experiência. Pedem socorro, anunciam a miséria e a fraqueza; seria preciso aprender a ler como em livro aberto a escritura dos deuses em cólera na pele de suas vítimas. O abecedário da patologia está gravado no pergaminho.

Os órgãos dos sentidos formam nós, lugares de singularidade em alto relevo neste múltiplo desenho plano, especializações densas, montanha ou vale ou poços na planície. Irrigam toda a pele de desejo, de escuta, de vista ou de odor, ela escoa como água, confluência variável das qualidades sensíveis.

Interior ou exterior, opaca ou transparente, macia ou rija, decidida, presente ou paralisada, objeto, sujeito, alma e mundo, vigilante ou guia, lugar aonde chega o diálogo fundamental com as coisas e com os outros e de onde ele brilha, a pele transmite a mensagem de Hermes e o que nos resta de Argos.

SUTIL

Já não sabemos por que chamamos sutis uma coisa ou um sentido aguçado, fino e suave. Perdemos sua memória ou o segredo.

No museu de Cluny, seis grandes tapeçarias que vieram do Chateau de Boussac receberam o nome coletivo de *A Dama e o Licorne.* Elas apresentam ou ilustram os cinco sentidos.

Cada cena tem lugar numa ilha azul e oval. Bem definida e fechada, a ilha é salpicada de moitas em flor. Encerra o grupo: uma ou duas mulheres, a principal e a acompanhante, dois animais maiores, o licorne e o leão, três ou quatro árvores sólidas, pinheiro, azevinho, carvalho, laranjeira de ramagem carregada de frutos, uma multidão de pequenos animais, macacos, leõezinhos, garças, pegas, mangustos, guepardos... mais um objeto específico, espelho para a vista, positivo para o ouvido, bomboneiras para o paladar, travessa ou cesta de flores para o olfato, o tato não tem coisa própria.

A ilha de cada sentido destaca-se sobre o fundo vermelho, laranja ou rosa. O fundo, também, é juncado de talos, folhas e flores e entremeado, também, de animais.

O equilíbrio da abertura ou do fechamento ou o destaque de um sobre o outro é obtido pela cor e pela densidade. Fauna e flora — a vida —, concentram-se na ilha e se diluem no fundo, como se a tela dilatasse a cena ou recebesse dessa fonte densa uma nuvem animal e floral mais leve. Impressões mais fortes e mais quentes no alto onde crescem as árvores com suas excrescências azuis caindo sobre o vermelho, difusão esparsa, menos compacta e mais fria no meio.

Exatidão e fidelidade do traço: cada órgão é desenhado como uma ilha, olho, orelha, boca, nariz; abundante, espessa, condensada de sensações, a pele exibe seu pano de fundo e recebe desses centros ardentes aquilo que marca mais frescor em sua tatuagem. A ilha se tece de tela, da mesma textura de seu fundo, o órgão se franze de pele. Nota-se, na cena, que somente o tato não precisa de instrumento especial, a pele torna-se, ao bel-prazer, sujeito ou objeto.

Uma bela e simples pergunta está colocada na sexta tapeçaria, a única que tem uma cártula com dizeres. Nós temos cinco ou seis sentidos? O pensamento escolástico sabia dividir, na Idade Média, nosso *sensorium* em externo e interno. O ouvido, a visão, o tato, o olfato e o paladar eram considerados externos. De fato, o espelho mostra o pescoço e a ganacha do licorne e não o rosto e o colo da mocinha que vai dizer seu desejo, a imagem do animal e não a do sujeito; a bomboneira oferece à boca o gosto das guloseimas: como este sentido permanece fraco e rudimentar, a ilha acrescenta aí um caramanchão, uma treliça por onde sobem as roseiras, para mostrar quanto os odores contribuem para este exercício ou este ensaio; a coroa ou o colar mistura os cravos ao odor das rosas pelo duplo sentido da palavra buquê; a mão acaricia com delicadeza a haste rígida ou o chifre ereto; o ouvido escuta os tubos que vibram sob a ação dos sopros; trata-se do mundo exterior, flores ou doces, bicho ou música, madeira ou marfim, a mulher não vê nem ouve a si mesma, não sente seu cheiro nem se toca. Falta justamente um sexto sentido para fazer o sujeito se voltar sobre si mesmo, e o corpo sobre o corpo, sentido comum ou sentido interno, faltava justamente uma sexta ilha: ilha duplamente fechada pelo corpo próprio.

Uma tenda representa esse interior, a intimidade do corpo, e começa a construir o corpo comum dessas mulheres diferentes, uma, toda odor de rosa ou de cravo, a outra, trêmula de harmonia, a terceira repleta de imagens graciosas, uma outra, toda açúcar e mel... o pavilhão encerra a soma delas.

Mas a tenda é feita de um véu azul, azul como todo órgão insular, e além disso, entrelaçado, drapeado, cheio de pregas, colorido. Cada ilha é plana, fechada, mas aberta para o espaço, sentido externo bem definido, entregue aos acontecimentos do mundo. O novo pavilhão azul fecha-se duplamente: no oval e no espaço; fecha-se sobre si. E vela-se de panejamentos.

Toda a descrição é válida para a tapeçaria e para o corpo, indiferentemente. Cada órgão dos sentidos, insular, forma uma singularidade densa na planície cutânea, diluída. A ilha é tecida com a mesma tela que tece o fundo, cada órgão dos sentidos invagina-se na mesma pele, espraiada por todo o redor. O sentido interno drapeia-se em sua tenda, novo véu, nova tela, mesmo tapete e mesma pele, o sentido interno vela-se de pele.

O tato parece predominar, reunir o sentido comum, soma dos cinco sentidos, com que tece a tenda. Único então, já não exigia instrumento nem objeto específico, espelho ou positivo, nem flor nem confeito. Aliás, antes de cheirá-las e reuni-las em guirlandas, a mulher toca as flores e as distingue entre o indicador e o polegar, a mulher da visão segura o cabo do espelho com a mão direita e, com a esquerda, acaricia o pescoço do licorne, a do paladar oferece o poleiro de seus dedos a uma ave, como na arte da falcoaria, a do ouvido toca o teclado do órgão. A mão serve cinco vezes de fator comum, o sentido comum prepara-se nela.

O tato vai predominar. Com sua grande pata, o leão vira e levanta o pano da tenda, com seu casco ferido, o licorne levanta e vira a bambinela de pano do pavilhão, com as duas mãos, a mulher tira e enrola o tecido que parece cobrir, guardar, conter, ou envolver as jóias arrumadas no estojo, jóias preciosas quase discretas no cofre fechado, tateia a menina, tateia o animal, tateia o monstro.

O tato predomina. O pavilhão, sentido interno, ou corpo próprio, fecha seus véus como o corpo fecha sua pele. Véu ou invólucro abertos de portas erguidas, os órgãos dos sentidos externos. Por estas portas, vemos, ouvimos, sentimos os gostos e as fragrâncias, por estas paredes, mesmo fechadas, nós tocamos. O pano do pavilhão ou a pele do corpo podem se abrir ou fechar, o sentido externo continua salvo. O sentido interno veste-se de pele, esta, hermética ou vazada de janelas, forma sua tenda ou seu pavilhão, habitat ou tabernáculo.

O tato garante a abertura no fechamento: o corpo da mulher ocupa o espaço da bambinela aberta e fecha-o. Os panos, os véus da tenda, em parte descoberta, vão recair ou fechar-se sobre a mulher-soma, sobre o sentido comum, clausura de seu exterior.

O tato predomina pela equivalência do véu, da tela, e da pele. Sua paleta mistura as flores, as frutas, as folhas, as aves e os bichos. O mundo é impresso sobre esta roupa de cera que nos contorna e nos reveste, que agora nos oferece um habitat íntimo. Fator comum a quatro sentidos externos, sentido aberto e fechado por si só, protege o sentido interno e começa a construí-lo.

Toda a descrição vale para a tapeçaria final e para o corpo da mulher e o sensório em geral. O pano da ilha é tecido com a mesma tela do pano da tenda e da tela de fundo. Entretanto, a queda do véu ou da roupa cutânea envolve uma novidade, suas tatuagens diferem. À disseminação, densa ou ampla, mas caótica, das flores de pele, o pavilhão opõe uma geometria ordenada, constelada de línguas de fogo regulares.

A tenda abre-se e fecha-se, tal como o estojo, duas caixinhas pretas. Preta ou branca? A luz clareia o interior do pavilhão, é sombreada na face interna da tampa do cofre. Branca e preta. Sabemos, não sabemos. O leão, o licorne abrem ou fecham a tenda, a acompanhante está prestes a fechar o cofre? Não sabemos, sabemos.

Nosso corpo se cobre de pele, fecha-se sob ela. Ela se abre para os sentidos. Ela se fecha para o sentido interno, mas continua um pouco aberta. O tato ainda predomina, ele conhece bem essas vizinhanças de branco e preto, de abertura e de fechamento.

A sexta tapeçaria constrói o corpo: o corpo feminino? Nenhum macho no museu de Cluny, nenhum macho no céu.

O tato, portanto, tem a virtude de encerrar, de desenhar um interior. Na tapeçaria que o representa, o leão traz, como sotoar, o escudo seguro por uma faixa, o licorne igualmente, um macaco está preso por uma coleira acorrentada a um rolo, como o cachorro, a hiena e o mangusto são contidos a correia curta, o outro macaco está preso por uma cincha, sim, o tato rodeia e cinge, como devia ser demonstrado.

Não vamos desprezar o rolo: a impressão. O rolo imprime sobre o mundo exterior, tal como o colar impressiona a pele do pescoço. Perfeitamente dito, perfeitamente demonstrado, perfeitamente escrito.

Todas as tapeçarias estão caladas, salvo a última.

A mulher da visão abaixa as pálpebras, o licorne contempla sua própria imagem no espelho, e o leão volta para nós seus grandes olhos abertos: visão propriamente animal. A mulher com o colar de flores contenta-se, a distância, com o tato, o macaco cheira uma rosa: olfato propriamente bestial. O macaco, ele de novo, traz a guloseima na boca enquanto a mulher, distraidamente, com o rosto desviado, só faz tocar, como que distante, os confeitos da bomboneira: paladar ainda animal, o leão estira a língua. A jovem da audição toca e não canta, ouve, forma uma mensagem sob a voz, uma harmonia branca ou livre de qualquer sentido, anterior ao sentido da linguagem. As mulheres componentes, entregues cada qual a um único sentido, mantêm-se a distância da língua, dir-se-ia que deixam suas experiências à pura animalidade, incapaz de falar. Os sentidos externos partilham o mutismo com a flora e a fauna, com alguns objetos.

A mulher resultante, tendo construído seu corpo ou erguido a tenda, tem acesso à linguagem que coroa o pavilhão fechado-aberto do sentido interno impresso em língua de fogo.

Os sentidos externos, primitivos, estão entregues às folhas e aos ramos, aos coelhos, às garças, às raposas, ao jovem licorne sem corno, ainda sem defesa contra os venenos, eles têm o status selvagem do tomilho, da cabra ou do azevinho. Balindo, acariciando com a asa o ar tênue, cheirando, sentindo gosto, elegantes de formas ou de cores, sem dúvida, mas mudos, mudos como os bichos selvagens ou os galhos de árvore. Abertos, entregues ao mundo como uma ilha rasa, ao mar. Cambiantes também, porque misturados, cores de matizes indefiníveis, buquês compósitos, gostos carregados de fragrâncias variáveis, tato fremente de sentido. Mergulhados no variável e na mistura, tatuados. Múltiplos também, espalhados, disseminados ou salpicados, nunca únicos. Os sentidos caóticos e turbulentos jamais atingem a unicidade, a conservação, nem a identidade. Donde essas tapeçarias ornamentadas com todas as coisas do mundo.

O sentido interno fala enfim e pela primeira vez, a tenda imprime-se de linguagens ardentes e coroa-se de escritura. A linguagem advém.

O pavilhão é aberto e fechado, preso ao interior, voltado para o exterior, a mulher fica na porta e vira-se para fora, atenta, o corpo se dá ao dado, é preciso escrever o dativo: A.

Definida pelo fechamento do espaço, fechada sobre si, a tenda, um pouco aberta, descobre-se a si mesma, o corpo pode escrever ou dizer: MEU. Meu corpo, minha pertinência, que faz como que um círculo e volta sobre si.

O pavilhão, monadário, ergue-se isolado na ilha, fechado, aberto, descobre-se único, o corpo pode dizer ou escrever: SÓ.

A pertinência solitária se dá a si e ao dado.

O corpo, denso e azul, arde de línguas esparsas, vazio como a tenda, abandona suas jóias e lamenta sua ausência: DESEJO. Este termo, no final do século XV, guardava mais de latim, mais de saudade, do que adquiriu de sentido contemporâneo, de cupidez.

Abandono minhas jóias, as que meu corpo carregava, as que meus corpos parciais exibiam quando viravam odor de rosa, frêmito de sons, simulacro de espelho... Eu as carrego e as fecho no estojo, lamento-as. Tenho a nostalgia de um mundo perdido, esse paraíso perdido, ilha entre dois mares, onde os sentidos cintilam como um lago de gemas. Agora eu falo e me abrigo sob a tenda da linguagem ou da escrita, este tabernáculo se fecha, suas bambinelas descem, habito agora a prisão de minha língua, e o cofre se fecha. Isolado sob os véus das línguas de fogo e sob o coroamento da cártula escrita, o corpo chora o mundo que deixou, a mulher lamenta as jóias que abandonou, a beleza dos cinco sentidos jaz na caixa-preta enquanto dormimos sob a pintura azul gravada a fogo.

A pertinência solitária, dada a si mesma, já não se dá ao dado a não ser com a língua, ao dito ou ao ditado.

UNICAMENTE MEU DESEJO

Eis a primeira frase, a proposição original, primeira, tão original quanto a falta que uma moça cometeu outrora na ilha-paraíso, tão original e permanente quanto ela, eis as primeiras palavras advindas do corpo quando se torna ao mesmo tempo interior e falante, envolve-se em chamas e imprime-se já de signos, quando a pele-tapeçaria ou a pele-pavilhão já não traz sobre si lilases ou guepardos, mas uma geometria e letras, eis a frase que faz deixar o mundo e abandonar os colares, que exclui os coelhos e as cabras e que nos expulsou do paraíso, eis as palavras que fazem os sentidos se isolarem dentro de uma caixa-preta. Jamais desejaremos nada senão sua reabertura.

A mulher soma despede-se do mundo, toma o véu sob a tenda da linguagem.

Eis o primeiro *cogito*, o mais entranhado embora mais evidenciado do que o *cogito* de quem pensa. Eu sinto, senti; eu vi, ouvi, saboreei, cheirei; eu toquei; eu toco, fecho-me em meu pavilhão de pele; ele arde de línguas, eu falo; falo de mim, de minha solidão e da saudade dos sentidos perdidos, choro o paraíso perdido, lamento a perda daquilo a que me dava ou do que me era dado. Desde que assim está escrito, eu desejo. E o mundo se ausenta.

Eis a primeira proposição escrita de maneira redonda, num círculo bem fechado, filosofia primeira, identificadora, estável e unitária. Meu desejo se identifica ao escrito, só existo enquanto língua. O princípio de identidade se fecha e fica cego aos sentidos instáveis, múltiplos, misturados, escondidos no cofre, invisíveis da tenda.

A moça, tendo depositado seus arrependimentos, vai-se voltar, vai entrar para sempre no tabernáculo da linguagem. Nós o habitamos com ela, desde sempre, não saímos dele, não vimos, não conhecemos nem compreendemos a tapeçaria de Cluny.

Não posso dizer nem escrever sobre o tato, nem sobre sentido algum. Habito a tenda coroada pela cártula e vestida de linguagens. Os que se acham dentro da tenda, comigo, demonstram rigorosamente que ninguém jamais pode sair dela. Não encontrarão, dizem eles, nenhuma linguagem para dizer ou escrever as coisas, flores, frutos, aves e coelhos, sons ou formas, gostos e odores, para escrever ou dizer o mundo antes da emergência da linguagem. Não encontrarão mais que uma tapeçaria no museu de Cluny. Estão enclausurados. Eles têm razão. Não posso escrever nem dizer as cinco tapeçarias, pois, se digo ou escrevo, falo apenas da sexta. A língua original aconteceu, nada podemos fazer.

Dizem que o chifre do unicórnio protege dos venenos. Basta reduzi-lo a pó, misturar ou dissolver este pó em uma beberagem e ingeri-la, para estar imunizado contra as farmácias nocivas. O licorne livra das drogas.

Um dia eu falava para um auditório, atentos ele e eu, em um palanque de conferência. Súbito, uma vespa me picou no lado interno da coxa, a surpresa somou-se à dor aguda. Nada na voz ou na entonação denunciou o acidente, e o discurso foi concluído. Esta recordação exata não pretende alardear uma coragem espartana, mas indicar apenas que o corpo falante, a carne plena de linguagem não tem muita dificuldade em continuar na palavra, aconteça o que acontecer. O verbo ocupa e anestesia a carne, até disseram, escreveram que ele se fazia carne. Nada insensibiliza mais a carne do que a palavra. Se eu estivesse olhando alguma imagem, ouvindo o som saído do positivo, cheirando uma grinalda de flores, provando um confeito, segurando um bastão com a mão fechada, o aguilhão da vespa ter-me-ia arrancado gritos. Mas eu falava, em equilíbrio dentro de um sulco ou de um claustro, no interior da couraça discursiva. Querem drogar profundamente um paciente? Levem-no a falar com paixão e ênfase, peçam-lhe que fale dele, só dele, só do desejo dele. Ei-lo intoxicado de palavras sonoras, a vespa já não pode com nele. Falamos para nos drogar, militantes como egotistas.

Procuramos a farmácia, o animal fabuloso que pode nos libertar da droga mais forte, a linguagem. A tapeçaria de Cluny encontrou.

O leão e o licorne erguem os véus ou panos da bambinela, a dama sai da prisão das línguas de fogo, retira da caixa-preta de tampa aberta rios de gemas: elas escorrem da caixa como a mulher se liberta, nascente, dos véus. Depois, acompanhada do animal fabuloso, ela visita a ilha-paraíso entre as laranjas e os guepardos, o mesmo mundo dos cinco continentes ou aspectos, e participa do banquete das coisas, para a nossa alegria e a dela.

Sempre acompanhada do licorne, incluso no nome... o fabuloso jamais a abandona: histórias, poemas, mitologias; para terem acesso às próprias coisas, deixem a língua flutuar.

No ofício do tapeceiro os fios da trama passam sob os fios da malha quando a laçadeira corre. Assim, o sentido vai se enlaçar ao tecido, como a melodia, às vezes, à carne sonora, e a profundeza dos pensamentos às vogais. A resplandecência que as figuras e as cores dão enfim à tela trabalhada corresponde a mil elos e nós atrás dela, acontecimentos *sob a tela* que obscurece ao esconder as raízes do adjetivo sutil. Os segredos da tapeçaria se entrelaçam por debaixo.

Eis o segredo do licorne, o dos cinco sentidos, sutis. A pele está pendurada na parede como um despojo, virem do avesso esse despojo, tocarão as redes nervosas e os nós, toda uma selva dependurada e arrancada, sob um painel eletrônico. Os cinco sentidos se entrelaçam, se amarram, sobre e sob a tela que formam com tecelagem ou nós, tranças, bolotas, passagens, desníveis, voltas e contornos, corrente ou dormente. A pele compreende, explica, expõe, implica os sentidos, ilha a ilha, sobre o fundo; os sentidos estão no tapete, entram na tecelagem, formam a teia assim como são formados por ela. Eles povoam a pele, passam por baixo dela e, em cima, vêem-se flores, bichos animais e ramos de sua tatuagem, olhos que constelam a cauda do pavão; atravessam a epiderme até os segredos sutis.

Revelado a nossos olhos desde a Idade Média, o enigma do licorne pode ser lido, sem representação, como o segredo da sutileza: o domínio tácito do tátil.

VARIAÇÃO

O nu de Bonnard, dos cosméticos, o jardim das cem cores mostram telas, peles, aparências variadas. Consideremos o sentido da variação. Variado quer dizer múltiplo: mil matizes e tons, mil formas ornamentam a tatuagem da mulher e a exuberância floral do parque. Assim como o despojo, o farrapo cutâneo de Argos pan-óptico depositado, quando ele morre, na cauda do pavão, salpica-se de ocelos variados: a pavana não soa monótona, o leque de plumas cintila, multicor. Enfim, a ilha sensorial azul como a tela vermelha de fundo rodeia a dama e o licorne com flora diversa e fauna variada: sem uniformidade, ao contrário, reinam diversidade, abundância, proliferação, o número e a diferença.

A campina se enfeita de flores e ervas: as touceiras no solo e os fios na tela se justapõem. Diremos primeiro da variedade discreta ou distinta. Os frutos das laranjeiras estão bem destacados das bolotas do carvalho e dos botões de rosas, como as cabras dos leões. A pele do nu é tatuada de maneira desigual: a mulher corou, quem sabe com o odor das rosas, mas, ao mesmo tempo, se emocionou com muitos outros pudores e carícias. Os traços e marcas de todos os sentidos se misturam, diremos a variedade contínua, diremos sua pele variável. A mulher varia a toda hora como o céu e o tempo. Ao lado da dama do museu de Cluny, o licorne também mistura uma barba de cabra, um corpo de cavalo, estranhos cascos fendidos e um chifre de narval. A variedade na tapeçaria, discreta e contínua, não desagrada à mistura. Não sabemos se o animal da lenda simboliza a mescla dos sentidos ou a mistura que os sentidos nos levam a perceber, mas o certo é que o monstro, por si mesmo, varia. Assim, a cauda do pavão, sedosa ao tato, parece ver, foi morta pelo ouvido, três sentidos esparsos sobre o leque, misturados.

Todo o precedente e o que vai se seguir é o mesmo que variação sobre a idéia de variedade.

Nossa pele poderia ser chamada de variedade, no sentido preciso da topologia: fina folha de pregas e planos, salpicada de acontecimentos e de singularidades, sensível às vizinhanças; discreta quando a perfuram, constantemente olhos, pan-óptica, mas também contínua quando tatuada, tal como a mulher nua em seu espelho, na realidade compósita como o licorne.

A fábula, uma vez mais, diz verdade. A mulher total ou o corpo concluído, o sentido interno ou comum, a tapeçaria soma ou sexta, a pele da tenda final, na espécie vocês e eu, apresenta-se no fato, na vida corrente, na de vocês e na minha, sob a forma de um conjunto costurado, de um remendo. As circunstâncias da vida, trágicas ou oportunas, encarregam-se do trabalho assim como nossa boa vontade. A variedade da vista alinhavada na variedade do ouvido, cosidas com pontos largos e provisoriamente uma na outra e em cada uma e juntas na do paladar, na do olfato e na do tato, peça por peça, sem muita ordem, antes da construção definitiva que nunca chega, forma componentes que se vêem e brigam às vezes com a variedade resultante ou com a vizinha: nota-se a barba da cabra sob as narinas de um cavalo, surpreende-nos o pescoço eqüino sob o chifre do narval. Eis nossa gênese, nossa formação: trabalho apressado, sujeito aos acasos do tempo e aos descuidos de breves ocasiões, às vezes felizes por um encontro afortunado, construção açodada, mal amarrada, nossa pele se assemelha à quimera, com fragmentos mais ou menos mal colados, queixo adornado de pêlos estranhos ou quartelas mal adaptadas aos cascos. Nosso cultivo ou ambiente, a série de nossos genes reunida ao acaso fazem de nós mestiços bizarros, variáveis em um padrão globalmente estável. Nosso tempo não resulta em um sistema, ele corta e une um farrapo. Todas as mulheres diferem, diferem a cabra, a égua e o narval, todas as mulheres se juntam na mulher da sexta tapeçaria, juntam-se a égua, o narval e a cabra, o licorne faz a devida soma, a mulher veste a pele de bicho. Nós nos vestimos todos de peles fabulosas que parecem esfinges enigmáticas. A pele varia, discreta, contínua, mal costurada, eriçada. Varia, atapetada, historiada, tatuada, lendária.

A construção do corpo próprio equivale à ficção do licorne.

O que aqui se descobre sobre a pele pode ser dito de modo mais geral. Ela é apresentada e vivida como uma variedade discreta, em ilhas separadas, mas também como uma variedade contínua em regiões ou estados mistos. Ela soma, adiciona essas duas espécies de variedades: mistura ou justapõe o justaposto ao misturado. Chamamos variável o que daí resulta.

Os sentidos variam, o que sente e o que é sentido variam. Confrontar seus desempenhos com critérios de falso ou verdadeiro parece, portanto, injusto: primeiro é preciso pensar o variável.

A variedade cavalo aproximada da variedade cabra e a ela misturada produz um monstro muito banal que justapõe e mistura os lugares, vimos produtos de tigres e leões, ligres e tiglões, assim denominados conforme a espécie do macho ou da fêmea. Reclamamos da manipulação genética. Mas toda gênese presta-se a uma tal manipulação, todo indivíduo, todo organismo pode se considerar esfinge ou licorne, quem teria a ousadia de se dizer, não-mestiço, rigorosamente? Ali, na ilha azul ou na planície vermelha, vemos um coelho, um guepardo, uma garça voando, a identidade que vocês lhes dão marca sua ignorância: cada um nasce de um cruzamento, confesso saber muito pouco sobre a variedade dos roedores, das pernaltas ou das panteras, quanto à questão da hibridação. A tapeçaria, ó maravilha, só exibe cruzamentos, como poderia ser tecida de outra forma?

Temos de pensar uma idéia difícil que a identidade faz estremecer. O licorne é, não é, ao mesmo tempo, no mesmo lugar, na mesma relação, cavalo, cabra, narval. Uma vez mais, o mesmo pode ser dito da cabra, do narval e do cavalo. Eu o disse da pele, da sensação, variável e mista, do organismo engendrado ou do próprio corpo acabado. Construção heteróclita, apressadamente colada com esparadrapo, digo-o também de mim. Sou e não sou isto ou aquilo, aqui e agora, na mesma relação. Quem não sabe isto, mestiço de seu próprio pensamento? Quem não pensa isto, híbrido de existência? Ondulante, diverso, variado? Não sinto nem sei isto ou aquilo, aqui e agora, na mesma relação. Mas, se devo dizê-lo, então devo senti-lo ou sabê-lo, positivamente. E mais, se o afirmo ou escrevo, eu o sinto ou o sei ou o sou com certeza.

Eu, aquele que sente, licorne: com o corno espetado no meio e tatuado em todos os lugares, com a identidade fluente.

De repente, sei por que o licorne só tem um chifre. A quimera de corpo diverso, de partes heteróclitas apressadamente coladas com esparadrapo, remendadas, perde sua identidade pelos rasgões dos farrapos. Seu afastamento do princípio de identidade a obriga ao fabuloso, à imaginação e à lenda, ela não pode caber em ciência nem sequer em língua. No entanto, sua identidade se realiza nesse lugar impossível, nessa excrescência cutânea que aponta no meio da testa. Só é licorne aí, e daí leva seu nome. Em qualquer outro lugar podemos dizê-la cabra e cavalo. Um pouco como podemos dizer esquerda ou direita para um animal ou um homem comum. Sem uma soldadura, sem uma costura no meio. Sem um períneo, como dizia Platão, que via aí um indício de alinhavo. Ora, uma quimera acusa as costuras, deixa-as demasiadamente à vista. Nesse meio onde a pele se solda, cresce, enorme, a própria pele, um chifre. Nem esquerda nem direita, nem mesmo direrda ou esqueita, exatamente no centro como o olho de Polifeno. O próprio conceito de quimera cresce ali, o próprio sentido de licorne, seu órgão impossível e característico, seu nome. Aí se realiza a mistura que lhe falta. Aí se realiza o sensível.

E, de repente, compreendo por que, segundo a lenda, ao dissolver esse chifre de licorne em um líquido e beber essa beberagem, imunizamo-nos contra os venenos. Para compreender o chifre único, é preciso compreender a mistura, fazê-la e bebê-la. Os sábios da Real Sociedade de Londres, que, em sua época, beberam, como experiência, uma solução do chifre de um rinoceronte e, por falta de conseqüências, concluíram pelo mito ou pela lenda, não compreenderam que haviam compreendido. A lenda significa simplesmente a mistura, e o chifre, a costura. Em compensação, a mistura sempre é dita só pelo mito ou pela lenda, como o sensível.

VEIRO

O príncipe procura uma rainha, o que fazer em um principado a não ser descobrir sapato na medida do pé dela? Mandou que tocassem tambor, quer ver todas as mulheres.

Ver? Ora vamos, um filho de rei que não tem discernimento, não sabe que ver esclarece muito mal? Um olheiro é de pouca valia. Não, ele pede que as candidatas experimentem uma sapatinha de veiro, aí começa o mistério.

Um conto propõe com freqüência dois enigmas, o das coisas ditas e o da narrativa; o que a esfinge, por exemplo, propõe a Édipo e ele resolve, e depois, o que o mito propõe a quem o ouve e que fica muito tempo sem solução. É preciso compreender que o nome Édipo significa que ele conhece pé, que ele sabe ou pode resolver tudo o que diz respeito ao pé. Assim, a narrativa explica o enigma e prevê a solução. Da mesma maneira, o príncipe resolve a questão: a sapatinha de veiro pertence à Cinderela; como reina e tem os meios, seu método custa o mais caro possível, ele faz um levantamento tão completo das mulheres até estar certo de não omitir nenhuma. Resta o enigma da narrativa: por que a sapatinha é revestida de veiro, por que dizer esta palavra veiro, assim como, há pouco, dar o nome de Édipo ao decifrador do enigma?

O que dizer, a princípio, de uma sapatinha? De passagem, considerem, por favor, um livro de filosofia que finalmente coloca questões sérias — o que dizer, digo, de uma sapatinha? Ela veste o pé docemente, como uma bolsa invaginada, prega reversa, espécie de gorro ou dedo de luva, a gente sente a forma, tenda aberta ou fechada, feita pelo tato e para ele, pele sobre pele em lugares onde ela sofre, doentiamente sensitiva. Que chefe, que líder de entendimento afirmaria que a suprema delicadeza dos sentidos reside nos pés? Diria que nada está em sua cabeça sem que tenha estado primeiro em seus pés? O príncipe, contudo, começa por aí. Tão humilde, Cinderela começou como *Cucendron*.[3]

Toquem a sapatinha de veiro, acariciem o pêlo doce, macio, quente. Uma camada alta, rala, de longos pêlos grossos, protege uma outra cama-

---

[3] *Cucendron tinha conotação mais pejorativa do que Cendrillon* (Cinderela), ambas palavras inventadas a partir de *cendre* (cinza, fuligem). (N. da T.)

da densa de pêlos finos e baixos, toda a pele mostra e vela uma igual propriedade dupla. A pele do pé se abriga sob uma pele que se abriga sob uma outra: quádrupla, quíntupla variedade.

Não acreditem na sapatinha de vidro[4]: má palavra, privada de sentido, calçado pouco adequado à dança, sólido, quebradiço, duro, frio, transparente. O vidro é visto e se deixa ver, claro e distinto, o veiro é tocado e se esconde, macio, não duro, mole, não denso, admirável ao contato e suave, aveludado, acariciante, ao olhar, deixa livre o pé que dança. Vejam ainda o veiro: de cor pouco homogênea, branco e preto, não preto e branco distintos ou separados, mas em tons um tanto misturados, não cinzento, porém, exatamente petigris, de matizes atenuados, acinzentado. Na língua da peleteria ou na das peles de brasão, o veiro é assim denominado por ter uma cor variada.

Mas o príncipe não descobre, no sentido usual, a pobreza, ele não desvela Cinderela sob os andrajos ou o vestido de baile que deixam ver a espaços seu corpo adorável: os andrajos já exprimem às maravilhas a nudez ocelada. Não, o príncipe descobre sua rainha, sentada quase nua no meio das cinzas, quando recobre seu pé com a sapatinha de veiro. O reconhecimento é operado no tato, não na visão, pela estereoespecificidade do que se adapta. A sapatinha vem exatamente ao contato, sem excesso nem falta, na mais justa medida. A pele precede o olhar no ato de reconhecimento, o veiro supera o vidro, trata-se de um conto de fadas ou de uma epístola sobre os cegos? Ou de uma palavra de amor verdadeiro na carícia reconhecedora?

O veiro designa uma cor variada, uma pele macia e dupla, uma sapatinha que deixa graus de liberdade ao pé para dançar, um calçado variável.

Uma sapatinha de vidro, constante e rígida, exigiria um conceito fixo e rigoroso, válido para um mundo estável: justa medida de um pé que não cresce, não anda, não corre nem valsa. Mais vale uma sapatinha flexível para um mundo onde os ratos se transformam em lacaios, onde as coisas redemoinham sob a varinha mágica da madrinha, onde os cavalos, irreconhecíveis, transubstanciam-se em lagartos, para um ambiente variável.

[4] A semelhança de pronúncia entre *vair* (veiro) e *verre* (vidro), fácil de ocorrer na tradição oral dos contos de fada, pode explicar tal transformação. (N. da T.)

O mundo, na vizinhança da cinza, varia: encantamento onde as abóboras viram carruagens e, depois da meia-noite, voltam a ser cucúrbitas, alquimia que transforma os trapos em crinolinas; a criada vira princesa, milagre. Do lado do senhor príncipe, as coisas, invariantes, continuam tais como são; o mesmo quanto às outras mulheres, madrastas ou hipócritas, assim seguem o baile e a sociedade, ali, justamente, nada muda. Do lado de Cinderela, elas flutuam, volúveis.

A aliança entre a fada, que as transforma, num instante, e a vítima oprimida não encontra motivação apenas no ressentimento ou no sonho impotente do perseguido. Aquele ou aquela que é excluído ou maltratado concentra em si o poder de metamorfose ou de apoteose, a sociedade o considera como pestilento e, de súbito, o adora como a um deus. É o que se vê comumente desde a aurora da história. O lar ou a madrasta escorraçam a menina pobre e coberta de cinzas como, outrora, responsabilizavam o bode expiatório pelas sujeiras e pelos pecados do mundo, esse lar representa a antecâmara dos palácios. Estes dois valores, miséria e glória, opressão e realeza, homicídio e poderio, rocha Tarpéia e Capitólio, estes dois valores ou posições, vizinhos embora opostos, distinguem comumente todas as histórias em que o sagrado passeia. Duplo mundo, não maravilhoso, mas comum, da antropologia, da política e da religião, ele é a fonte delas. A vítima e o príncipe só se separam com as doze badaladas da meia-noite ou o toque da varinha.

Mas o conto de Perrault quer dizer mais ainda. Traça o caminho de um valor a seu dual, do valor cinza ao valor ouro, do lar ao palácio, de uma fonte à outra, do lugar onde o poder nos oprime ao lugar onde ele nos pertence, escreve o caminho da variação. Todo século busca então a mesma rota: a distinção entre o bem e o mal, o falso e o verdadeiro, o claro e o escuro, o poderoso e o miserável, nunca traz problemas muito temíveis, nós a fazemos quase naturalmente. Todas as nossas raivas nos levam a ela, todas as nossas violências nos obrigam a essa divisão, racional, digamos, ou sagrada. Mas o caminho de uma dessas posições à outra, mas o *continuum* que as une ou o fosso que as separa levantam uma questão bem mais temível para a qual não estamos preparados, nem por nossa cultura nem por nossos ressentimentos. Então todo século busca o caminho da variação.

As coisas variam, volúveis. Surge sempre uma encruzilhada onde a carruagem em que a gente roda fraqueja, de repente, e vira abóbora, para nosso desconforto, onde o ouro, entre os dedos, reduz-se à cinza. No entanto, um único objeto, entre essas aparências cambiantes, resiste à onda de instabilidade, a sapatinha. Soa a meia-noite, o luxo nobre desmorona-se na ignóbil banalidade, e o calçado continua a salvo da transformação. Não vira tamanco vulgar, como deveria. Uma sapatinha de veiro fica no palácio, refém do príncipe e testemunha, a outra volta para o lixo: existe uma invariante na variação, uma em cada mundo. Um chifre de licorne. Lugar da costura, lugar da mistura e do casamento.

Não atentávamos nisso, nem em ver as coisas, nem em ouvir a palavra. As coisas variam, a palavra o diz. O veiro designa o variado ou variável e, justamente, permanece invariante. Todo o segredo do conto está envolvido aí: o pé da bela eleita no calçado, assunto de rei, sentido sutil na designação, assunto de ciência. Toda a velha discussão sobre o vidro e o veiro, um transparente e o outro, véu, há muito tempo advertia que aí tinha dente de coelho. O vidro quebra, a pele varia. A raiz da palavra veiro reencontra o variado que é assunto nosso, a raiz da palavra variado, por seu turno, *varus*, genuvaro, claudicante, com um par de sapatinhas desparelhado, é assunto do príncipe. Ele procurava uma cambota, por ter sabido sempre que elas fazem amor às maravilhas. A caminhada claudicante vence o ímpar, o passo irregular soa então variado. Decididamente, não posso mais abandonar o único pé da Bela Provocadora, elemento estável ou invariante no quadro tigrado, zebrado, caótico e variado do pintor alemão, em Balzac, aqui eu o descubro como elemento invariante e variável, na coisa e no nome, como no enigma de Édipo.

A sapatinha envolve o pé na medida do pé. O pé designa a unidade da medida. A unidade, bem entendido, não deve variar, a sapatinha que envolve na medida exata marca a variação. A sapatinha de veiro, parâmetro, torna-se a variável. Ao mesmo tempo em que Perrault escrevia seus contos, Leibniz introduzia nas matemáticas e na mesma língua, francesa e latina, a noção de variável e dava a variedade como critério da realidade de um fenômeno. A variação exige que se pense ao mesmo tempo o estável e o instável, não o instável puro que não poderia ser verdadeiramente compreendido, mas o invariante na variação. Todo o mundo volúvel é referente à medida estável do pé, todo o caminho da mudança é percorrido por meio da sapatinha variável, outra bota de sete léguas.

Reencontramos o chifre do licorne, grossa excrescência de pele, síntese do chifre direito e do chifre esquerdo pulverizados e dissolvidos em um líquido, misturados, misturados em uma beberagem para que num mesmo lugar se situem ao mesmo tempo, sob a mesma relação, a esquerda e a direita, indissoluvelmente, reencontramos a impensável mistura. No chifre impossível a quimera consegue, enfim, a união preparada em toda a sua pele, por alinhavos imprecisos, por justaposições bizarras.

Assim a sapatinha de veiro. Flexível, mas específica, admissível para todas as formas, mas ajustável a uma só, única e volúvel, aberta e fechada, ela mantém o pé firme, mas permite-lhe dançar, obriga a pensar no mesmo lugar e ao mesmo tempo, sob a mesma relação, o estável e a mudança, o um e o múltiplo, a referência e a variação. Com toda precisão, o veiro designa a variável.

Nas mãos do príncipe, o sapato de baile dá entrada à princesa insubstituível, amanhã iremos às bodas da rainha: a chave única só abre uma única porta. Para nós, mergulhados na narrativa, a palavra veiro dá o sentido, a chave da língua: a que relacionar um sentido variante?

A visão sofre com a mistura e sua evidência. Mais facilmente ela distingue, separa, calcula as distâncias; o olho sentiria dor com o tato. Ele se protege e se afasta. A pele, flexível, adapta-se, permanecendo estável. É preciso concebê-la como variedade, como a sapatinha de veiro. Ela prende e compreende, implica e explica, tende para o líquido e para o fluido, aproxima a mistura.

BRUMAS

Gosto de viver na obscuridade, no sentido material como no moral — o homem de visão não goza de liberdade —, eu me exercito em ver no escuro. Geralmente a luz parece grosseira, agressiva, algumas vezes cruel; espera a noite, regozija-te com os crepúsculos, acende a lâmpada raramente, deixa vir o escuro . A noite brilha como um diamante negro, reluz por dentro. O conjunto do corpo vê a vizinhança próxima das coisas, a presença delas carregada de noite, sua tranqüilidade. Toda luminosidade viva as expulsa dessa paz, tira a minha. Meu corpo de sombra sabe avaliar as sombras, desliza entre elas, entre o silêncio delas, dir-se-ia que as conhece. Elas exaltam a mais fina atenção, revelam mesmo a finura, a pele toda vive. A luz negra é tão rara que quase tudo é feito sem o menor acréscimo de luminosidade, até caminhar por uma estrada em curvas, sem a lua. A planta do pé começa a saber mais, os ombros roçam os galhos, a pedra do córrego brilha serenamente. Podemos fazer quase tudo sem luz, salvo escrever. Escrever requer luzes. Viver se satisfaz com penumbras, ler exige a claridade.

A noite não anestesia a pele, ela exalta sua finura. O corpo se eleva ao buscar o rumo em meio às trevas, ama as pequenas percepções, em graus baixos: apelos tênues, imperceptíveis matizes, eflúvios raros, prefere-os a tudo o que estardalha. Aquele que vagueia no silêncio e na sombra ajuda o corpo a encontrar exercícios caídos há milênios no esquecimento e no desuso. As próteses técnicas datam de um momento tão recente da história que nossos ossos humilhados se entusiasmam quando voltam a desempenhar seu papel imemorial. Nossos tendões e músculos, nossa roupa cutânea cantam de alegria quando jogamos fora nossas pernas de pau, lâmpadas ou automóveis, muletas sensoriais ou motoras. Nossas técnicas geralmente custam uma ortopedia para um membro são, que, tão logo substituído ou alongado, como diz a teoria, cai doente ou impotente. Conservemos o que nos engrandece e desprezemos o que nos diminui.

Mas o mundo só oferece a noite ou a escuridão para enganar a habilidade do atento. Se a obscuridade nos envolve, ela não ataca a pele como faz a bruma. A angústia em que o nevoeiro nos mergulha não vem da cegueira apenas, mas do que ele provoca, por estratos, nos braços, nos ombros, coxas, ventre e dorso. Ele sobe. O que significa velar, como é que um véu recobre as coisas? A escuridão acorda os membros, eles correm, por si, em socorro dos olhos, intensamente presentes quando a visão se vela. Vela-se? A bruma adormece o corpo, impregna-o, anestesia-o, a pele perde a liberdade de socorrer o olhar hesitante. O nevoeiro tira nossos olhos de socorro, ele nos enfaixa ou nos encouraça. A bruma multiplica os véus, nunca vimos o véu da noite.

As trevas deixam invariante o grande triedro bastante estável que nos percorre e nos orienta, esquerda-direita e em cima-embaixo, mantêm a distribuição das grandes massas em torno. Deixam transparecer o pouco de luz que resta, e sempre resta alguma. A bruma tira os marcos e as relações que nossa pele mantém com os volumes vizinhos. É preciso ter atravessado um banco tão denso que perdemos o próximo que o cotovelo, no entanto, roça, para perceber que aí perdemos a confiança até nos instrumentos mais seguros. Já vimos aeronaves saírem das nuvens de cabeça para baixo ou navios que se perdem sob as ordens desarrazoadas partidas do oficial de serviço afogado em nevoeiro. Ele tira a potência da pele, sua extensão e seu domínio, invade os lugares canto a canto ou o espaço ponto a ponto, adere, cola nas superfícies planas ou reversas, preenche as pregas. Escuridão global, bruma local. A noite subitamente se arroja a grande distância e deixa o volume vazio, a bruma sobe e insinua-se e propaga-se lentamente de lugar a lugar, preenchendo ou contornando as vizinhanças. Noite vazia ou oca, nevoeiro cheio; trevas aéreas, bruma gasosa, fluida, líquida, viscosa, pegajosa, quase sólida.

A obscuridade concerne ao espaço óptico e mantém um volume euclidiano; a escuridão, como a claridade, permanece na ordem da geometria usual; o nevoeiro ocupa variedades topológicas, concerne ao espaço contínuo ou tirado do tato, invade o vicinal por pedaços. Acumula-se, denso, compacto, rarefaz-se, leve, evapora como um vapor. Assim a escuridão conserva os traços do mundo, a bruma os transforma continuamente por homeomorfismos, de perder distâncias, medidas e identidades. A gente conserva a certeza táctil de estar situado entre o comandante e o vigia, no passadiço aberto saturado de nevoeiro espesso, vizinhos fantasmas, como dizemos membros fantasmas, mas perde o sentido da grandeza, a forma dos perfis deles, os nossos pés como os corpos deles evaporam-se a distâncias incalculáveis. O escuridão deixa tudo invariante, a bruma torna tudo variável — continuamente e com ou sem rupturas

A Grécia seca ainda é o reino dos geômetras, nascidos lá, sob uma luz sufocante ou numa noite bastante vazia para que possam acreditar que é só erguer um véu para que a verdade, resplandecente, apareça. A óptica, também, começa nesses lugares. O Atlântico, úmido, tem bancos de bruma altos como falésias, de bojo amarelado, assim como o mar Báltico e outros do Norte. A topologia nunca teria surgido na Sicília nem na Jônia, onde tudo é conhecido em distância e medida; é preciso ultrapassar as colunas que fecham o Mediterrâneo para se conceber alguma idéia dela, entre os mares onde as distâncias banhadas em vaga neblina nunca dão certeza de estarem submetidas às mesmas leis da proximidade, ela própria deformável. Os véus são incontáveis ali.

A pele cola-se a uma mancha pérfida, a um retalho irregular, tela ou véu seguidos de mil outros diferentes, todo o ambiente perde sua invariância, sua confiabilidade, sua fidelidade. Falo de sensação, de cultura e de ciência, de filosofia. Ao preencher aleatoriamente o espaço, a bruma se assemelha ao mesmo tempo a uma mídia e a objetos, àquilo que cobre e àquilo que é coberto. A noite não trai, nem o escuro: uma coisa permanece uma coisa, velada ou não, visível ou não, em todo caso acessível ao tato. O nevoeiro trai, mobília todo o ambiente de coisas possíveis, objetos ou vapores, não nos decidimos. A noite inquieta a fenomenologia, a bruma perturba a ontologia. A escuridão confirma a distinção entre o ser e as aparências, a bruma a confunde. Coisa ou véu, ser ou não-ser, eis a questão.

O SENTIDO COMUM

A sensibilidade, alerta aberta a todas as mensagens, ocupa mais a pele que o olho, a boca ou a orelha... Os órgãos dos sentidos acontecem aí quando ela se faz doce e fina, ultra-receptiva. Em alguns lugares, em locais determinados, ela se rarefaz até a transparência, abre-se, estende-se até a vibração, torna-se olhar, ouvido, olfato, paladar... Os órgãos dos sentidos variam estranhamente a pele, ela própria variável fundamental, *sensorium commune*: sentido comum a todos os sentidos, que serve de elo, ponte, passagem entre eles, plano banal, parede-meia, coletiva, partilhada.

Trazemos na pele singularidades feitas de pele, dobradas, desenhadas, oceladas, grãos, espinhas, umbigos, inflorescências como espigas, complexas. O tecido plano ou reverso forma ilhas, bainhas, nervuras, plissados, franzidos, bufantes, enfeites costurados. A pele forma a tela de fundo, o contínuo, o suporte dos sentidos, seu denominador comum, cada sentido, proveniente dela, exprime-a intensamente à maneira e na qualidade de cada um.

Inversamente, ela recebe todos os sentidos juntos, planície de suas montanhas. Um pouco mais transparentes, um pouco mais vibrantes, mais concentrados, mais aguçados, mais altos em altitude ou em performance, os sentidos são mais especializados do que ela, e, em conseqüência, mais grosseiros. A pele irradia seu feixe, revela sua densidade, desabrocha, expõe as coisas que os sentidos põem em um lugar centralizado, dilui e dissolve. A planície é feita das areias que rolam de cada montanha, o leito dos rios, como o rosto, é feito da erosão das lágrimas e das rugas do riso. Nosso amplo e longo invólucro variável ouve muito, vê pouco, aspira secretamente os perfumes, estremece sempre, ao ruído, à luminosidade forte, ao fedor, recua de pavor, retrai-se ou exulta. Freme diante do branco e das notas altas, desliza suave, a qualquer carícia. As coisas nos banham dos pés à cabeça, a luz, a escuridão, os clamores, o silêncio, as fragrâncias, toda sorte de ondas impregnam, inundam a pele. Não estamos embarcados a dez pés de profundidade, mas mergulhados.

A sensibilidade refinada — normal — ama as mensagens densas, mas prefere as raras, alimenta-se vigorosamente em quantidade, mas deleita-se nos lugares de onde ela se retira e deixa apenas traços: qualidade, o doce começo, quase o sinal. Assim perduram na pele graus tênues de visível ou de audível, os claros-escuros e os sussurros; nela permanecem o invisível do visível, os inaudíveis da música, a surda carícia da brisa leve, os imperceptíveis, como restos ou marcas das altas energias duras. A suavidade do sensual povoa a pele.

Decido aqui, por outro lado, que os órgãos sexuais, reconhecíveis na pele, terciários como o ângulo do cotovelo, secundários como o ornamento piloso ou a tessitura das vozes, primárias, inomináveis pela ignomínia das palavras corriqueiras ou eruditas, são os órgãos dos sentidos, singularidades na planície comum, sítios notáveis, pregas, costuras, botões, bainhas ou botões, montes e fossas, fontes que irrigam toda a paisagem, como qualquer outra. Emitem e recebem, reconhecem e variam.

Certamente não tenho qualificação, competência nem saber de especialista para decidir assim. Mas lamento, como um homem decente, que hoje se fale dolorosamente da vida amorosa, no discurso que se presume erudito e também no linguajar usual, apenas pelo canal da patologia. Seria de pensar que é um drama, uma fatalidade ou um sofrimento. Assim nomeado, o sexo indica a doença da separação, da secção. O esgar patético ou patogênico desaparece quando os sentidos, reunidos nos sentidos, formam, de fato, juntos, singularidades da pele-variedade. Ela generaliza a carícia amorosa em emoção, divulga sutilmente o desejo, dilui a escuta ou o olhar até os traços raros. Traz marcas de uns e os sinais dos outros. A energia e a informação de uns como de outros. Os odores encantam o amor que o champanhe exalta, o amor brilha no meio dos cinco sentidos e torna feliz a soma de todos eles. Ele não conhece nenhuma zona separada, nenhuma especialidade.

O álcool incha, queima e usa a epiderme, deixa-a espessa e endurecida, dá aos que se drogam dele uma aparência de paquidermes pesados: homem-elefante ou mulher-mamute que rolam sob anestesia. Vinda do Norte, a palavra francesa *blaser* descreve primeiro essa couraça insensível: mestre Blazius, douto estúpido pra burro, discursa muito e bebe fresco, tornou-se indiferente à custa de palavras e vinhos medíocres. O retórico *blase* [caleja] sua pele.

No ano de 1692, no decorrer do mês de julho, Leibniz publica no *Journal des Savants* uma breve conjectura, boa e má, falsa e verdadeira, enfim, bastante profunda, sobre a origem da palavra *blazon* [brasão] e *blaser*, que significa, tanto em celta antigo como em saxão, uma marca. Ou, então, o que marca um sinal. O autor cita o escandinavo e o islandês, as línguas populares e o jargão, grego ou inglês. Supomos hoje que *blason* e *blaser* viriam juntas do neerlandês estufar. O nobre usa o escudo e o ignóbil exibe a pança de pele gasta, estufada de álcool ou de importância, quando não de ambos. Mas por que separar os dois valores: brasão e pele endurecida se confundem: espécie de calo.

Leibniz aproxima ainda o francês *blesser* do inglês *bless*, em ambos os casos, marcar com um sinal, infamante, doloroso ou abençoado e benéfico, dois valores para quem o recebe, marcado por um sinete benfazejo ou mortal, às vezes pelos dois, ao mesmo tempo. O grego *blaise* significa genuvalgo, o inverso de genuvaro: o que tem os pés voltados para fora. Pobre Blaise, marcado também pelos pés. Leibniz vai mais longe e afirma que pertencem ao mesmo grupo o *bleu*[5] e o *blanc* franceses, o *blot* inglês e o *blitz* alemão. Mancha, cores, raio cicatrizando o céu.

O barão e o alcoólatra, abençoado, ferido, o mestre e o escravo, rei ou vítima, designados pela glória ou pelo sacrifício, tabu, tatu, trazem o sinal, marcados pelo sinete. Mas por que extremar os valores? Todos trazem de fato uma marca e um nome, tatuados.

Claro, é preciso compreender que a língua do brasão codifica uma tatuagem prévia. A princípio, o escudo ou a couraça eram de peles. Mas também, parece-me, codificação prévia, até mesmo prévio ferimento, voluntário ou bênção, imposição do nome escrito ou dito, a tatuagem singular de cada um como primeiro sinal, a marca e o nome. Verruga, sardas, ruivo, cicatriz, pinta. Nascemos com o que a língua grosseira chama muito justamente de nosso *blase*[6]. Impresso na pele. O apelido pode vir das sobreimpressões que nossa história inflige.

Mas é preciso compreender mais ainda: existe uma obscura relação entre a denominação — marca, sinal, escarificação, escritura do nome próprio sobre o pergaminho pele — e a anestesia. A sarapintura volúvel exprime, pela mistura, o tempo e a história variáveis, esquece a identida-

[5] A língua portuguesa conservou blau, forma antiga de *bleu*, para designar a cor azul dos brasões, ou na linguagem poética. (N. da T).

[6] Tromba, nariz, focinho, cara. (N. da T.)

de. Se a fixarmos com um sinal estável, invariante, identificador, constante, fechado, então seremos *blasés* a tudo o que nos cerca. É preciso sentir ou nomear-se, escolham. A linguagem ou a pele, estesia ou anestesia. A língua endurece os sentidos.

O pernóstico latinizador e argumentador, barrigudo em sua burrice, droga-se de vinho e de belas palavras. Quartas impressões e tempo eu perdi marcando sobre a pele de papel tanta escritura codificada em uma espécie de heráldica? O chamalote instável de estrias misturadas sobre a pele daria melhor página. Não tenho código para ele, nem estilo, tento um decalque.

Será que meu avô queria fazer de mim um escritor quando ralhava: "Não roa as unhas, meu filho, como vai arranhar, delicadamente, suas namoradinhas?"

Peles de hipopótamos ou de rinocerontes, leucoma, proteção de guerreiros encouraçados impacientes por se lançarem nus nas batalhas, peles de quitina do *doryphore*, o besouro rajado com as armas sagitais, peles de soldados ou de drogados, o que sabem das coisas e dos outros? Peles sem portas nem janelas, cotas de malha, blindagem, o que sentem?

O que sentem, em carapaças de técnicas e de fórmulas, protegidos por uma linguagem exata, rigorosa?

Não, a guerra não é a mãe de todas as coisas. A batalha não produz nada, a não ser novas batalhas, donde sua fecundidade nula. Sim, a dialética se engana. Não errada no todo, com alguns sucessos de quando em quando, como exceção ou antiexemplo, mas sempre errada, invariavelmente, matematicamente errada. Peço que me mostrem uma única coisa produzida em e por um conflito, uma única, e me converto; que apontem uma invenção induzida pela disputa. Dou meus bens e meu tempo a quem quer que me faça ver aí um único sucesso. Como a batalha só produz a batalha, a dialética se reduz ao princípio de identidade, à repetição, à informação nula.

A dialética fez imenso sucesso. Como é possível que um erro tão grosseiro tenha invadido não somente a reflexão filosófica, mas também a educação? Quem entre o público põe hoje em dúvida essa idéia recebida da virtude da batalha, quem entre os anunciantes publicitários ignora que a palavra luta fascina? A geração jovem mamou a idéia da disputa junto com
o leite e chega à idade adulta pronta a destruir tudo pela crença na beleza

das guerra que não viveu. E quando ultrapassar essa idade e esses infortúnios vai se achar velha, como a geração que me precede, chorando o estrago de vidas perdidas. Terá esperado demais para ver o erro da dialética.

Nada se constrói, nem se faz, nem se inventa, senão na paz relativa, em um pequeno reduto de paz local rara, mantido no meio da devastação universal produzida pela guerra perpétua. A dialética deve seu sucesso apenas ao amor apaixonado dos hominianos pela briga. Eles se regozijam com o morticínio e a destruição, falam nisso apaixonadamente, arrojam-se unicamente a esses espetáculos. A maioria não sabe construir nem inventar nem produzir uma coisa ou uma idéia. Quer ganhar, quer lutar. Na escolha entre a obra e a batalha, contam-se os que hesitam, todos correm ao abatedouro, confundindo tolamente energia e agressividade. Adoram, pois, qualquer teoria que lhes assegure que a obra vem da batalha. Ainda que nunca a vejam comprovada. Ainda que toda obra só nasça de uma ilha improvável de silêncio e de paz.

Eu os chamo hominianos tanto essa conduta parece a dos primatas desengonçados em suas relações, drogados, corpos e bens, de dominação, que passam ou perdem o tempo garantindo que um ocupe o primeiro lugar, outro, o subcomando, e assim por diante, até o nível mais baixo na escala social. Os hominianos brigam para continuar primatas. Equilíbrio imóvel na cissura animal. A guerra é a mãe dos bichos. A batalha produz a sociedade dos macacos, que produz a batalha. O conflito estabiliza em nós a arcaica bestialidade. A dialética descreve a lógica dos antropóides. O homem nasce quando percebe o erro dela.

É o que acontece ao muito idoso, se sobreviveu a lutas, ouçam-no, o velho combatente que derrama suas lágrimas, que dificilmente se conforma com a vida perdida, que lamenta seu antigo furor de gorila de pele grossa.

O combate, político ou erudito, de linguagem e de corpo, a mãos nuas ou armadas, individual, coletivo e, portanto, a hierarquia, o poder e a glória contam-se entre as drogas mais fortes cuja dialética denota a química ou a farmácia. Essas drogas dão aos homens uma pele descomunal, como faz o álcool. Escamosa, esclerosada, rígida, insensível. *Blasée.*

Evitem as lutas que se passam por trabalho, evitem as obras-batalhas, evitem as drogas, salvem a pele. Façam-na fina, atenta às coisas e aos outros, para o nascimento da obra e do homem.

Dotados, munidos de uma pele fremente que os aflige, para a briga dos caranguejos. Parece que a vida evoluiu de formas animais em que o mole fica no interior, coberto por um exterior duro, para outras, como a nossa, onde o duro se interioriza, osso, cartilagem, esqueleto, enquanto o mole se expressa, carnes, mucosas e pele. Os que gostam de lutar datam de uma era muito antiga, do tempo das carapaças, restos mal evoluídos. Os novos, entre nós, suavizam-se porta-rugas: porta-impressões. Somos revestidos de uma cera mole, quente, espelho opaco, superfície reversa, riscada, pontilhada, diversa, onde se reflete um pouco o universo, onde ele escreve, onde o tempo traça sua passagem; revestidos de tábulas de cera, velha imagem da alma, vestidos de nossa inteligência, de nossa memória, marcados, diferentemente do mundo, por uma rede de longitudes e de latitudes, curvas de nível que dizem nossa longevidade, nossa magnanimidade, nossa amplitude de visão, nossas larguezas. A pele recebe o depósito das lembranças, estoque de nossas experiências ali impressas, banco de nossas impressões, geodésicas de nossas fragilidades. Não procurem fora, nem dentro da memória: a pele é toda gravada, tanto quanto a superfície do cérebro, toda escrita também, talvez da mesma maneira.

Belezas da Ásia, finuras do mundo, onde colocaram suas relembranças, vocês cuja pele incansável, virgem de tais marcas, conserva o frescor por tanto tempo ?

Todo mundo parece acreditar que o ponto de vista, que o ponto da vista, sobe no balão, olho aberto no alto do tronco na cabeça giratória e móvel como uma lanterna de farol. A pele seria equivalente à alvenaria do farol, sua construção, neutra quanto aos fogos e aos sinais, simples elevação que garante o alcance do olhar. O guardião do farol equivaleria à pupila, ou ao que garantiria seu movimento, suponho que o encarregado do conceito, no cérebro ou no entendimento central, comandaria, como o engenheiro chefe dos Faróis e Balizas, de seu escritório, em Paris. Saído da Politécnica, sábio, quando tem tempo, faz algumas visitas rápidas ao mar que seu serviço ilumina. A importância ocupa o centro. Para o resto, basta telefonar: emitir ou receber mensagens, fazer a linguagem circular.

A alma desliza ao longo da construção, na superfície da torre, e talvez o conhecimento também. Uma maciez se oferece ao exterior, como a pele nua à água do mar, maciez bastante forte para resistir às circunstâncias ou ir procurá-las audaciosamente nos acasos do mundo, mas força bastante fina para perceber os apelos discretos, maciez dura e sensitiva, equilíbrio delicado, fora de prumo algumas vezes, entre o deleitável e o doloroso; não aprendemos nada verdadeiramente a não ser o que marca esta cera mole, quente, suficientemente fria para que o traço perdure, adaptativa até a morte não incluída; para escrever, prefiro ler em minha pele de esfolado do que copiar os pergaminhos da biblioteca, daqui em diante tenho mais confiança nesta memória que nos bancos de dados, um autor responde por si. Escrevo em minha pele e não na de outros que respondessem por mim, como Bonnard pintou na dele e a expôs sem pejo. Decifro minhas rugas, gravuras do tempo, escritas a estilo; a alma freqüenta este couro coberto de inscrições.

Parece-me que o cérebro concentra localmente esse lugar de conhecimento. O eu pensante freme ao longo da espinha, penso em toda parte.

Se cada um expusesse, como os pintores, seus despojos, suas mudas, se imitasse o escritor e a exibição de seus pergaminhos, escarificados, cada qual com seu lábaro, sua mortalha, seu sudário, veríamos um belo espetáculo. Rugas, cicatrizes, panos curtidos, olhos-de-perdiz ou psoríases, trabalho, dor, memória, perversões secretas tatuam a pele e a modelam ainda mais que a cor nativa, a mestiçagem refinada ou a exposição ao sol das praias, onde ninguém está nu vestido com seu bronzeado, tênue véu à espera dos cânceres. Molambos marcados, esburacados, carregados de relevos, afixados na cimalha, confissões lamentáveis, ou estigmas do trabalho. O que somos nós além desses fantasmas?

Eis como erram as almas nos limbos e nas livrarias.

Um dos últimos pensadores de língua francesa, Henri Bergson, deixou a seus seguidores muitas questões a serem resolvidas, entre elas a das variedades. Com os matemáticos de seu tempo, ele distingue as variedades discretas: flores justapostas dos campos, animais dispersos nas ilhas, e as variedades contínuas: paleta do pintor, jardim-paraíso, sapatinha de veiro, matizes de pudor ou de emoção na pele. Situa os primeiros no espaço e os segundos, no tempo; ordena o espaço quanto à inteligência, o tempo quanto à intuição; classifica a inteligência na ciência e a intuição na filosofia. Essa colocação discreta leva sua inteligência a se dividir. Podemos imaginar que tenha deixado a questão do tempo para seus seguidores. Antes de tratar o assunto demoradamente, devemos voltar a seus pressupostos: a distinção entre as duas famílias de variedades. A topologia, entretanto, não parou de explorar os espaços e neles deixou a continuidade. A única falta filosófica, cometida de início, incide justamente sobre eles: acreditou-se por muito tempo que o espaço euclidiano ou métrico, este que consideramos como usual e cotidiano, constituía o único imaginável. De fato, depois da tese de Bergson, as geometrias e com elas os espaços proliferaram, não vemos por que o contínuo lhes seria incompatível, porque seria preciso classificá-lo no tempo. Já não podemos fazer confusão entre o espaço geométrico e a geometria, entre o espaço e a descontinuidade.

A sutileza passa sob a tela. Uma figura aparece na frente, por trás, uma floresta de nós a condiciona. Dir-se-ia, então, algum elemento de computador. A tapeçaria da Idade Média mostra os cinco sentidos, pensamos ter fabricado a inteligência artificial. No mesmo sentido, *a Dama e o licorne* tece um *sensorium* artificial sutil. A sutileza embaralha a trama e a rede, uma em cima da outra ou embaixo, igual em cima ou em embaixo. Os arabescos apontam uma situação análoga, mais sutil ainda. Podemos colocar uma terceira laçada entre os dois fios, por onde passá-la? Por cima, por baixo, pelo lado, o que significa esse lado?

A justaposição, na variedade discreta, supõe a distância entre elementos ou grãos. Esse distanciamento que separa e distingue duas flores vizinhas, ou dois animais, ou mesmo dois fios, esse afastamento, por menor que seja, permite intercalar um terceiro elemento ou grão entre os dois primeiros. Tal possibilidade lança ou inicia uma seqüência que reproduz a velha questão do terceiro homem, e que ninguém sabe se e quando termina. Ei-la: entre o grão primeiro ou segundo e o terceiro, podemos intercalar um quarto ou um quinto? Imaginamos o encadeamento da série e sua lei simples.

Antes de ir às coisas infinitas ou pedir socorro ao tempo para poder pensar a acumulação densa, convém voltar à situação de inserção ou de meio. Com efeito, o terceiro, em qualquer escalão da série, está situado no meio dos dois precedentes. Esta situação intercalar depende de muitos requisitos. Onde colocar o terceiro grão, entre os dois ou no meio deles? Vamos colocar um fio ou um plano entre os dois elementos? Que inclinação daremos a esse plano? Vamos pensar simplesmente um espaço entre eles? Podemos, a partir daí, alinhar sobre esse fio uma série finita ou infinita de novos grãos, ou com eles preencher pouco a pouco o referido plano, ou saturar o referido espaço etc. Em outras palavras: a situação "entre" descreve uma seqüência alinhada sobre um segmento reto que separa os grãos, ou povoa os espaços onde ambos estão inseridos. Mais precisamente: esta situação desenvolve também, e sobretudo, uma grande multiplicidade ou variedade de caminhos ou de vias que atravessam esse fio ou esse espaço. De fato, em cada nível que se recoloque a questão, a escolha da situação intercalar do novo grão pode ocorrer em uma dimensão diferente. Todas as mulheres sabem disso, as costureiras, as fiandeiras, as tricoteiras ou tecelãs: ora em cima, ora embaixo etc. Nenhum dos caminhos assim obtidos segue reto, nenhum permanece na mesma dimensão, todos se retorcem, tortos. Como muitos cordões e alças são enrolados aí, surge um arabesco inextricável. De modo que a métrica se desfaz e sua rigidez, tão freqüentemente confundida com o rigor, e a separação se diferencia da distância, e logo o número de caminhos cresce inexoravelmente, e as vias se entrelaçam. O corpo munido de suas centenas de graus de liberdade vivia folgadamente, vive sempre esta situação antes que a topologia volte a nos ensiná-la ou nos ensine uma rigidez diferente da de um boneco de pau. Quem não vê de imediato que aí se forma um nó no sentido corrente: desde que se apresente um espaço-entre. Pois ele se apresenta tanto no discreto como na continuidade e mais no primeiro que no segundo. Então, o separado fará um nó melhor que o inseparável?

A distinção entre as variedades contínuas e as variedades discretas já não parece tão nítida. Seriam reduzidas, todas, ao gesto juvenil de Alexandre, o Grande, ao cortar o nó górdio com o sabre para garantir o império da Ásia? Toda separação esquece o nó ou os arabescos que estão entre as coisas separadas. Depois de Alexandre, esquecemos a Eurásia. A falta de sutileza impede-nos ver a floresta de nós sob a tela ou por baixo da tapeçaria, deslumbrados pela representação de inteligência. Com certeza o tapete mostra uma espécie de mosaico discreto, mas, para analisá-lo verdadeiramente, seria preciso desfazer, por detrás, com a mão, os fios entrelaçados. Que trabalho, certamente necessário, para desembaraçar essa mistura! Antes que o infinito ou o tempo separem o descontínuo do contínuo, o nó os amarra. A prática e o conceito de conexão impõem-se na frente de muitos outros.

A situação aqui descrita ainda é ingênua. Trata-se apenas de grãos e de fios. Faz-se urgente generalizá-la. Onde e como introduzir um fio entre dois fios, por onde passar, por qual espaço? É preciso ir de dimensão a dimensão para compreender melhor. Onde e como introduzir uma folha entre duas páginas, por onde passar, por qual espaço? Um nó traça um caminho para uma dimensão dentro de uma variedade em três dimensões para conectar elementos em uma, em duas, em zero ou em três dimensões. É preciso imaginar dobraduras, invaginações, situações extraordinariamente complexas que generalizam a prática e a noção de nó em todas as dimensões imagináveis.

O conjunto dos elementos situados entre dois outros pode seguir o segmento reto que os separa, suas distâncias no sentido métrico, pode preencher todo o espaço onde os dois elementos estão imersos, mas descreve, mais freqüentemente, um caminho sutil e flexível, cordão, anel, festão tortuosos, que parte de um, erra em todas as dimensões antes de encontrar o outro. O número de tais caminhos cresce quanto quisermos. Nos dois primeiros casos, descrevemos a situação do meio — ponto situado a igual distância de dois outros ou conjunto global que circunda ou rodeia estes últimos —, nos terceiros, o estado de uma mistura.

Eis a situação espacial ou conceptual do nó. O nó, é claro, compreendido em todas as dimensões imagináveis: um tecido liso ou franzido também pode atravessar, graças a um lábio aberto, uma outra tela, e assim por diante. Essa situação marca os limites da análise. Em uma variedade discreta, a triagem sempre parece possível, a paciência basta. Não levamos em conta a situação própria dos grãos ou elementos discretos, dos caminhos complexos que a descrevem. Demasiado sutis, demasiado leves, imperceptíveis. Na variedade contínua esses caminhos ganharam força. Bergson pedia que esperassem o açúcar derreter na água. Ele nunca pediu que esperassem a separação da mistura assim formada. Os leitores teriam de esperar até o final dos tempos. A mistura não é analisada facilmente. É preciso trabalho, calor, luz, mil informações. Se eu quiser beber essa água, sou obrigado a beber o açúcar também, se quiser o açúcar, preciso engolir a água, se quiser um componente, tenho de passar pelo resultante assim como pelos outros componentes. O contínuo é inanalisável em algum momento, a mistura também. Diríamos que o açúcar e a água estão atados por um nó que nem sempre podemos desatar. Todo mundo sabe que o termo análise reproduz um verbo grego que significa justamente desatar. Analisar exige que se desfaça um nó. Mas acreditamos que analisar só exige um corte: a faca do cozinheiro trincha os tendões, os nervos os músculos, o analista se contenta em separar os ossos. Como se os ossos bastassem para o animal viver. Na variedade discreta, a vista que divisa, a visão da divisão, é cega para os nós frouxos, tênues, que unem as situações específicas, como se determinada situação em determinada distância angular em relação aos outros elementos não importasse de modo algum. Os elementos de um *puzzle* em uma caixa não dizem nada do desenho visível após a específica reunião das peças. De certa maneira, o analista tem sempre uma faca, imita sempre o jovem Alexandre e não conhece os elos.

Só existem variedades atadas ou ligadas por elos aracnóideos ou espessos, moles ou duros, nós que o analista desfaz com facilmente ou com dificuldade. A mistura designa melhor que o meio essa situação.

E o véu melhor que o sólido. E a pele melhor que a visão. E o corpo melhor que sua língua.

O tecido pregueia-se, franze-se, dobra-se sobre si, ata-se à vontade. A pele se enruga, se adapta, reina entre os órgãos, contém os caminhos complexos que os ligam; mais que o meio dos órgãos dos sentidos, a pele os mistura como uma paleta. A tatuagem da mulher nua no espelho é semelhante à paleta de Bonnard.

O organismo forma um gigantesco nó em quantas dimensões quisermos. Começa, em estado de embrião, por um ou vários folhetos, pregueados, plissados, enrolados, invaginados, a embriologia parece uma topologia aplicada, dir-se-ia uma pele infinitamente enrugada. O organismo enche-se de trevos locais que acabam fazendo um trevo global, nó gigante de pequenos nós diferenciais.

O corpo dobra-se, curva-se, adapta-se, gozando de pelo menos trezentos graus de liberdade, desenha dos pés à cabeça ou à ponta dos dedos um caminho variável e complexo entre as coisas do mundo, cambiante como uma alga no fundo da água, mil e um caminhos de circulação ou de semáforo. Conhecer as coisas exige que nos coloquemos primeiro entre elas. Não apenas em frente para vê-las, mas no meio de sua mistura, nos caminhos que as unem, a dama do licorne segura firmemente na mão direita o bastão azul salpicado de crescentes e, na mão esquerda, o único corno do animal, o tato está situado entre, a pele realiza nossas circulações, o corpo desenha o caminho atado, ligado, pregueado, complexo, entre as coisas a serem conhecidas.

MISTURA, DESVELAMENTO

A pele é uma variedade de contingência: nela, por ela, com ela tocam-se o mundo e o meu corpo, o que sente e o que é sentido, ela define sua borda comum. Contingência quer dizer tangência comum: mundo e corpo cortam-se nela, acariciam-se nela. Não gosto de dizer meio como o lugar onde meu corpo habita, prefiro dizer que as coisas se misturam ao mundo que se mistura a mim. A pele intervém em várias coisas do mundo e faz que se misturem.

Mistura diz melhor que meio. O meio, geométrico demais, é apenas útil: centro em um volume, quando se reduz a uma interseção, ou o próprio volume, quando tende para o ambiente. Ponto ou totalidade, singular ou quase universal. Conceito contraditório e sem flexibilidade.

Tudo tem seu lugar no meio quando o meio se concentra, tudo se encontra e se ata nesse lugar complexo, nesse nó por onde tudo passa, como num trevo rodoviário. Imagino o plexo solar de um canhoto contrariado, do ambidestro à força. Tudo também tem seu lugar no meio quando ele se amplia em volume, tudo se encontra aí. Como? Em contingência. Onde? Nas vizinhanças. No momento certo, eis a mistura. Confluência, desdobramento, ocupação dos lugares.

Meio, abstrato, denso, homogêneo, quase estável, concentra-se; mistura em flutuação. Meio faz parte da geometria sólida, como se dizia antigamente; mistura favorece a fusão e vira fluido. Meio separa, mistura, abranda: o meio faz as classes, e a mistura, os mestiços.

Tudo se encontra na contingência, como se tudo tivesse pele. A contingência é tangência de duas ou muitas variedades, mostra a vizinhança. A água e o ar se avizinham de uma camada espessa ou delgada de evaporação, o ar e a água se tocam em um leito de bruma. A terra e a água se casam na argila e na lama, juntam-se num leito de barro. A frente fria e a frente quente deslizam uma por cima da outra sobre um colchão de turbulências. Véus de vizinhança, camadas, películas, membranas, placas. Vivemos sobre esteiras rolantes, a milhares de metros abaixo de nossos pés, lentos e teimosos.

A teoria do conhecimento está subordinada a essas coisas, quero dizer, a esses exemplos. Teoria ou intuição ficam na ordem da visão, chegou-se a dizer, e com rigor, que elas ficavam no sólido. Há muito tempo caminho na direção do fluido, encontrei as turbulências, antes, e as misturas, recentemente. Para pensar a fusão sem confusão. Logo chegarei à liquidez, difícil de pensar, o futuro está aí, então chegarei aos corpos misturados.

Procuro, enquanto isso, o modelo que se impõe, na teoria do conhecimento, menos sólido que o sólido, quase tão fluido quanto o líquido, duro e macio, eis o tecido.

A pele, mais topologia que geometria, dispensa medida. A topologia é tátil. A pele, multissensorial, pode passar pelo sentido comum.

Acabamos de sair da teoria clássica, subordinada ao sólido e à visão.

Ora, não nos podemos pretender tão excepcionais. Não somos os únicos envoltos em margens a nos lançar na contingência, os únicos flexíveis a tocar tudo.

O mundo é repleto de véus complexos.

Uma tradição pretende que a verdade seja um desvelamento. Uma coisa, um conjunto de coisas cobertas por um véu, a ser descoberta.

A filosofia equivaleria a uma variedade um pouco entediante de ilusionismo ou de prestidigitação se fosse reduzida a esse exercício. A ciência perderia em complexidade se se tratasse apenas de descoberta. O que parece pueril.

Não, a coisa não fica sob véu, nem a mulher dança sob seus sete véus, a própria dançarina é que um complexo de tecidos. A nudez revela ainda pregas e repregas. Arlequim nunca chegará a seu último traje, despe-se infinitamente. Continua sempre ocelos e tatuagens.

O estado das coisas embaralha-se, misturado como um fio, um longo cabo, uma meada. As conexões nem sempre têm desenlaces. Quem destrinchará essa embaralhada? Imaginemos o fio da rede ou a linha da meada ou do entrelaçamento em múltiplas dimensões, imaginemos esse arabesco como o traço em um plano do estado que descrevi. O estado das coisas me parece uma multiplicidade cruzada por véus, cujo entrelaçamento figura uma projeção. O estado das coisas se encrespa, se frisa, encolhido, perpassado de folhos e babados, de franjas, de malhas, de laçadas.

Desvelar não consiste em remover um obstáculo, retirar uma decoração, afastar uma cobertura, sob os quais habita a coisa nua, mas seguir pacientemente, com uma respeitosa habilidade, a delicada disposição dos véus, as zonas, os espaços vizinhos, a profundidade de sua acumulação, o talvegue de suas costuras, para abri-los quando for possível, como uma cauda de pavão ou uma saia de rendas.

O estado das coisas teria por modelo esse meio ou essa mistura, imaginável, ou intuível, ou sensível como um amontoado de tecidos, mil possíveis disposições de véus.

Sensível à vista como uma aurora boreal, para quem se acha em roupas de baixo vaporosas, infladas, incandescentes, drapeadas, leves, frágeis dessa luz d'alva; tangível como a topologia das superfícies, com seus acontecimentos e circunstâncias; audível como vagas, ondas, lenços de cambraia que flutuam no ar; sápido, com certeza, sinto minha língua revestir-se de um farrapo meticuloso quando degusto; o estado das coisas é o meio dos sentidos, melhor, sua mistura. A pele, também véu, os mistura.

O tecelão, a fiandeira, Penélope ou não, pareciam-me antigamente como primeiros geômetras, porque sua arte ou artesanato sonda ou explora o espaço com nós, vizinhanças e continuidades, sem qualquer intervenção da medida, porque suas manipulações táteis antecipam a topologia. O pedreiro ou o agrimensor ultrapassam os geômetras no estrito sentido da métrica, mas aquela ou aquele que tece ou fia precede-os na arte, na idéia, quem sabe na história. Foi preciso que nos vestíssemos antes de lutar, que nos vestíssemos mole antes de construir duro.

Generalizando essa hipótese, diríamos que o tecido, o têxtil, o estofo dão excelentes modelos de conhecimento, excelentes objetos quase abstratos, primeiras variedades: o mundo é um amontoados de panos. A mulher, pelo conhecimento, estava há muito tempo à frente do macho. Mulher nua de Bonnard, deusa com a ave, moça com o licorne ou pobretona de sapatinhas.

A mão corre no fuso, no ofício, em torno das agulhas, cria o fio, torce-o, passa-o, dobra-o, enlaça-o, a mão é rápida nas junções e nas amarrações, e encontra de pronto a passagem no avesso que olho não vê, passeia através da translucidez do vidro, nivela os grãos esparsos ao acaso, pontiagudos que só ela sabe escolher, traça na planura anéis ou debruns, feliz entre esses arabescos e guirlandas, a mão dança, usufruindo desses graus de liberdade.

O tato, topológico, prepara os planos e as variedades lisas para um olhar métrico, euclidiano e preguiçoso, a pele cobre com um véu o que o olho não pode ver. O velho problema de Molyneux — pergunta-se se um cego de nascença que acaba de ser operado saberia reconhecer, com sua visão nova, um cubo e uma esfera que sabia distinguir com os dedos — levanta uma questão mais da geometria das perspicácias que da teoria do conhecimento. Por que não experimentaram com um rouxinol ou um ramo de lilás, com uma esmeralda ou uma saia de veludo, que existem, em vez de volumes abstratos, que não existem? Quem já viu alguma vez um cubo ou uma esfera? Nunca os concebemos a não ser na língua. Que dêem ao cego uma bola e um tijolo e ele saberá apreciar pelo tato as deformações contínuas, as rupturas e as singularidades, perguntará logo se vocês conhecem pela visão a diferença entre uma bola e uma esfera, entre um cubo e um paralelepípedo. Ele rirá delicadamente do fracasso de vocês.

Quem sabe que escrever exige a mais fina habilidade nervosa e muscular? Nenhuma outra manipulação requer terminações tão numerosas e pequenas. Quem sabe fazer isto poderia fazer tudo com seus dez dedos, um povo que aprende este refinamento aprende logo os ofícios manuais possíveis, os mais grosseiros ou mais fáceis, quem o inventou abriu para a humanidade a via desse possível, inteiramente prática. Mas, inversamente, a bordadeira, a costureira, a fiandeira, mesmo o cirurgião que opera sob microscópio ainda enlaçam as costuras com conexões largas, comparadas aos nós tão finos ou aos caminhos tão contornados da escritura, eles põem as mãos nas coisas duras, enquanto quem escreve já as mergulha no signo suave. Liame tão desligado que não está preso a nada, nó tão tênue que já passa a um segundo domínio.

O puro tato abre para a informação, correlato doce do que antigamente era chamado de o intelecto.

CAIXAS

CURA EM EPIDAURO ~ TRÊS AUDÍVEIS ~ DOCE E DURO ~ PASSAGENS ~ CÉLULAS

CURA EM EPIDAURO

Sozinho, esta manhã, apoiado numa arquibancada, saboreio o sol, há duas horas, no teatro de Epidauro. No solstício de inverno, o enxame de turistas, nova guerra, dá trégua. Paz no ar transparente, amarelo e azul. Silêncio. A paisagem espera os deuses, espera-os há dois mil anos. Silêncio. Os deuses vão descer, a cura advirá.

As condições tácitas da exata acústica banham a imensa orelha, ponto de interrogação, visível de avião, no eixo do céu. Escuto, aguardo, no silêncio denso. Até os insetos, presentes em toda parte no mutismo do verão, dormem. O mundo diáfano ameniza o ruído turbulento do corpo. Vem a saúde, o silêncio dos órgãos. Caio doente quando os órgãos são ouvidos. Silêncio no grande teatro, na capital da cura. Já não se ouve o corpo, atirado aos deuses no pavilhão da imensa orelha. Quando o organismo não está calado, que voz ele faz ouvir? Nem voz, nem linguagem: a cenestesia emite ou recebe milhares de mensagens, comodidade, prazer, dor, mal-estar, satisfação, tensão, descontração, ruídos sob a voz ou no berreiro. O dado do corpo interno geme ou canta sem a língua. Asclépio leva o sono dessas mensagens e sua lenta elisão. A saída do ruído cura, mais que o mergulho na linguagem.

O silêncio no teatro e nas moitas ao redor entra na pele, banha e penetra, vibra, vazio, na cavidade da orelha nula. Dou ao mundo um lamento baixo, ele me concede sua imensa paz.

Horror. Eis um grupo. Está chegando, ouço-o de longe. Projeta à distância o lixo do ruído. Antes de vê-lo, do alto, sair do túnel de galhos verdes, ele fere meus ouvidos, perturbou a transparência do ar. Duas, dez ou quarenta pessoas envoltas em uma casca de língua e num segundo invólucro de rumor que as precedem, ladeiam e seguem como a proa, os bordos e a popa de um barco volumoso. O mar vibra em torno da nave, atulhada. O navio chega. Orquestra. Falam, berram, discutem, exclamam, admiram alto, chamam, confabulam, mostram-se, demonstram, descrevem lêem o guia, ouvem, distraídos, as explicações, experimentam cem vezes a acústica precisa do lugar. Estrondo na grande orelha social. Foram-se os deuses, a cura, o acordo entre os órgãos e as coisas, amedrontados ante essa explosão. O grupo, tendo esgotado seus recursos de gritos, passa, deixa atrás de si a longa popa de linguagem a se arrastar ainda, e o sulco de ruído, ainda a vibrar no ar conturbado, o traço, por seu turno, enfraquece, extingue-se, a sujeira desaparece, o silêncio liso volta como um pudor ferido.

O que viram eles, realmente? Ouviram: gritos, palavras, ecos. Certamente pouco viram, uma vez que as câmeras viram por eles; mas o que escutaram que já não soubessem por sua língua-memória? Vieram a Epidauro? Chegaram doentes, incomodados pelo murmúrio dos órgãos, rodeados de seu ruído coletivo, foram embora berrando no barco, sem terem feito escala. Se tivessem falado, gritado, dialogado assim, em Boston ou em Aix-la-Chapelle, teriam feito a mesma viagem, quase, na chuva e na neve. Sozinho na arquibancada, depois de duas horas de silêncio, recebo do mundo seus deuses pouco a pouco; imerso na nave social, teria recebido de meu grupo somente fragmentos de língua. O grupo carrega suas despedidas nas bolsas, nas fitas do *walkman*. Em suas seitas e bibliotecas.

O silêncio volta como um pudor. Lentamente. Os imortais hesitam em descer sobre um lugar tão facilmente enxovalhado. Os deuses passam, leves, tênues, vizinhos da inexistência, espíritos voláteis, a menor ruga no ar os expulsa. Fugiram há muito tempo de nosso mundo tonitruante.

O coletivo só acredita em seu ruído. De habitar esse barco e viajar sem dele sair, acredita que o dado do mundo começa no casco da linguagem, rigorosamente no tremular da água, ao redor. Que o dado do mundo é produzido no esgoelamento. Imóvel, ao sol, na arquibancada, mergulhado na transparência amarela e azul, aprendo lentamente que o dado sobrevém como a graça. Espírito volátil, leveza deslizante no ar límpido. Os deuses se encontram de repente no fundo do bosque, é preciso esperá-los ali, como um pequeno cervo tímido e amedrontado, com uma longa paciência: muitas vezes pensei virar estátua, fixa, na imobilidade e na espera. Escuto. O dado chega docemente à minha volta. Escuto. A orelha cresce nas dimensões do anfiteatro, pavilhão de mármore. Ouvido encostado na terra, num eixo vertical, que tenta ouvir a harmonia do mundo. Aguarda os pássaros que vêm do vento.

O anfiteatro não significa um espaço onde se fala, mas um lugar onde muitos vêem. Uma palavra sagrada faz calar a assembléia; nem sempre uma palavra, um gesto silencioso pode bastar para torná-la tácita, uma mímica, uma espécie de rito, e o silêncio desce no ouvido coletivo enquanto o feixe de olhares se fixa. Paz dos órgãos fascinados: cura. A música pode bastar, a orquestra, no oco da orelha, toma a forma de escuta e de expectativa, a assistência sara ao ouvir seu próprio acorde, observa-o em silêncio na imensa orelha de mármore, ouve seu contrato social.

O ator, tribuno, professor, escuta com paixão o intenso silêncio, explora-lhe o volume, aprecia-lhe a qualidade, avalia sua amplitude. A amplitude de sua palavra e sua musicalidade produzem-se nesta e por esta calma de catedral.

É preciso começar. Um pequeno elemento, signo, gesto, atitude, basta, detonador da paz. Quem fala no centro canta essa tranqüilidade. Descreve-a, mas a produz. Claro, ele a faz, mas a recebe. Cria círculo, como o fazem boca e orelha para o corpo individual, e esse retorno cíclico constrói o próprio teatro, sua forma e seu arcabouço. A eloqüência só é produzida pelo silêncio e o aperfeiçoa, a palavra tem a qualidade da calma, a amplitude de seu volume, a calma tem a qualidade da eloqüência, e o contrato social reconhece o silêncio pelo silêncio que atravessa esse dito. A assistência ouve a si mesma e se reconhece por entre uma palavra emanada de seu próprio silêncio. O dito pode se anular entre os dois grandes blocos carregados de calma e de paz, sua causa e sua conseqüência; que o dito se cale, então os deuses descem.

A palavra catalisa, semeia o acordo silencioso, de onde podemos retirá-la.

Mas o coletivo, rapidamente, esconde sua harmonia na pulverização caótica do ruído, em seus aplausos. Entre as palmas das mãos, os deuses são esmigalhados em pedaços diminutos.

O círculo teatral do gesto, do dito, do silêncio, raro, fecha-se por ocasião das solenidades. Nesse ritual, o grupo não é tão encerrado quanto costuma ser aprisionado em seu barulho e sua gritaria. Vociferações que fazem fugir as andorinhas. O rouxinol canta para demarcar seu ninho e guardar o terreno, assim também, com nossas técnicas tonais, ocupamos e esvaziamos o universo. A terra é tragada pelo barulho como a catedral, outrora, pelo mar.

Para que venha a cada um a timidez do dado, fugidio, não bastam a paciência e a espera, seria preciso uma distância. Podemos medir o afastamento do coletivo a partir do qual existem observáveis? Podemos quebrar o círculo do teatro, abrir uma porta no casco do navio, fugir à influência do rastro, quando o universo inteiro ressoa nosso furor? O fechamento no grupo condena à linguagem solitária, pois mesmo o silêncio social a produz. O fechamento na linguagem impede ver que seu ruído ofusca e perturba as coisas do mundo e faz que saiam voando.

O mundo, pesado, mas leve, dá medo, mas se assusta; impõe-se, mas intimida-se, desconfiado; necessário, mas frágil.

Os eremitas conheceram essa distância além da qual é possível escutar o dado fugidio. Os anacoretas, os sábios retirados a procuraram. Não só os que amam Deus ou a verdade, mas os simples atentos: os caçadores também observam o silêncio para deixar que lhes venham os observáveis.

Banhar-se de silêncio equivale a curar-se; a solidão liberta o silêncio do império da linguagem. Se o mundo se encher de barulho, em breve, quem pesquisará? A língua produziu a ciência, a ciência tornou possível mil técnicas que fazem barulho bastante para que afinal possamos dizer que o mundo clama com língua. A linguagem fez muito para ter razão afinal. Procuro um abrigo fora dessa razão: durante o solstício de inverno, em Epidauro, fora da estação.

O dado só é dado além desse primeiro limite: é preciso viver só. Se vocês se reunirem em nome da pesquisa, toda a pesquisa escapará. Nessa assembléia pousará o verbo, a atenção irá embora. A verdadeira torre de marfim não circunda o solitário, encerra a reunião. O grupo se fecha em um muro compacto de língua. Ninguém pode prestar atenção a outra coisa senão às palavras. Nunca toquei esse marfim com as mãos quando pesquisava, sozinho; vejo-o, toco-o, ouço-o, ele me sufoca quando o coletivo me rodeia; esse muro duro, liso, intransponível é construído com a língua do coletivo. Os grupos se fecham como prisões por trás de sua linguagem de pau, de vento, de marfim.

Sozinho, fora, banhado de ar amarelo e azul, silencioso, dou oportunidade ao dado expulso pelo ruído coletivo, aos sentidos que a linguagem anestesia. O grupo se entrega aos clamores, compraz-se com suas exclamações, pouco percebe do exterior, dir-se-ia um corpo doente que faz soar o rumor de seus órgãos. Se um dia ele fizesse silêncio, que saúde não recobraria? O silêncio sadio dos órgãos serve apenas para um corpo individual? Se eu viesse a Epidauro para uma cura, em grupo, não me curaria. Em seu barco barulhento de comunicação, o coletivo mais se embriaga que adoece, enfarado de língua, drogado de barulho, por falta de estética, anestesiado. Cada qual faz e refaz, noite e dia, os mesmos círculos das mesmas relações com as mesmas pessoas pelos mesmos canais com as mesmas palavras, não consegue não fazer, como se tivesse de reconstruir um pano de parede incessantemente demolido, de tecer de novo uma tapeçaria que será desfeita durante a noite. Alucinado, anestesiado para as coisas. Não vivo diferente desse homem drogado. Devotado à linguagem: ela anestesia os cinco sentidos, todos os grupos em que vivo precisam ou vivem dela. Eis a cura que peço ao deus Esculápio, nesta manhã de inverno: silêncio nos órgãos, harmonizados, claro, com o silêncio exterior, mas sobretudo o silêncio da língua em mim. Minha primeira cura, sem dúvida difícil, de desintoxicação. Quem constrói uma estética roga para que suas anestesias vão embora.

Sozinho no imenso anfiteatro, sob o intenso sol azul, quero me purificar ao contrário de meus ancestrais: libertar-me de meus ruídos espúrios nas ruínas da tragédia.

Condição necessária, mas não suficiente, sentar ao sol de inverno, atento durante algumas horas, distante da assembléia, numa arquibancada de mármore, em silêncio, em Epidauro. A condição suficiente para que o mundo se dê ao corpo curado, para que o dado, gracioso, venha se sentar ao lado dele, para que observáveis aflorem, deve exigir mais, com certeza. O dado pode se dar além do primeiro limiar, solidão e silêncio, só se dá seguramente além de um segundo limiar: posso medir sua distância e marcar seu lugar? Podemos sair de nossa língua?

O deus que espero é inesperado; se ele vier, vou reconhecê-lo? De Esculápio curandeiro não espero mais que um nome ou uma imagem, designações e descrições, já o conheço demais, ele não vai me curar.

Sócrates, na hora da morte, desejou sacrificar-lhe um galo para quitar a dívida de sua cura. "Críton, devemos um galo a Esculápio, não se esqueça de pagar a dívida." Seu corpo já estava meio gelado, quando ele descobriu o rosto para dizer essas palavras, as últimas. Ele se acreditava perto da cura. A morte faz o objetivo e o fim da cura, será preciso morrer em Epidauro? Sócrates desejou morrer, ele jaz, ali, em seu leito, frio, libertado. Quanto lhe deviam pesar a vida e o corpo para pedir ao deus que o curasse dos dois! Silêncio definitivo de sua boca e de seus órgãos.

Ele pensava sem deixar de ser feio. Pode-se realmente pensar sem chegar à beleza, sem tocar o segredo onde freme a vida, sem que o corpo se transfigure? A partir de uma certa idade, um pensador fala por seu rosto, seu saber e seu pensamento falam por seu corpo. Sócrates horrendo: que confissão! Seu corpo ficou nodoso, que emblema de ódio! A deformidade desse homem revela sua filosofia doente. Ele amou a morte, tanto a desejou. Vejam como ele a exibe, entendam a tragédia: quantos se regozijam diante desse cadáver de gnomo em representação, no centro, na orquestra, entre os lamentos e os prantos; diálogo sublime, tocadoras de flauta, entrada dos familiares desolados, taça bebida até a borra, soluços, aplausos. Ele não soube morrer só, fez todo um caso do momento mais banal, obrigatório, o mais solene, privado, da vida breve. Vinte e cinco séculos de filosofia chorona e queixosa diante desse feioso em exibição; a que deus monstruoso e imundo ele se dá em sacrifício? A que deus horrendo, exigente de ódio, morte e feiura, deve ele sua apoteose, devemos escutá-lo no centro do teatro de filosofia?

O que fazem seus amigos, ali, a ouvi-lo dizer enquanto agoniza; distraem-no fazendo que fale da alma, anestesiam-no da dor e do medo? Esse diálogo equivale a uma droga, cicuta narcótica? Narcótico para narciso? O que devo fazer com essa morte e essas palavras se me quero curar?

Virar filósofo, depois dessa agonia no pequeno teatro celular de Atenas, consiste em vir ocupar lugar no círculo necromântico, de pé, sentado, apoiado em uma arquibancada, fascinado por esse corpo sacrificado, agora decomposto, a comer Sócrates morto e sempre a evocá-lo bebendo continuadamente seu narcótico.

Até o instante da morte, ele não parou de falar. Mesmo num momento tão solene e privado, não conseguiu parar de falar. Sócrates decidiu não abandonar a prisão de ferro e de pedra, não pode escapar, nem um pouco, da fortaleza falastrona, não deixou a gaiola de marfim constituída das Leis e de seu grupo de pressão, não pôde deixar o verbo, nem conseguiu esquecer seu diálogo e sua língua, mosca que bate no vidro da resposta e rebate no muro da pergunta; a prisão vibra de ruído até a agonia, tudo acaba com o sacrifício do galo, palavras, gritos outra vez, quando o corpo está meio gelado. De que doença a morte de Sócrates, aparentemente sacrificado às Leis, curou seus amigos, de que doença polêmica?

Da arquibancada em que me apóio desde esta manhã, eu os vejo e ouço, mais eficazmente trancados em seu diálogo que pela prisão, presos em sua língua. Distraído, ainda há pouco, pela espera dos deuses ou pela escuta do silêncio, não reconheci o grupo que veio experimentar, gritando e vociferando, a acústica precisa do lugar, vejo agora o grupo de Sócrates, em ensaio há mais de dois mil anos. Um imitou o grito do galo para que repercutisse demoradamente no imenso anfiteatro, os outros riram. O mais velho deitou-se, fatigado, no centro do tímpano, os amigos todos debruçados sobre ele. Silêncio. Um momento de emoção passa, onde a tragédia, no intenso lugar solitário, furtivamente, volta. Riram outra vez. Partiram curados?

Veja, diz Críton, se não tem mais nada a dizer. Críton debruça-se sobre Sócrates e lhe diz: veja. Veja o que lhe falta dizer. Mas o olhar de Sócrates continuou fixo. Vendo isto, Críton fecha-lhe a boca e os olhos.

O olhar já não vê o que falta dizer, fixo: prova que de hábito ele vê o que deve ser dito. Nunca vê galo nem gralha, vê que falta dizer galo, e enunciar gralha, palavras ou categorias, ausentes dos quintais. O olhar morto esvazia-se não de luz, de imagens, de coisas, não de cores, de formas, de matizes, mas de linguagem. Críton vê que Sócrates não vê mais, vê com os olhos nos olhos do mestre que não lhe resta nada a dizer. Vendo isto, fecha-lhe a boca e os olhos. Os olhos, quer dizer, a boca.

Ver quer dizer saber, e saber reduz-se a dizer; ver ou viver e viver ou dizer. Não resta nada a dizer, e o olhar se fixa: nada a ver fora do dizível, não há nada fora do dizível. Quando fazes silêncio, não vês mais nada, resta morrer.

O que vês, embriagado de verbo? Vejo teu olhar fixo e vazio.

Que o olhar esteja fixo não prova absolutamente a morte. Esse aí deve ter tomado algum narcótico: esgazeado, anestesiado, embriagado, sob efeito de droga, tem o olhar estupidificado dos alucinados.

Ouvi, lembro-me, filósofos dialogarem, berrarem, disputarem ao pé de belas montanhas, em praias oceânicas, diante das cataratas do Niágara, tinham os olhos fixos dos que descobriram como dizer, sou testemunha de que não viram nem a neve da geleira, nem o mar, que não ouviram o estrondo da cascata: eles argumentavam. Não saíram da prisão das leis, ameaçavam-se uns aos outros de penas carcerárias, se um ganhar pela força, mata o outro. Mais afortunados ainda se ele só matar o outro. Gente perigosa. Temo menos os que vivem drogados do que os que se submetem à língua.

Entregamo-nos ao dito. O inglês diz bem: *addicted.*

Estirado no divã, Sócrates fala de alma, associa a alma e a língua, a palavra e a cura. No meio desses amigos, no centro do teatro, ele fala à morte da alma imortal e associa a morte e a cura. Sem o menor interstício, de porta, de janela, por onde escapar, nem um mínimo instante entre a morte e a palavra, nem a menor brecha entre discursar e morrer, sem a menor abertura por onde deixar o grupo, sufocamento atrás dos muros, estrangulamento no pelourinho triangular da língua coletiva, da morte e da cura.

A boca falou, bebeu, provou a cicuta amarga. O que, além da palavra, passa pela boca mata ou embriaga. Sinistra sapiência que só degusta a taça de morte, amarga sabedoria que nos assombra há dois mil e quinhentos anos.

Críton, Fédon, Cebes, Simias, Echecrate, Sócrates: falam, berram, discutem, exclamam, admiram em altas vozes, chamam-se, aconselham-se, exibem-se, demonstram, descrevem um mundo que não vêem, invisível, intangível, incolor, inodoro, destituído de sabor, prometem-se dias melhores em Hades, a prisão da palavra só se abre para o inferno ou o céu ideal. O herói se deita no meio da orquestra, a língua fremente, semigelado pelo efeito da taça farmacêutica, acorrem para perguntar se ele vê, se ainda vê alguma coisa a dizer. Sócrates no teatro morre no ruído, insensível. Ele bebeu a fórmula.

Em pleno gozo de minhas faculdades, esta manhã, minha vontade nítida e clara determina que se faça silêncio na hora da minha morte, não quero droga alguma, nem de farmácia nem de língua. Quero ouvir quem chega.

Vivo, quem sou eu agora, afastado do grupo em fúria e de seu mal de concorrência, quem sou eu sentado, imóvel, ao sol, há mais de duas horas, na arquibancada de mármore do teatro de Epidauro, dando-me ao ar transparente onde passam as gralhas, quem sou eu, solidamente constituído de línguas, vivas, mortas, francesa e grega, formado de cultura, que vim pelo prestígio das palavras Epidauro e Esculápio, prometedores de cura, estátua fascinada pelo grupo reduzido a seu modelo oval ou redondo, a seu esboço de representação, o grande anfiteatro? Por mais longe que eu viaje, este mau sujeito fica a distância nula do rumor da língua que o modelou. O que ressoava no seio materno clama na concha de pedra e encontra eco em minha orelha mais íntima. O limiar que imaginei continua intransponível, sou constituído dos outros que pretendo ter abandonado, em mim, solitário, em meu peito eles fazem o mesmo ruído, remanescem. Posso deixar este sujeito drogado para esperar os observáveis? Devo manter-me à distância de mim. E isto se chama êxtase.

Esforço-me para me desdobrar. Como se ficasse ali, nesse banco de mármore, um cadáver formado de língua de ponta a ponta, Sócrates morto, memória que ganha o espaço da cabeça e do corpo, das paixões e dos pensamentos, um sujeito de olhar fixo e vazio, de olho sempre imobilizado nas categorias, céu ou inferno, como se lançasse fora dessa memória integral uma escuta atenta, branca e oca, puro desejo e doação, em desvio de equilíbrio em relação ao sujeito de língua.

Quem fala sempre sofre: drogado, anestesiado do dito, *addicted*, entregue ao dito. Ébrio de verbo, como se dissesse ébrio de Deus. Mudo, vou em direção ao silêncio, à saúde, exponho-me ao mundo. O quebra-mar sensível, receptivo, delicado, refinado, discerne o redito e retira-se depressa, espera, presta atenção, em falso equilíbrio, ou desequilíbrio, em relação à massa de língua, qual uma antena estendida como raridade, espera o inesperado, reconhece o irreconhecível, sensível no silencioso. Vigilante paciente, em pé, buscando um olhar, uma ameia, fissura, lacuna, janela, no muro compacto da linguagem, vigilante curvado sob o peso desordenado da noite, à espera da aurora, deslumbrado às vezes com esse alvor sem texto que explode de repente na lonjura do horizonte, a três mil pés de altitude.

Eu não existo nesta vigília escura: corpo de história e de memória, estável em minha língua, deitado, enrodilhado, dormindo no leito ocluso das palavras e das proposições, em sua cabine lógica e combinatória, ou no imenso anfiteatro. Este sujeito de língua sonha. O sonho recorta uma falsa janela no muro lingüístico. Este sujeito de história e de memória não existe, dorme, tem os mesmos sonhos que os outros, as mesmas ambições e mesmos concursos, na torre de marfim da língua, sonha dentro das representações, como no teatro de Epidauro, ou olha a televisão e as páginas artificiais, drogado de palavras e de política, entregue ao dito. Sujeito submisso, sujeitado, prostrado, pisoteado, esmagado sob a enorme tonelagem da linguagem. Morto esmigalhado.

Fora de prumo, eu existo, fora da estabilidade onde o outro sujeito continua adormecido ou morto. No cume vertiginoso da linguagem, corre o caminho de guarda por onde passam os vigilantes. Friorentos, medrosos, horror ao vento ou às flechas voadoras no meio do dia, alguns vigilantes sentam-se, encostados nos merlões, partes planas dos muros, que enquadram as partes vazias fixas que protegem o edifício; prossigamos, reconheço de passagem meu corpo estável e adormecido, embalado em sonhos, drogado de língua até em seus desejos insaciados, eu o reconheço nesse vigilante que olha o interior, de frente ou de costas para o merlão, aí está minha existência ao contrário, vigia arguto, ágil, vigilante, enlouquecido, inclinado à ameia, para fora da parte vazia, em desequilíbrio tendendo à vertigem, extático. A existência ou o êxtase atira-se ao afastamento, impulsão, falso equilíbrio, espera, doação ao espaço, risco vertiginoso, libertação de si. Estável, de início, em seguida existente. Apoiado na língua, depois aliviado da língua. Ali, referido, localizado, em seguida longe, sem referência nem localização. A princípio, em segurança, depois dado. O eu só existe fora do eu. O eu só pensa fora do eu. Sente verdadeiramente fora de si mesmo. O eu na linguagem se reduz à vasta memória de sua língua, limita-se ao coletivo, à integral indefinida dos outros, ao fechamento de seu grupo aberto, cristaliza-se em seus hábitos: presos nesse eu lingüístico quase sempre e em quase toda parte, não vivemos durante quase toda nossa vida. O eu só vive realmente fora de mim; fora de mim eu penso, medito, sei, fora de mim eu recebo o dado, vivaz, eu invento fora de mim. Eu existo fora de mim como o mundo. Eu sou no lado do mundo fora de minha verbosa carne.

Pois a orelha conhece esse afastamento. Posso colocá-la no exterior da janela, lançá-la a grande distância, mantê-la muito longe do corpo.

Perdido, dissolvido no ar transparente, flutuando com seus matizes, sensível às menores comas, estremecendo à mínima rajada, entregue, misturado às explosões do mundo, eu existo. Meu corpo faz silêncio a tal ponto que uma supercura o transforma em um anjo. Ah! a boa nova, a carne se faz sensível, exultam os ossos humilhados.

Reapresentação da tragédia nas mídias corriqueiras.

Sócrates condenado pelos juízes de Atenas condena a si mesmo a morrer, por vontade de curar-se. No tribunal, encontram-se homens que têm poder de matar com uma palavra, sua sentença é executória: frase que vale por um ato. Como na prisão do diálogo, aqui não há interstício entre dizer e morrer, que performance colossal. O mundo, proibido de acesso ao teatro, na prisão, no tribunal de júri, não pode pôr intervalo entre a linguagem e a ação. A filosofia respira à vontade nesses lugares onde nenhuma experiência obstrui a força das palavras, à vontade, na representação, na cela, no grupo e no julgamento. A língua mata o ator no teatro de Epidauro, mata-o ativamente no tribunal.

Entra o juiz. Pronuncia a sentença. Sócrates, presente, é condenado. Espicho a orelha, escuto, ouço a sentença, ouço-a, curiosamente, em uma outra língua morta: *Socrates addictus*, Sócrates convencido pelo direito, oral ou escrito, convencido pela deliberação, é condenado por essas palavras. Eis um termo de procedimento performativo, pois equivale à cicuta. Beber o veneno ou ter esta palavra na boca é a mesma coisa. A filosofia se compromete na via do direito ou do tribunal, onde o verbo faz, não por volta do final do século XVII, mas desde sua fundação platônica. Depois, gosta de dizer que dizer equivale a fazer, gosta de falar de língua. Sócrates, convencido pela palavra do juiz, mas condenado também pela sua própria, demonstrou ainda, no dia de sua morte, que é melhor morrer para se livrar deste mundo corrompido e deste corpo imundo. Dois falsos *addictus*.

Ouço pela segunda vez a mesma palavra voar ao redor da arquibancada. O grupo apareceu na orquestra, representou sem o saber como se o teatro não tivesse perdido há muito tempo função e atribuição, morto, aberto para o mundo exterior, mergulhado na limpidez azul e amarela, rodeado de ramos verdes mesmo no inverno, estendido ao sol lúcido onde as gralhas esvoaçam. As plantas, os bichos e o vento do céu invadiram esses lugares oclusos como uma cunha racha um lenho, abrindo o ângulo entre o dizer e o dado.

Como no teatro, o grupo fica em seus dizeres. Sócrates, entre seus amigos, continua à morte no diálogo. Os turistas da vida não verão nada da terra dos deuses, ocupados em se dizerem; ninguém quer o dado, não quer recebê-lo ou aceitá-lo, todos condenados a seus dizeres: entregues ao dito, *addicted*, anestesiados, drogados, *addicti*, condenados ao cárcere da palavra.

A língua inglesa diz *addicted* uma pessoa que a língua francesa considera *adonnée*. Uma pessoa que se dá à meditação, ao estudo, ao prazer, ao jogo, à droga. O desvio entre as duas línguas, a tradução, atravessa uma passagem, um interstício de linguagem. Lá está o dado, aqui está o dito. O dado ressentido equivale ao dito? *Addit*, transladado, não existe em língua francesa, como se ela desse lugar ao dado ou praticasse uma abertura em uma estranheza fora dela, como se a pessoa pudesse se dar a outra coisa que não à sua língua; como se o vocábulo *addicted* vedasse essa janela em língua inglesa, fechasse a porta da linguagem em um pórtico, um limiar, um horizonte surdos e mudos, tácitos. O dado vivamente sentido reduz-se ao dito? A droga ronda essa questão, na vizinhança do corpo, da língua, do grupo e do mundo, nas junções de seus nós. Sim, venho para me curar. Somos dados ao dado como somos dedicados ao dizer. Será que vivemos em estado de sujeição ao mundo, fonte gratuita dos dados, que viveremos em estado de sujeição aos códigos, ao banco universal dos dados, estamos condenados a escolher somente nossa sujeição?

A língua latina dá a raiz desse dizer no lugar do tribunal, espaço tão fechado ao mundo quanto o anfiteatro. O olhar fixo e vazio, Sócrates está drogado, condenado, pela sentença, pelo raciocínio, pelo *logos* em geral, pelo dito tornado coisa, cicuta: *addicted, addictus*. A cicuta: droga, farmácia e condenação. Entra o juiz, sai Sócrates. O juiz entra como palavra, Sócrates sai da vida. Sócrates sai de sua vida de palavra, de sua vida lógica.

Entra o juiz, sai Sócrates. O juiz ocupa o lugar, daí em diante. No teatro, a representação faz de conta. Mata para rir, mata para curar, e o povo vai embora, aliviado. No tribunal, a palavra vale por um ato, ela faz a ação, ela mata de verdade. Desde que a filosofia entrou no tribunal, pôs-se em estado de agir, de matar. De fato, matou milhões de pessoas. Com que direito?

Com que direito ela se adjudica esse direito? Esta pergunta, notável em sua formulação, repete o juiz e repete o direito. Quando se pergunta a alguém: com que direito? Pede-se-lhe de fato para designar alguém outro que lhe sirva de garantia. Mas, logo em seguida, a pergunta pode ser feita a este outro, e assim indefinidamente. Como se renascesse, nas costas do segundo, um terceiro homem que, por seu turno, teria costas: fileira sem fim. Existe, em filosofia e fora dela, uma classe de perguntas em que aparecem a existência e a inexistência, a evolução descontrolada desse terceiro homem.

Um grupo entra, daí a pouco, na orquestra, em torno de seu patriarca ou guia. Sócrates surge atrás dele. O juiz surge atrás de Sócrates. Pergunta-se-lhe então: com que direito? E atrás dele aparece uma longa série de sombras.

O que garante é chamado a comparecer. Ora, nesta questão da classe das perguntas que suscitam um terceiro homem, a filosofia sempre procurou descobrir se existe um último da série que dê razão à série toda. Se ele existe, que compareça.

Sai o juiz.

Sai o juiz. Entra o pretor.

O pretor abre a sessão judiciária; primeiro magistrado no tempo e na graduação, ele abre a sessão pronunciando as primeiras palavras, os termos fundamentais, que fecham a série de perguntas da classe do terceiro homem. Não lhe podemos perguntar com que direito, uma vez que, antes dele, o direito não pode ser dito. Primeiro, originário, ele inaugura o tempo do direito.

O pretor fala, diz: *Do, dicco, addico*. Dou, digo, confirmo ou adjudico. Claro, ninguém compreende realmente *addicere*, fonte, raiz ou origem da condenação e da droga juntas, verbo que fica atrás do que Sócrates diz ou faz, como o juiz fica atrás do filósofo e o pretor atrás do juiz. *Addicere* ainda quer dizer dizer, mas também dedicar, ceder, como vender, dar em adjudicação, confirmar uma cessão, mas também condenar. As três primeiras palavras do pretor, os *tria verba*, sobressaem na linguagem, no direito, na religião. Constituem o começo da ação judiciária, depois delas, os dizeres valem por atos. O pretor dá: dá a fórmula, a ação, o próprio juiz; diz o direito, regula a instância; o pretor aprova e confirma a vontade das partes. Eu poderia continuar exaustivamente a refinar a tradução e não avançaríamos mais: trata-se de entrar na linguagem e avaliar seu peso, dar-lhe a força máxima. Prova de que antes do pretor estávamos fora da língua.

Consideremos a fórmula em sua disposição progressiva, como se as duas primeiras palavras fossem colocadas para produzir a terceira. A "adicção" iguala a adição do dizer e do dom.

Sabemos tanta coisa sobre o dizer, sobre sua lógica e sua antropologia, sabemos tanto dele que com certeza só sabemos por ele, com ele e nele, só sabemos ele. Sabemos tanta coisa sobre o dom, sobre a lógica das trocas e sobre sua antropologia, sabemos tanto dele que com certeza só vivemos mergulhados em sua rede. Mas não sabemos nada sobre a adição deles; sobre sua síntese, sua mistura, sobre sua "adicção". Sobre o que faz com que Sócrates, na fundação de nossa filosofia, seja condenado pela palavra e drogado pela cicuta, seja drogado de palavras e condenado à cicuta. Não sabemos nada da tomada do dom, do dado pelo dizer, sobre a anestesia do dado pelo dizer, sobre o preço do dado, gratuito, pago pelo dizer, sobre a adjudicação do dom pelo dizer; não sabemos nada sobre o dom da palavra, sobre o dom das línguas.

Addicere: dizer e dar aprovação dizendo; ou: dar-se o direito de dizer dizendo; ou: dar o dado ao dizer. Festus assim o definiu quando fez o verbo fazer o círculo, o circuito, necessários para quebrar a inevitável retomada da questão: com que direito? e seu indefinido reencaminhamento a um terceiro homem. Atrás de nós, Sócrates; atrás do filósofo, o juiz, o pretor, ou então: atrás da representação, o tribunal; atrás do juiz, o pretor, ou então: atrás do direito, sua fundação na palavra. Aí se fecha a série. O pretor dá ao pretor e somente a ele o direito primeiro de dizer e de dar aos outros este direito. Ele se dá por primeiro homem e primeiro dizente: *addico.*

A adicção, primeira dicção, primeira palavra, confirma as outras. Nada sobrepuja a adição do dizer e do dom, tudo converge e soma-se nela, o que passa pelo dizer e o que passa pelo dom, procurem, pois, uma exceção.

Addicted: drogado, entregue ao dito como a uma farmácia. O filósofo bebe indefinidamente a taça de cicuta, a cratera de palavras. *Addictus*: condenado. Sócrates filósofo condena-se a si mesmo à morte. Para compreender e fundar essa sentença e essa sujeição, é preciso ir à adição ou síntese primeira da linguagem e do dom. Como se a decisão original do pretor, a adição quase algébrica do dizer e do dom nos *tria verba*, como se a tese primeira, ao identificar o dado ao dizer, produzissem por pós-morte e droga, o sacrifício filosófico. Atrás do teatro, atrás do tribunal, desenrola-se a tragédia fundadora: morte verdadeira de homem pelo veneno lingüístico, vida usual no mesmo narcótico. Sono em Epidauro, onde a própria linguagem ocupa os sonhos. A cura foge como final de agonia. A adição do dizer ao dom é paga com morte e com a droga.

As sombras parecem dançar atrás do corpo ou do dito do pretor. Teria ele negado considerar-se o primeiro dizente?

Antes da fundação do saber, antes da do direito e da aprovação, antes mesmo da fundação do primeiro dizer, na fundação selvagem, não histórica, da cidade, Tito Lívio, no primeiro livro, relata a decisão de que nada pode mudar, nada pode ser instituído *nisi aves addixent*, sem a adicção das aves.

Um vôo de falcões passa por trás das costas do pretor, um vôo de gralhas. Sai o pretor, entra o arúspice.

O maior império do mundo, o mais longo que nossa história já conheceu, era dirigido em última instância pelo vôo da aves; eis a decisão mais profunda jamais dita ou decidida em matéria política. Vocês que a
 lêem agora, vocês que a conhecem, corram a repeti-la, prioritariamente, ao general que comanda as forças armadas, ao grande economista que

administra a crise, aos assessores do presidente, aos ministros, ao príncipe em pessoa, e a todos os eleitores que conhecem. Nunca as legiões romanas empreenderam qualquer batalha, nunca uma frota carregada de trigo foi equipada, nunca uma disposição legal foi emendada, nunca naquele tempo uma decisão de magnitude histórica foi tomada sem que os áugures esperassem primeiro a aprovação dita ou dada pelas aves, sua passagem pelo céu, sua maneira de bicar o grão, sem a adicção dos voláteis. Roma, claro, obtém a maior proporção de vitórias da história, redige o direito mais estável, administra a política ótima, toma decisões, em média, as mais felizes, ainda é, bem sabemos, a primeira de todos os tempos, e ela se confia às aves. Já ouviram melhor notícia, conhecem uma idéia filosófica mais sutil e mais sábia? Existe algum fato natural que mais devolva à humildade os graúdos deste mundo? E à frivolidade nossas pretensas profundezas, nossas razões e nossos saberes, discursos de economia, estratégia, política, nossas ilusórias ciências, humanas ou sociais? Os que alcançaram maior sucesso não ouviam nenhuma língua, olhavam o vôo das aves, não ouviam nenhuma *expertise*, mas observavam as bicadas das galinhas. Gostaria de ver no galinheiro, preocupados e meditativos, esses que dizem ter nas mãos os destinos do mundo, de quem vemos a imagem e ouvimos a voz dez vezes por dia, hoje, quando a política se reduz à publicidade do Estado. Ah! vê-los boquiabertos diante das gralhas!

A tragédia do dizer desaba no rir.

Sai o magistrado, entra o áugure. Ninguém jamais ouviu um áugure falar, ninguém jamais compreendeu realmente o que ele dizia, quando ele parecia dizer. Ele não fica na orquestra, ali, não se acha em seu lugar, sobe, depressa, as arquibancadas, sai do teatro, deixa o tribunal, escapa à prisão, não tem o que fazer com essas tragédias, não tem necessidade de condenar à morte, ele observa o céu.

As aves não falam, as entranhas não dizem nada, o vôo dos falcões não se imprime no ar como uma escritura.

Esculápio, mestre nesses domínios, tem por pai Apolo e, por mãe, uma princesa ou a ninfa Coronis. Dizem que, grávida, ela concedeu certos favores a um terceiro homem. Apolo soube e a matou, mas não sem retirar Esculápio do ventre materno antes do tempo. Como é que o imbecil soube de seu infortúnio antes de cometer essa ignomínia? Pelo vôo singular das gralhas. Tinha visto a adicção delas.

Assim, o deus da adivinhação engendrou o das curas e o da medicina. Mas intromete no meio deles um sacrifício humano. O cadáver da mãe ainda atravanca o teatro. Devemos nos curar, decididamente, da tragédia.

Admiro o ritual augural de que riem os filósofos, pela atenção arguta dos arúspices ao sentido que passa ou mora no mundo sem nossa intervenção, a da mão ou a da linguagem, ou desde antes dela: toda primeira observação em que o percebido precede qualquer linguagem expressa ou avaliada. O pretor não pode dizer *addico* antes que o áugure tenha visto a adicção das aves. Os falcões voam, as gralhas passam, as galinhas ciscam sem nos consultar: nós os consultamos. O primeiro dizente aprova ou condena, dá em adjudicação ou retira a prisão se e somente se as aves o consentirem. Pela janela que o bastão inaugural desenha no céu, abrem-se enfim a prisão da linguagem, a cela de Sócrates, o teatro e o tribunal. Este templo, este espaço sagrado recortado no volume do ar, representa a brecha por onde a linguagem perde, o interstício por onde ela respira, o sentido por onde ela começa, sua condição: as condições da experiência, sua delimitação.

Por essa ameia instalada, o olho se volta para o mundo, o ouvido escuta um outro som que não o das palavras, um outro ruído que não o vocalise. Arranhão seco ou picada do bico, carícia macia das asas de pluma no ar turbulento. Mesmo a fundação de Roma não ocorreu antes que ouvissem esse vôo.

O ditador diz, o general comanda, o pretor indica e aprova o direito, o filósofo fala, mas o áugure escuta e vê antes que o rei, o ditador, o pretor ou o filósofo digam. Ele precede o dizer em silêncio. Observa o silêncio para deixar que venham os falcões e observá-los.

O tribunal, idealista, diz o mundo como se o representasse, faz uso da linguagem performativa, diz que o dito vale o fazer, faz, obriga a fazer como se fosse verdade. O rei, o ditador, o general e o pretor, mesmo o padre, o filósofo exato, o sábio rigoroso, o historiador fiel continuam idealistas, parece no mundo tudo se passa como diz a representação que eles dizem ou fazem, seu dizer, performativo, comanda: dizem todos que seu dizer vale um fazer e todo mundo, sob suas ordens, parece bastante ingênuo ou obediente para acreditar neles e para fazer como se fosse verdade. A tragédia, a execução pagam o preço dessa crença ou dessa obrigação.

Só a morte prova a seriedade do dizer, a presença do cadáver. Ela dá fé, direito e espetáculo. Única garantia de que aquele que diz não fala à toa. Só a morte fecha a janela lingüística por onde a verdade poderia evaporar-se, ou sair voando como uma gralha. Ela faz da linguagem um sistema fechado onde a verdade ganha sua referência. Só a morte dá prova. Homens de língua, homens de morte.

A morte de Sócrates fecha e confirma sua linguagem, aprova-a, eu ia dizer adita-a. A morte do verbo confirma o verbo que, de repente, recupera as coisas do mundo. Só a morte avaliza a linguagem, a veracidade da ciência, sua fidelidade às próprias coisas, sua fulgurante eficácia. Hiroshima funda a ciência contemporânea, como a morte de Sócrates fundou a filosofia moderna, como a morte do verbo fundou a linguagem que faz com que sejamos homens. Só a morte fica na orquestra, no meio do teatro.

Vindo para sarar, para beber a ambrosia na cratera da imortalidade, busco não a minha imortalidade, pessoal, mas a da espécie, agora, em perigo. O grupo inteiro deve se curar de sua morte. É preciso fazer o gênero humano beber não a cicuta, mas a ambrosia, a bebida da imortalidade. Nas ruínas da velha cultura perdida, tento compreender como e de que a totalidade de nossas culturas, hoje, doente, droga-se, a que se condena, busco uma maneira de contribuir para curá-la, para restituir sua ingenuidade e pronta vitalidade.

Os áugures sugerem um mundo antes do dizer dos reis ou dos juízes, um mundo exterior ao claustro coletivo e lingüístico, independente das armas e até das preces, onde um sentido, nu, aparece. Sugerem que este sentido ocorre sem nós; ao observarem o vôo dos falcões nos departamentos do céu, ou o comportamento dos galos sagrados, ou as entranhas das vítimas, eles se colocam, já então, na posição do sábio. Observam, olham. Observam o mundo como se o coletivo não o constituísse. Os sábios das ciências chamadas experimentais também sugerem um mundo ou estados de coisas recortados, bem definidos, independentes dos homens, onde um sentido tem lugar, não exatamente dizível no verbo usual, nem precisamente na linguagem de nossos intercâmbios. Este sentido atravessa o espaço fora de nossas línguas, vôo de corvos ou de falcões. O áugure, como o sábio, observa um sentido nu, sem jogada nem fetiche nem mercadoria, sem a linguagem da jogada, do fetiche, da mercadoria. Os livros augurais, sibilinos, indecifráveis e secretos, digamos, não são compreendidos, redigidos em uma língua estranha a todas as nossas línguas. Parece-me descobrir que continham o algoritmo arcaico de nossa física: tal como o grego antigo antecipa nossa língua, também essas fórmulas deviam ser redigidas no algoritmo ancestral de nossas equações.

Os filósofos perguntavam antigamente se os áugures podiam se olhar sem rir. Os filósofos, de fato, não riem nunca, sobretudo quando se olham: eles arreganham os dentes. Jamais conseguem se olhar sem dizer.

Acredito, como os áuspices e os arúspices, como os sábios, e sem poder demonstrar, que existe um mundo independente dos homens. Dessa afirmação que, se quisermos, podemos chamar de realista, ninguém sabe demonstrar a verdade, visto que ela excede a linguagem e excede portanto qualquer linguagem de demonstração. O realismo vale uma aposta, o idealismo implica sua demonstração: a afirmação de que não existe mundo fora do que dizemos dele, mergulha inteiramente na linguagem, podemos colocá-la, de mil maneiras, em uma língua rigorosa; pelo contrário, continua ilógico para a lógica, indizível para o dizível, que existam coisas, fatos ou um mundo fora do dizível e da lógica. Todas essas teses, autológicas, dizem o autismo do verbo. Aí é que está a doença. Então os filósofos riem quando alguém abre um buraco na muralha transparente da linguagem, passa a mão ou um bastão pelo buraco, lança seu cavalo e escapa da clareira para a floresta. Os filósofos riem porque a filosofia é contemporânea do verbo, nós o recebemos ou inventamos juntos. Compreendo de repente por que a matemática data de tão alta antigüidade, ela não ultrapassa a clareira da língua, e por que a física foi tão postergada, na cultura do verbo tudo zombava dela. Os filósofos gregos zombavam dos áugures em nome do logos, como os cardeais latinos condenavam Galileu em nome da escritura, como ainda condenamos essa crença inerradicável na subsistência do mundo. Sempre esquecemos que o mundo carrega nossa imortalidade.

Acredito, sei, não posso demonstrar que existe um mundo, porque os livros escritos por intermédio de outros livros não ensinam nada que valha, mas reconhecemos os que vêm do mundo.

Acredito, sei, não posso demonstrar que existe um mundo sem nós; quem não prefere escrever sob o ditame de seu formidável silêncio, na alegria e na saúde, em vez de sob o julgamento de um tribunal qualquer?

No alto do anfiteatro, o muro de coroamento desmorona, em placas, formam-se ameias e merlões irregulares; gralhas passam por essas janelas de circunstância.

Eu pensava ter meditado uma aula inaugural. Mas a observação augural, uma vez mais, não se apresentava nua. O sacerdote sabia uma ciência consignada em um escrito prévio. Observar não pode, não sabe se separar de interpretar. A linguagem. A linguagem e o código aderem constantemente ao dado, a boca imperiosa e o traço obstinado acompanham o sentido e não lhe soltam a rédea.

A adicção da gralha matou a ninfa antes do nascimento do deus da cura. Um saber de linguagem precede sempre. E a morte o acompanha, a tragédia indignamente inerradicável. E o teatro não nos larga.

Drogado de saber? Gosto que o saber faça viver, cultive, gosto de fazê-lo carne e casa, que ele ajude a beber e a comer, a andar lentamente, a amar, morrer, renascer, às vezes, gosto de dormir em seus lençóis, que ele não seja exterior a mim. Mas ele perdeu esse valor vital, até seria preciso que nos curássemos do saber.

Cortado em pedacinhos, novo a cada conquista absorvida, logo monótono, logo obsoleto, de passagem, rápido, e mais como taxa de inflação que como crescimento verdadeiro, o saber fornecido pelas teses, pelos artigos, pelas revistas científicas tomou a mesma forma que a informação imposta pelos jornais, escritos, falados ou visíveis, pelo conjunto das mídias, ou um bloco de cheques, ou um maço de cigarros, repartidos em unidades, em seguida classificados no banco de dados, postos em códigos. Já não vivemos entregues ao dito, vamos perder a linguagem, depois de termos perdido os sentidos, mas entregues, naturalmente, aos dados. Não mais os do mundo, nem os das línguas, mas os dos códigos. Saber igual a estar informado. A informação torna-se a forma superior e universal da droga, da sujeição, da adicção.

A chamada atividade intelectual equivale à dose de um narcótico: não faltar à dose periódica de informação sob pena de perder contato. O último anúncio faz os precedentes virarem obsoletos, eis a lei da droga, onde só vale a próxima dose. Nem a informação, nem a dose, quando as tomamos, nos dão a felicidade, mas nos tornam desgraçados se não as tomarmos. A ciência já não é formada pelo abandono da concorrência, da imitação, da inveja, do ódio e da guerra, os piores de nossos males, ela se apresenta sob uma forma que os piora e exacerba. O saber de ponta desvaloriza rapidamente todo o resto do saber: ponta que espeta, perfura, maltrata, sujeita.

O saber dá. Rapidamente, muito. Em forma de dados, torna-se o dado.

O saber diz. Rapidamente, muito. Em forma de código, substitui a linguagem.

Substitui o dado, vira linguagem.
Dá, diz. Aprova, condena e sujeita.
Sai o pretor. Entra o áugure. O pretor ou o primeiro homem, em seguida o áugure no verdadeiro começo. Antes mesmo do pretor.
Sai o áugure. Entra o sábio.
O sábio diz, por sua vez: *Do, dicco, addico.*
Sou drogado pelo saber.

Silêncio na capital da cura, silêncio longe da informação. Não beber mais não parece difícil, parar de fumar recentemente me pareceu heróico, jogar fora os jornais, desligar o rádio, deixar o aparelho de televisão apagado, eis a elementar e verdadeira desintoxicação. Vim a Epidauro para mais ainda. Para não estar mais em dia, como se diz, com a ciência, não mais correr nessa corrente dá a libertação. Fim da droga mais pesada, começo de uma sabedoria.

Essa idéia tão difundida de que tudo deve ser dito e resolvido pela linguagem, de que todo verdadeiro problema dá assunto para debate, de que a filosofia se reduz a perguntas e respostas, de que só podemos nos tratar pela fala, e que o ensinamento passa exclusivamente pelo discurso, esta idéia falastrona, teatral, publicitária, sem vergonha nem pudor, ignora a presença real do vinho e do pão, seu gosto tácito, seu odor, esquece o ensino pelos gestos apenas esboçados, a conivência, as cumplicidades, o que não se precisa dizer, a súplica de amor insigne, as intuições incríveis que faíscam como o raio, o encanto que perdura após uma atitude, essa idéia judiciária condena os tímidos, os que nem sempre têm opinião própria e nem sabem o que pensam, os pesquisadores, essa idéia de professor exclui os que não assistem à aula, os inventores e os humildes, os que hesitam e são tocados, as pessoas de espírito, conheci tantas coisas sem texto e pessoas sem gramática, crianças sem léxico, velhos sem vocabulário, vivi tanto no estrangeiro, mudo, aterrorizado atrás da cortina das línguas, teria realmente saboreado a vida se não tivesse feito mais do que ouvir ou falar, o que sei de mais precioso está encastoado em silêncio. Não, nem o mundo, nem a experiência, nem a filosofia, nem a morte se deixam encerrar no teatro, no tribunal, ou numa aula. Esta idéia verdadeira esquece a física e a vida, a ciência e a literatura, a modéstia e a beleza.

O saber sábio cura e forma o corpo, embeleza-o. Quanto mais presto atenção e busco, mais eu penso. Penso, logo, sou belo. O mundo é belo, logo, penso. O saber não pode prescindir da beleza. Busco uma ciência bela.

A partir de uma certa altura de sua história, a ciência deve responder por sua face, pela beleza que apresenta e produz. Desinteresso-me do saber que adquiriu a forma atual porque ele enfeia homens e coisas, porque ele envelhece mal e fracassou na formação de nossos filhos. Mostra feiúra e morte, a máscara contorcida da tragédia.

A partir de uma certa altura, a ciência deve responder pelas crianças. Sai o sábio, eis a criança.

Andamos um em direção ao outro, ao sol, ela não falava, eu também não falava, de mãos dadas, deixamos furtivamente o anfiteatro.

Não faz calor, não faz frio, o vento acaricia o rosto e os braços como se desenhasse um mapa na pele, a brisa doce inicia uma conversa quase musical com a folhagem das árvores, sob a voz, os primeiros odores acres emanam dos talos, uma erva chega a nossos lábios, mastigamos sua adstringência, a paisagem dos deuses se abre no vale por entre pequenos retalhos trabalhados, amarelos e azuis, como uma cauda de pavão ocelada, até a austeridade rochosa da colina, vem

vem, eu queria legar-te as coisas sensíveis perdidas, o conciliábulo do mundo múltiplo e do corpo nu, legar-te-ei a finura, gostos e perfumes, a sapiência e a sagacidade, vem, e quando tivermos construído a pele com panos, como um hábito, dir-te-ei, depois, as velhas ruínas de minha língua, minha bela linguagem que vai morrer, saída diretamente da água que se enruga como uma seda, dos álamos de folha que freme quase séssil, doce voz das coisas, vem nos restos abandonados de dois jardins devastados, esquecidos, o jardim dos sentidos destruído pela linguagem, o jardim de minha língua destruído pelos códigos, vem enquanto é tempo ainda, eu me saí mal, vamos recomeçar.

vem, o último filho dos homens que pode ouvir e ver, vem sentir e tocar, aprenderás muito cedo a ciência, asseguro que aprenderás.

TRÊS AUDÍVEIS

A cura em Epidauro consistia em sonhos e sono: o paciente devia ouvir o que seu corpo, doente, emitia. Partia curado se conseguisse o silêncio dos órgãos. A primeira fonte de ruído está no organismo, cuja orelha proprioceptiva ouve, às vezes em vão, o murmúrio subliminar: milhares de células entregam-se a uma tal ação bioquímica que deveríamos desmaiar sob a pressão de seu rumor. De fato, nós o ouvimos algumas vezes e chamamos de doença essa escuta. O bruaá propaga-se na caixa-preta das caixas-pretas que indicam os níveis de integração: moléculas, células, órgãos, sistemas... e se retifica, pouco a pouco, em informação, por meio de limites e barreiras. Por esses sucessivos retificadores que a complexidade das caixas dissemina, ele atinge o silêncio sadio e com certeza a linguagem.

Entre a clarividência e a cegueira, a visão se perde, dissipa-se em uma nuvem leitosa: a desordem vence os obstáculos que o corpo ergue diante dela. Quando consegue derrubá-los inteiramente, a escuridão impera, advém a cegueira completa. Assim os surdos ouvem sempre, não sinais nem vozes, mas acufenos, gritos infernais, agudos, tensos, monótonos, enlouquecedores. Esse suplício terrível condena-os à música. A vida torna-se um equilíbrio difícil de manter entre o lençol musical e o barulho. Quando a harmonia se retirar, como um dique que se rompe, morrerei com as orelhas perfuradas sob a inundação urrante. A vitória definitiva do múltiplo assinala o fim da agonia.

A segunda fonte de ruído está dispersa pelo mundo: trovões, vento, ressaca oceânica, aves do campo, avalanches, estrondos aterrorizantes que precedem os tremores de terra, sinais galácticos. Os áuspices escutavam o deslizar das asas no ar, fora do teatro e antes que ele existisse, fora do social ou do político e antes deles. Este ruído também é retificado em informação através da caixa bastante complicada da orelha externa e interna, mas freqüentemente construímos caixas tão exatamente refinadas ao redor de nossos corpos: paredes, cidades, casas, celas monásticas. Através de portas e janelas, a mônada percebe levemente.

A última fonte de ruído habita o coletivo, ultrapassa, de longe, as outras duas, a ponto de anulá-las freqüentemente: silêncio no corpo, silêncio no mundo. Somente em raras circunstâncias um grupo consente em se calar: cartuxos, trapistas, *quakers*, atentos a uma outra palavra, uns vinte e cinco gascões barulhentos e tagarelas amontoados em um pombal à espera inaugural das aves, mudos como um túmulo. Essas exceções confirmam a regra: a sociedade produz um ruído colossal que está de acordo com ela, o rato das cidades se distingue do rato do campo por estar imunizado contra esse ruído. Nossas megalópoles ensurdecem: quem suportaria este inferno sem desfalecer se não contasse com a equivalência entre o grupo e o barulho? Fazer parte de um consiste em não ouvir o outro. Quanto mais a gente se integra, menos o escuta; quanto mais se incomoda com o barulho, menos pertence ao grupo. Gritos, buzinas, assobios, motores, chamados, rixas, estereótipos, discussões, colóquios, assembléias, eleições, polêmicas, dialética, aclamações, guerras, bombardeios, qualquer novidade tem seis mil anos, e só informa sobre essas gritarias. O ruído define o social. Tão poderoso um quanto o outro, propagam-se com igual rapidez, difíceis de integrar em ambos os casos. A passagem do rumor desordenado ou caótico para a informação, mesmo privada de sentido, desde que mostre uma certa ordem, ou do barulho para a música, mesmo estúpida, redige diretamente o contrato social cujo texto continua impensável. Nunca descobrirão seu sentido. Ele o tem tão pouco quanto a melodia, o ritmo, a informação ou o rumor. Hermes demonstrou contra Argos que o som, por sua ubiqüidade, integra num único fenômeno sensível a cada um o conjunto de um espaço onde a visão fica múltipla. O audível mantém território por sua ampla capacidade, o poder pertence a quem possui sino ou sirene, na rede dos emissores de som. Mesmo os exércitos faziam a música desfilar na frente: a coletividade mais unida pela violência adverte qualquer possível adversário com a força de seus próprios vínculos, como se se fizesse preceder de sua definição ou de sua assinatura. Seja como for, esse ruído, palavras, motores ou música, encobre o chamado das coisas e os gemidos de nossos órgãos, muito freqüentemente. O dado só se dá pela linguagem? É claro, e mais, ele se dá no e pela algazarra societária cuja progressão formidável nossa língua às vezes assinala.

Não sabemos, inteiramente, até que ponto amedrontamos o mundo, nem a que tocas escuras nós o levamos a fugir. Os tigres vagueiam pela selva, as águias refugiam-se nas escarpas, as raposas nas furnas e os sábios em certas ilhas, de medo desse ruído. Espécies ameaçadas que hoje morrem porque aprendemos a difundi-lo melhor. Os áugures passam antes da batalha: que ave iria arriscar-se, depois, a se aproximar desse furor? Perguntem aos habitantes de Hiroshima que dado do mundo eles escutaram em certo dia do verão de 1945.

Dispomos de alguma orelha para a algazarra coletiva?

Nunca agradecerei o bastante à amiga que me mostrou Pinara. Um imenso circo de montanhas quase fechado aonde só se chega a pé, na falta de estrada, por uma espécie de desfiladeiro sem vegetação barrado ao fundo por uma portentosa falésia. Podia-se jurar que era a fachada de uma encosta interditando o acesso à terra, como em Fécamp. Cem metros de altura, a pique. E rasgado na altura e na largura por linhas vagas e colunas, de túmulos. Sepultamento vertical. Janelas abertas, escuras, para além da muralha. Que poder soberano vai aparecer, aqui, ante mil balcões, sob as aclamações do circo? Mas basta que esses cadáveres se ergam todos, ao mesmo tempo, e eis a fachada de uma catedral, povoada de estátuas, rígidas, eriçadas de assombrações até o alto do coroamento. Dez mil olhos mortos olham essa velha cidade em ruínas construída em uma elevação mais abaixo, vigiam-na, humilde, arrasada. Estupefacta e constante vigília, a morte monta guarda acima da vida, o tempo da história segue, segue ainda após a extinção da história, sob o olhar cego e multiplicado da eternidade. Pois Pindara está situada no centro do mundo, quase grego e já europeu, asiático, visto que turco, onde os túmulos apontam a Índia, mas africano porque reproduz a falésia dogô. O tempo pára onde o espaço involui.

Em frente à muralha solene, necessária, do outro lado em relação à cidade, diametralmente oposto aos túmulos, abre-se o teatro grego. Quem se senta ali espera ouvir, ampliado pelos ecos, todo o silêncio augusto dos emparedados, o clamor da cidade que os empurra para o fundo de suas furnas, o texto e a música da tragédia na orquestra dilapidada, os aplausos nas arquibancadas deterioradas.

Mas o teatro, em Pindara, não está de frente para o campo ou para o mar como a desafiar o vento e a ressaca com sua música ou sua dicção, ao contrário, ele se fecha no circo social, homotético. Um tem a mesma forma do outro, modelo reduzido. Toda essa grande paisagem forma anfiteatro: a falésia fúnebre eleva-se diante da orquestra, a cidade entra em cena, todo o circo das montanhas poderia ser escalonado em filas de arquibancadas, o teatro construído forma apenas uma parte dele. Eis a própria praça de Siena, ou a de Bazas, ou o adro de Notre-Dame, fechando com sua falésia dos mortos, como em São Pedro de Roma, o circo social. Todo mundo ali vê a prefeitura ou a igreja, e o edifício público vê cada transeunte: como se o contrato social, indizível, permanecesse construtível, como se o público ficasse do lado dos mortos. Instituição de pedra ou estatuária. O teatro deu seu modelo à praça e esta ao anfiteatro, círculo simples e banal. Entretanto, todo mundo aqui parece pensar o que dizem os mortos: ver. Cada um, na curva da arquibancada e no ressalto inclinado ao longo do declive, vê cada um ordenado na escala bestial e todos em conjunto vêem o espetáculo de morte ou a tragédia fundadora. Quanto mais mergulhamos nesse espaço, mais vemos e menos ouvimos. Ou antes: melhor se vê que se trata do ouvido. De uma tomada de som ou de um captador de rumores. Da imensa caixa social, emissora e receptora.

O que canta ou fala no centro ouve o silêncio da assistência que ouve seu próprio silêncio e a voz que dele emana, circuito perfeito e temporário que logo vai se desmoronar sob o barulho dos aplausos ou sob as vaias ou assobios do fracasso. Numa mesma frase e dentro do mesmo espaço durante a mesma ação, reúnem-se a crepitação caótica do ruído, o ritmo e a música, o silêncio e a voz cantante, tudo o que precede a linguagem, e as transformações de um no outro, como se se tratasse de uma caixa sonora e surda, tempestuosa, atenta e tácita, apropriada para transformar um sistema acústico em outro, exatamente como descrevemos em relação ao corpo, emissor de seu ruído e receptor de suas dores e crises, bem-estares e alegrias, caixa esvaziada na saúde, produtor de linguagem a partir de suas vibrações febris. O eco das montanhas, em Pinara, só pode devolver as aclamações sociais, daqui, já não ouviremos os uivos dos lobos. Salvo como ancestrais da cidade.

O grupo se escuta como nós escutamos. Emite o ruído, descomunalmente, ouve-o, refina-o e o modifica durante a retroalimentação ou o *feedback* em estereótipos e opiniaticidades, estâncias salmodiadas, versos trágicos, análises políticas, ciências sociais... mais outro ruído de fundo, lixo ou resíduo da transformação, aclamações crescentes com a perfeição da música induzida, emite então mais uma vez para si mesmo línguas e clamores pelo mencionado trabalho de transformação e mais uma vez lança de volta um outro *feedback* para uma transformação nova mais repetitiva e assim por diante, assim narramos seus mitos, música, cantos e religião, seu gesto enterrado e sua história recente. Emite portanto sem cessar e recebe continuamente a informação sobre si e o ruído de si, guerras e narrativas, crises e tragédias, suas línguas e suas condições, em ciclos múltiplos.

Sobre o escaldante sol da Ásia Menor, Pinara deslumbra por sua geometria pura e abstrata: a orelha teatral volta seu pavilhão para os rumores detalhados da cidade viva, mas permanece acima de tudo à escuta da emissão de fundo que vem de mil bocas de sombra, dos túmulos enegrecidos da alta falésia sombria, pranto longínquo dos mortos ainda audível no circo dois mil anos depois da morte da cidade. O teatro forma epiciclo no imenso hemiciclo referente aos túmulos. Diríamos que o primeiro continua a rolar ou enrolar-se no segundo, multiplicando os retornos, inventando representações sob o contínuo rumor da eternidade, sua política e sua história. Os homens, em conjunto, escutam seus mortos: falésia, imensa estação de rádio ou de televisão.

Não podemos falar nem cantar sem o retorno que assegura a escuta de nossa própria voz. A orelha tranqüiliza e regula a boca que emite parte para si e parte para outrem, outrem que assegura outras bocas de alimentação ao redor. A intuição busca sob terra o grande corpo deitado, enterrado, cujo pavilhão ultrapassaria, construído em mármore, cujas bocas negras falam e urram há milênios através da abrupta falésia.

Nossas células às miríades clamam: uma orelha proprioceptiva, em geral surda, escuta. Múltiplos retornos regulam essa algazarra que se transforma, sem dúvida, em nossos bem-estares e mal-estares, crises e silêncio, início da linguagem. Nossa boca clama, a criança que não fala chora e grita: o ouvido tranqüiliza essas mensagens, os diálogos irão regrá-las. Podemos desenhar os ciclos que unem, quanto ao corpo, as emissões e recepções. Por que já não os nomear consciência de si? Mais freqüentemente fechado por esses retornos, contudo, aberto.

Nossos mortos às miríades clamam; a assistência, no teatro, murmura; o coletivo atordoa. Quem ouve com todo seu corpo abafa, provoca, regula, domina esse rumor, às vezes, mas nem sempre, pois o rumor pode esmagá-lo ou decepá-lo. Podemos desenhar mil ciclos que reúnem para o grupo emissões e recepções, mais o entretenimento constante do movimento. Discurso, música, construções, mídias, representações. Por que não chamar de contrato social esta circulação de fluxo tonitruante, dotado ou privado de sentido? Ou, em relação a cada um de nós: zelo, paixão, entusiasmo, por pertinência. Quase sempre fechado por seus retornos, raramente aberto.

As coisas às miríades clamam. Geralmente surdo às emissões estranhas, o ouvido se espanta com o que grita sem ter nome em nenhuma língua. O terceiro ciclo, que começa por uma escuta rara e exige surdez a si mesmo e ao grupo ou interrupção dos ciclos fechados da consciência e do contrato, já poderia ser chamado de conhecimento.

Todo o audível possível encontra locais de escuta e de regulação.

Diríamos que o corpo é construído como uma caixa ou caixas onde esses ciclos transitam. Que o grupo se forma como uma caixa ou caixas onde esses fluxos circulam. E o conhecimento, mundo ululante e mais ouvido atento, constrói a caixa branca maior.

Falta descrever este audível, que vou dizer duro ou doce.

Abrir algumas caixas pretas: casa, prisões, infernos, navios.

Traçar enfim algumas passagens delicadas para os fluxos ou os ciclos: corredores guardados por Musas, Sereias, Bacantes, todas mulheres.

DOCE E DURO

Quando uma estrada principal se acha em mau estado, pode-se consertá-la, encher os buracos de cascalho, passar o rolo compressor sobre o asfalto novo, reforçá-la à custa de muito trabalho, suor e ouro. Mas há ainda uma outra solução: afixar nas árvores uma série de placas onde o passante poderá ler: ESTRADA EM MAU ESTADO. A administração prefere esta solução, menos dispendiosa, que satisfaz sua tendência para o comunicado. Recentemente, uns engenheiros demonstravam, com apoio de cifras, que a leitura do aviso, mais que alguns trancos no carro, obriga o usuário a baixas velocidades, o que diminui brutalmente o número de acidentes. Segurança. Juraríamos que viam o viajante a deslizar no anúncio e não sacudido pelos buracos.

Quebrar pedras, transportá-las às toneladas, comprimir em bloco suas arestas vivas exige energias mensuráveis em cavalo-vapor. Desenhar com o pincel, vermelho sobre o branco, cruzes e letras, reconhecê-las dentro do código, exige energias incomparáveis. Avaliamos as primeiras em escala entrópica, as segundas em escala informacional. Uma é manual, a outra digital. Esta, graças ao filósofo que ama os sinais e as palavras, a linguagem, escrituras e discursos, ícones e *out-doors.* Uma infância obrigada a triturar calhaus talvez me leve a preferir a primeira. O progresso vai em direção à segunda assim como o tempo; a história, bem sei, passa da realidade à linguagem, da coisa ao signo e da energia à informação: da solução dura à outra, chamada doce. Peço apenas que se lembrem da dureza.

A trituração dos calhaus ainda me fere os ouvidos.

A filosofia da linguagem tem razão, tem sempre razão até, ela nos converteu, ela ganha. Vence qualquer fenomenologia, indiscutivelmente, devemos lhe dar a palma. Com lealdade; sem segundas intenções.

Contando com uma volta às próprias coisas, desejáramos ingenuamente ouvir, ver e visitar, provar, acariciar, sentir, estar aberto ao dado. Como fazê-lo sem o dizer? Como nos desfazermos de uma cátedra que fala há dois mil anos? Existirá um único dado independente da linguagem? Se existe, como percebê-lo? A discussão se encerra quando começa: ninguém conhece linguagem que diga o dado independentemente da linguagem. Toda descrição da própria coisa não passa de um dado relativo à linguagem utilizada. A coisa foge pela assíntota infinita do dito.

Eis o mundo: até em seus pequenos recantos, calhaus, raízes, grilos, em suas dobras secretas, minas, bolsões, covas, sob a terra e no fundo das águas. No meio das florestas primitivas ou nos confins das galáxias recentemente descobertas, ele é repleto de proposições e de categorias, sem lacuna. Mesmo o desconhecido ou o inconsciente ou o indizível reintegram a linguagem.

A linguagem e somente a linguagem é que dá o dado?

O ex-triturador de calhaus não acredita em seus ouvidos.

O dado que se dizia bruto pertence às vezes, nem sempre, à escala entrópica: distende os músculos, rasga a pele, arde os olhos, trespassa o tímpano, arranha a garganta, ao passo que o dado na linguagem se apresenta sempre doce. Doce é classificado entre as energias pequenas, as dos signos; o dado duro às vezes é ordenado entre os grandes que maltratam, derrubam, espetam o corpo; vive mergulhado em um ambiente material, enquanto o dado pela e na linguagem se tece de aplicativo.

Doçura aplicativa e dureza material fazem uma sensível distinção, sensivelmente colocada fora da linguagem. Claro, ela vem da ciência e, portanto, ainda da linguagem e do aplicativo, mas embora a enunciemos na língua da energia, termodinâmica ou teoria da informação, o corpo a recebe ou a sofre pelas coisas. Ele sabe tacitamente a doçura do sentido, que o discurso não esfola a retina, nem as costas nem a pele. Ver uma árvore, lá longe, pela janela, já parece tão doce quanto dizê-la, mas olhar o sol que a banha de claridade parece um pouco mais duro ao olho; mais ainda, mirar o mesmo sol bem no meio do Saara ou ser surpreendido pela explosão da bomba termonuclear mata a visão. O vento às vezes empurra e faz tropeçar, pelo menos o Aquilão, embora o zéfiro na folhagem pareça falar divinamente, a palavra vento não derruba. O corpo conhece essa diminuição, melhor, vive como se a conhecesse, ou, melhor ainda, sobrevive ao conhecimento. Se quiser ignorá-lo, fere-se e morre.

Assim também a vida explora essa distinção. Vai da dureza à doçura.

Seu impulso é dirigido do material para o aplicativo, da energia para a informação. O sensível segue este sentido. O corpo conhece este desvio e sua direção, no e pelo sensível.

O meio ambiente nem sempre conserva as doçuras sentidas por quem está de férias e anda inocentemente em um cenário bucólico disposto entre lago e floresta. Se o retorno às coisas pôde ser confundido com o retorno à terra ou com a ida programada à residência à beira-mar, inversamente, quem nunca sai de sua biblioteca onde o vento só sopra na manhã de Pentecostes, nem deixa seu bairro repleto de cartazes de publicidade, tem tendência a mergulhar todo o dado na linguagem. A história construiu em torno do homem ocidental contemporâneo, suficientemente rico, tantos filtros, cidades, cartazes, medicinas, técnicas e garantias, revestimentos e uso de seguros, que para ele e em torno dele o duro hoje em dia se faz raro, todo tomado pelo aplicativo, cobre telas, muros e trabalho, mergulhado nas energias pequenas. Para nós que fomos despertados deste novo sonho, o empirismo já não é suficiente, precisaríamos de uma erupção, um sismo em grande escala, um ciclone de lâminas gigantescas, uma nova Hiroshima. Nem isso: em nossas telas, o grande mar se revolta, doce.

É bem verdade que o dado muito freqüentemente se dá na e pela linguagem, mas acontece que, por uma brecha no muro aplicativo, passa uma força que derruba. O dado às vezes faz cair do cavalo, nem sempre por uma palavra que soa. As mãos sangram nos blocos de concreto áspero ou no tijolo de arestas vivas, a retina cede aos clarões duros e o tímpano aos tiros de canhão, o marinheiro acosta à proximidade da tromba-d'água, as costas doem tanto a terra, baixa, distancia-se das mãos. A náusea nem sempre vem da escrita, ela corre da onda para a água sem que a língua se mexa, barulho náutico, ruído da carne. Sim, o dado às vezes se endurece, ao passo que na linguagem ele se dá sempre doce.

Parece que há dois dados: o doce, que transita pela linguagem, reino macio, acetinado, licoroso, mole, refinado, lógico e rigoroso; e o dado imprevisivelmente duro, mistura de doce e duro, que desperta com tapas sem sinais. É preciso identificar o dado a essa mistura que resiste a designação das línguas e ainda não tem conceito. O dado misto, todo eriçado de espinhos duros, desperta do sono lingüístico quando o furacão lacera com seus chicotes a membrana mole de nossa caixa ou gaiola sonora.

As forças materiais duras nos rodeiam, nos ameaçam e nos fazem viver, às vezes nos abrigam, sabemos jogar o duro contra o duro. As ciências naturais tratam de nossas elementares condições de existência, das altas energias.

Uma espécie de fluxo ou de sentido ou de elã vai desse duro para o doce: a história, decerto, mas a evolução também, e o tempo, com certeza. A energia se dirige para a informação: a primeira sustenta a segunda que capta a primeira; o material se dirige para o aplicativo e a força para o sentido. Nosso corpo quente, vigoroso, resistente, duro portanto, objeto contável em escala entrópica, associa e mistura essa dureza à doçura das pequenas energias, informação primeiro, sentido e linguagem por fim. Como se a vida marcasse, neste elã, um estado. Nosso corpo mistura duro e doce, portanto produz e recebe uma mistura da mesma ordem. Estado ambiente neste elã ou neste progresso. Até nossas obras tornam-se mais e mais doces.

Mas esse rio direcional encontra ziguezagues e obstáculos, paredes ou filtros, e os manobra, atravessa, abraça, contorna. Percola por entre um intervalo atravancado.

A eloqüência começa pela trituração dos calhaus entre os dentes, diante do oceano caótico e na areia áspera, e termina no sublime. Entendam por sublime a passagem do sólido ao gasoso, uma suavização.

Não sei se esses filtros permitirão compreender como o trovão ou o barulho, a agitação selvagem das ondas audíveis ou subentendidas pela pele que se arrepia, tornam-se em certo momento, finamente, sentido. Nada se opõe a esta hipótese.

A questão do conhecimento, do sensível e da linguagem ocorre nesse leque graduado, por entre esse espectro, a um palmo da dureza à doçura, intervalo separado, compartimentado, mesclado de obstáculos, caminhos e ziguezagues. Caixa em caixas onde o som do canhão torna-se pouco a pouco confidência sussurrada.

Onde, nesse caminho, deixamos para trás o duro pelo definitivamente doce? Quando? Não estamos longe dessa data.

A alta energia ultrapassa a baixa, o vento encobre as vozes ou leva os apelos; às vezes a baixa governa a alta e a encanta. A distinção antes segue que precede a mistura de ambas, o dado vem como pode, batidas e sinais misturados; uma educação ou uma vida sem as primeiras marcam o início do reino dos segundos. Mas a sensação faz dessa mistura assunto seu. A filosofia, quanto mais rejeita os sinais, mais dificuldade tem em pensar as batidas. Nunca pura, a sensação filtra as energias, ela se protege e nos defende das muito altas, codifica e passa a informação: transforma o duro em doce.

Essa transformação, sobre o fundo de distinção e mistura, decerto não pode ser pensada sem a ciência, e portanto primitivamente sem a linguagem, porém, uma vez mais, o corpo a assume, o organismo a vivencia, o corpo vivo sobrevive por ela e dela morrerá. A criança ou o animal sem linguagem conhecem-na.

Falta pensar a própria mistura; falta pensar o amolecimento, o nivelamento, o golpe de plaina, a eliminação, da dureza e da suavidade. Teremos de escrever sobre as misturas e as filtragens.

A voz passa, rouca, baixa, cheia, suplicante, vulgar, aguda, áspera, jovial, harmoniosa, autoritária, patética, sedutora, explosiva ou irritada, voz de virago, voz de virgem, de feirante ou de puta, de vítima dominadora, de apaixonada imperiosa extremada a gritar a triste obstinação da paixão verdadeira, maternal, fraternal, conselheira, piedosa, infantil, fraca, igualitária ou de equipe, insolente, encorajadora, destrutiva ou acariciante, irônica, agressiva, cínica, de gato de velha bêbada no fundo do poço que parece recusar o frescor, voz canalha, velada, aveludada, digna, alta, servil, majestosa, ampla, doente, afrontosa, banhada em silêncio, cheia de ecos marinhos ou florestais, perpassada de gorjeios de pássaros, ululante como besta fera, chamados de rua refletidos nas paredes e nos adros de igreja, voz pungente que se lamenta, que pede e que diz vem, voz que dá medo, entrecortada, soluçante, quebrada, por que caminhos tua voz não terá escoado, em que tecidos ou em que rochas não terá repercutido para ampliar o carrilhão dos sentidos, das intuições e dos subentendidos, sob a língua?

A voz percorre toda a gama do bocejo à prece e da profecia ao berreiro, varre a gradação, o espectro cromático dos ódios obscuros ao amor puro, do rugido feroz ao enlevo místico, queda d'água, vento de areia, torrente, desde o ruído material inerte até à demonstração distinta: mistura, vida.

A gramática esquece a física e a biologia, mais as paixões e toda a literatura. Eis a voz da filosofia, que passa das litanias aos teoremas, da experiência à invocação, do rigor diamantino ao grito de dor. Abandona a rigidez sublime e logo tola para que a língua não morra — por sufocamento do sentido. Sua voz atravessa como toda voz comum todas as possíveis somas de Fourier para ampliar o vitral, ouro, chumbo, sangue, paixão, onde brilha o sentido.

A linguagem fala, diz do sentido doce, demonstra, mas soa, zune, troa e dilacera também com seus berreiros. Se deixa traços e marcas, exige luz para aprofundá-los ou lê-los: a escrita se anula na noite, ela supõe um dia perpétuo, o verão da noite de São João para os lados da Novaia Zemlia. O sentido ou a demonstração afirmam-se em ondas, acústicas ou luminosas, exigem energia e expansão, ainda que doce, na escala entrópica dura, música, ritmos, gritos e barulho, sol ou lâmpada. Léon Brillouin exorcizou outrora o demônio de Maxwel com uma observação semelhante. É preciso pagar pela linguagem, ao menos em energia; não gratuita, não dada. Teremos de pesquisar, depois, se ela dá o dado. Por ora, ele não se dá. Acreditar nisso custa a absurdidade de um movimento perpétuo.

O corpo, novamente, conhece esse suporte. Ele estremeceu, uterino, à língua materna que cantava suas magnificências, desejou o fôlego desesperadamente e a postura ereta sob as rajadas dos apelos, atado ao mastro, há uns três mil anos, no estreito das sereias, temeu, fugiu ou dançou, fascinado, teria dado tudo pela bela língua. Ele sempre soube, sem que a linguagem precisasse lhe dizer, que a linguagem é dura e doce, sempre soube desde seu nascimento que o dado é mistura de duro e de suave, seu trabalho de sensação transforma a dureza em suavidade; como não haveria de conhecer diferença e transição?

O filósofo da linguagem gostaria que tudo permanecesse doce. Pois então construa, navegue, quebre pedras, deixe um pouco a moleza rigorosa, o feltro, a lógica e o moletom.

PASSAGENS

Primeiras núpcias. Se subirem num dia de verão a Pratz-Balaguer, vilarejo que morre no esporão de uma planície elevada, nos Pirineus Orientais, por sorte encontrarão algum silêncio ao deixarem a multidão e seu ruído, a guerra vulgar que o turismo nos moldes da indústria desencadeia no espaço, na paisagem e na beleza. O lugar tranqüilo vai desaparecer, alguns velhinhos, fantasmas obscuros, habitam as ruínas, fracos demais para recolocarem no alto do muro as pedras que a neve e o tempo levaram, vagueiam pelas ruelas à procura dos moleques gritalhões que há uns setenta anos corriam pela praça barulhenta de falatórios. Ali o vale interrompe o espaço, aqui a história chegou ao fim. Vertiginosos no alto dos desfiladeiros, restam pedaços dos muros do antigo castelo, o cemitério desmorona atrás da igreja fechada. Sem mais nobres nem guerreiros, sem culto nem cura, nem pastores, a tramontana passa sozinha. Silêncio nessa mais que lenta agonia.

Ali termina o passeio matinal na montanha, aqui começam a sesta e o torpor, por entre o caminho invadido pela relva. O vento brinca na folhagem móvel dos álamos ao longo da alameda. Música? Mal se eleva acima do limite audível. Ritmo? Antes um quase-período, que as rajadas doces conjugam ao frêmito cadenciado das folhas móveis. Rumor? Fricção, carícias ao acaso, agitação múltipla ínfima de fluxos mal perceptíveis, ruído de fundo. Música, não, nem ritmo, nem ruído; e se a voz divina se erguesse?

Longe dos grupos o corpo percebe o divino, apto a ouvi-lo e tocá-lo. O corpo conhece a antiga aliança abolida pelo ruído obsceno do sagrado social. O religioso coletivo odeia a religião do mundo, o lugar que clama comunicações exclui o vínculo com as coisas. Onde encontrar agora a mínima ilha de silêncio? Sozinho entre os fantasmas no vilarejo morto, mais imerso que deitado nas relvas do caminho, salvo por algum tempo do rumor imbecil, ouço a aliança dos ramos com um início de tramontana, o acordo entre eles, a conversa doce entre as folhas instáveis e o vento, mais baixo que doce, secreto, pudico, sedoso, quase unido ou liso, carícias de véus. A folhagem deixa ler os pequenos grãos descontínuos trazidos pela rajada transparente. É preciso mergulhar mais fundo num quase sono para aguçar mais finamente o ouvido externo, a atenção, para que o tecido do corpo deixe suas folhas flutuarem nas rajadas fracas e lentas dos fluxos do vento.

O que diz a voz, a clemência da aliança?

Algumas músicas fazem a melodia fermentar diretamente na matéria sonora como se fermenta a massa do pão, como o desenho da tapeçaria entra na carne têxtil. Nenhum fio a mais é costurado, o canto não se afirma, distinto, na almofada da harmonia, o pensamento da filosofia não se mostra, sozinho, exibido, acima ou fora da tonalidade verbal, como uma metalíngua ou um letreiro de publicidade, mas o fio se confunde com o tecido ou o sentido se funde na narrativa, a melopéia sustenta a trama sonora. Afrodite ergue sua carne de mar e o oceano sorri com uma infinidade de emergências. A língua audível freme com a múltipla capacidade dos sentidos.

O que dizia a voz?

Que era preciso escrever assim. Como a rajada fractal sobre as folhas quase brancas. A fermentação de sentido augural nas sociedades duras do mundo, muito distante da voz, antes que se pronuncie qualquer palavra, comporta um geometral de significações. O arúspice devia escolher entre esses possíveis folhedos. É preciso escrever na máxima proximidade da touceira agitada, da capacidade aberta dos sentido, ofertada pelo sensível. Entendo o sensível bem denominado como a infinita capacidade do sentido.

As folhas versáteis dos álamos em torno de seus eixos instáveis escrevem e dizem o sensível, para ler, então, e para ouvir.

Ele envolve a multiplicidade mista, o possível sentido: poços, estoques, capitais flutuantes, capacidade, recurso. Envolve-os sem os prender, como uma cornucópia de abundância de onde o excesso escapa.

O que dizia a voz? Vociferava vozes, sussurrava vocábulos, coisa que as vozes continuam capazes de fazer, saídos de rostos imagináveis — eu não teria medo da morte se riscasse na areia, muita vez ou vez por outra, as marcas desse rosto. O sentido claro e distinto, emitido ou entendido, permutado, sobre o qual pode advir um acordo, desenha um perfil desse rosto, uma harmonia instantânea entre essas vozes múltiplas, uma obra parcial e perfeita dessa obra-prima inaudível, mas audível sob os álamos num dia de verão quando mil fiapos de brisa agitam mil talos móveis, finos e minúsculos, em todos os sentidos estimáveis do espaço. Um possível torna-se o atual, o sensível vira sentido, uma nota pura emerge dos clamores. Procuro o poço do ruído.

O que dizia a voz divina? Dava a paleta onde os matizes e as cores se misturam, as combinações de onde os tons são retirados, a integral inacessível dos sentidos, dava rigorosamente o sentido comum.

Recebido pelo tímpano generalizado pela pele.

O vento, sensível, passa por espírito, desde que seja subentendido.

A voz faz ruído, as coisas também o fazem. Os dois clamores antigamente se opunham. Era preciso pelo menos um deserto para que a voz do profeta passasse. Os montanheses chamavam-se a longa distância, os marinheiros se interpelavam de bordo a bordo sobrepujando a intensidade da brisa ou os clapotis das ondas, os gauleses propagavam as notícias de colina a colina em direção aos "doze leitos da rosa", às vezes eram interceptadas pelo vento. Tímidos como todos os homens da família, mas vivendo sob o bojo das trituradoras que mastigavam calhaus, meus pais e meus irmãos não sabiam falar sem estrondear. A eloqüência começava com a boca cheia de pedrinhas diante da ressaca do mar para aprender a negociar com a avalanche da multidão; o exercício tinha lugar diante das águas tonitruantes, depois, apenas diante da assembléia, a língua, os dentes, o céu da boca entulhados de calhaus, não de tropos. Física, a língua, antes de chegar diante do reitor, sua gramática e sua lógica: o órgão de Estentor era comparável ao bronze.

Idade de um bronze desaparecido. O dado, doravante, pode vir da linguagem, porque impusemos silêncio ao mundo. Os amplificadores clamam em um deserto onde os cães obedecem à voz de seus novos donos. Reinado infalível dos motores e dos tonantes, ruído de fundo das cidades e dos campos. É preciso navegar até Patara, outra cidade morta para ver o teatro grego invadido pela areia do mar, circunstância inversa: a praia enche a boca e a orelha do velho Demóstenes, voz humana sufocada sob o fluxo da ampulheta. A assembléia do povo, agora, dominou os cinco oceanos. A linguagem, mais doce outrora no duro do mundo, duramente educada para combater esse obstáculo, passa daqui em diante por único duro nas coisas suavizadas até se tornarem tácitas. Fez calar o duro. A filosofia da linguagem ganha porque a linguagem ganha, e a linguagem vence primeiro fisicamente. Quem suporta trovão e furacões há cinqüenta anos e não tem os ouvidos perfurados com as falações nos alto-falantes? Não existe mais um único recanto no mundo, calhau, raiz, grilo, um único retiro secreto, mina, bolsa, fosso, debaixo da terra ou dentro das águas, entre as florestas primitivas ou no centro do deserto, que não sufoque, tragado, pelo lixo do ruído.

Antes de ter sentido, a linguagem faz ruído: o ruído pode dispensar o sentido, mas não o inverso. Acontece que, depois do ruído, na direção do tempo, desenvolve-se uma série de ritmos, de movimentos quase periódicos, de retornos dispersos ao acaso. Do mar nasce um fluxo e do fluxo, Vênus: do marulho desordenado sai uma corrente ritmada, uma música emerge então. Por seu turno, o lençol musical traz todos os sentidos, universal antes do sentido, a linguagem refinada, diferenciada, escolhe no interior desse geometral aquele ou aqueles que ela emite ou destaca.

Quem fala canta sob a língua, ritmo do tempo sob o canto, mergulha neste ruído de fundo sob seu ritmo. O sentido arrasta atrás dele essa longa cauda de cometa. Uma certa estética, uma certa física têm como objeto essa faixa brilhante atrás da luz ou gramática do sentido. A escrita dá lugar a uma descrição semelhante onde a clareza substitui o rumor: para exorcizar o demônio de Maxwel, já Brillouin observava que ninguém podia ler nem escrever no escuro.

O apelo à benevolência, a súplica à escuta, a primeira sedução entre interlocutores passa pela voz, *sottovóce*, tensão de ordem rítmica e musical. Essa virago com suas gritarias estridentes nos afasta, esse pomposo fazedor de frases monologando nos aborrece: ruído demais, ritmo de menos, melodia nenhuma. Joguem fora todo livro que não os seduza, de início. O primeiro acorde toca, cativa, fascina, encanta pelo canto. Trabalhem o exórdio mais que tudo, abrupto se pretendem provocar, longo período esvoaçante e doce, se quiserem desarmar. A música, no desfile, marcha na frente, de longe se ouve primeiro o tambor, antes da passagem das longas divisões retóricas. O diálogo começa se e somente se cessar o bate-boca em que ninguém ouve ninguém, em que todo mundo procura discutir com todos. No museu de Rodes, poderão ver um vaso dos bons tempos em que dois homens, abaixo do Equador, parecem manter conversação amena, parecem dialogar com doçura, cada qual sentado em um banquinho posto no meio abaulado, mas o assento dissimula, do lado austral, um animal monstruoso acocorado sob o bojo do vaso. No fundamento do diálogo, a relação bestial da disputa e da dominação, urros, gritos, guinchos, procuram vir à tona. As duas feras se observam sob os bancos, prontas a morder. Ouvem-se no colóquio palavras que ladram, rugem, berram, bramam, ululam, urram, estridulam, mugem, silvam, ganem, uivam, assim tem início a sessão com gritos da selva que vêm de debaixo das poltronas. Assim a dialética fere, com golpes reiterados de chifres de bode, assim luta o animal político. Assim começam a língua e a ciência. Dizemos tranqüilamente que sua origem se perde, escondida ou afastada de nós, inacessível, ei-la tonitruante, ela nos acompanha e não nos deixa. Ao contrário, só por milagre nós a deixamos. Quão poucas conversas abandonam os ganidos, cada qual, como cão de guarda, mastigando sua verdade ou soltando o rugido que lhe garante há muito tempo a dominância, quão poucas palavras nesses sinais duros, quão rara a reconciliação dos animais ruidosos que precedem a língua, quão pouco provável um sentido novo entre as línguas estereotipadas de bode. Domestiquemos primeiro as feras escondidas sob o assento de quem conversa.

O ritmo chega, qual um martelo quebrando os dentes, a música chega, dizem que suavizando os costumes, e mergulha Argos no sono e nas lágrimas, no martelar da cadência que sai do chão de repente. Educador de bestas feras, Orfeu entra pela embocadura das Sereias, os Argonautas a remarem atrás da lira. Ulisses o segue. Quem ousa a obra deve-se arriscar a isto.

Os animais fantásticos, debruçados em cima dos rochedos onde a ressaca arrebenta, pregados nas rochas com suas garras, clamam. É preciso atravessar o rumor do mar, depois desafiar as feras, garras e bicos, o que nos reservam as plumas macias das mulheres? Mais que a oportunidade de um diálogo, a assembléia produz o ruído da onda e a querela do zoológico, ninguém a enfrenta sem medo e sem ter ouvido seu clamor que sacode a pele toda até abalar o plexo solar e fazer as coxas estremecerem, e no entanto, ela seduz, atrai para o fundo de seu teatro as pernas afastadas, eretas, esticadas. Sabemos construir o corpo do grande animal, sabemos entrar em sua caixa-preta de ressonância. Silêncio religioso desde a primeira nota de música. Antes do ensejo de uma página, é preciso ultrapassar as queixas do corpo, acufenos, soluços, desejos furiosos, em seguida, os cães dilacerantes que interditam a obra nos corredores das instituições e nos canais da falsa glória, o canto do mundo, duro, parece tão doce, em comparação.

Lá está, bem em frente, o estreito das Sereias. Ulisses o emboca, mas, astucioso, também o evita. Uma vez mais, ele se faz ninguém: desliza, imóvel, amarrado ao mastro, seguindo seus marujos que remam nas águas tumultuadas, orelhas tapadas com bolas de cera morna. O barco-mônada sem porta nem abertura, já então, inventa no mito a solução de Leibniz. Ele ultrapassa o obstáculo do ruído, sem emissão nem recepção, e anula as Sereias.

Orfeu, lira ou cítara à frente, enfrenta o estrondo, ouvidos abertos. Ulisses passa em silêncio, ganha, mas trapaceia ao suprimir qualquer rumor, perigo ou tentação. Orfeu antes dele, corajoso, enfrenta o problema e o resolve em música.

Orfeu transforma o ruído em música. E com certeza a inventa nesses momentos tão perigosos.

A música, vinda de todas as Musas, não pode passar por uma arte; ela soma todas as artes. Nenhuma delas se realiza, por sua vez, se não tiver música; ela guarda cada uma e faz cada uma existir. Ela mesma, sem ela, cai nas notas, no cálculo banal. A poesia anda a pé, pior, de joelhos, sem ela; e a arquitetura cai nas pedras, a estátua em sua matéria e a prosa em seu ruído; a eloquência, privada de ritmo e da camada que a evocação cantante inclina, desaba na insensatez e no tédio.

Orfeu compreendeu isso. Quando Apolo lhe oferece a antiga lira de sete cordas, a música ainda é uma arte entre as outras, uma Musa entre as nove irmãs. Orfeu dá nove cordas à lira nova, cada uma delas soa por cada irmã, a música, desde então, compreende o instrumento, torna-se a primeira de todas as artes porque reúne a totalidade delas. Feixe, fuso, tecido das cordas, das Musas, das artes, mesa fundamental onde elas se enlaçam e se prendem.

Não há uma única Musa dedicada à música, as nove irmãs possuem-na em comum. Que ciúme eclodiria entre aquelas que se sentissem desarmadas, solitárias, e a que pretendesse governar as surdas e isoladas! A música está no meio delas ou constitui seu meio, intercessão e reunião. Conjunto e condição das Belas Artes, identifica-se com os intercâmbios entre as Musas, com a conversação ou o diálogo contínuo, com o acorde entre elas; construiu a casa das Musas, alimenta-lhes a existência coletiva, exprime-lhes o contrato social em sua linguagem secreta. A história fornece o tempo a essa linguagem; e o arquiteto-geômetra leva a pedra, o ferro e o vidro a essa linguagem, cada um sua, quota-parte e sua versão; o paisagista-topólogo leva estufas e fontes, alamedas de jardim ou ramificações a essa linguagem, e a poesia, a tragédia, a eloqüência acrescentam as línguas a essa linguagem, e a astronomia adiciona até a ciência a essa linguagem privada de língua e sob as línguas, privada de idéias ou de qualquer conhecimento e todavia sob todos os conhecimentos: a música exprime o transcendental das artes, das ciências e da linguagem.

Nossas línguas têm sentido. A música, sob a linguagem, universalmente sob as línguas, suporte físico e condição, reside sob o sentido e antes dele. O sentido a supõe e não emergiria sem ela. A música toca os transcendentais da linguagem, os universais precedem o sentido. Habita o sensível, tem todos os sentidos possíveis.

Ela vibra no segredo de nossas conversas, sustenta continuamente nossos diálogos, nossas permutas a exigem, já conhece nossos acordos e desacordos, construiu nossa casa antes de nosso nascimento de homens falantes e não só na caixa vibrante uterina, preparou nossa existência coletiva, e o contrato social, improvável em toda sorte de linguagem, é ouvido confusamente em sua orquestração.

Placa central e baixa de nossas obras, do sentido e do coletivo, a música funda a filosofia. Qualquer um que se aprimore e se aprofunde deseja compor: quem me dera consegui-lo antes de morrer.

Antes de trocarmos reciprocamente sentido, mesmo falso sentido ou a falta de sentido trivial dos estereótipos, antes de construirmos o novo, juntos, coisa tão rara que tem a ver com o milagre, devemos formar esses universais para nos aproximarmos ou familiarizarmos ou nos voltarmos em direção a um sentido comum. A música tece o transcendental das comunicações.

Sob a linguagem, a placa musical reveste de universalidade o caos que a precede. A linguagem precisa de música, sua condição; a música não precisa absolutamente de linguagem. A música precisa do ruído, sua condição; o ruído não precisa absolutamente de música. Ela range os dentes com a balbúrdia ou os verga todos em buquê dócil; de súbito já não aparenta suficiente diferenciação para conter qualquer sentido, tem todos, não tem nenhum. Assim as Musas guardam a passagem global obrigatória entre o ruído e o sentido, o corredor dos universais.

Duas passagens locais margeiam esse corredor global. Acima, as Sereias guardam a passagem local obrigatória entre o estrondo do caos e o início da música: rumor de ressaca, gritos de pássaros, cantos de mulheres. Quem imaginaria um colegiado de mulheres, nem feras como as Sereias, nem deusas como as Musas, que controlassem a passagem local obrigatória entre a música e o sentido? A arte francesa da conversação foi entregue à reputação das marquesas cuja graça dirigia, em certos salões, com habilidade, gosto, finura e acuidade, este movimento delicado e harmonioso. Diríamos então que essas mulheres Sereias, Musas, Marquesas, Graças gozam do ouvido absoluto, dos três ouvidos exigidos pelas três passagens, do caos denteado à harmonia em placa e da universalidade ao refinamento do sentido.

O que dizem, o que cantam, o que cadenciam, o que gritam as Sereias? *A Odisséia* não o relata, nem os ritos chamados órficos, nem quem quer que seja. Ulisses, o astucioso, tampou o tímpano de seus pares, carecemos do testemunho deles. E se os pássaros-fêmeas, exatamente quando o barco atravessa as paragens das Sereias, gritassem um ritmo semelhante ao canto da *Odisséia* e Ulisses, de orelhas destampadas, o aprendesse nesse justo momento para cantá-lo, depois, no festim do rei? E se elas berrassem nos ouvidos de Orfeu, quando ele tenta a passagem, essa espécie de rito órfico que termina com o corpo decepado? Quando naveguei por lá, elas calculavam a comunicação irrisoriamente à maneira de Leibniz e da matemática, imunizadas contra a solução de Ulisses... As Sereias fazem o encantamento da obra, gritam duramente o preço a pagar, vertigem da vida e da saúde, quase-naufrágio, a perda do pensamento no rumor de fundo, emitem o ruído a ser libertado para dizer a obra, decidem a primeira taxa aduaneira ou interdição, a primeira concessão: rompem-na quando a interditam, interrompem-na quando a dizem.

Elas realizaram progressos formidáveis, canais de alta fidelidade, televisões em cores, calculadoras e programadoras, máquinas de edição de texto, as águas se enchem de ondas por entre o barulho dos motores. Já não precisamos procurar a passagem perigosa que outrora guardavam, elas vêm até nós e ocupam o volume do espaço. O mundo se enche de pássaros, mulheres, trovão, ritmo e música, até a saturação. Já não resta um lugar, um rochedo, um canto de casa, um canteiro de lúpulo, uma capoeira na floresta, recanto, deserto, buraco, fosso, mina, poço, cume, ponto irrespirável a quinhentos mil pés de altitude, que as mídias não controlem com seu falatório. A guerra de Tróia não é mais cantada, salvo pelas Sereias, a poesia órfica só é salmodiada pelas Bacantes, pelas mulheres trácias que deceparam Orfeu, os gritos das aves ocupam o céu até o fim do horizonte, ninguém mais precisa franquear o estreito terrível, ninguém sai fortalecido por não ter perecido, as Sereias nos impuseram o império dos gritos. O mundo, caixa, orelha e boca, ressoa.

Vitória para as Sereias, desgraça para o homem de obra.

Orfeu passa pelas Sereias, ruídos de mar e gritos de feras. Conseguiu domar as feras, cítara ou canto seguido por hienas e leopardos. Os mais ferozes animais se reconciliam. Orfeu amansa os pássaros-mulheres, falta a ressaca, ele apazigua as águas da ressaca. Como?

Ulisses passa pelas Sereias, ensurdece seus marujos tapando-lhes as orelhas com cera morna, e cala-se, imóvel, amarrado no mastro; atravessa a algazarra, inventa a solução mínima ou nula, sem custo algum. Os que se movem a bordo nada ouvem, o que ouve não pode se mover. No remo ou na manobra, os marinheiros motores do barco não tremem de desejo nem de angústia, continuam, o que quer que aconteça, a executar o preestabelecido, pois não poderiam ouvir contra-ordem. Ulisses-Deus, antes da travessia ignóbil, recomendou aos marujo-mônadas tudo o que se seguiu. Como acontece muito nos navios, o timoneiro, ofuscado, segue o rumo ditado, não a rota avistada, a linguagem e não o dado, a ordem dita, não o mundo percebido. Os companheiros de Ulisses conduzem pela memória, ainda ouvem a ordem prescrita: seu dado, ou coordenada, não vem do mundo ensurdecedor das Sereias, mas da linguagem de seu capitão.

Mesmo as mulheres volantes, capazes de fazer estremecer de desejo, não conseguem desviá-los do preestabelecimento lingüístico.

Melhor solução, máximo de eficácia pelo menor custo. Homero préescreveu Leibniz, quebrou qualquer comunicação momentânea com as mônadas programadas para remar em frente. O dado-sereia desaparece.

O que cantam então, o que gritam as Sereias? O mundo banal, misto de doce, atraente, e de duro, repulsivo.

Ulisses trapaceia, econômico, avaro; Orfeu aceita o custo. Os Argonautas, companheiros de Orfeu, com orelhas abertas, podem escolher a cada momento o enquanto inquietante dessas mulheres ou a harmonia da cítara, livres para mudarem de rumo. Ulisses suprime o tempo, Orfeu brinca com ele, cria-o, raro. A composição enfrenta o ruído das feras e inventa a harmonia na vizinhança do canto delas; a música produzida conserva continuamente o traço do que a anuncia ou inaugura, do que a precede, nas gritarias; assim Demóstenes enfrentava, com a voz, ondas no ouvido e pedras entre os dentes para que sua eloqüência lançasse uma camada dura e possante sobre o rumor da assembléia. Ulisses atravessa o estreito uma vez; não jogará outra partida; Orfeu, sim, recomeça: tentará a passagem das Bacantes e não conseguirá: a música se dispersa e desaba no ruído. Ulisses, prudente e calculista, ganha sempre; heróico, Orfeu nem sempre ganha, compositor.

Para jamais perder, é preciso cortar qualquer comunicação. Ulisses coloca um filtro passa-baixas, Orfeu um filtro passa-altas. Ulisses-Leibniz elimina todo o ruído; por que o espanto que a mensagem passe? As mônadas recitam a lição que Deus imprimiu em suas memórias desde que nasceram, remam firmemente mantendo o rumo na ressaca das Sereias em meio à solidão surda, enquanto suas orelhas ouvem a harmonia preestabelecida. A ciência supõe um mundo sem ruído. Ela vence.

Há barulho, o mundo está alastrado de passagens das Sereias. Orelhas abertas, cotovelos livres, alma de cera entregue ao vento, Orfeu luta com o caos, atira-se sem defesa entre as feras e as mulheres, nos recifes, tenta a solução máxima, perigosa, dispendiosa, produtora de música. Para sair dali é preciso compor, cantar a cada minuto, nunca deixar de erguer o escudo de harmonia diante da algazarra, inventar uma curva rara, dançante como a proa por entre o marulho das arrebentações, lançar-se à frente de um tempo novo. Orfeu nem sempre ganha e queima suas forças
na obra, oferenda musical que desenha seu tempo. Mas expõe-se ao risco

de cair bruscamente no ruído. Pois sem os universais da música, sem o seu transcendental, o caos vence, ninguém atravessa o canal. Leibinz supõe o mundo sem ruído, sua solução não exige trabalho algum, o universal está em Deus. Mas como há ruído, a filosofia deve manter com Orfeu a mesma relação que liga Leibinz a Ulisses. Ela deve supor, antes do sentido e da comunicação bem-sucedida, condição para a lógica e a linguagem, uma música que subjugue o ruído, deve inventar, arriscar-se a compor, descobrindo assim um tempo raro.

Mesmo na solução ótima ou nula, de resultado perfeito pelo menor custo, Leibniz dissera também a anterioridade da música, visto que põe em Deus, eternamente, uma instância ou função que ele chama de harmonia: só trocamos as palavras. O pré-requisito ou fundamento das melhores comunicações e das ciências é identificado à música ou harmonia, preestabelecimento, condição já transcendental. Misteriosa ou mística partitura ouvida pelas mônadas surdas e encarregadas de explicar por que remam em cadência no silêncio.

Infelizmente, ouvimos ruído, já não podemos fazer como se só existissemos nós e Deus no mundo; lamentos, gritos, soluços, brados, encantamentos nos agridem, muito antes de receberem sentido; temos, pois, de compor música a cada instante para sobreviver, sentir, participar das conversas, e para fazê-lo devemos ficar expostos às feras e às Sereias, à dispersão das coisas, do grupo e de nossos membros, expostos às Bacantes. Sem essa obra de fundo que contém o ruído de fundo, nada se mantém unido, nem as coisas no mundo, nem pessoas no coletivo, nem os sentidos, nem as artes, nem as partes do corpo. A música vem antes da filosofia, ninguém pode se dedicar à segunda sem passar pela primeira.

Orfeu amansa as feras, os leões se deitam diante da cítara, a harmonia aplaina o aço. A ressaca amaina, as garras dos pássaros-mulheres viram patas de veludo: os lobos não são mais lobos para os lobos, reconciliam-se. A guerra das coisas, dos homens, a angústia, dá trégua. A música apara os espinhos do ruído, lima o áspero e o rugoso do caos, garras, caninos, cristas, ela adoça o duro.

A tripla dureza suaviza-se três vezes: nas mensagens das coisas, nas dos grupos e nas do corpo.

Filho de Calíope, Musa da bela voz, patrona da poesia épica e da eloqüência, Orfeu canta. O canto lança a linguagem sobre o suporte material de música, atira a doçura do sentido sobre as asas acústicas duras.

O lençol musical suaviza o duro. Por outro lado, apresenta ao sentido o duro e o doce.

Sob o canto, sua frase às vezes parece dizer, como um sentido sufocado, aplainado, amordaçado, velado, tímido parece falar alguma língua esquecida de antes do sentido, tão antiga que se dirige à carne. Faz ouvir o suporte musical da linguagem, sua energia, como sua parede, apoio ou habitat, constrói o ninho do sentido.

Doce da dureza, depois da experiência das Sereias, e duro da doçura, na passagem das Musas.

A variedade-música apresenta assim duas faces ou vertentes: a face doce nivela os espinhos, a vertente dura aplaina o sentido. Duas vezes universal com duas vertentes unidas.

Mas a pele, quente e forte, defende-nos muito duramente, e também docemente se tatua, fina e calorosa, de coisas impressionantes e de suas próprias emoções. Ouvimos a variedade musical com duas folhas de toda nossa pele igualmente duplicada. Enrodilhamo-nos em seu ninho, nus.

Não sei se o dado só se dá pela e na linguagem, mas neste caso tudo se passaria como se ele se desse previamente na e pela música, como se ela o perdoasse. Entendamos como música, aqui, o conjunto das Belas-Artes. Que o escritor não dissesse apenas que o sentido calcula de fato, mas escreva quando todos os sentidos fremem na carne verbal, semidoce, variedade dupla para a visão, o tato, o olfato, ou o gosto também. A cítara de nove cordas é sempre colocada entre as feras e o recitativo, entre a morte e o saber. Nossa língua, vogais, sintaxe, rigor, banha-se na música sob pena de morrer.

A variedade ou lençol musical escoa ou desliza entre o mundo e nós, entre nós, em nós. Se algum acordo advém entre nosso corpo e as coisas, entre os indivíduos que formam o grupo, ou em meu corpo prestes a se romper, ela lhe condiciona a vinda.

Duro do doce e doce do duro, transicional, a música de minha língua impede-me dizê-la dora.

Como funciona a sensação? Que saber é preciso aprender para conhecer um funcionamento que deve estar situado no início do conhecimento, em seu fundamento ou em sua condição? A questão pertence, também ela, à classe dos problemas que remetem incessantemente a um terceiro homem ou um terceiro termo. Não conhecemos ciência que não suponha, de alguma maneira, uma sensação prévia, mesmo que fosse preciso, às vezes, muitas vezes, quase sempre, de fato sempre, abolir o sentido de seu domínio. A sensação não só está situada atrás do saber que acredita falar dela, como o conhecimento corrente a expulsa. Aqui a filosofia da linguagem sempre tem razão, ela fecha a fila das remissões a uma terceira ciência.

O que quer que tenhamos aprendido pela sensação nada sabemos dela.

Eis uma caixa-preta. À esquerda ou acima, o mundo. A direita ou abaixo dela, o que transita em certos circuitos e que nomeamos informação. A energia das coisas entra aí: sacudidelas do ar, pancadas e vibrações, calor, álcoois ou ésteres, fótons... A informação sai daí e, então, o sentido. Nem sempre sabemos onde está situada a caixa-preta, ignoramos como ela transforma os fluxos que passam por lá, que Sereias, Musas ou Bacantes ali se agitam, para nós ela permanece fechada. Entretanto, podemos dizer com certeza que para além desse limite, ao mesmo tempo de ignorância e de percepção, o mundo, o grupo, a bioquímica celular permutam suas energias em escala usual e que aquém do mesmo limite de informação ocorrem sinais, figuras, línguas, sentidos. Antes da caixa, o duro; depois da caixa, o doce.

Não conhecemos a sensação: melhor dizer que ela ocupa essa caixa-preta.

A descrição mais honesta que dela se pode fazer, a que comporta mais ignorância do que pretensão de saber, não diz nada além dos subentendidos de cem narrativas míticas. A caixa-preta tem duas faces: dureza de uma doçura, doçura de uma dureza. Lugar, espaço, volume, variedade enfim onde as energias transitam de uma escala a outra. Caixa-preta doce para as energias altas, caixa dura para as muito baixas.

A variedade-sensação, o conjunto de suas caixas deslizam ou se situam entre o mundo e nós, entre nós e em nós. Se algum acordo advém entre nosso corpo e as coisas, entre as pessoas que formam um grupo, ou em meu corpo prestes a se romper, a sensação condiciona-lhe a vinda: o acordo exige uma mudança de escala.

A sensação nos guia e nos defende, sem ela morreríamos, corpos explodidos, decepados pelas forças físicas, pelo poder do social e pelas dores íntimas. Ela apresenta, como um ninho, uma vizinhança ou uma parede moles de espinhos duros e, em sua cavidade dura, gera o sentido doce. Que sai dessa cavidade e voa.

Doce do duro e duro do doce, limite transicional. Minha língua tão doce ao ouvido, mas tão dura ou severa em suas regras impede-me dizê-lo doro.

A sensação tem o estatuto da música.

Tradicional, o termo estética tem dois sentidos. Designa um discurso sobre as Belas-Artes e outro sobre o dado. Esses dois reservatórios de palavras nem sempre alcançam seu objeto, como se a beleza fugisse para tão longe de nossos dizeres quanto o sentido. As obras de filosofia nas principais línguas ocidentais geralmente separam esses dois sentidos, as mais célebres consumam o divórcio. Eis as núpcias.

A música, considerada como o conjunto das artes, dura e doce, doce e dura, faz sentir a dupla face de sua variedade, as duas paredes de sua caixa.

A sensação, caixa-preta, instala as duas paredes de sua verdade entre as altas e as baixas energias, doce e dura, dura e doce.

Ela reúne as Belas-Artes, a estética só tem um sentido.

A música canta antes da língua, antes do sentido, condicionalmente ao que sempre permanece doce. A sensação, o sensível permitem o sentido e o condicionam, preservando sua doçura. A linguagem fica no exterior da esfera unitária da estética. As artes da língua devem sua beleza à vizinhança do que está fora da linguagem.

A unidade reencontrada de um mesmo lugar excepcional e familiar dá uma grande alegria: o mundo se dá por belo, temos necessidade da beleza para viver.

Eurídice morre picada por uma serpente quando fugia da perseguição de Aristeu, o melhor ou o primeiro dos criadores de abelhas. Dentes e dardos. Os contornos materiais, adoráveis, da mulher se desvanecem, Eurídice torna-se uma sombra, um nome, imagem ou lembrança para ser evocada, uma inscrição gravada em um túmulo ou o nome próprio escrito ou lido esta manhã na página. Os Infernos subterrâneos eram povoados outrora desses mesmos fantasmas que nós, modernos, acreditamos ter na alma ou na cabeça, desses espíritos que temos no espírito, dessas palavras que nós, contemporâneos, acreditamos ter sob a consciência ou reunimos nas bibliotecas ou gramáticas ou nos bancos de dados. Variamos na história quanto aos nomes que damos às caixas-pretas onde o duro se transforma em doce, entendimento ou escrita, alma íntima ou Campos Elíseos: mesma obscuridade, mesmas dores e labirintos, semelhante tenuidade verbal, mas que traz o nome de mundos ancestrais. Eurídice, tangível e sensível às carícias, desce à noite das sombras, força que se torna simulacro, voz gelada no epitáfio. A morte precipita o volume das coisas no espaço da linguagem.

Orfeu desce aos Infernos, deixa as forças para se juntar aos fantasmas, abandona o duro para se abandonar ao doce, entra na cabeça ou na biblioteca, ou na sua própria caixa de música, a lira. O filósofo sabe descer esta via: abre as caixas-pretas, conhece os segredos ou labirintos infernais, visita a consciência ou o entendimento, a razão mesmo, à vontade como numa simples livraria, decide que se trata de uma livraria.

Orfeu acalma Cérbero, cão de guarda monstruoso. Com sua música, ele imobiliza Tântalo em seu gesto voraz e vão, e a pedra de Sísifo bem no meio da montanha. Tudo pára e deixa as imagens fixas. Mesma lição: adoçamento do duro. Já não tememos goela nem caninos, o molosso torna-se tão comportado como uma imagem, o verbo morder não morde, a palavra cínica não ladra. As feras se transformam em cartazes pintados nas paredes do corredor, a publicidade nunca mostra nada a não ser Tântalo.

Mas o trabalho de Orfeu começa no limite preciso onde a lição muda, na segunda proeza inversa da primeira, transformar o doce em duro. Ulisses desce aos Infernos, Orfeu entra nos mesmo lugares: um visita, o outro conquista. Um encontra conhecidos, dialoga facilmente com eles, atravessa sem temor o pasto de sombras lívidas, vai à estante de historia, consulta, compara, descobre, instala-se na caixa onde os fantasmas fazem frases, sem corpos. Não arrisca nada, entra e sai, sai da caixa como entra, com informação a mais. Orfeu arrisca, e não quer sair como entra, quer energia, um corpo, a mais: Eurídice viva. Ele tenta mudar a mulher-voz, a mulher-palavra, em corpo.

A musica tenta arrastar Eurídice para os Infernos, para a desconstrução processadora onde se reduzem seu vestido, seu corpo e seu encanto; a morte carnal transformou-a em um ícone lívido flutuando nas planícies de asfódelos, forma suave sem borda nem corpo que o amante não pode mais acariciar; como ressuscitar essa inflação vocal, gravura ou estampa?

A morte nos transforma em palavras, as palavras nos transformam em mortos. Frase-epitáfio que enterra as coisas embaixo dela. Os que têm a ver com as palavras têm a ver com os mortos e dão-se ares de carregar o luto do mundo. Nossos nomes buscam desde nosso batizado uma vaga imortalidade, traço doce a partir de nosso desaparecimento. A morte nos reduz a nosso nome único, frágil, leve, esvoaçante, sem defesa, que uma fina camada de areia de circunstância recobre. Eurídice, bela, grande, quente, vibrante, apequena-se no nome de Eurídice, doce. A morte, assim, adoça; a música também o faz; a linguagem também. Orfeu sob a abóboda dos Infernos grita: "Eurídice!". Então a voz, dura, carrega o nome no grito. Orfeu, sob a catedral infernal, canta: "Eurídice! Eurídice!". Então a música, no canto, carrega o grito. Orfeu dá ao nome de sua amada o peso de chamamento, a dureza vibrante enche com seus ecos os vales sem sol e os corredores estreitos dos Infernos.

A música pretende mudar o doce em duro, adoçar o nome de Eurídice, tirá-lo do epitáfio, da gravura entalhada no mármore, tenta sua libertação fora da prisão mínima do nome, escrito, falado, cantado, fora da garganta coagulada da imagem lisa. Eurídice, Eurídice, Eurídice, desce da pintura onde jazes, grudada, sai do ícone que te imobiliza.

Sai da palavra. Ergue-te do nome. Liberta-te da cartela. Retira-te da representação.

Readquire o movimento, uma espessura, a carne dissolvida, seu brilho desvanecido, o volume material do corpo, o grão acetinado, frágil, da pele, a luz variável, límpida, colorida do olhar, a flexibilidade horizontal do andar quando se adapta ao solo, o peso do peito, das ancas, dos ombros e do pescoço, o esqueleto duro. A amada sai da sombra docemente, imagem e palavra. O verbo se faz carne.

Evocação: alguma coisa, uma carne sai da voz.

Orfeu invoca, sua voz e as cordas tremulam, ele chama, grita, cede ao encantamento. Compõe a música e Eurídice.

A mulher espectro ressuscita, segue sua vocação.

A voz dá carne ao nome, livra a palavra da morte, a luz a desprende da noite, a música acrescenta sua carne, endurece o suave: até onde vai a encarnação?

Assim como as feras, duras, seguem, docemente, os acordes da lira, assim como as florestas, escuras, inclinam juntas seus espinhos ou agulhas, assim, em sentido inverso, Eurídice, doce, evocada, segue, duramente, seu amante, ao longo do dédalo complexo da obra e do nascimento, em direção aos propileus de saída que ninguém franqueia assim. Eurídice se endurece. À medida que o leão avança para a cítara, ele se torna mais imagem, sombra, fantasma, mais verbal e nominal; à força de avançar, Eurídice, ao contrário, faz-se mais carne e corpo, seu nome entra na voz, sua voz entra em acorde e o acorde em uma garganta, e a garganta na cabeça, esta e sua cabeleira movediça emergem das espáduas, ela surge à invocação, o alto do corpo, axilas, talhe, seios, erguem-se da noite como Afrodite outrora se ergueu das águas, como cada um de nós da caixa-preta uterina ou da ignorância e virgindade sensoriais, como cada um de nós se retira do frio. Luz e calor amaciam uma pele encarquilhada no escuro gelado. Orfeu compõe, constrói Eurídice viva, peça por peça e sentido por sentido. Levanta-te e anda! Fala, pois!

A extensão do labirinto mede a paciência imensa que a encarnação requer. A obra sai dos Infernos, dos subterrâneos onde flutuam as palavras, conceitos, imagens, nomes e sombras, retira essas sombras dos mundos ancestrais, incorpora-as por chamamento ou encantamento; o nominal drogado ou frígido desperta. Construção. Cada livro liberta-se da biblioteca, sua pior armadilha.

Orfeu se entrega ao mais difícil. Nada mas fácil que domar hienas ou jaguares, que amaciar o duro: basta descer a ladeira, seguir o trabalho entrópico da morte, em direção à desordem e ao fragmento; passar da coisa às representações, nomear, descrever, reduzir o objeto a um conjunto de palavras ou de frases. Nada mais difícil que subir a via inversa, a rota vertical da vida, da obra, encarnação ou criação. A lei de ferro segue em direção aos Infernos, ninguém volta de lá, vocês, que ultrapassam o limite do conceito, percam qualquer esperança. Orfeu tem êxito quando se trata de adoçar, tão bem-sucedido quanto Ulisses. Mas fracassa ao arrastar Eurídice na última ladeira, falta a última obra de carne, a amada recai em sua sombra: a cabeça na garganta e a garganta em acorde e o acorde na voz e a voz no nome, involução fulminante, retorno ao epitáfio. Proeza suprema, grandiosa, rara, a de dar vida ao dizer, gesto usual e banal o de substituir a coisa pela palavra, fácil. A obra tenta a brecha em direção ao próprio mundo, mesmo Orfeu não pode voltar a ele. Obra maternal, sempre fracassada no último instante.

Significa com toda a clareza que nada se faz facilmente sob o sol a não ser a filosofia. Nada tão fácil quanto nomear descrever, conceber. A queda dos corpos e a morte favorecem essa paixão, a lei da economia leva ao grande declive: descida rápida aos Infernos, às gramáticas, aos dicionários, às bibliotecas, aos bancos de dados, *facilis descensus Averni*. Não procurem o objeto, nomeiem-no. Não busquem nem a mulher nem a fera, citem os nomes próprios que as nomearam. Inversamente, a lei insuportável do maior custo exige a longa paciência do caminho vertical, o chamado interminável das sombras para que elas voltem a dançar, carnais, à luz, trabalho tão duro e tempo tão longo, potência tão seguramente inacessível que o mais paciente sempre peca por impaciência, que o errante dessa peregrinação sempre acredita cedo demais que sai, enfim, dos limbos, e que aquela que ele dali retira, também ela, enfim, está livre; mas eis que ele se volta cedo demais, ela ainda não havia concluído seu padecimento de libertação, somente uma metade do corpo se desgarrava da morte, ela desaba brutalmente em sua imagem lisa, em sua sombra flutuante, seu nome, sua tumba, pelo maior declive, rapidamente, em queda livre. Retorna a seu conceito como a seu equilíbrio, no fundo do poço.

Quem não tem o dom de vida faz filosofia. A vida leva tempo para emergir do conceito, palavra ou nome, a criança leva tempo para deixar o código. O próprio Orfeu não pode se retirar dos encantamentos processadores, mas indica o caminho da obra, a saída dos Infernos. Caminho sempre frustrado no fim. Infinito. Extenuante. Que retorna bruscamente aos mortos da livraria.

Já não ouvimos, nas ruas e nos vales, senão idéias, palavras ou nomes, trazidos pelos gritos e prantos. Eurídice! Sim, perdi minha Eurídice, eu queria criar um corpo aqui presente, não tenho mais que uma pura abstração, esta emissão de voz, doce: Eurídice, Eurídice, eu queria tanto te dar a vida e só escrevo filosofia.

Despertado no meio da noite, íntimo, arrancado do estojo do sonho, tirado do sono como de uma luva, extraído das entranhas dos lençóis, da maca profunda, saído vivo do camarote escuro e quente, emergindo desses côncavos em saltos dolorosos, de uma bolsa a outra, afastando véu por véu ou franqueando tabique após tabique, obrigado a se vestir depressa às apalpadelas, em silêncio, chamado pelo marujo que martela a porta na hora de render o quarto, abre os olhos e os ouvidos, empurra a tranqueta, puxa o painel, atravessa a sala de despressurização, cambaleia ao longo do corredor estreito em pleno resfolegar da máquina, agarrado às escadas, atento às pancadas surdas do casco que joga, galga na vertical nível após nível, até chegar ao alto, o flanco exposto ao vento, presente, consciente, externo, desfigurado pelo gelo azul, lacerado pela rajada, aturdido, bombardeado, aguilhoado pela chuva, decomposto, tendo de decidir de pronto sob os gritos, apitos ou ordens tonitruantes, a pele eriçada, a oscilar com os trancos do balanço, recusando na carne esta subida do ventre do navio ao passadiço a céu aberto, e abandonado de fato ao silêncio, morrendo de vívido júbilo, então a gente sabe como sofremos todos a aventura de nascer.

Aprendemos nesses pequenos momentos em que reagimos diante do mundo e empregaríamos toda nossa arte em não ouvi-lo, em mantê-lo distante, sem a ponta de regozijo amargo mas soberbo que nos atrai a ele. Por horror às sensações, preferimos o sonho nas palavras do beliche.

Uma noite as mulheres trácias cortaram Orfeu em pedaços. Por quê? Não sabemos ou sabemos demais. Uns dizem que após a perda de Eurídice, Orfeu voltou as costas às mulheres, que ficaram ressentidas. Outros que ele inventara a homofilia. E outros, que ele instituíra mistérios dos quais as mulheres foram excluídas. Outros ainda, que Afrodite o amaldiçoara. As justificativas para este drama são inúmeras e todas seguem o mesmo sentido: mil e uma razões sexuais. A verdade é que mulheres búlgaras ou trácias, correndo pela montanha em uma espécie de sabá, atiraram ao espaço os membros dispersos de Orfeu, e a cabeça num rio cuja correnteza a levou para longe no mar. Diasparagmos freqüente nos mitos.

A explicação corre desde a Antigüidade: ela desloca a atenção do próprio diasparagmos. A justificativa pelo impulso sexual à força do impulso sexual, essa força adquire e torna suas razões evidentes, como se vê na publicidade. Para dar valor às coisas, rodeiam-nas de mulheres, bastante búlgaras um tanto nuas. A atenção se desloca da dita coisa sem valor, para a abundante e soberba nudez. O deslocamento dá toda a explicação: fala-se de Afrodite ou de pederastia, esquece-se o desmembramento. Antes de justificar ou de compreender isto com base em outra coisa, tentemos considerá-lo em si. Lançam sobre o crime centenas de explicações, como as bacantes trácias lançaram pedras, flechas ou projéteis em Orfeu para destroçá-lo ou sepultá-lo. Isto se chama análise: as explicações do diasparagmos têm a forma de um novo diasparagmos, um, bem real, o outro crítico ou judiciário, ou aplicativo. O primeiro, duro, os outros, doces. Pouco importa.

Uma multidão despedaça Orfeu, corpo musical. Um acorde desmorona em desacorde, uma organização ou harmonia se desagrega. Será preciso analisar isto? Mas isto mesmo se chama uma análise.

Aprendemos a dizer a língua da França conjugando o verbo amar, aprendemos a ler a língua latina, sua mãe, declinando *amare*, ainda amar, antigamente nos formávamos na língua das ciências, o grego, estudando o verbo desligar. O primeiro verbo grego, na gramática, quer dizer cortar, romper, quebrar, eis a análise. Ela diz o contrário de construir ou de ligar. Ela devolve Eurídice aos Infernos do dicionário. As mulheres trácias, como se falassem grego, precipitam-se sobre Orfeu para aprender ou saber, para pensar ou explicar a música. Ora, a música é composta. Se for analisada, esvai-se em notas ou peças esparsas. O diasparagmos equivale à análise, a análise equivale a um diasparagmos.

As bacantes explicam os textos cujos membros esvoaçam no ar. Análise: as articulações do corpo de Orfeu são desligadas; a harmonia é dividida; a multidão de mulheres búlgaras desmonta a lira corda por corda, não temos mais arte global, de nove Musas, de nove cordas, só conhecemos disciplinas. Não teremos mais sensação, conheceremos órgãos.

As que esquartejam Orfeu não se lançarão sobre ele em silêncio. Rigorosamente elas o observam para esperar o cantor no fundo do bosque. O acorde delas produz o silêncio que aprofunda o acorde e lhes permite escutar de longe a doce lira que chega.

Surdo, mudo, o mundo monádico desenvolve a harmonia. Deus é ou cria uma música prévia que organiza a vacuidade sonora do mundo. A música produz o silêncio. Ele a conduz a um estado zero, quase perfeito. Ela produz o silêncio como uma bela singularidade musical, um caso raro de harmonia. Percebo isto como uma verdade sensível, também: quando o ruído pára, tão duro, o silêncio, doce, já promete a mais completa das artes. Não trazendo nenhum sentido para elevar todas, a música contorna ou envolve ou compreende o silêncio. Quando ela pára, ele, por sua vez, reaparece, nu, e renasce sublimado. Ele tem duas faces, uma voltada para a balbúrdia, a outra para a palavra e o sentido.

A saúde vem do silêncio dos órgãos, o acorde social sobrevém do silêncio das bacantes, os Pais do deserto ali se sabiam em bem-aventurança. A face doce-dura do silêncio nos protege do caos, sua face dura-doce nos eleva para o sentido, deliciosamente.

Toda recepção ocorre nele. A emissão, sempre, ganha longe da recepção. Eis uma boa prova: não podemos ter certeza se alguém recebeu sem lhe exigir um colacionamento. É preciso uma nova emissão para dizer a recepção. A sensação mergulha portanto no silêncio, receptivo. Entendam isto como uma verdade sensível, como a verdade dos sentidos, como uma verdade metafísica. A mudez inunda nossos sentidos. Que meu livro possa habitar a felicidade desse silêncio. Testemunhá-lo consiste em colacionar. Assim a filosofia da linguagem diz perfeitamente o estatuto do cotejamento. A linguagem colaciona a sensação. Emite enquanto a sensação recebe, e fala, pois, de seu silêncio. Fica surda e muda, quase mônada, tácita enquanto ele recebe. Em seguida, a recepção, ela mesma se colaciona, emite, portanto, fala.

O silêncio constrói o ninho, o habitat da sensação. Sem ele, ela não existe.

As que esquartejam Orfeu não se precipitarão sobre ele sem ruído.

Elas ouvem de longe ele chegar, pelos murmúrios da floresta, pois os galhos, imóveis, inclinam-se para ele enquanto ele caminha, segurando a lira, no meio do costumeiro colégio das feras, reconciliadas. Orfeu não se salva de suas garras nem de suas goelas, como Daniel o profeta, na cova, mas os leões e os lobos, eles mesmos se salvam dos lobos e dos leões pela música e pelo canto que harmonizam os irreconciliáveis, que substituem o furor guerreiro ou sacrificial pela doçura. Eis, de novo, o contrato social sem texto. As feras, duras umas para com as outras, tornam-se doces. O homem não é mais leão ou lobo do homem, anarmonicamente, espécies estranhas, mas torna-se homem, reconhecível. O coletivo muda de nome à vontade, alcatéia de lobos, rebanho, floresta, multidão de mulheres, a música sempre a dar seu acorde raro e instável, raro como o silêncio, instável como a música de gênio, ela mesma sempre em perigo de desabar no ruído. O contrato social fica instável como a doçura das mulheres e a taciturnidade dos lobos. Orfeu segue na paz: o homem-lobo reconhece, à medida que progride, um outro homem no leão, nos galhos da árvore, na mulher. Harmonia. O reconhecimento, amplo no espaço, acima dos indivíduos, difunde-se como a melodia.

Orfeu fica na clareira, a floresta torna-se doce aos animais, doces os leões, doces as mulheres, doces os lobos, ouçam o acorde quase silencioso, cada qual retendo sua palavra, seu grito, seu próprio fôlego, para receber melhor. Mas os galhos se agitam um pouco, a folhagem começa a sussurrar, as feras arfam baixinho, as primeiras gritarias das mulheres trácias que se aproximam começam a disputar à música o espaço acústico. Frágil harmonia que se desmorona sob as primeiras flechas do rumor, frágil face dura-doce que se quebra sob as pedras ásperas dos clamores. Depois de um equilíbrio instável e perigoso, o tumulto logo ultrapassa o acorde, que se fende, explode em nossas orelhas, e as feras investem contra as feras, o vento-furacão dobra os troncos das árvores, eis a análise, a harmonia se desfaz, os rebanhos se afrontam, Orfeu se dispersa em pedaços.

A música sustenta muito alto seu equilíbrio instável e raro. O primeiro grito ou a primeira patada, a simples batida de um aplauso o destrói; ela cai e quebra-se, destruída, analisada.

Cada leão ou lobo, cada mulher, acreditava ouvir *de per si* uma nota saída da lira, sem duvidar que esta nota fosse ele. Cada um solta um grito discordante, cada um sabe que não grita como os outros. Cada leão ou lobo, cada mulher, acredita trazer consigo um pedaço de Orfeu, sem ter duvida de que ele é este pedaço ou este membro.

Cada um de nós ao aplaudir fragorosamente esmaga Orfeu entre as palmas, esmigalha-o ao reduzir a música triunfal a um barulho vil.

Orfeu cantava na televisão, os leões erguidos apóiam as patas dianteiras na tela, o vidro desmorona em pedaços miúdos, a imagem se apaga quando a parede se quebra. Mas se mantém alhures em toda parte, em outras estações.

Orfeu nunca existiu a não ser no mito, fora da linguagem. Ele representa a integral ampla que o som musical propaga no espaço, o sucesso outrora raro do acorde dos não-integráveis, somatório frágil. Mas ele existe poderosamente, agora, indestrutível. A harmonia já não é igual ao um do múltiplo, mas conseguiu seu acesso ao múltiplo para manter o todo.

A música não resistia às análises. As bacantes explicavam as partituras de Orfeu. Desde então, ouvimos as partituras delas.

As análises detêm a linguagem, e as mulheres trácias controlam o que resta da música, invadem os espaços com seus gritos.

O tato costura lugar por lugar, pontilhista, se quiserem, impressionista por panos e localidades; estabelece os mapas, variedades ou véus.

O ouvido global, integral, já abstrato, em busca da unidade, preenche os volumes: caixas, cofres, asas, prisões, teatros, cidades, circos, infernos e florestas, espaços marinhos onde a cabeça do músico, arrancada, desatada, destacada, flutua ainda em direção às ilhas e canta, ocupando o vento que corre entre céu e ondas; meu corpo inteiro, caixa de música ou de linguagem, caixa de ressonância, bronze que repercute, assim como meu grupo, teoria algumas vezes reunida no teatro.

CÉLULAS

Uma caixa-preta interrompe, por desconhecimento, uma série de conhecimentos ou abre uma lacuna num volume claro. Compreendemos isto até certo limiar, aquilo e os subseqüentes a partir de um outro limite determinado, mas entre isto e aquilo, o limiar e o limite, não sabemos nem compreendemos, a mudança nos escapa. A caixa recebe isto, emite aquilo, em quantas dimensões quisermos, e esconde em suas paredes as transformações ignoradas. Ela parece definir bem o desconhecimento.

Objeção. O observador pode saber e compreender aquilo que vaza da caixa, ao receber sua emissão, provavelmente da mesma maneira que isto que se passa antes da caixa. Como seria possível compreender o que se passa na vizinhança do limiar-acima? A caixa recebe, é claro, mas o que significa essa recepção para o observador? Ele precisa recebê-la, mas ela não emite. É preciso, pois, que ele se situe no interior da caixa que se acredita fechada, cuja parede, por conseguinte, é preciso deslocar. Mas o raciocínio volta irresistivelmente, já que se trata de recepção. Acrescentemos, pois, uma pequena caixa-preta no limiar da grande, a cavaleiro do flanco acima. Mas como a questão pertence à categoria do terceiro homem, e a nova caixa-preta está munida de uma recepção na parede acima, é preciso uma terceira caixa-preta a cavaleiro da parede da segunda, e assim tantas quanto se queira. Os encaixamentos pululam abaixo.

Não compreendemos a recepção, salvo quanto a fazê-la coincidir com a observação. Compreendemos a observação? E, uma vez mais, a solução escapa. A emissão triunfa sobre a escuta, sabemos como lançar um som e como se propaga, podemos retransmiti-lo, não sabemos bem como recebê-lo. Ciências e filosofia reproduzem em suas disciplinas o desequilíbrio habitual e brutal desses diálogos em que todo mundo fala e ninguém ouve e desses grupos animados onde todos produzem o máximo de ruído possível para grande sofrimento de todos, sendo cada sofrimento expresso por um grito cuja intensidade tem por fim uma audição tanto mais impossível porquanto induz novos sofrimentos que se manifestam em clamores. Amanhã, amaremos o pudor, que fala raramente e por lítotes. A solidão monádica cresce no espaço das mensagens, o solipsismo pesa mais no chamado mundo das comunicações, o império de Hermes acentua o subjetivismo.

A emissão triunfa sobre a audição, não sabemos receber. Quer se trate da caixa-preta ou do esquema bem simples que liga um emissor a um receptor, o pólo que percebe ou sente está envolto num encaixamento de caixas-pretas. A audição mergulha no silêncio e na surdez.

A comunicação se perde. Ou bem existe o privado, e então não há mensagens objetivas, ou elas circulam, mas o privativo desaparece. Estudem pois as matemáticas e bebam água fresca.

Fim do meu propósito.

Ou seu começo.

A objeção destrói meu livro e qualquer esperança de dizer a recepção ao mesmo tempo em que ela começa a construir uma espécie de objeto que poderíamos chamar de receptor abstrato. Tudo se passa de fato como se a sensação fosse organizada ou como se a apanhássemos dentro, por intermédio e através dos modelos encaixados do mesmo gênero. Formamos caixas para escutar, conectamos a orelha ao pavilhão de uma concha para ouvir o barulho do mar, construímos espaços propositais para escutar ou para nos entender uns aos outros: praças, abóbadas, paredes de fundo, igrejas, teatros, passagens estreitas, ruelas, vielas, orelhas de pedra. Prestigiamos os ecos e as rimas. Robinson visita o vale desolado, garganta apertada que lhe devolve a última palavra do versículo que leu em voz alta: "minh'alma", minh'alma, minh'alma repetida até o silêncio, espelho múltiplo de seu *cogito*. Então experimentou andar por uma ruela cujos muros lhe devolviam o ruído de seus passos. Na ignorância do próprio bicho, na certeza ou evidência de sua fuga e de seu desaparecimento, ajustamos lugares por onde o fazemos passar, tarrafas, redes, dédalos, onde o peixe se introduz sem que o vejamos ou o ouçamos, onde ele se contorce, apanhado, preso.

Recepção cativa.

Com o tato ou a pele pintamos a tatuagem, impressão variável, variedade singular para cada um, revestimento universal. O pintor tateia para fazer ver. Não conseguimos levar a descrição até o detalhe de cada ocelo, zebrura ou estria, conexo ou isolado, em retorno ou cortado por encruzilhadas, original, repetido... entrelaçamento cambiante, inextricável à superfície da folha reversa que nos envolve. Esses traços de tangência, globalmente contingentes, mistura, labirinto, arabesco, organizam a grande armadilha do tato.

A recepção, raramente pontual, ocorre em um esquema onde a captura, móvel, encontra oportunidades notáveis de retornar a si. Em ciclos rápidos, transforma-se em emissão e vice-versa: ricochetes, ecos, reflexos sobre as telas, por caminhos estreitos, passagens, gargantas, desfiladeiros, becos sem saída, bifurcações numerosas e inesperadas, circuitos — dir-se-ia um *chip* embaralhado — que criam pontos singulares e devolvem uns aos outros os fluxos capturados. A recepção se organiza em auto-emissão, domestica o estranho, como alguém que diz a si mesmo um vocábulo desconhecido para assimilá-lo. Uma consciência liminar desperta aí, nas dobras do autocontato, pela iteração da recepção; captação iterativa e fechada que faz jus a seu prefixo.

Assim funciona a tatuagem. Mas imagino, por outro lado, que o desenho multiplamente iterado ou encaixado do que denominei de receptor abstrato seja projetado nesse entrelaçamento. A pele recebe ao construir, em sua dimensão maleável e lisa, essas caixas-pretas indefinidas. Donde a impossibilidade de descrever até o detalhe as projeções ou traços singulares.

Ora, se o tato conhece as placas locais despertadas ou suscitadas pelo contato e associadas em conjunto de modo variável em retalhos ocelados, se ele sobe, portanto, pelas dimensões lisas da placa e da armação mal construídas, já o som ocupa o volume e se difunde no global, exige, pois, uma dimensão a mais para a escuta das ondas. Tal como o receptor abstrato multiplamente encaixado é projetado, como um modelo, na folha reversa e lisa da pele, como rede ou labirinto, também a mesma projeção na armadilha espacial auditiva exige dobras e esculturas no volume, tudo em relevo finamente cinzelado. Do tato ao ouvido, o mapa passa à paisagem. O labirinto levanta suas paredes, cava suas fossas, alonga seus corredores. A caixa-preta parecia espichar indefinidamente a orelha ou, melhor, prestá-la, como se diz, mas intransitivamente, com um tecido que preste, o ouvido multiplica as caixas por seus aprestos.

Mas primeiro o corpo ou o organismo todo ergue uma tal escultura ou estátua de pele esticada vibrante no som volumoso, fechada-aberta como uma caixa, que engana o que a engana. Ouvimos pela pele e pelos pés. Ouvimos pela caixa craniana, pelo abdômen e pelo tórax. Ouvimos pelos músculos, nervos e tendões. Nosso corpo-caixa retesado por cordas vela-se de tímpano global. Vivemos nos barulhos e chamados, nas ondas, tanto quanto nos espaços, o organismo se ergue, abre-se, espacial, ampla dobra ou longo debrum, caixa semicheia, semivazia que lhe faz eco. Mergulhados, afogados, engolidos, sacudidos, perdidos nas repercussões e ressonâncias infinitas que compreendemos pelo corpo. Às vezes dissonantes, quase sempre consonantes, confusas ou harmoniosas. Ressoam em nós uma coluna de ar e de água e sólidos, espaço em três dimensões, concha, tecidos e pele, paredes ou placas largas e longas, e fios que percorrem sua dimensão única, ligamentos sensíveis às ondas graves, como se reuníssemos em nós mesmos orelha e orquestra, caixa ou címbalo, bronze vibrante de percussões, instrumentos de sopro e de cordas, trompas, emissão e recepção. Eu sou a casa do som, todo ouvido e voz, caixa-preta e ressonância, bigorna e martelo, gruta de ecos, caixinha de música, pavilhão, ponto de interrogação errante no espaço das mensagens dotadas ou privadas de sentido, emerso de minha própria concha ou afogado sob as oscilações das ondas, não passo de concavidade e notas, sou todo concavidade e notas misturados. A estátua em movimento equilibra-se no rumor como um peixe na água. O corpo se lembra de sua antiga vida aquática quando se guia automaticamente e à vontade entre as ondas. A humanidade, em cardumes, nada nessas águas.

O corpo se posiciona e anda no espaço das mensagens, orienta-se no ruído e no sentido, entre os ritmos e os rumores. Tanto ouve pela sola dos pés como pelos lugares onde se atam e se ligam músculos, tendões e ossos, enfim, na vizinhança de onde o ouvido interno atinge os canais que guiam o equilíbrio, toda a postura está ligada ao ouvido. Nossos gestos mais secretos seguem os sons, dançamos. Ou antes, aí começa a dança. Contorcemo-nos fascinados pelos chamados e refrãos, como serpentes diante da flauta ou como Argos defronte a Hermes.

Habitamos espaços, geométricos e topológicos, por dimensões e vizinhanças, cortes ou continuidades; alojamo-nos no campo da gravidade, fortes, verticais e simétricos; mas as solicitações da postura, flexível, oblíqua, inclinada, contraída, inquieta, vêm de nossa imersão nas ondas. Ali começa o tempo, pelo ritmo. Continuamos peixes, evoluindo num meio em que nos equilibramos a todo instante pelo ouvido, fino calculador, computador: o proprioceptivo comanda o andamento, cansado ou esperto; o corriqueiro exige fuga, alerta, despertar, sono; o societário dita o comportamento. Aqueles de nós que vivem em êxtase entre as notas, o estilo e o rigor, dispõem às vezes de um quarto ouvido secreto que os guia pelo rio musical ou lhes evita as faltas de gosto dando-lhes o acorde certo.

Em muitas línguas, escutar quer dizer obedecer: seduzido pela voz, o corpo anda. Segue sua vocação. Aterrorizado pelo barulho, ensurdecedor ou dissonante, afoga-se. Assim vemos imensos cortejos aglutinados ou atraídos por um sopro ou um rumor dos quais recebem a pertinência e a direção, cardumes subitamente reorientados em conjunto, a um breve apelo. Que eles chamam de espírito da época, se é que lhes ocorre.

A grande caixa consonante e dissonante que apanha as mensagens por postura, gestos, dança, orientações e movimentos, mas também é apanhada por elas que a equilibram e desequilibram, agora lhes dá audiência em, por e entre uma segunda caixa encaixada em uma parede da caixa e agarrada a seu rochedo vibrante. É no desenho delicado de uma mesma estrutura de arabescos, corredores, anteparos, estrangulamentos, que se encontra o labirinto liso da tatuagem, mas em três dimensões, entrelaçamento em relevo, outro vestíbulo do som. Nessa nova armadilha, o duro se faz doce: a caixa se defende das agressões insólitas, surda ao que a excederia; a membrana do tímpano apresenta uma face de pele no exterior e de mucosa no interior, pele mais dura e mucosa mais branda, separadas no meio da membrana por uma armação mais resistente; a onda acústica originada de um choque transforma-se em um símbolo químico que contém eletricamente a informação em direção ao centro... Que centro? A caixa recebe ou emite? Escutar significa vibrar, mas vibrar consiste em emitir. Desenrolando-se a cóclea, por exemplo, surge um piano invertido no qual se estendem agudos e graves da esquerda para a direita. Mas um piano soa, não ouve. A mesma razão continua: a orelha precisa de uma orelha mais central para a escuta daquilo que é transmitido pelas três orelhas, externa, média e interna, que se ouvem sucessivamente. O centro escuta. Que centro? Desloquem a parede. Compartimento após compartimento, caixa-preta, após caixa-preta, o repector abstrato está projetado aí.

Aí o som é transmitido de forma não linear passando do mais duro ao mais doce; aí ele é submetido, a cada etapa, a voltas, circuitos ou retornos sobre si. A caixa recebe o fluxo captado, organiza a repetição prevista no prefixo, prende ruído, som e mensagem, faz com que circulem depressa, os reconduz, faz com que vibrem em si e por si mesmos, e transforma, por esses círculos, a emissão em recepção, resolve a contradição em que a escuta regride.

Mudemos o discurso do método, otimizemos os percursos de maneira diferente. Herdamos o labirinto de uma tradição trágica e pessimista, que significa morte, desespero, perda. O dédalo, entretanto, desenha o melhor caminho para que um móbil passe voltando sobre seus passos o máximo possível; dá enormes oportunidades a itinerários fechados em um esquema aberto. O dédalo maximiza os *feedback*. Segue um caminho muito longo em um intervalo curto e constrói a melhor matriz para fechar ciclos. Melhor método possível para qualquer recepção, vocês o encontrarão com freqüência, portanto, na sensação. Ele resolve nitidamente os próprios problemas.

Apoiado em uma métrica, o discurso do método infere o fácil do curto, o tranqüilo do rápido, pelo mínimo. Fala e segue reto. Portanto, a métrica e seu método irão sempre tentar sair do labirinto pelos melhores meios dentro dos prazos mais curtos no caminho mínimo. Apoiados na teoria da informação e da topologia chegamos à otimização para a figura que se opõe ao máximo a projetos semelhantes. A velocidade não conta quando se trata de fenômenos de propagação fulminante como a luz, o som e mesmo o tato que corre instantaneamente de uma ponta a outra do bastão. A sensação zomba, pois, de qualquer métrica, otimizemos os esquemas de outra maneira. Pesquisemos o melhor método, o melhor caminho para produzir o máximo possível de retornos em *feedback* num itinerário aberto e curto. Essa maximização ocorre no dédalo. Excelente recepção, eis o ressonador ótimo, início de consciência. Podemos obter enfim o desenho de um labirinto como traço de caixas encaixadas não concentricamente, umas a cavaleiro da parede das outras. Eis o receptor abstrato corrigido.

Os nós e a tecelagem descreviam a pele topologicamente, supondo e entrelaçando fios como elementos em uma dimensão. Para desenhar a audição, mais global que local, como corpo, cabeça e tórax, orelha externa, média e interna, fosseta, conduto, caracol, vestíbulo, canais, todos caixas bem ou mal encaixadas previstas pelo modelo abstrato, a topologia do relevo requer variedades em todas as dimensões, cava, pregueia, debrua todas elas, cria montanhas e vales, gargantas, chaminés, trompas e lóbulos, arquitetura ou paisagem. A tatuagem matiza a pele que se constrói no volume, os véus formam caixas.

Daí minha resistência — poética — à certeza de que ouviríamos da mesma maneira sem pavilhão, ou que a audição não seria perturbada por um pavilhão liso. A adorável cinzeladura da orelha externa, últimas caixinhas ou fossetas, que mistura hélice e antélice para um último dédalo, deve receber mensagens ainda inauditas pela ciência. Trazemos como letreiro dois pontos de interrogação de cada lado da cabeça, duas claves de sol, sem resposta nem alcance.

Filtro de amor. O prisioneiro da torre ama a filha do carcereiro. A torre se ergue num castelo, o torreão se encaixa na torre e a cela no torreão, construções embutidas uma na outra; para chegar à cela é preciso atravessar paredes, portas, sem fim, subir pisos ou atravessar abismos por escadas soltas e frágeis, passar por cem postigos, até por uma capela. A célula verdadeira, talhada em madeira, é uma caixa a mais, de vigas e tábuas, no interior dos muros e tetos de pedra, de assoalho mais alto. Não, ainda não chegaremos à última peça encaixada: o governador mandou colocar um quebra-luz diante da janela do reduto onde só iam os ratos, obstruiu todas os frestas com papel encerado. O senhor prisioneiro fica atrás de uma multiplicidade de paredes isolantes, espessas, cegas, opacas, quinze camadas de tabiques.

Em frente ao torreão, em nível mais baixo, o arcabouço do castelo liga-se a um aviário, caixas, gaiolas, células que encerram as aves, e onde a filha do carcereiro sobe para tratar delas. Não se sabe por que vias complexas ela chega às aves. Ali se desenrola um romance de amor: do fundo de seu semáforo, por trás de um pequeno olho recortado, o amante fala por alfabeto ou sinais a sua bela, que responde mensagem por mensagem entre cacarejos e pipilos; logo, logo, ela vai prometer nunca olhar seu amante por trás das pálpebras abaixadas. Mais tarde, vai ouvi-lo rogar, em lágrimas.

Quem, anjo ou demônio, passa por entre os véus dessas caixas, que mensagem atravessa mil muralhas e é trocada entre algumas instâncias que emitem e recebem, confinadas lá dentro? Que chamado, grito, fogo, animado, móvel, intenso, agudo, tem poder de lançar um fluxo que derruba os obstáculos e é depurado pelos filtros deles?

O torreão-corpo mantém fixa sua distância do castelo-carne desejado. O olho-janela espreita por trás do quebra-luz-pálpebra e a orelha ouve os cantos da alma-pássaro, com seu tímpano de papel encerado. Amantes tímidos, retraídos sob suas múltiplas peles ou paredes rígidas e horripiladas, empertigados atrás de suas ameias, que perderão seu belo amor assim que o prisioneiro se evadir, que se apressarão em recolocar distâncias e obstáculos como se só houvesse amor na repercussão nas paredes vizinhas colocadas entre os amantes, nos ecos multiplicados pelos isolamentos das caixas, interferências, vibrações, harmonias, batimentos, na cidadela que desenha um órgão ressonante. Dois fantasmas se agitam nas caixas de música construídas em forma de gaiolas. Eis o corpo da tradição e com certeza o da ciência.

A esses romances de amor que tanto surpreendem nossos corpos flexíveis e despidos, indolores, em breve mudos, condiziam romances de conhecimento, em tempos idos. Assim como o apelo de amor circula por entre os corredores, postigos ou abóbadas do castelo-corpo, e mora neles, também os dados dos sentidos passam por obstáculos dispostos em uma espécie de estátua ou autômato de vinte couraças, verdadeiros castelos dos Cárpatos, seu fluxo se depura à medida que avança, por filtros sucessivos, em direção à célula ou instância central, alma, entendimento, consciência ou eu transcendental, de que muito poucos carcereiros detêm a chave.

Gostamos da delicadeza rara do desenho em que se sucedem as estátuas de depuração, filtros para conhecer ou para amar. Poucos tiveram o direito de penetrar no *in-pace* ou santuário, atrás da caixa encapsulada atrás ou embaixo de outras celas: seria preciso um sacerdote ou um grande justiceiro. Assim se conhece ou se ama. Raramente. Sob vigilância. Por ouvir dizer. Por entre barreiras.

A sensação se conserva em uma caixa-preta e funciona tal qual. Ambas precedem o conhecimento, mas nunca o seguem, elas o contornam ou fendem, ambas desconhecidas.

Através da sensação o duro se transforma em doce. Ela nos protege e nos guia; sem ela nosso corpo explodiria ao avanço barulhento das Bacantes, seria desfeito, como Eurídice que sai pela metade de seu buraco negro ou caixa de sombra, seria retalhado pelo furacão, decomposto pela queimadura solar ou serrado pelo que ultrapassa o audível suportável: leões, mulheres e galhos dilaceram Orfeu.

Voltar a cabeça, sentir pavor e fugir, suar, estremecer, cobrir-se de véus, esconder-se, modificar a caixa, aumentá-la ou reforçá-la, os telhados de nossos abrigos, as artes e artimanhas se multiplicam para escaparmos à sorte fatal de Orfeu.

A caixa, útil ao conhecimento, serve à vida. Eu a sigo. Moro nela.

Moles, construímos caixas suavizantes.

Atrás do pátio, fechado com grades e portão, retirado, na frente do jardim cercado de muros altos, casa recolhida em suas paredes. Distante, protegida, mantém o mundo ao longe. A pedra dura ou o concreto granulado revestem-se por dentro de túnicas, invólucros, membranas, cada vez mais suaves, reboco de grãos mais finos, estuque polido, papel refinado, ou pintura, tapeçaria desenhada, historiada ou florida; a casa multiplica camada por camada, onde começa o grosseiro, que terminam em imagens. Mesma progressão em múltiplas folhas no sentido vertical: subsolo, vigas, lajes, soalhos, carpetes, tapetes. E termina em ornatos e arabescos. A casa fecha também as aberturas: persianas, janelas, vidros duplos ou vidraças, cortinado, cortinas, bandôs trabalhados, recentemente, com profundas ameias: feita para ser fechada, a caixa encerra-se em barreiras quando se abre. Foi preciso não ter mais medo algum do mundo e tê-lo acreditado apenas atravessado por sinais para abrirmos tão de repente nossos hábitos, há pouco tempo. A casa funciona como um volume de transformação onde as forças se apaziguam, como um filtro de altas energias ou um conversor. Fora, reinam a primavera acre ou a alva rigorosa, no interior sonham constantemente as serenas imagens que não impedem a conversação, dentro se organiza o espaço da linguagem. Dir-se-ia uma caixa craniana, um cérebro. A caixa transforma o mundo em desenhos coloridos, em quadros pregados na parede, transforma o país em tapeçaria, a cidade em composições abstratas. Tem por função substituir o sol pelo aquecimento e o mundo por ícones. O barulho do vento por algumas palavras doces. A adega transforma o álcool em odores.

Na casa assim construída, o filósofo escreve, pensa e percebe. Dentro. Vejo pela janela, diz ele, uma macieira em flor. Busca a origem do conhecimento e se posiciona no começo; mas, nessa Gênese, descobre um jardim, forçosamente, e, nesse jardim, só a macieira o interessa, ela o tenta: ele vê flores nela. Longa dissertação sobre a árvore, o desenho que pode traçar, a imagem que faz a partir dela ou a palavra que escreve e encontra em sua língua, na ausência de qualquer pomar. Ele esquece a janela, esquece a ameia, as cortinas, a vidraça opaca ou translúcida e, segundo more no Norte ou no Sul, a guilhotina ou a cremona. Esquece a casa e a abertura em frente à macieira. A árvore, em pleno vento, sob a chuva torrencial, abriga as aves gritadeiras que à noite se aninham em seus galhos; uma coisa é podar a árvore lá fora, outra é descrevê-la dentro. A casa livre da água, livre do vento, livre do frio, outrora livre de barulho, protege como o ventre do navio nos separa do frio do mar. Segunda pele que amplia nosso *sensorium*. Ainda caixa, já olho. Escuta e pavilhão. A casa olha a macieira pela janela. A casa-crânio considera placidamente a árvore pela vigia-olho. Poderíamos denominá-la janela medioscópia, mesoscópia ou isoscópia. Assim o capitão Nemo, por trás da escotilha de seu *Nautilus*, entrava lentamente na classificação dos peixes, na taxinomia, no dicionário de história natural, mais do que no mar. O sábio olha a borboleta espetada na vitrine ou, por trás de suas lentes pretensiosas, a classificação de

Lineu, ou, pelo microscópio, os micróbios. Por trás da vidraça, a imagem da macieira se organiza ainda que a janela lhe conserve as dimensões, o filósofo zomba de suas flores e frutos — acácia ou sicômoro? —, atrás da vidraça surge um fantasma como, atrás da pupila ou do cristalino, na retina, dizemos que se forma a réplica doce do objeto. Pelo postigo-tímpano, a tempestade faz-se pranto, pelo vestíbulo e pela rampa em caracol, vira informação.

A casa olha pelas janelas, fixamente, as vinhas e os tufos de tomilho, nas paredes formam-se guirlandas de laranjas, um tecido de mentiras, laranjas-mentira. O filósofo esquece que a casa, construída em torno dele, transforma uma plantação de oliveiras em um quadro de Max Ernest. O arquiteto também se esqueceu disto. Feliz se a próxima vindima, lá fora, virar uma vinha virgem com cachos de uvas, lá dentro. A casa trabalha, adoça em ícone o dado que pode agredir; caixa de produzir imagens, caverna ou olho ou câmara escura, instala, onde o sol faz apenas poeira por entre um interstício estreito, orelha. A arquitetura produz a pintura, como se o afresco ou a tela pendurada na parede revelassem o objetivo final de todo o arcabouço. A arquitetura tem por finalidade a pintura ou a tapeçaria. O que acreditávamos ornamento torna-se fim, pelo menos, o resultado. A parede é erguida para o quadro, a janela para a imagem. E a porta almofadada para o segredo de alcova.

O filósofo disserta sobre a sensação, ora, ele já está instalado nela, habita uma espécie de sensação, incrustado em sua casa como a pupila no olho. O escritor esquece a janela, sua posição e seu trabalho passivo e olha o quadro. Ou, quando olha um quadro, acredita que se trata de uma vigia. Ele esquece a casa, a caixa macia que é interrompida na janela. Vê a imagem, contempla distraidamente alguns ícones que logo se tornam abstratos, destruídos pela onda iconoclástica, olha sua página de linguagem onde descobre o dado.

A casa forma uma caixa de imagens como um crânio ou um olho. O filósofo habita em seu problema. Antigamente se dizia o mundo *sensorium* de Deus, digamos a casa *sensorium* dos homens. Os céus estão cheios da glória de Deus, a casa está cheia de nossas pequenas energias.

O quarto fecha, na casa, uma caixa dentro da caixa. Quando se enfiavam nos leitos cercados, lá para os lados da Ilha d'Ouessant, ou leitos de baldaquim, em Rambouillet ou em Versailles, ainda se podia contar uma caixa a mais, um pouco mais escura, dentro da grande ainda iluminada.

Mas os lençóis formam um outro bolso na série de cofres embutidos uns dentro dos outros, onde raramente nos enfiamos nus, ó tempos gelados da infância quando ninguém se deitava sem seu saco de lã. O número das camadas, dos estratos, das paredes, do reboco até os lençóis, o número de peles até a verdadeira pele surpreende o empirista. Já contamos a caixa de véus, de vestimentas. Não, não vivemos como seres no mundo como os livros escrevem, não podemos de modo algum pretendê-lo, não poderíamos suportá-lo, mas antes como uma variedade de mamíferos ou de primatas moles que, depois de ter perdido o tosão, inventou a casa e encheu-a incontinênti de caixas umas dentro das outras. Somente a casa exterior se dá ao mundo, o apartamento muito encaixotado só se dá à cidade. A linguagem tece a última parede protetora antes da pele frágil, justamente depois das imagens e dos quadros.

Ouvindo o rádio e a TV, acredita-se que o mundo está ali, em pessoa.

A casa constrói em torno de nós um sensório ortopédico, inversamente, o sensório constrói nossa casinha portátil, nossa nave frágil, membrana macia pronta a se romper ao menor espinho agressivo. O filósofo esquece a casa que habita, mas também essa casa de sensação, última caixa suavizante. Encontramos, ainda, nesta questão, uma terceira caixa.

Nossas casas suavizantes, construídas pelas imagens, formam o sentido comum. As janelas ou óculos olham fixamente as árvores. Dizia-se antigamente que o olhar de Deus estava sempre presente até na última caixa, mesmo que ela estivesse escura como um túmulo: o quadro representa Caim visto por Ele.

Nossas casas foram construídas no mundo aprazível em que a música só precisava vencer os rugidos dos leões e a algazarra das Bacantes. A série invaginada dos muros e bolsas que cercam minha alma vaga fende-se e cai em pedaços sob o estrondo terrível das insalubridades sonoras. Já não habito minha casa nem minha pele, ofegante, sem defesa, dilacerado, despedaçado pelo barulho. Que minha alma se apague, que minha boca vomite, que meu corpo desapareça, pouco importa, mas, e se a música, ela própria, morrer?

A caixa social complexa, construída, material e aplicativa, geralmente fechada, às vezes aberta, constante e variável, definida pelas barreiras e identificações ideais ou carnais, realizada pelo urbanista, pelo arquiteto, pelo pedreiro e pelo que faz as pontes, encantada nas redes de comunicação e nas mídias, organiza uma escuta múltipla e quase ubíqua de seus próprios clamores, e às vezes deixa filtrar o ruído de fundo que vem do mundo quando ouvimos nossas aclamações no estádio ou no teatro, nas igrejas e em todas as reuniões, nas praças públicas, nas esquinas das ruas, outrora estreitas e tortuosas para melhor captar ou conduzir as propagações sonoras e fazê-las retornar sobre si mesmas, agora largas e retas em virtude do poder adquirido pelos emissores do som, recebido em toda parte e devolvido pelos jornais escritos, falados ou visíveis, ao longo dos rumores que correm, todas mensagens que constroem a caixa e a fecham tão fortemente quanto um muro, caixa social poderosa cujas paredes presentes em toda parte refletem as ondas e cercam, protegem e penetram a caixa-casa, doce e dura, embrulhada, feita de concreto, estuque e quadros, vibrante de palavras, ou a casca-barco cuja disposição organiza uma escuta mais fina dos rumores vindos do exterior, trovoadas e notícias, vento e comércio, ruídos mundiais ou societários, mas também gritos infantis ou gemidos doentios, clamores dos corpos, ou pequenas aclamações durante os repastos festivos do grupo mínimo, refugiado, discreto, isolado por esta caixa de música porosa, contudo quase repleta de caixas de ruído menores, mas da qual o arcabouço e o telhado, por sua vez, protegem e cercam a caixa de véus ou vestimentas, materiais ou aplicativas, tecidos e decorações, cuja defesa pode cessar no quarto onde a tatuagem se mostra e cujo suporte dérmico protege e envolve a caixa-corpo, doce e dura, modelada em ossos e códigos, retumbante e orientável nos campos onde se propagam ruídos e sons, cujos circuitos quase inconscientes escutam, com toda uma organização refinada, suas próprias alegrias e lamentações, as palavras sussurradas na proximidade, audíveis graças à construção de caixas discretas, as disputas públicas que rompem as paredes erguidas diante delas, mas também o ruído de fundo emanado das coisas brutas, detonações surdas, graves, abissais, anteriores aos sismos, sob a fundação das casas, clamores das vagas com a ventania, caixa-corpo que se governa, escolhe e nem sempre escolhe entre esses emissores e filtros, empilhados, cruzados, montados uns nas paredes dos outros a se reforçarem ou se interditarem mutuamente, longas cadeias de sinais espúrios, tão invasoras quanto as metástases, bifurcantes, a se alimentarem de seu próprio retorno, mas que, entre hesitações e ímpetos, protege, envolve e penetra a caixa orelha, múltipla e complexa, acústica e informacional, cujo labirinto organiza a escuta física e racional de todas as mensagens que não ultrapassam sua capacidade, apreendidas no teatro ou no quarto, na praia ou em confidência, e as transmite, adoçadas, à caixa central e a princípio periférica, cujo labirinto complicado de sinapses e axônios organiza a recepção dos sinais, prepara o sentido protegido pela língua, ela própria protegida pela música ou pela luz, e mergulha obscuramente no ruído, sentido e língua cuja dominação interseciona a amplitude da caixa social, encantadora e lingüística, sedutora e cruel, ubíqua como o sentido ou as proclamações, múltipla como os sufrágios, e penetra a orelha e a cabeça, a orientação e o assentimento, o corpo inteiro, movimentos, postura e conduta, a casa, a cidade e o mundo, onde se acalmam os rumores vindos das bocas de sombra.

A soma da escuta, dura e doce, caixa de caixas emissoras e receptoras, segue, muito rapidamente, por passagens longas e difíceis, por um labirinto assim descrito, maximamente produtor de ciclos, alguns dos quais permanecem estáveis por um momento longo, muito longo ou curto, e então tendem a formar caixas.

Que orelha ouve esta soma ou rumor dos subterrâneos, harmoniosa ou cheia de interferências? Mar imenso, doce e duro, sob as línguas, reconhecido nesse mergulho. Nessa descida aos Infernos.

Não importa a fadiga ou a dor que o corpo tenha de sofrer, atacado de mil males, abatido pelo trabalho ou pelos sofrimentos, ele sempre consegue erguer uma parede para proteger um espaço sadio onde se salva a instância que estremece de alegria e de esperança continuamente, no perigo ou na proximidade mortal, por mais extensos e profundos que sejam os golpes. Ele recomeça a secretar ou a construir uma nova parede em cada recinto tirado do, ou cedido pelo exterior. Foge, pois, de caixa em caixa, dos gritos para o silêncio.

No espaço soberano, sempre assim protegido, esta chama invariante e vívida, brilhante de alegria e de pensamento, dançante, desprende, nas mesmas circunstâncias, uma espécie membrana e se retira sob um outro revestimento, como um ladrão, apanhado, larga sua roupa com quem o agarra e foge. Como Arlequim que despe seus velhos trajes e suas antigas peles, também nos despimos, freqüentemente, ante os embates da sorte, da crueldade natural e do ódio que ronda à espreita de suas presas. E foge para atrás de caixas e véus.

A chama ou instância dançante que bem poderíamos chamar de alma desprende-se, inventa formas e lugares, caixas de silêncio e veste nupcial, tentando permanecer, estável. Quando advém o último assalto, fiel a sua continuada estratégia, ela escapa, deslizante, vitoriosa ainda, mas não ouviu nem sentiu, ingênua, que só restava um único traje, que a última parede ruía, donde ela se retira e sai, o corpo entrega a alma ao artigo da morte sem que ela tenha parado de pensar, viva.

Alma boneca branca por uma sucessão de caixas-pretas, instância limite de nossos trabalhos de conhecimento que traçam na medida os limiares escuros, a rir de seus avanços, surda a seus ruídos, canta de júbilo, protegida, imortal.

MESAS

ESPÍRITOS ANIMAIS ~ MEMÓRIA ~ ESTÁTUA ~ MORTE ~ NASCIMENTO

ESPÍRITOS ANIMAIS

Um belo dia, no nordeste de Paris, para os lados de La Villette, encontramos, na casa de um douto comerciante, uma garrafa de velho Yquem, ano 1947, que ele comprara do antigo restaurante da Estação de Leste e conservara numa adega em galerias subterrâneas abandonadas — um frasco de catacumbas. Diziam que a carta dos vinhos ali reunidos parecia um dicionário que os amadores iam consultar demoradamente, nem sempre para jantar, mas para programar, dias antes, uma refeição. O comerciante abriu falência, o filho importa água tônica, o restaurante deu lugar a algaravias em língua rápida (para degustar como para os atos de amor, se correrem, apressados, abstenham-se, por favor, a pressa nestes dois assuntos desaba na tristeza ou resulta em arrependimentos), os subterrâneos, calafetados, só vêem ratos, aguardam os próximos bombardeios. Sentamo-nos os três, meus dois amigos tinham o dom da fala, o que significa que sabiam calar-se.

A túnica do líquido adquirira um ouro profundo, amarelo alaranjado tirante a cobre, cheio de reflexos rosa: cor esperta e inteligente perfumada aos píncaros do desejo. Dir-se-ia um fundo de caldeirão polido pela paciência e pelo tempo em uma cozinha flamenga, um tanto enegrecida, entre vigas de madeira escura. O vinho luzia como palha num estábulo, como a caixa da bússola ilumina a vigília, à noite, no vento. A rolha, sólida, já passava, um pouco, ao fluido, a cortiça, castanha, tornava-se loura, tudo mudava de fase.

Levamos tanto tempo para beber esse vinho que ainda falamos dele.

Lembro-me gratamente, diz ela, do momento em que recebi de um grande vinho a minha nova boca: o dia de minha segunda comunhão. Ela já existia, continua, mal educada com certeza, a segunda nasceu ali.

A palavra, ao passar por ela, dá a primeira, o dia da primeira comunhão. A boca de ouro começa a tagarelar e não cessará de fazê-lo. A palavra, qual uma rainha, reina em seu palato, a língua reina absoluta nos lábios e na língua. Imperiosas, exclusivas. Mas atravessam os lugares sem aroma nem sabor. Doces: não duras. Doces: chãs e insípidas. Anestesiam a boca que já não encontra o gosto das palavras mais bem temperadas. A eloqüência mais ampla, a mais sonora poesia, o canto mais encantatório, o diálogo mais vívido dão palatos de bronze ou de cobre, caixas de violoncelo, mas essas cordas e metais permanecem insensíveis às flores perfumosas, aos aromas de cortiça e de terra, às fragrâncias fortes de almíscar e de peles, pior, escorraçam-nas. A frase, nem ácida nem adstringente, impede que a língua desperte para outra coisa que não ela. A sapidez adormece sob a narcose das palavras. Geladas: frígidas.

Dos nossos cinco sentidos, este ou estes é que nos parecem os menos estéticos, o olfato e o paladar. Começo a compreender, diz ela, a boca de ouro, por que recusamos, esquecemos, diferenciamos sua arte particular, como e por que posso dizer com tanta convicção que o dado nunca se dá a não ser na e pela linguagem: ela o mata, na boca. Eu, boca de ouro, mato a boca longa de Yquem. Não tolero a dúvida, língua dupla na boca, língua bífida, eu, que falo, ela, que saboreia. Doce com minha vítima, hoje, dia do banquete, vou, diz ela, tentar um revezamento.

Começar a despertar o palato da anestesia tagarela com o trabalho de uma segunda arte. A que encontra uma estética, sensível, na obra de uma outra estética, artista. Yquem revela a segunda boca, a segunda língua, e a revela na segunda comunhão. O gosto, oprimido, demasiado próximo, localmente, da linguagem, demasiado gêmeo ou concorrente, só se manifesta raramente, expressa-se em geral numa língua que se presta ao riso, cuja boca ri, como se a linguagem por sua vez não lhe deixasse a palavra. Uma boca expulsa a outra, a do discurso exclui a do gosto, expulsa-a do discurso.

A segunda língua dorme; tímida, cala-se; quanto mais esquece sua gêmea melhor recebe o dado.

Antes de ter bebido um bom vinho, ninguém degustou o vinho, nem

o sentiu, portanto não o sabe, não tem nenhuma chance de o saber um dia. Pode ter bebido, ter-se embriagado, nova anestesia. Mas a quem não degustou nem sentiu, o saber não pode vir. Falar não equivale à sapiência, a primeira língua precisa da segunda.

Esquecemos depressa demais que o *homo sapiens* designa quem reage à sapidez, quem a aprecia e a procura, quem dá importância ao sentido do gosto, bicho de sabor, antes de significar homem falante. Ascensão da boca de ouro em detrimento da boca que saboreia. Além de aceitação da primeira, escondida em uma língua morta, aceitação da primeira na boca morta: a sabedoria vem depois do sabor, ela não pode advir sem ele, mas o esquece.

Falemos as línguas mortas, diz a boca morta. Você se lembra, ó gêmea dourada, jóia dos filósofos e sábios, da origem lingüística das palavras regras e *rillettes*[7], do latim *regulae*? Que o diga, Decartes! Das palavras indução e *andouille*[8], do baixo latim *inductile*? Que o diga, Bacon! Assim a língua sapiente fazia valer seus direitos e indicava, na língua de sua vizinha, o tronco comum, o lugar em que se bifurcam.

A boca primeira, falante e tagarela, perdeu o fôlego. Viu-se presa em sua própria língua, bífida.

A sensação, dizia-se, inaugura a inteligência. Aqui, mais localizadamente, o paladar institui a sapiência. Pela ancestral definição latina do humano, nossos antepassados instruídos, mas ainda sensíveis, indicavam seriamente que sem o paladar arriscamo-nos a perder o estado de homem, a recair no rol dos bichos. Antes de reconstruir o pensamento sobre a sensação, estranha empreitada, decerto queriam que meditássemos sobre uma espécie de recíproca: ao desprezar a sensação, ao substituí-la por artifícios, por discursos ortopédicos, voltamos correndo para a animalidade. O bicho come depressa, o homem saboreia. Desfruta os odores, não caça mais. A crueldade só fareja o sangue.

Antes de ter recebido, maravilhado, o buquê abundante e vivaz que se desdobra no olfato, explode e desce, ainda rico de arabescos ou estrelas novas, como num fogo de artifício, antes de ter conhecido o chamalote complexo e franjado que recorta meticulosamente um mapa geográfico preciso ao longo das bochechas e diferencia o em cima do embaixo e o detrás do da frente, boca curta e longa boca, que desenha ornamentos na

[7] Iguaria constituída de pedaços de carne de porco cozidos e conservados na própria gordura. (N. da T.)

[8] Uma espécie de embutido: paio, lingüiça. (N. da T.)

abóbada palatina, passa sobre e sob a língua, nas beiradas e na ponta, antes de ter sabido que havia línguas e não uma única, antes de ter transformado esse volume em um espaço sarapintado, tatuado, ornado de guirlandas, mesclado, antes que a unção do vinho transformasse o mono em múltiplo e a frigidez em ternura, antes deste reconhecimento paciente, lento, detalhado, a pessoa bebeu, sem dúvida, saciou sua sede, claro, inúmeras vezes, embriagou-se desastradamente até, mas nunca sentiu; ela fala, a sensação não lhe advém. Conheceu a necessidade, o desejo, usou, estragou, com remédio ou com paixão, drogou-se certamente, perdeu a sensação. A anestesia retira-lhe a estética.

A droga aprisiona o destino das coletividades ávidas de perderem as sapiências primitivas do empirismo. Tomem este vinho: bebam e degustem, é preciso escolher. Se o beberem apenas, guardarão o verbo, a linguagem, somente. Se o degustarem, ele lhes dará gosto próprio ao lhes dar o gosto dele, abre para vocês uma nova boca, eis o dia da segunda comunhão, que a primeira impede. O dado, generoso, dá mais do que imaginamos. Ele trata a deficiência ou a incapacidade de receber e sana a impotência. A estesia cura a anestesia. Desperta. O dado oferece freqüentemente ao sujeito a faculdade de segurar o que lhe dá: Eis a dádiva, mais a morada da dádiva, os galões, mais a boa disposição para percebê-la. Em suma, pode até criar a função, ou, pelo menos, ativá-la, decidi-la. A primeira língua, tagarela, confessa: o vinho ou o alimento de fino gosto, diz ela, podem criar o gosto de quem os degusta. E diz, igualmente: uma bela vista oferece também a vista a quem a vê. Tem a mesma palavra para o sentido e para o que sente, e é preciso muito otimismo para dar este benefício ao que sente. Conhecemos mais adormecidos que despertos, mais cegos que perspicazes, mais impotentes que amantes. O dado percebido colabora mais para a percepção do que o inverso. O vinho fino trabalha a língua, desperta-a de seu sono narcótico.

Portanto, ele não pode embriagar. Tomem este vinho: bebam e degustem, despertem o gosto adormecido ou o anestesiem de novo embriagando-se, os dois juntos é impossível. Estesia ou anestesia, sem terceira língua. Não sinto a diferença, diz a segunda língua, a degustadora, entre quem fala e quem se enebria, nos dois casos, drogam-me e adormeço. Os convidados do *Banquete* soluçam, discursam ou caem, cheios de álcool, Platão cuidou para que o festim não acontecesse. Falam de amor sem fazê-lo, cantam quem não o faz, bebem sem degustar, falam pela primeira língua, ouro ou bronze, cobre ou flauta, sabe-se lá o vinho que beberam, *chios* ou *corfou*, *samos*? O vencedor da embriaguez geral identifica-se a quem discursa mais e melhor, até a alva de rosto pálido, uma anestesia exclui a outra, ambas excluem a estesia. O vinho faz falar ou adormece. A primeira língua, a faladeira, serve-se da mistura tirada das ânforas e agitada nas crateras, que circula à volta dos leitos sem que ninguém lhe preste atenção, às vezes derramada nas roupas ou nas migalhas de pão, para oprimir a segunda, que dorme sempre em filosofia. Nos simpósios ainda se ouvem discursos de virtuoses em torno de uma vaga beberagem um tanto escura. O banquete não aconteceu.

A segunda língua procura desenhar o mapa geográfico que tem na língua, no momento de seu despertar.

De que posição descrevê-la? De perto, de longe, a distância moderada, ela sempre parece um chamalote.

Provavelmente porque o olfato e o gosto diferenciam, ao passo que a linguagem, como a vista e o ouvido, integra. A primeira boca armazena, a segunda despende: as palavras amontoam-se nos léxicos, o alimento, congelado, acumula-se nas câmaras frias, diríamos contas em banco, os perfumes e os sabores passam, evaporam-se, efêmeros. Diferenciais. O mapa se refina como uma seda leve, uma teia de aranha. Sem armazenagem, sem soma, farrapo de tempo.

Chamalote instável, corpo mesclado.

Humildade da segunda língua: o gosto simples, rudimentar, pobre qual uma razão, distingue apenas quatro ou cinco qualidades, o doce, o amargo, o adstringente, o ácido... Ele pede ao olfato a riqueza festiva. A boca, ávida, nula, glutona e sonante, faladeira ou comilona, imperiosa como se revela a frágil, exige do nariz, do ouvido também, aquilo de que se vangloria. Ouvimos bárbaros da boca que falam sobre falar, discursam sobre comer, deixando odores ou sabores passageiros, tagarelas sem orelhas, glutões sem faro nem sagacidade, funis, que comem salgado ou doce para fazer o nariz descer à boca, aplicar o olfato sobre o paladar, reduzir o refinamento múltiplo à grosseria. O homem de sapiência, camponês ou barão, tem o nariz apurado, o ouvido fino, para captar o instante; o opiniático, como o javali, só tem boca, ele emite, ao passo que tudo nasce da recepção sutil. Deixemos o canto e a eloqüência onde a voz é regulada como circuito ativo, pelo ouvido: a música em ambas as ocasiões desperta quando o clamor vai rogar clemência ao ouvido; este, em retorno, dá ou devolve o timbre e a cadência. E a primeira língua enrouquece quando o tímpano se racha com a idade. Por uma boca equivalente, o olfato regula inteligentemente o gosto. Brinco na orelha, argola presa no nariz. Então o sentir, campeão do sentimento, da sensação, então o gosto, excelência de cultura e de refinamento, despendem juntos sua fortuna rara, no interior de um circulo comum. Do nariz, do palato, sai uma cornucópia de abundância, os odores e os sabores tocam a pavana, mostram a cauda do pavão.

Eis o mapa.

Eis a garrafa de onde surge esse leque.

Eis a região do baixo Garonne, margem esquerda, onde morre a floresta, onde acaba a maré, nó de onze confluências, eis a colina suave, em direção a Iquem, de onde se pode avistar o leque ocelado a se desdobrar, mapa de lugares e lençol do sabor.

A segunda língua, no meio das duas outras, a inesgotável e a velada, pudica, que ainda não disse nem degustou, pede agora silêncio e tempo. Nunca tem um nem outro.

Achem tempo, calem-se, degustem.

O corpo estriado desdobra-se, enevoado, matizado, tigrado, adamascado, chamalotado, ocelado, fora da cornucópia de abundância ou em torno do pequeno corpo de patas grandes da ave de Juno. É possível citar ou contar? Eis que passam as flores primaveris, rosas silvestres ou lilases, clêmatis, os frutos de messidor, até os pêssegos, os de outono ou de inverno, pêras, maçãs, uvas, nozes, rolam atrás de algumas avelãs, ao longo de um sub-bosque escuro de fetos maturados, eis as trufas no húmus cinzento, a crosta pegajosa de resina, em seguida, fragrâncias raras, minerais, sílex, pedra-de-fogo, animais também, almíscar ou âmbar, pelo molhado ou suores amorosos, e eis, atrás dos buquês segundo e primeiro, floral no início, bestial e rochoso depois, o cheiro, o terceiro cheiro tão difícil, posto como *pizzicati* na declamação, listras por entre um tecido de ramagens, tentem reconhecê-las, fragrâncias etéreas como a acetona, aromáticas: menta, gerânio; ambrosíacas: jasmim, baunilha e tília; balsâmicas como o benjoim, o cravo, a cânfora; empireumáticas como o café, o tabaco: o Yquem traz a marca da floresta persistente, guarda lembrança do longínquo *armagnac*, evoca o *graves*, seu vizinho; eis o desequilíbrio, a borda extrema do lençol, da cauda ocelada, sua instabilidade ou catástrofe, ligas repulsivas como os mercaptans, fedores de petróleo, de alcatrão e de esgotos, enxofre, que ele passe, fechem a porta ao vento leste, a razão monódroma da auto-estrada pisoteou, horda imunda e imbecil de hunos, arrancou a vinha de *Sauternes*, partiu seu brasão de nobreza, rasgou sua carta, cortou sua língua. Ela atravessa a vinha santa que é indicada por uma tabuleta: para os que passam depressa, como um raio, deixando, atrás, um monte de imundices gasosas, o dado se reduz à linguagem escrita pintada no cartaz. O mapa rodoviário desenha-se retilíneo, reto como o método que passa pela floresta sem vê-la, que corta, ignóbil, a antiga vinha, sem uma única saudação.

Não passem pelo vinhedo como um tagarela atravessaria o mar, veriam apenas, conforme fosse, folhas verdes ou vermelhas, como o outro só veria a água. Debrucem-se sobre o sulco: terra ou corpo estriado, enevoado, colorido, tigrado... sílica, seixos, areias e pedregulhos, argila e calcário, depósitos vindos do alto ou jogados de longe, trazidos pelo Garonne. Da sílica, a finura, do calcário, a força, da argila, a maciez, tudo vem das areias e dos terrenos pedregosos. Solo misturado. Atravessem as vinhas de onde a moscatel foi arrancada, da *semillon* vem a suavidade, da *sauvignon* escorrem bálsamos, fileiras tigradas ou zebradas, compósitos. Seria preciso superpor vários mapas: o da geologia, o da edafologia, o das cepas, mosaico amarelo, rosa, azul-rei, verde-garrafa, componente inesperado, como se o subsolo, ó surpresa, se reproduzisse na superfície, como se os velhos vinhadeiros, geólogos sem o saberem, exibissem os segredos escuros da terra pelas e nas disposições dos planos: mapas marítimos misturados para navegar no *bordelais*. Tal como o escritor tenta, com a aliança das sílabas, vogais, ritmos e assonâncias, evocar o mapa de jazidas muito enterradas e faz cintilar na superfície o chamalote dos veios subterrâneos.

O escudo do conde de Lur-Saluces, dono de Yquem, deveria, assim me parece, trazer ou evocar, em sua única página, esse corpo estriado, ocelado, essa carta honorária, em suas cores, peças e figuras: ou a cauda de pavão, ou os atlas empilhados dessas misturas. Um escudo, em geral, não reproduz a carta de uma mestiçagem de sangue e as formas de longa conservação? O que chamamos de título senão a proporção de um corpo mestiço? Assim os nobres escudos do vinhedo representariam como, ao fim de tantos quartéis, o vinho se faz sangue — ou o inverso.

Como se opera, agora no silêncio e na fresca tranqüilidade da adega, uma outra mistura? Álcoois e ácidos se equilibram com os ésteres da glicerina, odoríferos, entre as águas e os açúcares. O equilíbrio, a pequenos intervalos, progride docemente. Podemos estimar, em determinado momento, os diversos títulos? Os títulos da mistura indicariam o tempo.

Desenho mil mapas, falo somente do tempo.

A mistura mora na cave por artes do vinhadeiro, percorre o vinhedo, solo, sarmentos e subsolo, enche a garrafa singular, tampa o bocal com a espiral dos odores, em toda parte uma mesma carta é encontrada, eu a desenho na página, meu escudo.

Velha cave, velho vinhedo, velha garrafa, velhos portulanos, longa duração das alianças heráldicas, boca antiga, língua antiga, paciências atentas ao desenho riscado em terra, na flora e no palato: o relógio das misturas marca um tempo lento.

Os quartéis acumulados dividem-se, apressados, o espaço do escudo mostra, inversamente, a antigüidade do título e a titulação do sangue. Muitas vertentes rubras rolaram sobre ele que lhes conserva o traço, guarda-tempo das clepsidras vermelhas.

A terra fluvial, marinha, florestal, antigamente exposta ao vento, devastada de lágrimas e de esterilidade, por muito tempo imprópria a qualquer agricultura pelo excesso de areias e pedregulhos, torna-se lentamente o específico excepcional de tal paleta de plantas. Para chegar a esse quadro misturado, foi preciso pelo menos um milênio de teimosia camponesa, semeada de famintos.

Vertentes de aluviões que recebem ou dão vertentes de vinho, assim minha língua pode experimentar esse milagre de núpcias entre as enchentes e as inundações do versátil Garonne, clepsidra cinzenta.

Milagre da primeira língua, se ela fala francês, o tempo diz também as intempéries: milagre das estações grandiosas pontuadas, naturalmente, de estações fracas ou nulas. Na terra, pela vinha e no vinho, estão marcadas a clemência e a inclemência do clima; a mistura do ano do *cru* exprime essa mistura de quente e frio, de úmido e seco, sereno e tempestuoso, que denominamos intempérie, mas que se poderia chamar temperamento ou temperança, se o mundo tivesse os mesmos humores que nossos corpos, intempérie sempre muito doce neste clima dos países temperados. Tomem e degustem este grande vinho, ele escreverá em suas línguas o mapa do tempo, as marcas inimitáveis e singulares daquela estação. Naquele tempo, lembrem-se, o outono, imenso, imóvel e alto, ondulado em tons de laranja e amarelo, leve de parecer insensível, não conseguia terminar. Vertentes de ventos, sol e chuvas, misturados no *sauternes*, clepsidra de ouro.

Leiam agora: à esquerda, a coluna calendário comum, ano morto depois de ano passado, sem omitir nem repetir, à direita, a coluna em que incidem as notações, glórias ou catástrofes, 1930, o ano em que nasci, só produziu um líquido inominável, sendo que 1929, quando meu irmão veio à luz, todo o *bordelais* reunido só foi igualado três vezes depois, 1945, 61 e 75, anos seculares do gosto sobrenatural e de muito longa conservação: como se justamente a intempérie fizesse o tempo, como se compreendêssemos então de que maneira duas palavras se confundiam, de que maneira dois sentidos vertiam-se em um mesmo termo. Se o tempo corresse como a série dos inteiros naturais, na coluna da esquerda, já saberíamos há muito tempo que a história se confunde com a razão. Mas a mistura estocástica das notas cifradas que, há mais de cem anos, o paladar deu ao Chateau d'Yquem, traz uma outra idéia da mesma história ao desenhar, de uma nova maneira, o mesmo mapa da mistura. Durante o banquete, em torno da garrafa saída de 1947, ano quase divinizado, a primeira língua desfia os números um a um, a segunda marca as notações, como se atirasse as cifras ao acaso. À esquerda, o tempo da linguagem, à direita, o do dado. Donde se vê que um se separa do outro, como o órgão língua, bífido agora. À esquerda, o tempo como forma pura *a priori*, eu ia dizer algoritmo, à direita, o da mistura, do qual o tempo esquerdo não compreende nada.

Vertentes de números, não paralelos como se imagina quando se lê, mas confluentes porque se vive, dupla clepsidra abstrata imaterial, que alia um corredor regular à percolação irregular do pisador.

Ao fluxo inesgotável do Garonne misturam-se as lágrimas de alegria e os prantos de luto.

No banquete estão sentadas, portanto, três amigas ou inimigas, desenhando mapas, mexendo as misturas, descobrindo o tempo. Os mapas chamalotados, matizados, traçam as vizinhanças dos corpos misturados, vertidos juntos, sua fusão na mesma clepsidra ou garrafa segue o curso da duração.

Duas das amigas, aliadas, tentam livrar-se da terceira, amante dos discursos. Elas amam as palavras, também, mas querem se libertar de sua tirania absoluta. A língua de ouro, de mármore ou de pau, desligada delas, segue, em seus discursos, um curso raro e separado, o tempo que corre em uma clepsidra única. As outras duas línguas, amantes dos convergências, seguem os cursos confundidos, fluentes, líquidos, que correm por confluências entrelaçadas.

A língua dominante pratica a análise. Seus sucessos admiráveis, convincentes, provam que é preciso continuar.

As outras duas línguas não ousam dizer que praticam a confusão. Na língua da primeira, isto significa o fracasso. Assim como o sucesso recusa o fracasso, a primeira boca excluiu as outras duas.

Estão sentadas, pois, no banquete, juntas, antigas inimigas, conciliadas por um momento.

Na cratera do Chateau d'Yquem sentam-se mistura e confusão. Nada mais delicioso, mais divino, mais memorável que este ouro, este cobre, este bronze confundidos.

As duas línguas abandonadas lançam à primeira o desafio de dizer: falar, discorrer sobre essa confusão sem injuriá-la uma única vez.

Quando os cento e vinte vindimadores do senhor conde Alexandre de Lur-Saluces, durante mais um outono desde 1785, dispersam-se pelas doces encostas do monte, pelas fileiras, para colherem, grão por grão, a uva de *sauvignon* e *sémillon* podres, da primeira glória de outubro, às vezes, até os nevoeiros baixos de dezembro, e misturam a vindima da vertente pedregosa à da vertente abundante de argila e à terceira mais arenosa, quando o mosto da vertente exposta ao sol do sul mistura-se ao da que frutificou sob um raio menos copioso e mais oblíquo, quando as cepas, os racemos, as vertentes são vertidos juntos, sonhamos vagamente com a aclimação à nossa língua de uma palavra para dizer esta confluência. Não temos *coverseaux* nem *syrrhèse.*[9]

A língua grega detesta seu termo *synchyse*, que deveria significar o ato de fazer com que vários fluxos corram por um mesmo corredor a partir de fontes ou vasos diferentes, confluente que alia afluentes diversos, ela o odeia: trapalhada ou amontoamento, diz ela, barafunda e confusão, inextricável caos. A língua francesa também o odeia, só conhece a confusão. O que corre junto parece confuso à primeira língua, quer fale francês ou grego, mas à segunda, que recebe a unção e segue o mapa da mistura, parece divino como o vinho de Yquem. É preciso que a primeira jamais tenha

[9] Palavras inventadas: *coverseaux*, a partir do latim, e *syrrèse*, do grego, com o mesmo sentido de os que vertem juntos. (N. da T.)

degustado para desprezar a tal ponto os fluxos reunidos, ondas compostas, corredores cheios de nós, que desembocam em um mesmo volume, os entroncamentos, as interferências fluidas.

Que a língua imediata e selvagem tenha banido a confusão do pensamento, ainda passa, mas que a filosofia do conhecimento, conseqüente em seu procedimento, ao menos clara em seus enunciados, tenha canonizado esta falta de compreensão é o que surpreende os que não têm medo das confluências líquidas. Confundir significa primeiro verter junto, conjungir diversos fluxos em um só. No sentido literal, a confusão aproxima-se bastante da solução.

A metalurgia das ligas, desde a idade do bronze, a jovem química que classifica os compostos e os corpos novos pela recombinação, a farmácia e suas preparações que adicionam os específicos para aumentar a eficácia dos remédios, a cozinha, padeira ou licoreira, mil práticas todas nobres misturam desde a aurora dos tempos fluxos diversos em cem crateras, a quente ou a frio, para o uso ou o prazer, muitas vezes para o conhecimento. Por que elas não têm direito ao reconhecimento? Todas essas ações, ligas, mixagens, brassaduras, deveriam chamar-se confusões, e a filosofia da confusão deveria ocupar um lugar-comum da sapiência.

A primeira língua, que fala e tem o ouvido da razão, denomina a segunda de confusa, que, confusa, aceita o nome. Recebe as confluências líquidas, cem vertentes simultâneas. Uma única, como a de Yquem, esconde outras, sobeja. E compõe na segunda língua o mapa da mistura, confusamente desenhado, flutuante. Mapa múltiplo, vívido, complexo, mais completo que a simplória idéia clara e distinta da qual a primeira língua tanto se orgulha.

Lembro-me, diz ela, com reconhecimento, da que me deu minha terceira boca, no dia glorioso de minha última comunhão, de minha primeira união. De sua boca, ela derramava flores perfumadas: silêncio, terceira língua, teu pudor iguala tua sagacidade.

Ela não discute os gostos nem os odores, de fato eles não têm uma escala fixa. Fortes ou fracos, superficiais, profundos, ricos e pobres, deliciosos, repugnantes, amáveis instantaneamente ou demoradamente fiéis. O que chamamos com justeza ou impropriedade de buquê parece tão objetivo ou preciso aos peritos quanto a série dos números.

A escala ou ordem desce, do ar à terra. No alto, as fragrâncias mais frágeis ou fáceis englobam a família das flores: rosa, lilás, tília, jasmim, cravo, violeta; menos delicada, mas ainda fresca, a ordem dos perfumes de frutas: pêssego, pêra, framboesa, amêndoa, damasco, cereja. A pêra e o pêssego resistem melhor ao vinho que as carnes vermelhas, menos pueris que elas. As drupas são melhores que as bagas. Como podemos saborear uma pêra que passa pela língua tagarela e não pela boca sapiente? A *passe-crassane*, *duchesse*, *beurré-Hardy*, a *doyenne-des-comices* ou a *messire-Jean* nela se fundem realmente mais, em ordem crescente de excelência. Excetuemos a *cuisse-madame*, saborosa e doce, adoravelmente apelidada. Como podemos comer ameixa ou maçã? Queremos a mirabela e a rainha-cláudia, damasco roxo ou pé-curto, o pudor me impede de saborear em público a ameixa de enxerto agenesa. A série desce, diz ela, das folhas e dos altos ramos, onde apontam as flores, de onde pendem os frutos, em direção ao solo, ao longo dos córtices, odores de resina ou de folhas mortas, cogumelos, trufas. Negras, vindas de Quercy, não as brancas, hipócritas, da Itália. Glória ao nariz do trufeiro, precioso, delicado, sutil, subterrâneo. Uma progressão não se discute, fragorosa, corre do claro ao escuro, do leve ao sério e ao denso, do pueril à *expertise* educada. A ordem ou série desce sempre, em direção à terra decomposta, onde os resíduos vegetais e animais, no sub-bosque, misturam-se ao húmus. Bodas das putrefações e dos buquês, o reino vegetal, ao se confundir com o inerte, encontra cheiros sublimes.

O passeio descendente tem lugar no campo, na vizinhança dos confins, no final da primavera, no início do outono, ou na quitanda, nas latitudes norte. É preciso dar um giro pela importação, canela, baunilha, tabaco, café, todas especiarias confundidas, nos cais de Bordeaux ou do Havre, no porão do comerciante, ou no bazar de Istambul, ou alhures, nos Trópicos. Não poderíamos prosseguir sem nos misturar aos outros mundos. Líamos em nossos manuais: não há nada no intelecto que não tenha passado primeiro pelos sentidos. Ouvimos em nossa língua: não há nada na sapiência que não tenha passado pela boca e pelo gosto, na sapidez. Viajamos: nosso intelecto atravessa as ciências como o corpo explora continentes e mares, um perambula, o outro aprende. Não há nada no intelecto se o corpo não rodou por aí afora, se o nariz nunca fremiu na rota das especiarias. É preciso muito que um e outro mudem e se tornem mais maleáveis, que percam suas opiniões, ampliem até às estrelas todo o espectro de seus gostos. Quantas aventuras outrora empreendidas, às raias do heroísmo, para surpreender o olfato, quantas ciências adquiridas pelo caminho.

Assim como a sapiência coroa a ordem do gosto, também a sagacidade aperfeiçoa a escala aromática. Todo banquete deveria ter por título: a sapiência e a sagacidade. À volta da mesa só imaginamos línguas sábias.

Revezando com o bem denominado buquê vegetal, decomposto nas putrefações do sub-bosque, os cheiros animais ganham em força, mais compósitos e pesados, menos vaporosos, mais espessos e baixos que o outro. A ordem desce sempre, das violas aos violoncelos. Um detrito floral mistura-se à sujeira, à palha escurecida como esterco, às forragens dos estábulos, sob o ventre dos bois, não se desviem, citadinos, o odor das vacas, doce, encanta o sagaz.

Reconhecemos assim os corpos individuais, neste ponto, não os cedemos às feras; só nos falta o exercício, ou a vergonha nos acabrunha. Esta primeira apreciação faz o bom enfermeiro, o diagnóstico do médico começa aí, que o veterinário abandone a profissão se não gosta do almíscar nem da suarda. A sagacidade ultrapassa a intuição ou decide por ela: reconhece, claro, menta ou lilás, casca de laranja ou talo de sálvia, mas começa a conhecer os homens também, fraqueza, falha, doença ou explosões de força, a singularidade deles; reconhece o bicho que metamorfoseia o próximo, papagaio, tubarão, águia ou porco, desconfia ou confia, foge ou se chega. Desta câmara, deste estudo emana um odor de ódio ou de má digestão, de suor acre e de ressentimento. Da boca primaveril sai a emanação floral, pensam que ela fala? Amar começa por consentir. Os únicos amores felizes misturam dois buquês que conspiram, odores de sexo misturados tão penetrantes que às vezes pensamos desfalecer. O sagaz conhece bem, no sentido da Escritura, o que existe no intelecto ou na consciência que passa primeiro por este sentido?

Hesito, diz a terceira língua: é preciso que estejamos persuadidos de que o dado nos vem da linguagem para que o perfeito amante de Sofia, Denis Diderot, o próprio, faça falar incessantemente uma jóia tão preciosa tida como a excelência da boca e mesmo dos lábios do beijo segundo refinado julgamento do sagaz. Os lábios que falam têm menos felicidade, ternura e doçura. Por que perdem tanto tempo a discorrer sobre o amor em vez de, e quando for o caso, gentilmente, fazê-lo? O dado nos é verdadeiramente dado pelos lábios tácitos e doces, insiste ela, ainda hesitando.

Ninguém perde a palavra entre os aromas de folhas e flores, os odores singulares das carnes às vezes prendem o fôlego, que perdemos no duelo dos corpos misturados. Suores, sudário. Eis a fronteira ou catástrofe, a borda que abre ou fecha às repugnâncias que diríamos instintivas: sob a terra, no túmulo, cheiros escuros, espessos, acres, muito baixos.

O húmus, a terra, misturam corpos e plantas, fauna e flora, mortos ou vivos, compostos orgânicos. Ainda amamos bastante o detrito vegetal. O dejeto animal repugna, mas nem sempre, ele pode olorar: quanto à caça, o *faisandé* nos atrai. Mas o odor de morte afugenta.

Assim como o som mais sublime avizinha-se do ruído, também o perfume mais profundo pertence aos mortos e à sua putrefação, emerge de seu reino; a alma sai do corpo finado em odor de santidade, queimamos incenso nos funerais.

Aproximamo-nos do sagrado, conduzidos pelos espíritos voláteis, atingimos o sujo e a purificação onde a sagacidade parece despertar o conhecimento e o religioso juntos. Não se aprofundem aqui, vocês profanariam estes lugares ou seriam corrompidos. O terreno aqui definido pode ser denominado templo ou propriedade, ou sujo ou limpo ou tabu, em todo caso delimitado, portando localizado, conhecido. O terreno aqui purificado vê nascer a razão pura no meio do impuro, pela limpeza ou rito. A higiene pasteurizadora, nossos recentes gostos assépticos, a teoria do conhecimento reúnem todas as antigas aspersões. O sacerdote, outrora, o sábio, hoje, abolem a sagacidade, levam-nos a esquecer ou reforçar a fronteira intransponível. Fazem-nos desgostar de nosso cheiro. Vamos, sinto, num mesmo movimento, em direção ao conhecer e ao sagrado, aproximamo-nos de vizinhanças repugnantes: sujeiras, misturas, dejetos, a morte, dejeto e sujeira supremos. Por ela minha poeira vai-se misturar às substâncias gordurosas na umidade do húmus. Aí reside o limite: odores de vida, antes; cheiros funerários, ultrapassado o limite. Aqui nasce a definição.

Terra, rocha, pedra de fogo, enxofre, hidrogênio, fragrâncias minerais aterradoras, primeiras, molais, simples, originais, ia dizer atômicas. Aqui jaz nosso horror à química: é por isso que nossos ancestrais queimavam alquimistas e bruxas nas fogueiras, muito assustados com a terra comum do conhecer e da morte.

Não há nada no intelecto que primeiro não passe por ela.

A emanação sobe, a procissão olorante estende-se em direção aos espíritos leves, aéreos, logo dispersados. Inversamente, o espírito desce aos pesados, converte-se em matéria e, misturado às densas entranhas das coisas, então conhece. Recolhe-se e derrama flores sobre os mortos. Os gregos da decadência às vezes denominavam catódio esta queda, baixa ou descida, que inverte a distensão ou emanação.

Ela escoa do ar à terra ou sobre as águas. Na amplitude da preamar onde o fluxo e o refluxo revolvem a areia da praia, as algas, o sargaço a rodo, as conchas que se entreabrem, as medusas e os peixes mortos e flácidos acompanham o sagaz à superfície do mar onde o olfato se perde, por afogamento. Espíritos salinos ou do iodo volátil, o vento arrasta em direção aos fantasmas afogados. Resto destroçado pelo vendaval, a cabeça de Orfeu flutua solitária ainda, canta com a boca cheia de onda amara sem respirar os últimos espíritos em remoinhos à tona d'água.

Itinerário órfico, descida aos Infernos, a ordem dos odores ou espíritos de finura, emanado primeiro, cai para o baixo repugnante, até o inodoro: naufrágio, funerais onde o nariz se enche de água ou de terra.

Folhagem, flores esparsas, bagas ou frutos, cascas, húmus e raízes, mercados, bazares, praias e portos, esgotos, cemitérios, minas, fossas, Infernos: natureza morta.

Espíritos evaporados dos seres enterrados, substância.

Chamas, fogos, forno: por mais longe que a viagem leve, é preciso voltar ao lar, onde se prepara o banquete. Fora, o cru; na cozinha, os grelhados exalam os odores de uma química sublime.

Sócrates, Agaton, Alcebíades, assim como falam de amor sem jamais o fazer, ou sentam-se à mesa sem comer ou bebem sem degustar, passaram diretamente do pórtico ou umbral da sala do festim, aos leitos, sem visitar por um instante a copa. Os escravos ou as mulheres, como os deuses, mantêm-se junto ao forno onde se dá a metamorfose, enquanto os bárbaros falam.

Esta transformação, nas chamas, a passagem do cru ao cozido, tem a ver com o conhecimento. Fermentação do pão, ou do vinho, por exemplo, ou pré-transubstanciação. A Santa Ceia não consagrou a uva nem o trigo. Ela dá atenção às coisas comidas, degustadas, feitas, compostas, que o calor modificou. O vinho pertence à ordem do cozido: a cauda do pavão, onde cada ocelo destaca uma ilha simples da natureza, crua em sua composição elementar, reúne-se, organiza-se globalmente pela cocção. Os sabores concorrem, mais numerosos, para uma síntese nova. Atravessem a região de Sauternes, vinhas e madeira, resina ou flores, rio e brisas, levariam vinte anos para colher, pela sapiência e pela sagacidade, o que uma gota d'Yquem lhes dá em um instante. No tempo em que o pão, na França, perfumava o campo, também proporcionava um longo passeio num instante. Toda uma vida reside num copo de vinho Margaux, e até numa honesta broa. O cozimento adensa, concentra, reduz, faz convergir o dado, o cozido faz abundar o cru, o dado passa do acaso, da circunstância improvável e leve, inconstante, ao costume e à compacidade. Vai da mistura caótica difusa à mistura ordenada, densa. O fogo cimenta os mistos, transforma em vitral a referida confusão, agita bem as pequenas partes secretas para ligar o que repugnaria a frio. Ajuda os concursos, favorece as conivências, estreita as vizinhanças, enriquece as amálgamas, descobre de súbito novas ligas, aprende, por síntese, a saber. Quando o silêncio ou o saber se reduz à análise, os convidados ao banquete deitam-se, desgostosos, em leitos pomposos afastados, distantes da ordem e da palavra, do fogo onde algum gênio maligno combina, compõe, mistura, cria uma nova ordem, uma outra escala de sabor: escravo ou mulher de mãos sujas que verte em uma mesma cratera, como em um estômago, líquidos incompatíveis. O analista soluça de repugnância por esses personagens lambuzados, de repulsa pelo caldo, ele gosta de vomitar. Assim liberta seu estômago da mistura e da confusão a que se entrega.

E, no entanto, sob a receita esconde-se o confuso: ele ferve no caldeirão, tosta no meio das brasas, refoga demoradamente. Peguem isto, dosem, depois, misturem.

Nada sobrepuja em excelência a ordem do cozido quando se sabe cozinhar, como na França. A natureza, por uma única vez, não faz as coisas tão bem quanto nós. O saber fazer magnifica o dado: este, cru, continua subordem. O aroma do café tostado faz os músculos e a pele, desde de manhã cedo, estremecerem de contentamento, os perfumes do assado que antecede um pouco o tostado, deslumbram os espíritos, menos, porém, que o caramelo: açúcar pobre sem o fogo. Não compreendo bem a cultura da fervura, mais nórdica ou puritana, encobrem-na os vapores do repolho. E vivi o bastante na onda de uma *fast food* para conhecer a ignomínia da incultura.

Uma vez mais, essa excelência, literalmente sobrenatural, emana das misturas e das confusões. O fogo funde mais coisas juntas. O cru dá simplicidades tenras, frescores elementares, o cozido inventa coalescências. A análise, ao contrário, fatia ou recorta cruamente, a síntese pede chamas. Esta, por conseguinte, inclina-se para o lado do saber e da cultura, a primeira permanece da natureza bruta.

E se a filosofia do saber não houvesse começado?

O conhecimento claro e distinto resulta da análise que divide ou separa, incoercivelmente desgostosa do confuso. Separar ou dividir supõe um espaço e distinguir insere uma localidade singular nesse espaço, tudo simples operações topológicas. A confusão ou vertente múltipla, enlaçada ou transformada em uma confluência, também supõe um espaço, mas um pouco mais de atenção. Ela representa de fato a operação direta da divisão ou separação: uma espécie de soma ou de multiplicação. Aquele que sabe desdar um nó e desatar os fios presos não condena, de ordinário, o que ata os fios soltos ou fluentes, pois conhece os dois gestos. Já a teoria do conhecimento, que desata e não quer atar, só tolera as operações inversas ou analíticas: destacar, desfazer, subtrair, dividir, diferenciar. Destruir. Analisar quer dizer destruir. Lembra esses costumes tradicionais de certas tribos em que o braço esquerdo era preso ao corpo para garantir que agissem sempre só com o braço direito, tanto uma metade do espaço era superior à outra, sinistra. Analisar não tolera a composição. Mas a confusão compõe uma multiplicação fluida onde as multiplicidades em jogo, não discretas, transformam-se em variedades contínuas. Estas correm juntas, variam de concerto, função de diversas variáveis. Tudo se passa como se a análise ainda não houvesse aceitado essas funções complexas, variadas, de que ela mesma trata há dois séculos.

Voltamos novamente à mistura e ao conceito de variedade, imediatos na experiência rica, complexa, vívida dos sentidos, e, sem paradoxo, mais abstratos que as operações inversas e simples da análise, ou melhor, posteriores ao que chamamos de abstração. A sensação remete aqui a um abstrato mais difícil e complexo que o tradicional. Digamos: ou que os sentidos exigem um novo esforço de abstração para serem compreendidos, para comporem o que a análise separa; ou que o progresso em direção a um abstrato mais composto dá resultados sensacionais ou sensuais.

A confusão supõe um espaço e séries de vizinhanças, chega ao tempo, que, sem dúvida, não está tão separado dos espaços como se imagina. Ela marca, guarda, conta o tempo. Faz muito tempo que concebo o tempo como um nó ou trevo ou confluente de vários tempos em que cada um é compreendido por esquema espacial. Essa múltipla clepsidra continua incompreensível para o pensamento que se refugia somente nas operações inversas. Curiosamente, o dado imediato faz compreender com clareza.

Como é que a filosofia teve de esperar vários séculos para pedir que aguardassem um pouco o açúcar fundir-se em um copo com água? Como é que, na ocasião de tal evidência, não associaram imediatamente, ao próprio tempo, a mistura e a fusão de um corpo em outro. Dois fluxos no entanto vertiam juntos seus componentes. Bergson, depois de Duhem, inventava então, emprestada dos gregos, uma clepsidra de várias entradas, vertente variável, vasos comunicantes. Praticava exatamente ou finamente a confusão. A solução. A fusão íntima disto naquilo, de um fluxo em outro, generalizável a quantos fluxos quisermos.

Foi preciso, sim, toda a história da filosofia, que, no entanto, desde seu alvorecer, já instituía a mistura e o caos, as vertentes, para reencontrar de forma simples, ingênua, quase infantil, num copo ou num vaso, o que se faz na cozinha, enquanto os convidados falam de amor bebendo, e o que fazem os vinhadeiros de forma extremamente complexa, desde o alvorecer de nossas tradições. Lembrem-se disto: ela começa no dilúvio e na Arca da aliança. Como se os relógios já se saciassem: volume de água colossal, capital de bichos, de vida, de sementes, primeiras misturas. Ligas. O velho patriarca Noé, protótipo de enófilo, faz escoar confusamente a múltipla clepsidra. Lembrem-se.

O conhecimento claro e distinto apresenta um espaço ou o representa. O conhecimento confuso corre e volta ao longo de tempos fluentes. Presente, é claro, mas com passado recobrado, ele se lembra.

Tomem e bebam. Façam isto em memória de mim.

MEMÓRIA

Voltemos à imediatez dos sentidos.

Podemos definir um zero sensorial, uma espécie de referência? Podemos pelo menos imaginá-lo. Aprendemos nas primeiras lições de história natural que a água está situada aí: fluido excepcional sob diversos aspectos e, ademais, inodoro, incolor, sem sabor. Inapreensível e praticamente intangível, quase translúcido, quieto, quando nada o agita, não barulhento. Dir-se-ia a definição do espaço inteligível na escola de Platão, na época em que a geometria nascia: que extraordinária abstração! Lição no entanto falsa, evidentemente, a água tem gosto, colorações, adivinhamos pelo cheiro sua proximidade, distinguimos de olhos fechados vinte sabores, águas simples, correntes, paradas, urbanas, serranas. O zero se desloca.

O ar, vaga mistura, tem mais direito a esse posto. Intangível, quase poderíamos dizer intacto, incolor e transparente, transmissor das luzes, das cores e vetor dos perfumes, sem gosto, inaudível quando nenhum calor o impulsiona, ele penetra o corpo, as orelhas, a boca, o nariz, garganta e pulmões, envolve a pele, suporte de todo sinal que alcança os sentidos. Este neutro ou este zero não é determinado na sensação, mas ainda é uma das coisas a sentir, no limite do insensível.

O ar, mistura vaga, leve, sutil, instável, favorece as alianças; vetor de tudo, a nada se opõe. Meio ambiente do sensório, excipiente geral das misturas: vaso principal da clepsidra confusa.

Imaginemos que a visão ou a audição forneçam rapidamente informações gerais, já um tanto abstratas ou universais, formas: uma linha melódica, acordes, uma morfologia. Os filósofos do conhecimento encontram mais facilmente apoio ou referência na óptica ou na audição, sem dúvida, em razão destas performances: intuição, harmonia. O gosto, também, tem alguns retornos ou estabilidades, uma cultura retém seus hábitos. O sabor de manteiga e o gosto de azeite dividem a França com mais precisão do que qualquer repartição departamental, nos mesmos limites que a língua.

O olfato parece o sentido do singular. As formas se encontram, invariantes ou restauradas, as harmonias transformam-se, estáveis por variações, o perfume atesta o específico. Olhos fechados, orelhas tampadas, pés e mãos amarrados, lábios cerrados, distinguimos, anos depois, entre mil, certo sub-bosque em tal estação ao pôr-do-sol, antes da chuva, certa peça em que armazenávamos milho forrageiro ou ameixas de Agen cozidas, de setembro à primavera, uma certa mulher.

Vivemos, não faz muito tempo, entre odores dominantes: a gasolina e o querosene, fedores na balbúrdia, impõem-se às nossas sensibilidades feridas. Muito freqüentemente, passamos através de um ar inconstante carregado de traços passageiros. Nada se parece mais a uma circunstância que esse vapor. Ele se mistura à atmosfera, depende do tempo, da hora, da data e dos meteoros errantes, dos lugares, altitude, interior ou exterior, dos acontecimentos, das posições, condições, causas e atos, produz-se improvavelmente. Fina ponta de ápex raro, composição muito complexa, mistura de mil vizinhanças, nó instável de correntes caprichosas, um perfume delineia-se como uma interseção, ou uma confusão, não sentimos odores simples nem puros.

A forma volta, a linha harmônica se reproduz, já temos aí um conhecimento, pelo menos um conhecimento freqüente: estabilidades fortes retornam diante do olhar, soam na orelha como refrão, a memória se converte em conhecimento e o ritmo em hábito e, logo, em lei. Mas o traço raro no fluido aéreo, mas a mistura instável e complexa, o nó em parte desfeito que puxa mil fios não voltam nem levam à invariância alguma: demasiado circunstanciais para se porem a bater, ritmados, derramados demais, diluídos, caóticos. O conhecimento, ao contrário, elimina essas circunstâncias instáveis, desbasta a raridade. Nas mesmas circunstâncias, diz ela...

Odores improváveis, misturados, específicos, singulares, incertos em tempo e lugar. Suponhamos agora que uma mistura rara se apresente uma segunda vez nas turbulências aleatórias do ar, que essa confusão única volte, improvavelmente: então, o nó puxa os fios, o ápex atrai sua base, a interseção divide-se nos subconjuntos afluentes, todo um mundo se precipita, posição do corpo, encantamentos, cores, todas as circunstâncias aos montes preenchem o local, a raridade reaparece, cheia de arabescos e ornamentos, a memória, aí, não se transforma em saber, por baixa freqüência, mas a lembrança, em superabundância, desabrocha extaticamente à sua proximidade.

Sentido da confusão portanto dos encontros, sentido raro das singularidades, o olfato desliza do saber à memória e do espaço ao tempo; certamente, das coisas aos seres.

Amar um corpo, esta raridade bem singular; em toda a superfície da terra, nenhum livro tem maior preço. Amor nos torna confusos, dois vasos vertem juntos. Vagueia à superfície das peles, dos véus, tecidos complexos e sutis, certo perfume indefinível que pertence apenas a ela e a ele e assinala um ao outro, concordantes. Não amamos sem o raro acordo dos olfatos, milagre de reconhecimento entre os traços invisíveis que voam sobre a nudez como o ar e as nuvens sobre o solo. Até a morte permanece em nosso espírito, no sentido químico e místico da palavra escrita ou falada, no sentido do olfato, o espírito emanado de quem amamos um dia. Ele volta, fantasma, em certas auroras, à pele. O amor perfuma a vida, os aromas restauram os encontros e suas cintilações.

Antigamente embalsamavam os mortos: para que a memória evocasse aqueles que nossos ancestrais amaram.

A própria vida anuncia-se de longe por essa emanação. Ela embalsama.

Língua exata e sábia que denomina buquê à exalação de um odor. Um buquê não é apresentado apenas como um apanhado, maço de árvores cortadas ou flores em acordo, simples conjunto ou multiplicidade, mas como um feixe atado, preso a uma certa altura por um barbante ou uma fita, ou pela boca de um vaso. Cada flor dá sua cor e sua forma, exala, difunde seu perfume, mas cada uma reencontra a outra, o buquê exprime a interseção delas. Se puxarmos o laço ou a fita, o ponto de estrangulamento, o lugar exato em que se forma a confusão de várias vertentes, todos os talos e pétalas vêm juntos, todo o estado das coisas é representado em sua lembrança. Um componente não cede sem a resultante. O buquê forma a cintilação de memória pela impossibilidade de analisar o corpo misturado: apresenta-se íntegro ou não se apresenta. Em torno da interseção estrelada, reproduz-se uma singularidade. Ressurge, ressuscita.

O buquê representa um produto, uma interseção não-analisável.

A ligação orgânica e rara, especificidade singular, que leva à minha língua o nome de amor, como conhecê-la ou enlaçá-la se não por uma interseção desta forma, por uma circunstância, estável ou instável ao redor do estado local das coisas, eis a estrela, se não por um buquê, como reconhecê-la, formalmente falando, a não ser por um cheiro, sensorial, sensual, que cintila em todos os sentidos?

Amo teu cheiro e teu espírito.

A exalação de teu corpo, minha língua, outrora, chamava de espírito.

A língua atual, asséptica, chamá-la-ia odor, seu saber, de nariz um tanto torcido, poria um perfume no lugar. Dá a entender que a relação entre o odor e o perfume equivale à que existe entre o dom e o perdão. Vai além do dado, sublima-o. Na mais próxima vizinhança do corpo amado, a língua substitui o dado por uma fórmula. A singularidade desaparece em proveito de uma marca comum. De uma assinatura. Equação da química ou nome próprio elegante. O segredo individual é divulgado na publicidade. Quando o dado só se dá pela linguagem, marca ou algoritmo, a cama, obscena, cai na rua ou se exibe nas telas. O dado é vendido.

Amo teu espírito individualizado. Não separamos dois amores, místico e carnal, profano ou sagrado, puro, impuro, ignóbil, nobre, espiritual ou odorante, pois o espírito sopra na vizinhança da pele, mas ambos se opõem, unidos, privados, à obscenidade da linguagem pública. A alma continuamente errante esconde-se nas situações. No ambiente das privacidades.

Alma. A alma traduz o latim *anima*, que, por seu turno, traduz o grego *anemos*, que quer dizer vento. A alma errante vem de onde vem o vento.

O vento. Movimento leve, sutil, vaporoso, turbulento, em ritmos e quase-períodos, caótico, misturador e portador das misturas, confuso, suporte de todo sinal referente aos sentidos, penetra o corpo, nariz, boca, orelhas, pulmões e garganta, e envolve a pele. Zero dos sentidos, portador de todos eles.

Partindo do ar, o circuito dos odores volta ao ar: sobe por emanação, desce ao amor, à morte, ao saber e torna a subir. Partindo do vento, da alma, o circuito retorna para a alma, no sopro do vento. Alma: zero dos sentidos e portadora de todos eles. Amo tua alma leve, sutil, vaporosa, turbulenta, caótica, amo que ela penetre tua boca, tuas orelhas, que reine em tua pele. Digam a diferença entre a alma e o vento.

O que circula no mundo ou no interior dos corpos, chamamos de informação ou de espíritos animais?

A confusão associa, multiplica, verte, enlaça e não desenlaça, não desfaz nem separa, faz confluir o não-analisável: eis o tempo.

As operações inversas de distinção realizam-se em diversos espaços, as operações diretas da mistura flutuam em tempos diferentes. Os gestos espaciais da separação dão lugar ao conhecimento, os gestos espaços-temporais da confusão dão vez à memória.

Não sei realmente, diz ela, o que significa esta palavra *Yquem*. Constato somente que a décima ordem dos anjos, segundo Ben Maïnon, depois de serafim, eloím ou querubim, é denominada *ychim*. Ofamim, rápidos, serafim, centelhas, malaquim, enviados, querubim, imagens, *ychim*, animados.

Espíritos animais sobrevoando a colina assim denominada, arcanjos em miríades emanados do gargalo.

Um filósofo amigo meu, bastante lido e eloqüente para jurar e garantir que os sentidos enganam, viu-se um dia introduzido na tranqüila confraria dos cavaleiros do Tastevin, onde os que sabem provar fazem-no às maravilhas. Vinte anos depois, contou que um dos confrades mostrava-se, desde há muito, tão infalível no reconhecimento dos *crus* e dos anos, que a corporação decidiu, em conspiração pacífica, enganá-lo terminantemente. Os conspiradores subornaram em segredo certo vinhadeiro da encosta borgonhesa para que plantasse alguns alinhamentos à parte, no alto ou embaixo, mas fora do controle das vinhas. E assim foi feito. Passaram-se os anos. As jovens cepas envelheceram, extraíram-lhes o produto. E num dia tão belo como o de hoje, serviram a esse papa o vinho que bem merecia ser chamado novo; pediram que o áugure dissesse. Silêncio. Pelas paredes bojudas do copo, ele fez deslizar longamente as pernas rubi escuro do líquido em questão, considerou-o, aspirou-o e, de olhos fechados, degustou-o. Silêncio. "Senhores, mil perdões, declarou ele, este vinho não existe."

Exclamações trocistas, embora secretamente abafadas. "O que não existe, caro mestre, não poderia encher seu copo." O amigo filósofo dissertou sobre o nada, fizeram-no calar-se, esquecera que jantava em boa companhia. "Insisto e assino, prosseguiu o mestre, isto não pode vir de Bordeaux, com certeza, nem do Rhône, nem da Hungria, posso dizer apenas que desce da encosta." Vamos, vamos, respondeu o coro agitado. "Se ele existisse, ironizou, tomado de súbita intuição, só poderia provir de tal lugar", e pôs-se a descrever com precisão o alto e o baixo da encosta onde o vinhadeiro plantara seus alinhamentos. O especialista do nada e da palavra, como todos os outros, ficou estarrecido.

Um raio laser saído da Terra deixa uma mancha na Lua cheia como uma pequena unha, admiramos sua precisão de lúnula. Um bom provador tem de saber reconhecer um vinho da África do Sul, da China ou da Califórnia, sem esquecer a Alemanha, a Toscânia e Kios: então ele assinala no mapa-múndi um vinhedo de vinte e cinco metros de extensão e, no calendário da história, uma semana de outono, e, contudo, dizemos que os sentidos são enganadores. Nota até um buraco no retalho vinícola do globo: "Senhores, mil perdões, este vinho não tem lugar." Temos tudo o que é preciso para definir distinção, clareza, precisão, esses louvores que só são concedidos às idéias, essas grandes performances que só a linguagem, como ela diz de si mesma, alcança. E se os tagarelas não fizessem mais que sua própria publicidade?

Como é que tendo comemorado a Ceia durante dois mil anos, estudamos somente o *Banquete* do divino Platão? Este, entretanto, lemos numa narrativa em que já está estabelecida uma longa cadeia de memória.

Sabemos em casa de quem aconteceu, sabemos quem estava à mesa e o lugar dos convidados: às vezes um troca com outro, modificando o tripleto no leito de pompa. Temos até um texto paralelo, mais a abundante tradição dos banquetes, mais as enxurradas de comentários.

Se teto e colunas dessa aventura tivessem desmoronado fragorosamente em cima de todos, se, entre os escombros, só tivessem encontrado uma papa de corpos irreconhecível, poderíamos reconstituir, de memória, a cena, as posições, os discursos trocados, diâmetro e diálogo, ponto por ponto e item por item. Tudo estaria lá, perfeitamente no lugar, por artes da memória.

De um jeito ou de outro, dele nos lembramos. Nunca, entretanto, pusemos esta mesa, como os romanos para seus deuses, nunca nos vestimos, à noite, para beber como beberam os amigos de Sócrates e falar de amor como falaram, até a aurora, à espera da entrada de um rapaz, coroado de violetas e ornado de fitas, amparado, ébrio, pelos tocadores de flauta, à espera sobretudo, falemos francamente, da chegada de uma estranha. Nunca fizemos isso em memória daquela noite, lemos o que nossos antepassados liam, nunca comemoramos.

Fizemos e refizemos, milhões de vezes, o gesto eucarístico. A Ceia suscita sua reapresentação milenar, como se um astro projetasse a sua frente o rastro luminoso, como se alguma ação precisasse que a despertássemos para não cair no esquecimento, como se alguma coisa infinitamente preciosa e infinitamente frágil nos pedisse para levá-la a atravessar a história, de mão dadas.

De que nos lembramos? Em volta do banquete, alegorias bebem: a comédia, a tragédia, a medicina... Falam alegoricamente. Só compreendemos isto verdadeiramente quando assistimos a um festim formal, onde cada instituição ocupa uma cadeira, onde cada convidado só o foi porque representa a política, a ciência, o banco, as mídias ou a administração, potências do momento. O jantar imita o dos deuses, tanto os indivíduos acreditam que só se tornarão deuses se perderem a individualização. A dona da casa podia ter convidado robôs que falariam por programação, ao comando de teclas: o que diz um administrador ou um jornalista não pode ser tido como surpreendente, ele celebra seu poder. Por muito tempo acreditei que a perda da individualização estava relacionada ao vinho que circula e torna-se sujeito coletivo, tomando a cada passagem o princípio individual de cada um, e que o vinho se transformava em nós por conter objetivamente a soma dos eu confiada a ele por cada sujeito, perdido, em transe extático, mas a perda aí ocorre de maneira diferente, pois cada um participa disso qual uma estátua. A alegoria, bloco de mármore cinzelado em forma representativa, fala. A boca de pedra não bebe nem come. O comendador ameaça, esbraveja, mata, mas não pode se impor a Don Juan bêbedo. Robô de língua de pedra ou de ferro ou de pau, ele fala, não pode ter sede. Sabemos construir máquinas falantes, não sabemos fabricar robôs que bebam e tenham paladar. A língua pode-se tornar artificial, a inteligência quase sempre se torna, a sapiência, nunca. Neste sentido, o autômato difere do *homo sapiens*: dispõe da primeira língua, não da segunda.

O indivíduo que representa a comédia, a tragédia, a medicina, as mídias ou a administração, estátua, robô, alegoria em apoteose, autômato há muito tempo morto, fala no banquete, mas não bebe. Fala de amor, não o faz; ou fala de vinho e não o degusta. Jantar de estátuas, festim de pedra. Por ele passam palavras mortas, que comentamos, no estudo. As alegorias bebem alegoricamente o vinho alegórico, nós falamos disso alegoricamente. *Symposium* para as línguas de mármore ou para os computadores.

Comentar ou comemorar. De que devemos guardar memória? Do vinho? De nós mesmos? Não das posições em torno da mesa, dos lugares, dos homens, das relações de dominância, mas do vinho e de nós somente. Ele circula pelo grupo. Cada um, Tiago, André ou João, simples pescadores da costa, da beira do lago, marinheiros de água doce, publicano ou mero coletor, não representava nada além de si mesmo, indivíduo, pobre que sonha com pesca miraculosa, patinhando no peixe escorregadio que transborda do barco, cada um bebe, por sua vez, no cálice, e o passa, dá o passe a seu vizinho, cala-se. Nunca se soube que Tiago tenha falado, nem João, nem André. Pedro falou. Para trair. Pedro o chefe, o primeiro, o papa. O único que representa. Pedro para quem a Ceia não é mais que um festim de pedra. Os outros bebem pelo beber. Pelo degustar. Bebem e degustam calados. Os outros bebem pelo amor. Tiago, André, Simão, depois João. Jantar de amor onde o grande cálice passa, festim de João. Tu que falas e fundas instituição, tu te chamas Pedro. Tu que bebes por amor, tu te chamas João. Impossível banquete entre a estátua de pedra e Don Juan, ébrio de amor, que bebe e bebe ainda e sempre.

De que se lembrar, tão frágil e olvidável que é preciso refazer em união, muitas vezes, os gestos de comemoração para lhe reencontrar a memória? Ei-lo. O vinho passa de mão em mão. Cada qual recebe a taça, bebe, passa a seu vizinho; a passagem do vinho faz dele uma estância e um motor da circulação. Esta descreve o grupo, segue o fio da relação. O grande cálice, quase-objeto, traça as relações entre os apóstolos, como o anel que corre no cordão na brincadeira de passar de mão em mão, ela transmite, tece, objetiva aquilo que une o grupo ou os doze. Em André, em Tiago, em João, o cálice descansa e torna a partir: a conexão coletiva pára e continua. Em cada um, o grupo morre e revive. Cada apóstolo toma e dá. Toma o vinho, bebe ou degusta. E dá. Dá seu princípio de individualização que o vinho, contra sua vontade, tira-lhe. Deposita na taça e no vinho essa identidade que o vinho retira de quem o degusta. O cálice em circulação encarrega-se das individualizações, apanha os sujeitos de passagem, e mais facilmente ainda porque os marinheiros de água doce ou trituradores de calhaus, filhos do povo e homens sem bens, camponeses, marujos, nômades, franciscanos por antecipação dão tão pouca importância a suas próprias pessoas que as abandonam tranqüilamente: eles não guardam por muito tempo o cálice que seguram, como uma brasa, a ele, a mim, a ti, quem és tu e quem sou eu, como te chamas, isto já não tem tanta importância, já não compreendo isto, tu não o sabes, ele o esqueceu, o quase-objeto, cratera de vinho misturado, torna-se quase-sujeito, misturando os nomes próprios e os pronomes perdidos de passagem, e fundidos em um nós, confundidos no cálice que forma a mesa, compõe o festim, preside de repente a Ceia, sujeito sagrado de sua religião — os sujeitos viravam relação, a relação torna-se sujeito por intermédio do objeto, disto, do vinho —, sujeito frágil, tão precário que se prepara para morrer, condenado a desaparecer no esquecimento se, rápido, não refizermos o mesmo gesto, pronto a ressuscitar a cada comemoração; é preciso, pois, todas as manhãs, em qualquer canto do espaço, recomeçar a celebrar esse coletivo instável, nunca verdadeiramente substancial, sempre em agonia na sexta-feira e em sua glória no domingo. É preciso mantê-lo, mantermo-nos, substanciá-lo.

Por um momento, eles têm na mão o sujeito transcendente em relação a seus respectivos nomes, a suas posições e presenças, e o passam à mão vizinha, sem compreender o que fazem, evocam-no e só lhe percebem o mistério, todos o matam e lhe devolvem a vida, no instante. Isto, este vinho que lhes toma a individualização e ao qual cada um dá a sua, esta cratera de bebidas misturadas que percorre a relação deles e lhes dá a unanimidade, este é o sangue que circula no corpo que eles formam, aqui e agora, em volta desta Ceia. O sangue que passa por este corpo unânime pulsa: tomada, parada, passagem, retomada. Corre, vertido.

Eu sou tu ou ele, indiferentemente, tu és, indiferentemente, o outro ou eu, o sujeito destaca-se de mim, de ti, dele, de qualquer outro, Pedro, Tiago ou João, vivemos doravante uma só alma em um só corpo, onde passa um só sangue, vinho que circula e pão partido: Ele.

O pão é repartido e o vinho é vertido.

Qui pro vobis et pro multis effundetur: vinho ou sangue que, para vós e para um grande número, será vertido, derramado, extravasado. De que nos lembrarmos? Desta efusão.

Desta repartição: o pão é repartido ou analisado por tantos indivíduos. Isto sabemos, aprendemos, inesquecível. Ninguém jamais perdeu a memória da divisão, da separação, da ruptura. Nada perdura como a análise. Ficamos repartidos, separados, como pedaços de pão, todos partidos para continuarmos indivíduos.

Desta efusão o sangue corre, como o vinho, ou a água, ou o vinagre. O tempo corre tal qual. Nas bodas de Canã, primeiro banquete, a água se transforma em vinho no último serviço. Junto ao poço de Jacob, a água mortal dá vez à promessa de uma bebida de imortalidade. No festim de Betânia, penúltima Ceia, um perfume precioso derrama-se da mão de Maria Madalena sobre o corpo do Cristo, assim ungido, e o odor extraordinário enche a casa. Na Ceia da quinta-feira, o vinho se transubstancia em sangue, depois em água, para finalizar. Também deram vinagre para beber, em uma esponja, àquele que expirava. Os fluxos acompanham e datam a história, modificam-se e misturam-se, sobem em excelência ou caem em ignomínia, vinho delicioso como um *ychim*, ou o que desenvolve as fragrâncias do nardo, vinagre intragável, voltam às vezes sobre si mesmos em ciclo: água, vinho, vinagre e água enfim, todos os escoamentos mostram a forma ou o processo, eis o tempo, lembrem-se daquele tempo.

De que é preciso lembrar-se? Sim, do sujeito que morre e que esquecemos, que, a cada instante, devemos ressuscitar de entre os mortos. Mas também, mas sobretudo, daquele tempo, do tempo: dos fluxos vertidos, da água, do vinho, do sangue que correm e se confundem. A memória é guardada por essa múltipla passagem, graças a essa confusão.

O próprio tempo carrega a lembrança. Ele corre como os fluxos, esses rios que passam, que param, retomam seu curso, ou o dividem, ou entram em confluência. O tempo corre como esses inúmeros cursos, tão diferentes e confundidos, mudados, transubstanciados.

Velha, nova, eterna aliança, com que corpo meu corpo se confunde? Com que sangue meu sangue, com que vinho meu vinho?

Trazemos em nós, em nossa cultura, dois festins. No banquete das alegorias, das representações, lectistérnio dos deuses deitados, as estátuas discursam em sua língua de pau ou de pedra. Nós comentamos esses discursos, como se as estátuas desse festim de Pedro, que bebem para se enrijecer de anestesia, voltassem para se vingar. Quem condenou à morte os que ali jazem, quem matou Sócrates?

Na Ceia cristã ou no festim de João, os convidados chamados apóstolos possuem um nome comum que significa sua ausência deste mundo: enviados, distantes, expulsos, ou banidos. Eles aceitam morrer, como seu Mestre, e a Ceia precede a morte, Dom Juan também expira. Aceita sua morte subjetiva, na esperança de uma ressurreição.

As estátuas, mortas, recusam a morte e tornam-se fantasmas. Exigem uma outra morte. Portanto, uma outra estátua. Que voltará sempre. Eterno retorno que passa pela morte ou pela obra do negativo.

Os marinheiros do lago e do rio aceitam sua morte, esperam que ela satisfaça o apetite das estátuas de pedra, esperam que a deles marque a derradeira: Ceia dos condenados, dos derradeiros condenados à morte da história.

Em nossa cultura, em que procuramos comemorar esta Ceia como se não nos lembrássemos realmente dela, o banquete se opõe à Ceia, o festim de Pedro ao festim de João; Pedro, o comandante, o chefe, sai sempre do túmulo para matar João que, por amor, deixa-se matar.

Pedro, a pedra estável, mata João, o tempo.
Lembrem-se do tempo.

Penso em escrever um terceiro banquete onde a estátua, vingadora, aceitaria beber vinho com quem seduziu sua amada.

Sofremos do mal de amor por havermos esquecido de tê-lo feito algum dia. De uma tal confusão ou confluência antiga e obscura, os corpos, nosso olfato, a língua, perderam a memória. Sentimo-nos obrigados a comemorar com freqüência. Vem, ó minha terna confusa, mergulhar no tempo comigo, derramemos nossas lembranças no rio do esquecimento, na clepsidra de remembramento, bebamos nossas amnésias.

O que estocamos, tal como os esquilos? Potência, antes do tempo em que será usada: represas, pilhas, baterias. Dinheiro: contas bancárias, memórias de computadores, bancos de dados. Comida: câmaras frigoríficas para carnes e frutas, silos para cereais, celeiros escuros e frescos. Esperma, óvulos, embriões.

O tempo nem sempre corre. Podemos encontrar ou cavar lugares onde ele congela. Um obstáculo, às vezes, o detém: barragem, portinhola fechada, garganta estrangulada, falta de luz para ler ou de calor para o degelo, rolha. O tempo percola: passa e às vezes não passa. O esquema da percolação permite compreendermos a memória: lugar onde o corredor, bloqueado, é atravancado e obstruído. Basta pensar que o fechado e o aberto flutuam e dispersam-se no espaço aleatoriamente. Aqui, por felicidade, a correnteza desce, lá, por felicidade, o fluxo se acumula. Dois casos felizes: amanhã o tempo correrá porque, hoje, alhures, ele não corre; ou melhor, só existirá amanhã sob esta condição. Não, o tempo não corre, percola; melhor ainda, ele corre porque percola.

Construímos bancos, estoques, barragens ou adegas graças a essas obstruções. Elas permitem o acesso à potência, não esgotar nosso tempo todo dia nos atos. Elas põem o potencial em nosso poder. Nosso corpo percola: seu fenótipo segue o fio do tempo correndo até a morte, sua foz, mas contém um genoma que não corre, represado, e contém bolsas onde o tempo suspende seu curso. O organismo rompe o obstáculo quase ao bel-prazer e lança um novo existente percolando no acaso da correnteza múltipla: faz um filho. Fecha as portinholas onde jazem os estoques: uma memória para si mesmo, codificada em seu cérebro, uma memória para sua espécie, codificada em seus gametas, duas câmeras ou porões onde dois tempos dormem diferentemente, represas cujas comportas se abrem ou se fecham segundo dois tempos desencontrados, a todo instante ou raramente e, às vezes, nunca.

Bebamos, diz este, e bebamos fresco. Convidado ao banquete, ele se irrita com tanto discurso. Só podes beber de uma garrafa, retoma irreprimivelmente o discurso, o fio do vinho que desce por tua goela sedenta, conservado pelo frescor, surdo a uma memória, um banco, uma soma em depósito. A mesa, como o corpo, abrilhanta-se de pequenas represas, ânforas e taças, garrafas, copos, pratos, ninguém bebe ou come completamente o tempo que corre. São necessários estoques intermediários. Pequenos lagos de memória, os copos. Não, o tempo não corre completamente. O canal puro, o corredor perfeito, sem estacionamento nem engarrafamento, constitui um caso muito raro. A carne que comes, defumada, seca, ou conservada em adega, protegida do calor e das moscas, também percolou. O calor do banquete não poderia ter lugar sem frio, esse gelo que causa obstrução ao tempo.

Bebe fresco, agora.

O corpo assemelha-se à mesa e o banquete ao amor.

O organismo enche-se de pequenas bolsas de memória onde o tempo corre pouco ou se imobiliza, esvaído, estoques intermediários como copos e garrafas, além de bancos maiores onde pode ficar congelado para sempre.

Bebamos demoradamente o vinho fresco e leve, esqueçamo-lo, profundo como rubi, nas garrafas, ou o deixemos no frescor da adega para o prazer de algum sobrinho. Nossos banquetes, o de vocês e os deles, formam a linhagem dos filhos, visíveis, do celeiro, escondido; filhos calorosos de câmeras frigoríficas. Nossas migalhas de pão, as de vocês e as deles, constituem a linhagem das filhas, visíveis, da levedura, escondida; filhas deliciosas de massas incomíveis.

Por trás dos fenômenos alinhados em série, uma memória escura, estável, dorme no frio.

Trazemos conosco um genoma adormecido, em um saco baixo, pendurado à fresca entre as coxas, fora do corpo tão quente que o despertaria, fora do tempo que o estragaria, memória da espécie; ou um estoque de genomas verdes, que chegam regularmente, um a um, à maturidade.

Bancos de seres em potencial, virtuais, irreais, ou adormecidos para sempre, ou passando por sorte, acaso, interseção, encontro, pelo pequeno guichê imprevisível por onde se chega ao grande teatro dos atos. Feitos pelo amor, amores nós mesmos, filhos de potência e de passagem, filhos de virtual e de insinuação, de capacidade irreal e de astúcia para nos esgueirarmos pela porta estreita. Os amores fazem a linhagem aparente saída dos genomas escondidos, linhagem quente vinda da memória fria; o amor é filho de memória esquecida, rica e pobre, rica virtualmente, de fato, miserável e por escolha; o amor reconhece aquela que havia perdido. Vocês hoje põem o genoma em lâminas à temperatura mais que glacial do azoto líquido, e o conservam no frio, fora do tempo corrente, mas há milhões de anos que ele se mantém no fresco, como o bom vinho no celeiro ou certos fiambres nas câmeras frigoríficas, à espera de se fazer presente. De mergulhar de novo no fio do tempo.

Não há banquete sem adega nem guarda-comida: sem lembrança nem gelo. Não há convidado sem amor; não há amor sem frescor nem memória.

Não há texto sem biblioteca, não há filósofo sem enciclopédia, não há palavra singular sem o banco da língua onde as palavras, no escuro, dormem à fresca. Livros fechados sem luz. O escritor ocupa lugar na longa linhagem dos filhos visíveis da língua escondida, filhos do virtual e da passagem astuciosa pelo guichê: miséria de não ter a língua e finura de encontrá-la. Filho da sombra ou do número e da escolha ou da raridade.

Todos filhos da multidão e da unidade. O múltiplo guarda só para si o segredo, sepultado na escuridão da memória, faz o esquecimento ou a glaciação. Nunca saberás que promissória depositaste em tua conta bancária. A unidade passa pela porta, rara, única, reconhecida, lembrada.

Apanha uma garrafa rara da adega, escolhida entre os mais preciosos vinhos, na fileira das inúmeras garrafas de fundos empoeirados; escreve a única palavra própria entre mil expressões possíveis, disponíveis em gramáticas e dicionários; eu te reconheceria de olhos fechados, entre dez mil; festim, obra-prima, amor, filhos do múltiplo e do um.

Filhos do homem e da mulher. Do macho, semeadura numerosa em tamanho pequeno, macho rebanho incalculável; da mulher, gorda, redonda, mônada, fêmea volumosa, única e rara. Uma lembrança vinda no esquecimento multiplicado.

As línguas, a faladeira, a sensitiva e a amorosa, sentadas à mesa do banquete, aproximam-se do jarro onde jaz o líquido, onde a confusão dorme, onde o tempo se acumula e de onde vem a memória.

Um gênio inteligente, ali fechado durante lustres, escapa. Ninguém pode prendê-lo outra vez nem devolvê-lo ao vidro, ele sai, explode e transforma-se em mil aparições e disfarces. Vira isto e aquilo ou aquilo outro, como chamá-lo mesmo? Ele não voltará.

A esperança reside no fundo desse vaso. Ela vai inundar o mundo, ou, ao contrário, perder-se, esmagada por todos os males?

A caixa tem o belo nome de Pandora: todos os dons. O dado, a totalidade do dado jorra copiosamente da cornucópia da abundância.

Não conhecemos outra caixa de Pandora a não ser o mundo: só sua caixa sem bordos comportava todo o dado.

A garrafa de *sauternes* imita o mundo, concentra o dado, de súbito o entrega: colorido, luminoso, resplandecente, tátil, aveludado. Acariciante e profundo, suave, orquestral, composições de metais, de clarinetas e cornes, espiritual. Corpo e mundo: agreste, floreal, prairial, vendemiário, florestal. Tempo: minutos e meses, décadas. Espaços: paisagem e cauda de pavão. Os dons ou o dado invadem o sensório e abandonam as línguas, descem artérias e músculos, nervos e ossos para irem até a ponta das unhas.

A garrafa encerra todo o sensível de uma só vez, contém o sentido comum, sem fundo. Abandonada por uma semana, aberta, vazia, na mesa, a fonte da emanação não se esgota.

Bomba sensorial coroada, acima do gargalo, com um penacho de nuvens.

Invadido por essa nuvem, o corpo aprende ou realiza a transubstanciação em espírito. Todo o dado vivaz e múltiplo, caleidoscópico, reúne-se em um fuso, em um feixe atado, pede passagem, embaixo de uma chaminé, gargalo da garrafa ou longas fossas do nariz, pífaro, filtro, limiar, transformador, como denominar este corredor que tão alto ascendente, oscila ou se ordena na passagem, implora para subir, passa: então, transubstancia-se em espírito. O sentido vira olor, leve vapor, a matéria torna-se animada. Alma ou informação.

Mas o tempo, na garrafa, desde 1947, mas o tempo, aquele ano, acima e abaixo do vinhedo, mas o tempo antes, nas cepas e na terra, já havia adiantado bem o trabalho. Solo, clima, terrenos pedregosos, o negrume dos pinheiros vizinhos, o suor dos vinhadeiros, o álcool pesado e os verões quentes, as chuvas, o apodrecimento, todo o duro do mundo a se transformar em doce, pacientemente. Não no sentido do vinho doce, mas no sentido em que o vinho diz mil coisas, no sentido em que ele passa dos sentidos à informação, espiritual.

Ele cintila nos espíritos: buquê, carrilhão, pavana, arco-íris, inteligência numerosa e sutil, mas no entanto, una, espírito. O feixe abundante do número e da complexidade sensual ata-se, refina-se, conflui, mistura-se, passa e soma-se na chaminé estreita que acredito sentir na cabeça, temos lá necessidade de imaginar um entendimento para reunir os sentidos?

A matéria se toca pelas mãos; pode soar nas orelhas ou fazer estremecer a pele; ofusca a vista, enche a boca: matéria sólida, líquida, fluida, acústica ou luminosa, áspera, porosa ou sedosa, presa na inércia, no em si, no objetivo, na substância, tranqüilidade escura e estável, embaixo; sobe, aliviada, espírito, no olor, vento d'alma.

Isto é vinho — como se pode chamar isto de vinho? — isto é espírito, isto é meu sangue.

Invadiu todo meu sangue, dos pés à cabeça. O vinho circula em nós. E entre nós, corpos em comunhão. Aqui estamos unidos, reunidos, não formamos mais que um só corpo, unânime. A mesma alma circula entre nós, sangue novo do corpo coletivo. Cada um bebe do mesmo cálice, cada um bebe até a ruptura do princípio de individuação, cada um desaparece, só resta a passagem. Circulação em um só organismo. Isto é meu sangue.

A velha ambrosia dos velhos deuses passa para o meio da comunidade, doravante imortal, ao contrário dos indivíduos, mortais. Sangue da eterna e nova aliança.

Bebam o vinho, vertam o sangue, percam sua singularidade para vertê-la à comunidade, ligações, alianças antigas e novas, confusão ainda e sempre, aparição de um tempo novo e de promessas novas, lembranças.

Façam isto em memória de mim.

Uma vereda abandonada há dois milênios, um cruzamento encoberto por séculos de esquecimento se reencontram. Aí está.

A atenção dada aos sentidos, respeitosamente, por eles mesmos, e não como embriões, diferenciais incoativos de conhecimento, exprime-se
melhor na voz dos mitos: Hermes, Pandora, ou na dos contos: Cinderela,

o licorne, ou na das artes: Orfeu, as Musas, ou na das religiões. De repente estamos sentados, em companhia de velhos amigos, em torno da mais velha mesa do mundo, onde Ulisses cantou outrora, em casa de Alcinos, onde Júpiter fez a moringa jorrar copiosamente, sob o teto de Filemon, onde Sócrates dissertou com Agaton até de manhãzinha, onde a morte recusou beber a convite de Don Juan, de repente, celebramos o repasto em casa de Lázaro, onde Maria Madalena ungiu o Cristo de nardo precioso, dando-lhe seu nome com esse gesto, comemoramos a própria Ceia, onde o vinho se transformou em sangue, refazemos indefinidamente o último repasto a caminho de Emaús, quando o principal anfitrião já nos deixou há muito tempo, presente, contudo, por nos ter dado, após sua partida, o dom das línguas, falo do verbo.

A atenção dada aos sentidos exprime-se mal pelo logos: formulação exata ou confusa sempre insuficiente e risível, formulação abstrata sempre teórica, pela química ou pela filosofia ou pela antropologia, conhecem uma tal de estesiologia? Ela se desvia do logos, dirige-se para o mito.

Não há nada nos sentidos que não vá, portanto, para a cultura.

Não para conhecimento, mas para a cultura.

Não para o discurso, mas para o quê?

Eis que estamos na aurora do tempo. A sensibilidade data da Antiguidade, define uma antiguidade. Quem tem o dom dos sentidos fala as línguas antigas, canta os mitos mortos nos ritmos ou nos dialetos esquecidos. Em volta da velha mesa, diante do vinho velho, tirado de uma adega venerável, saído de uma galeria subterrânea ou porão escuro, comprado de um velho negociante contador de velhas histórias, as três línguas, embranquecidas pelo tempo, as mais velhas inimigas no mundo, mergulham juntas na mais fabulosa Antiguidade, tentam, passando de uma a outra, descer do verbo ao corpo, dos odores espirituais à substância cinzenta, estável, tranqüila das coisas, voltam, pela memória, de festim em festim, ao começo: não em busca do sentido, em direção ao início do conhecimento, mas em direção ao nascimento de nossa cultura. Elas comemoram e não comentam. Refazem os gestos, tornam a encher os copos e não repetem as palavras. Reencontram logo os mais longínquos de nossos predecessores, que já reconheciam que ali, no festim do vinho, em sua preparação e conservação, sua consumação atenta e fervorosa, tinha lugar um ato imenso e inaugural. Como se cada banquete, ao integrar os banquetes do passado, chegassem naturalmente ao primeiro.

A esta ação, a esta transubstanciação, de uma energia material em olores significantes, em espírito; isto, que concentra ou resume os dons do mundo ou os dados, invade o corpo de cada um e circula no corpo coletivo, como um sangue que queima, corre e pulsa. Aí se decide de fato a vida do verbo, sua relação com este dado concentrado, resumido, que explode no corpo de todos. Aí se consuma a aquisição, a reaquisição pelo verbo de todo o corpo aí condensado: material, inerte, sensível, vivo, individual, social, coletivo. Aqui, o verbo, com uma frase, toma-o. Recomprou o mundo e a história pelo preço de seu corpo, pelo preço de uma frase. Quem tem o dom que ele tem poderia dizer este ato inaugural com rigor e plenitude, mas ele o disse com uma frase solene e sem equivalente: isto é meu corpo, isto é meu sangue. Quem tem o dom das línguas cala-se aqui: isto, tudo o que se pode designar, mostrar, ter sentido ou ser percebido é corpo ou sangue do próprio verbo.

Desde então, o dado só será dado pela e na linguagem.

Comemoramos. Tão logo dizemos isto, o verbo nasce, tomou ou recomprou tudo. Abandonamos a costa antiga e abordamos à boa nova, Natal, mas logo esquecemos esse acontecimento inaudito, esquecemos que falamos, o verbo morre quando acaba de recomprar as coisas e os homens. Então passamos das religiões antigas à nossa, das religiões dos sentidos à do verbo, do corpo à palavra, das filosofias da experiência às da linguagem, esta narrativa data de ontem, ou de dez anos, ou de quase dois mil anos, ou do momento perdido em que o mundo se refugiou na linguagem pela palavra daquele que se torna homem ao dizê-la. Eis exatamente o primeiro discurso: isto. Isto é o corpo e o sangue do próprio verbo. Isto seria mais que uma palavra?

A força substancial do líquido amarelo cobre de traços rosados transforma-se em espírito; a força material, dura, do fluido sonoro, transforma-se neste verbo doce, prestes a morrer: isto.

Esta narrativa navega entre duas margens, fala entre duas religiões, tremula entre duas línguas, imobiliza-se entre dois tempos, deixa duas filosofias.

Isto reduzir-se-ia a uma palavra? Estes perfumes ricos e este gosto múltiplo, transformados em sinais doces, limitar-se-iam a uma série de proposições? E esta comemoração contenta-se com um contrato escrito?

Passemos ao mar, já que nos vangloriamos de navegar, sentemo-nos em outros banquetes menos arcaicos. A mostarda, fraca, não tem gosto; a cerveja, quase sem álcool, perdeu todo o sabor, suaves as especiarias, ralo o café, mal torrado, monótonas as frutas e os legumes, chegam ao indiferenciado. A comida, indiscernível, só se distingue pelo rótulo. Pelo nome e pelo preço. O vinho vira leite, branco. Nada arde nem pica. A América come doce.

E bebe enjoativo, come insípido. Gelado em excesso para anestesiar as papilas. Desperdiça, portanto, enormemente, pois, salvo a pobreza, só a qualidade pode fazer frente à quantidade. Sempre mais. A flacidez então flutua em torno dos corpos glutões, *l'hommo insipiens* é traçado em contornos imprecisos, incha e vira monstro, perde suas formas, não gordo, mas envolto em gordura, novamente embrião. A América exibe o progresso ao mundo.

Ele caminha, como sabemos, para o indiferenciado. O corpo se diferencia como a comida: infantil, corre para sua fonte láctea, açucarada; retorna a seu começo, mamífero. Mamutes pesados bochechudos cambaleiam de um lado para o outro quando saem dos carros, bebês não desenvolvidos, mas ampliados de tamanho. A América rejuvenesceu muito.

Claro, é preciso pão macio para os que perderam os dentes ou só os têm artificiais, ainda mais belos no sorriso dos cartazes; claro, devemos dar bebidas inócuas aos estômagos frágeis e especiarias insípidas às gargantas frágeis. Mas o progresso caminha em outro lugar: para o denominador comum a muitas culturas. Assim, todos, esquimó, mexicano, japonês ou eslavo, podem se sentar no banquete. O avanço cultural também restaura o arcaico. Todos enfim podem se adaptar à lembrança da mamadeira, do seio, do dedo, ou, melhor, pela anamnésia da flutuação fetal no líquido amniótico. O denominador comum, unidade monótona, aplaina as arestas, nivela as especiarias, adoça, amortece, anula odores e gostos. A América vive em paz.

A guerra, amanhã, não eclodirá entre culturas de diferenças duras, mas vai opor os que ainda poderão ser descritos pela etnologia, nutricional ou cultural, sobreviventes em ruínas, cuja beleza esparsa propiciará algumas escalas às agências de viagem, aos que dormirão no zero da sapiência e da sagacidade, anestesiados, drogados, frígidos.

O supergelado inodoro devido à cobertura fofa, dissimulado sob celofane para que ninguém o deguste nem toque, cuidado com os germes, é apenas lido e ouvido, anunciado nos rótulos informativos, em cartazes gigantescos, nos reclames tonitruantes. As paredes de vidro, em princípio transparentes, são cobertas, cegas, de publicidade. Isto matou aquilo. A escritura matou a arquitetura. Vocês viverão somente no lido. A língua matou os sentidos. Dilúvio, explosão, maremoto de palavras, de cifras, de mensagens berradas, cantadas, transmitidas no fluxo turbulento disso que nos estarrece ainda ser chamado de música. A cidade e o campo submergem sob a linguagem.

O dado, perdão, o vendável, só se dá, perdão, só se vende, pela e na linguagem.

A teoria tem razão. A sociedade fabricou esta razão.

O verbo triunfante encobre com sua aquisição o que poderia dar perfume ou sabor e o transubstancia em visto e lido e ouvido, seus canais próprios.

Isto que comes e bebes é o corpo e o sangue do verbo.

Aqui, onde o compras, jaz o túmulo do pão, do vinho, do corpo e do sangue, mortos e ressuscitados em forma de mensagens.

O verbo proíbe o sentido, sobretudo aqueles em que ele não tem o que fazer. Triunfante, impõe a proibição, essa organização social da anorexia e do dessabor.

A língua que fala mata na boca a língua que saboreia. Mata-a no coletivo, na que se diz entre nós. Isto, que se diz, reduz-se a um preço. Comerás palavras, mas, com mais freqüência, de agora em diante, o código e a cifra. Portanto, ficarás muito, e mais ainda, e sempre mais, enfunado deles. Nada é tão aceito como um código, nada cresce tanto como um número. Engolirás contas. Teu corpo invadirá o espaço, como o próprio verbo levado pelo vento, como a sociedade fundada sobre o verbo.

A teoria que reduz o dado à linguagem é produzida em um coletivo que pratica e vive essa redução, retorna a ele como sua ideologia e o infla; esta expansão hoje impõe a língua desse grupo e sua moeda ao universo inteiro.

Vitória total do doce e do macio.

Assim reinou por mais de um milênio o Império Romano. Gordo, flácido, pesado, disforme. Nada mais mentiroso que o modelo austero, heróico e duro da antiga virtude à Catão: falso como um ideal. Todos os impérios mostram esta idéia de violência e de rigor: virilidade do western ou guerrilha das cidades. Eles ganham de fato pelo doce.

Devemos defini-los como coletivos associados à razão nula ou elevados a zero. Um grupo militar ataca ou se defende, odeia o inimigo, eis a razão; a Igreja ou a seita reza ou se separa, condena o herético, adora sua razão; uma associação de interesses econômicos se enriquece ou abre falência, a companhia trabalha à sua razão. Suponhamos que esta, transcendente, forte ou medíocre, tenda para zero e venha a se anular em seguida como o olfato e o gosto, como a realidade. Então a sociedade flácida, que se associa à razão nula, une-se na e pela linguagem, por contrato escrito ou dito que estipula que ela se una, redundância.

A administração aí inventada gera moleza ou nulidade que assinalam o mesmo progresso em direção à indiferença ou induzem à mesma inchação. Todos vivem juntos sem outra razão que a de dizerem que vivem juntos, e o escrevem incessantemente, na inflação do papel. A administração define a instituição que corresponde ao caráter performativo dessas palavras. O vocábulo que a nomeia designa bem esta vigorosa tendência ao mínimo, a anulação ativa e progressiva da razão real.

O Império Romano deveu sua extraordinária longevidade à redução de qualquer razão, ao achado genial da referida administração, à gestão da razão nula. À supressão de qualquer objeto em favor da linguagem.

Se quiser durar um pouco, todo império tem interesse em se retirar, em se esconder sob a administração, em substituir a realidade pela linguagem.

Em suprimir qualquer objeto em favor do verbo. Em suprimir o próprio verbo e seu sentido pelo código e pela cifra.

Em eliminar a cultura pela moeda.

Sob zero de razão ou de sentido, sob a nulidade de gosto e de odor, na ausência de referência, qualquer um, tão néscio quanto um donzel, adapta-se e brinca.

Velhas culturas conhecem duas comunhões — três, até. A primeira tem lugar sob a forma do verbo, primeira Ceia que dá a boca de ouro. A segunda, mais tardia, é recebida sob duas espécies de presença bem real, pão fresco fermentado, grande vinho engarrafado em um dado lugar, abre a nova boca. Esta, miraculosa, perdoa a boca de amor, sem ela soaríamos como bronze oco ou címbalo percuciente, quando falássemos todas as línguas humanas e conhecêssemos toda a ciência.

A língua de bronze ocupa todos os lugares do banquete ou da Ceia, anula os outros, o mundo soa como címbalo e abafa línguas e ciência. Novo mundo de uma só comunhão, de um só contrato sem razão.

Por muito tempo guerreamos para decidir se todos os festins não são apenas um, se as comunhões não são apenas uma, se a substância não passa de nome. Ou se o pão e o vinho se distinguem do verbo. Temos realmente uma única língua, ou duas, ou três?

Quem garante que o dado só passa por uma língua tem o perfil reconhecível da antiga e venerável teologia reformada.

Ela venceu em outra praia, volta, triunfante.

ESTÁTUA

Uma estátua, ao entrar pesadamente na sala, interrompe, como de costume, o festim.

Seu exterior, todo de mármore, não lhe permite usar nenhum de seus sentidos, o filósofo que a construiu e a conduziu reserva-se a liberdade de abri-los, a seu arbítrio, às diferentes impressões a que são suscetíveis. Organizada internamente como nós, animada de um espírito sem idéias de qualquer sorte, ela entra, carregada de odor de rosa, coroada de cravo, de jasmim, de violeta e fitinhas, por entre os convidados a quem o espírito vem dos buquês florais ou sai do húmus, compondo a cauda de pavão em torno do copo d'Yquem. A estátua senta-se entre as bocas e as línguas.

O corpo, sob a pele fria, lisa, virgem, venada como o mármore, jaz em uma caixa-preta. Condillac, seu mestre, atua nas entradas: abre ou fecha uma janela definida por onde penetra uma informação específica, uma única e bem filtrada. Experimenta em seu robô, analítica e seqüencialmente. Começa pela rosa, no domínio dos odores, depois o cravo, o jasmim, a violeta.

Trata-se de que rosa, de que violeta? Da violeta de Parma, da tricolor, a de espiga? A malva, a azul-rei, a perfumada, a russa, a violeta-do-campo? Como se, no mundo vivo, ninguém jamais houvesse colhido uma rosa e sentido seu cheiro balsâmico. De que variedade de cor, nascida em que latitude, sob os cuidados de qual jardineiro, precisemos a estação e a semana no decurso da floração. Tendo ido à Bagatelle uma tarde amena de maio para conhecer melhor a emoção da estátua de Condillac, numa gloriosa manhã de setembro, tive de rir ou de chorar, como um príncipe, diante da explosão espacial dos matizes e da paleta salpicada de variedades: a estátua estaria mergulhada na fina fragrância da rosa encarnada, a mais bela das pontuadas, da *petite Lisette*, *Bengale, Dame de cœur, princes-*

se de Vénosa, Carmosine, Jacqueminot? Faltavam as rosas-de-cão e silvestres, as malva-rosas, ou as altéias menosprezadas. Mergulhada até a embriaguez na nova cauda de pavão, que olfato experimentado poderia ou desejaria, a esta altura, voltar à análise? E que jardineiro, que exalação de perfume, para os lados de Grasse, na França, não choraria de rir, repito, diante da exaustiva sofisticação da experiência, quanto ao autômato, e da grosseria inculta e profana, quanto às flores? A máquina mete medo aos convidados, ela impressiona. Um dia fabricarão e respeitarão um computador de alta performance que saberá distinguir um *sauternes*, qualquer um, da Coca-Cola. Terão esquecido que o refrigerante, estável, tem uma fórmula, reduz-se a uma série finita de palavras e códigos, que o vinho, instável e individualizado, varia, chamalotado. Terão esquecido o empirismo da jardinagem, a formidável profusão das rosas e seus odores confusos.

Nunca vi, acrescentava o velho jardineiro a quem a estátua, aterradora, queria impor silêncio, violeta violeta, eu nunca soube me decidir entre elas, entre a malva, a de parma, e as quinze espécies de azul que meus olhos, agora enfraquecidos, organizavam em espectro desdobrado. Aprendia lentamente as vizinhanças dos matizes quando minha vista começou a declinar. A cauda do pavão para os odores exibe um leque ou espectro parecido. Quanto tempo a estátua terá de levar para percorrer o odor das rosas num campo tão diferenciado? Toda uma vida de jardineiro; várias gerações desses geneticistas por acaso, que cruzam e criam sempre novas variedades. O conselho ancestral: "Cultive seu jardim", velho lema de sabedoria significa de fato: "Viverá como um deus." Esse deus que cruza ou cria espécies continuamente em seu paraíso evolutivo. O aroma das rosas não pára de mudar, a estátua, pesada demais e, desajeitada, jamais alcançará seu perfume. A experiência pára, já no primeiro renque, no primeiro canteiro, para todo o sempre. Sim, no banquete dos próprios deuses.

Para que ela continue, é melhor suprimir esse banquete sem fim. Vamos, não se demorem à mesa, aí se adquirem demasiado maus hábitos.

Desde a entrada, a estátua se enche de negações, muito antes que recenda qualquer aroma de flor; não tem idéias de figuras ou de extensão, nem de nada que resida fora dela: esculpe portanto um entendimento vazio, em lugar de figura, extensão e movimento, aguarda pacientemente tornar-se entendimento; há um bom tempo que ela caçoa de qualquer coisa diferente. É preciso preencher esta forma.

Não caçoemos, isto envolve coisas sérias.

Um organismo como o nosso, imóvel, sobre o qual pesa uma laje de mármore, em minha língua, isto se chama um cadáver. Um invólucro de pedra imaculada que recobre um corpo com uma estátua em cima, isto se chama um túmulo. Um autômato, máquina com um fantasma dentro, que volta ao conhecimento, deve ser denominado cenotáfio: caixa-preta com aberturas e portas por onde a informação pode entrar e sair. Estátua de mármore branco ou preto em cores de luto. Com escudo ou brasão. O que há de espantoso se o experimentador, ao rasgar uma janela nessa urna funerária, pensa primeiro nos odores e ramos, coroas ou flores sobre a pedra da cova ou sepultura?

A estátua que entra no banquete, assombração, autômato, máquina, forma oca de uma razão ávida de sensação, tem a morte por nome verdadeiro. Nos Infernos, outrora, as sombras trêmulas também tinham necessidade de sangue para se sustentarem por um momento, para preencherem suas formas vazias.

Por que ter de morrer para começar a conhecer ou mesmo a sentir? Quando abre a janela, o filósofo, na verdade, disseca um cadáver. Ele matou o vivo: para fazer dele um instrumento; para tentar ressuscitá-lo, como se o que nasce fosse semelhante ao que volta do além-túmulo.

As bocas, no banquete, mal iniciam a vida, a estátua vem tirá-la.

O filósofo diz que a estátua está cheia de odor de rosa, dizia-se justamente, outrora, que alguém morrera em odor de santidade. O filósofo chega a nos pedir, subliminarmente, para fazermos o que faz a estátua, para começarmos a existir com ela. Voltem a ser criança, mas em ordem.

Durante a vida de tais começos acontecem momentos vivazes de renascimentos: como, por exemplo, a língua de ouro que, esquecendo por um certo tempo suas palavras aladas, descobre uma vizinha rara, e esta uma irmã amorosa. Nada nunca mais passará, pela janela-boca, como antes. A língua, órgão, renova, triadelfa e trilobulada, uma em três pessoas, que aventura! Levados, pois, por forte impulso vital e pelo entusiasmo que domina no limiar de uma possível nova vida, quem de nós recuaria diante da palingenesia?

Não conseguimos, porém, fazer o que fazia a estátua, não por culpa nossa, mas por não termos encontrado rosa. O programador não precisou o perfume, nem a variedade, nem a época da floração, não fez mais que estabelecer um conceito. Não pudemos nem soubemos respirar nem aspirar a idéia de odor da noção de rosa. O autômato enche completamente o reservatório de palavras. O nome da rosa não recende.

E se a palingenesia, que consiste em rejeitar a morte de nossa vida, ou a apagar nossos automatismos, levasse-nos a convidar gentilmente a máquina a deixar a mesa do banquete?

Sim, a rosa aqui se reduz a sua palavra, e a estátua a um dicionário ou a um computador. O que entra pela janela, unidade de sensação, equivale a uma unidade de sentido, a uma informação digitável. O autômato aprende a sentir palavra por palavra, criança de escola nas primeiras lições de ciências naturais. Não é de espantar se daí resulta o conhecimento. De palavra em palavra, a língua acaba vindo, que diabo!

Se o dado só se dá pela linguagem, digam o cheiro de suas antologias.

Deu-se em Feuillantines, no ano de 1813, um acontecimento sem precedente que permitiu a seu cronista dar à rosa a rima fácil de morosa[10] e a este adjetivo, associado a estúpido e medonho, uma série de nomes como: dormitório, estudo, pátio, sala, pilar, mestre-escola, papelada. Num jardim cheio de barulhos e vozes confusas, onde a superfície ondulada de um espelho d'água misturava-se às imagens imprecisas de uma bétula, num parque cheio de rosas, corria ou sonhava uma criança que começava a existir. Chega o diretor de um colégio qualquer: Janotus, Marphurius, Blazius, Honorius, Mouillebec. Ele interrompe a festa.

O jardim ou o internato? Bifurcação para a aprendizagem: arbustos folhosos, espinhosos, que repercutem ruídos, sabiás ou vespas, perpassados de odores mistos, ou o pátio quadrado cimentado, geométrico, onde os fedelhos se defrontam na primeira e atroz luta para a dominância? O banquete ou a estátua? Janotus ou a deusa garrafa? A mata ou o dicionário? A rosa ou o nome da rosa? *Rosa, rosam, rosae...* as crianças-estátuas declinam o nome sem perfume nem encarnado. A linguagem ou os rumores, sopros, perfumes, sombras e cantos, formas, êxtases? Acontecimento altamente improvável: como é que a mãe, tendo de escolher entre o liceu das bestas, estúpido e desagradável, e o bosquezinho de Feuillantines foi, de repente, tão genial quanto seu filho Vítor Hugo?

Pois o jardim das confusões misturadas, que forma a corola inquieta desses sentidos – observem aqui que a criança vira cinco vezes rosa –, for-

[10] Em francês, *morose*, que, além de lento, significa também triste, soturno, desagradável... (N. da T.)

neceu-lhe, a curto prazo, um mar de palavras: a língua quase inteira da França.

Se quiserem adaptar um exército de estátuas socialmente submissas à luta para a dominância, dêem-lhe um vocabulário pobre e seco, duro como pau e frio como ferro, eriçado de tecnicismos que voltam em estribilhos espichando a frase, formem-lhe os sentidos por meio dessas palavras, dêem-lhe o dado por intermédio de uma língua assim: um pátio quadrado, cimentado, um dormitório monótono, um estudo maçante pretensioso, ordenado pela gramática. Visto que as crianças, no começo da existência, sentem dor nos olhos quando os levantam para o espaço celeste acima do fosso formado pelo liceu-prisão, não precisávamos da caverna de Platão para saber a que ponto pode-se sofrer ao sol durante nossa tola e pretensiosa juventude.

Se formarem suas palavras por intermédio dos sentidos, por entre os espinheiros e as prímulas, se a rosa e seu nome declinado tiverem a ver com o esplendoroso buquê das formas e matizes que perfumam, então tudo pode acontecer. Até um poeta. Até um adulto, contente, até um sábio. Até um filósofo matemático, livre para rir dos rigores maquinais ou petrificados do entendimento que coloca os sentidos à distância da língua, para salvaguarda e vitalidade de ambos.

Acharam o jardim procurado? O arquiteto asfaltou. Encontraram brenhas por lá? O agrônomo as derruba. O espaço rentável é parecido com a escola. Janotus ganha longe. A teoria vence a escola *buissonière*[11] porque destruiu os matos. A linguagem suprime o dado para substituí-lo pela linguagem: o pátio quadrado de Marphurius. A gramática ou a lógica constrói o mundo onde ela terá razão. O maioral desse espaço qualquer reina sobre a língua e sobre o espaço.

Ao entrar no velho banquete, a estátua quebra os copos e derruba os pratos, mata os corpos vivos que bebem bebida viva, reproduz-se então em estátuas de mármore ou autômatos, começa um festim de língua com bebidas formuladas, admiravelmente adaptada ao mundo já racionalizado pelas ditas fórmulas. Enfim, os simpósios falam do concreto.

Breve só restarão espinheiros na escola. Serão cultivados para as crianças baderneiras.

[11] De *buisson*, arbusto, moita, brenha, mato. Referência à escola medieval clandestina em que as aulas eram dadas ao ar livre, no meio do mato. (N. da T.)

A meditação sobre o caos e a mistura, a atenção voltada para o sensível, bem parece uma filosofia da baderna. Coroamento de uma antiga carreira de moleque irrequieto, início de uma sabedoria.

Minha língua diz cego quem não vê, surdo o que não ouve, mudo quem não pode falar, insensível às vezes quem perdeu o tato ou dele se acha desprovido, falta-lhe palavra para dizer a falta do paladar. Ela assinala a ausência, no caso da cegueira, no da surdez, admite essas enfermidades, ou por que elas só atingem uma população muito pequena, ou por que põem em risco ou em alerta suas próprias atividades lingüísticas, quem sabe? A imensa maioria não tem língua gustativa e passa sem ela, e a língua se esconde, encobre sua própria falha. Assim ela diz, sem dizer, que não se tem que dizer e, quanto ao mais, a anestesia basta. A estátua vira dicionário, dir-se-ia que o dicionário tem, que nem ela, uma língua de mármore. Ele droga o paladar.

Só a língua erudita diz anósmico e, mais raramente ainda, agênsico.

Dentro do banquete, a estátua o interrompe, não se senta nem bebe, não fareja nem degusta, ela come o cardápio: dicionário móvel capaz de memorizar a rubrica dos pratos, das receitas e dos vinhos, mas impotente para comemorar qualquer ceia. Amanhã, ela falará dos *crus* e dos anos, dos guias e chefes, juraríamos que tem muita experiência. Diz melhor que ninguém o que ela nunca sentiu, mas se trai no vocabulário. A palavra, local, da estátua diz somente rosa: sem odor, porque sem outra existência que não a lógica; a língua, global, do dicionário não tem palavra para a falta de olfato ou de paladar. Nessas coincidências, reconhecemos os robôs.

Então, atrás do autômato, entra um fantasma, uma espécie de alma do outro mundo. Quem pode voltar como uma acusação, sob a língua, senão o empirismo?

Passamos tranqüilamente sem ele, o que vem fazer aqui? Mesmo os que se dizem filósofos da sensação ou percepção dispensam-no em suas álgebras, em suas lógicas ou fenomenologias, literalmente inodoras, incolores, privadas de tato e sem sabor, desprovidas até de palavras e frases que descrevam gostos, matizes, perfumes, basta-lhes, como aos robôs, a linguagem, ouvida, vista ou lida, ou reduzida a um código, mas, com certeza, de agora em diante, também programada em nossos genes ou nos usos de nossas sociedades, como na memória da estátua, autômato ou computador; basta a linguagem para garantir gênese ou advento de nossos conhecimentos. Para que precisamos das coisas, bastam-nos as aulas sobre elas.

O empirismo, contudo, volta, teimoso, duvida que o cardápio equivalha à degustação, que a análise, no rótulo, mate a sede tanto quanto a bebida, não devora listas e livros entre as refeições. Não confunde o amor com as palavras de amor. Filho da guerra e das privações, ele tem fome; filho da pobreza, ele tem sempre sede. Do que lhe faltou na infância, ninguém jamais se ressarce. Também não pode prescindir das coisas: saído do campo, e ainda atônito com os sinais rápidos das cidades. O empirismo vem de longe: da soma das infâncias dos homens, de todas as carências cujo vazio as frases não preenchem. Filho da necessidade à maneira antiga, da qual ninguém mais ouve falar, mas que conheci, como muitos, na infância. O empirismo volta das ruínas da Antiguidade, não vem para demonstrar, mas para pedir, fantasma mendicante.

Podemos, a rigor, diz ele, passar sem a experiência sensível imediata, a gramática ou a lógica de pele de mármore avançam e demonstram sem ela e a substituem nas salas de aula, há muito tempo e, agora, também no mundo circunvizinho que a ciência povoa de autômatos. Começamos a nos parecer com as estátuas que fabricamos. Antigamente o adulto caçoava da escola porque aprendera com mãos, ombros e pele que o real tinha mais peso que as lições; hoje a classe toda caçoa do povo que não compreende mais os códigos que vêm da escola e escondem todas as coisas. A parceria educativa inverte-se, a criança deve ensinar ao idoso as fórmulas e as digitações. Podemos, portanto, passar sem o empirismo, nosso saber não sofrerá nada: vamos nos adaptar até melhor ao novo mundo, mas poderemos viver sem sabedoria? O conhecimento vem da linguagem, claro; e se a filosofia nos viesse dos sentidos?

Já não prescindiremos de altos conhecimentos: o filósofo que vive para eles não pode pensar sem trabalhar com eles. Mas quanto mais ele avança nos conhecimentos, mais se torna evidente que não podemos prescindir da beleza sem pagar caro por nosso saber. Vem daí a nova sabedoria. A juventude aprende, progride no saber; o adulto ama e pratica a inteligência, inventiva, viva e livre, produz, intensamente; em seguida impera uma necessidade de beleza: sujeito que conhece nos verdes anos, fecunda em idade madura, em busca de uma cultura em idade sábia. Após alguns anos, cada um é responsável por sua cara ou aparência, talhou-as com seus atos e projetos, com suas palavras e mentiras, desconfiem sempre de um velho feio, sua feiúra vem de suas obras, o tempo desnuda o interior e a intenção. Está aí a ciência mais que adulta, madura, poderosa, no apogeu da glória, campeã do mundo, será que ela vai se preocupar com a cara quando chegar a idade? Para que rigidez e força, se devemos pagá-las com feiúra e morte? Para que pensar bem se não sabemos nem podemos viver? Momento em que o saber formal já não basta, não importa o poder que ele dá, quando a música da língua, por exemplo, universal sob as frases, parece dizer mais aos sentidos que o sentido dos próprios vocábulos, em que a cultura e a sabedoria, a filosofia valem mais que a inteligência, e esta, por sua liberdade ou tolerância, mais que o saber, e este mais que a demonstração. Caso a ciência se imponha amanhã: se ela excluir o que tempera o poder, a barbárie voltará. Depois da idade positiva, a idade serena?

Onde aprender a morrer, a sobreviver sozinho no sofrimento, a estremecer de alegria quando um de seus filhos recupera a saúde, a amar a paz mais que a guerra, a construir sua casa no tempo? Onde adquirir essa educação para a serenidade? Nos dicionários, nos códigos, nas memórias de autômatos, nas fórmulas de lógica ou, simplesmente, no curso do banquete da vida? Não acredito, diz o fantasma mendicante, que, por trás da máquina, o sentido da vida esteja nos sentidos da palavra vida; ele surge, parece-me, nos sentidos do corpo vivo. Aqui, na sapiência que cultiva o bom vinho, sem muitas palavras; na sagacidade traçada pelo perfume que refina as relações com o outro; lá, pelos vocalizes, pelos soluços e pelo que o ouvido percebe, sob a língua; odores saídos de terra e paisagens indescritíveis; beleza do mundo que faz perder o fôlego e ficar sem fala; a dança, quando o corpo mergulha sozinho nos sentidos surdos e mudos, livremente; beijos que impedem até o sussurro... banquete que será preciso abandonar.

Ele olhava a estátua tristemente: repararam, diz ele, como dançam mal os bem-falantes? Notaram a feiúra dos que sabem? Porventura vislumbraram um potente? Vêem a paisagem, no reino dos autômatos, adquirindo a feiura? Acreditam que um dia encontraremos uma sociedade bem codificada na incontestável feiúra de sua terra e de seus membros? Uma cultura sobressai na beleza das mulheres, na delicadeza dos corpos, na distinção dos gestos populares, na graça dos rostos, é reconhecida no esplendor das paisagens e no sucesso de certas cidades. O brilho dos olhares pede essas graças, a
 doçura exige essas delicadezas, estabelece-se um acordo secreto sobre a beleza. A feiúra não se vergonha no meio de um país devastado. A anestesia

torna os corpos medonhos, as palavras drogam os corpos e as coisas. Eu te saúdo, diz ele, cultura ainda cheia de graça, resto raro de nosso mundo.

De tanto avançar em conhecimentos, tememos a falta de graça, pressentimos que ela constitui o centro e embrião deles. Como se a alma desse corpo ao corpo. Quando as mensagens de linguagem substituem, virginalmente, as mensagens sem linguagem dos sentidos, o conhecimento fica doce, progride, até mais depressa, mas a cultura perde sua graça, vejam seu desaparecimento agora, nos rostos, nas representações sociais, na face da terra. Caminhamos para a feiúra pela rigidez?

No nascimento da ciência, ao longo de seus primeiros desenvolvimentos, a filosofia buscava a gênese do conhecimento, dizia que este vinha dos sentidos. Naquele tempo, os filósofos, um pouco sábios, possuíam uma cultura imensa. O mais sábio sabia pouco, o menos culto era muito culto. Com certeza confundiam sua cultura com a ciência. Seguiam a gênese, a formação de seus conhecimentos tradicionais acreditando descrever as do saber científico.

Não podemos cometer o mesmo erro. O mais culto de nós continua bárbaro, o menos sábio sabe imensamente, em relação àquelas épocas passadas. Acreditamos descrever a gênese do conhecer em geral, ao passo que seguimos a formação do saber científico. Há pouco tempo, distinguíamos com muito cuidado a gnosiologia da epistemologia, a teoria do conhecimento e a teoria da ciência, e esta constituía uma parte da primeira; na língua de hoje, a segunda vale por todas. A cultura se evapora. Na altura da primeira gênese, a língua droga, pois, os sentidos e os substitui. Mergulhamos, crianças, na linguagem, antes de qualquer contato com o mundo mais duro. Vivemos cada vez mais no doce. Alguns de nós sequer desconfiam, durante toda a vida, que existe um mundo fora do signo: uma ação separada do papel administrativo, um ato fora do espetáculo midiático, um clima exterior à biblioteca. Os primeiros tratados de educação pela natureza, reagindo a esse império crescente da linguagem, correspondem exatamente ao nascimento, primeiro, depois ao crescimento das ciências. Na hora de seu triunfo e da inquietude concernente a uma nova cultura, as mesmas questões voltam com agudeza, voltam porque desapareceram. Também na filosofia, os formalismos, logicismos, nominalismos expulsam o empirismo, daí seu ar de alma do outro mundo. Ele sai da terra por entre os pés da estátua.

O conhecimento eficaz presta homenagem à linguagem, sua linhagem direta, apaga sua história oblíqua e a mergulha na anestesia do esquecimento. Com isso perdemos os cinco sentidos.

Eles voltam na amnésia de uma sabedoria ou de uma cultura perdidas.

O autômato de mármore exorciza a sombra larvar que surge, infligindo um acerbo menosprezo à figura pálida e diáfana, inconsistente, da assombração, tímida, humilde, indecisa, atemorizada: ele julga efêmera e morta a velha impressão tão depressa esquecida. O momento que eu degusto morre, então, longe de mim; a impressão deixada pelo gosto se dissipa, não é conservada em um léxico. A estátua esmaga sob o peso de sua memória o que surge na língua, antes das palavras, e se perde. Mas volta. Sem tábula de cera não há impressão, dizia ela na Antiguidade; sem impressora não há impressão, repete nos tempos chamados modernos, sem programa não há impressão, volta a dizer na época dos computadores e da inteligência artificial. Nada de novo: não há impressão sem codificação ou linguagem, a própria palavra significa a escrita. O traço deixado. A estátua persegue o empirismo, impressionável como Dom Quixote cheio de armaduras trota contra os moinhos de vento que se movem à menor brisa. O livro descarrega mortalmente todas as zombarias possíveis sobre a asa-catavento orientável, atenta, leve.

Por que matar o que morre? O empirismo, perdido, só expõe suas ruínas. Para que destruir ruínas? O empirismo, destruído, só deixa despojos. O empirismo, desaparecido, só existe no estado fugidio de impressão ou de sombra. Exorcizar outra vez uma sombra?

Já não nos lembramos da impressão deixada pela rajada, pela exalação de perfume ou de gosto, claro; mas perdemos a memória do próprio empirismo; e se tivéssemos perdido, também, a lembrança dos cinco sentidos? O fantasma ou a alma do outro mundo desempenha o papel de três pessoas: da sensação evanescente, mas também da teoria que a significava; infelizmente: dos órgãos que a recebiam.

Quem parte, de manhãzinha, para a caça, de barriga vazia e as narinas frementes à menor mudança do vento, quem escuta, inquieto, a ressaca bater na popa do barco, alertado aos primeiros odores de folhas por entre o muro espesso dos perfumes das algas e do sal, quem aguça sua vista e seu ouvido a distância? Quem, hoje, não tem necessidade de cartaz ou de mensagem para se permitir ouvir, sentir, olhar, saborear? Órgãos frígidos, empirismo em ruína, impressões perdidas, fantasmas.

Então, desde quando a estátua reina? Desde a origem, desde o começo de nossa memória, no próprio nascimento da linguagem. Nosso primeiro ancestral descreve, o mais antigo herói cantado parte por água para as ilhas do vento ou terras desconhecidas e embalsamadas que dormem no horizonte violeta, a prisão da língua fecha-se, poética, sobre aquele que viaja e tenta perder-se para escapar a ela; apesar das tempestades desejadas, as piores sortes do mar, apesar das feiticeiras que mudam as aparências, Ulisses recai na armadilha da trama coordenada, onde sua viagem é assinalada nas laçadas de Penélope, desfeitas, refeitas, de noite, de dia, no programa textual, na língua: tudo isso ele canta no banquete do rei, mata os pretendentes, que não cantam, no último festim na casa de sua mulher. E, no entanto, as mãos enfiadas no pêlo lanoso do carneiro fedendo a sebo, ele procurou escapar da caverna onde clama a polifemia, atordoado por essa língua múltipla desprovida de olho e drogada de vinho. Libertado uma vez, ou duas, ou cem, ele volta ao final na urdidura da linguagem, na trama regular do poema, encadeado. O empirismo, já então, era visitado como o mundo, anunciado pelas agências de viagem, vendido barato, relatado em festins, devolvido bruscamente aos Infernos fantásticos, povoados de sombras e de larvas vãs que desaparecem no silêncio e choram, já então. Nosso primeiro ancestral, na margem defronte, muito contente com seu festim de frutas, no meio das árvores, nu em companhia de sua bela mulher, trata logo de nomear as espécies. Um, na rubrica e o outro, no poema, ambos a se banquetearem, em casa de Alcino ou no jardim do Éden, dizem a gênese da língua.

O empirismo perde-se nas ilhas de imagens longínquas ou nos Infernos repletos de lêmures, desde nossa origem de homens que escrevem ou cantam, buscando catálogos ou agentes de estátuas que nos sirvam a mesa. Data de uma fabulosíssima Antiguidade, visto que a chamada Antiguidade nos chega através de fábulas escritas ou faladas em belas e boas línguas, sobreviventes embora mortas. Desde que falamos, perdemos os sentidos. Contudo, o empirismo, imemorial, volta sempre há tanto tempo quanto dura o esquecimento, sai de seu próprio túmulo, ressuscita em um gesto, uma impressão fugidia surgida em cima do túmulo de nosso corpo, escuro, petrificado, rígido e frio. Nós imitamos a máquina, transformamos nossos filhos em autômatos, nós os enterramos sob uma pele de mármore, e no entanto o espectro ressuscita num leve odor, num gosto raro que evoca uma emoção, uma atitude inesperada entre as práticas agrárias ou marinhas, através de um ambiente que se esgarça ou se desfaz, mas que às vezes permite que nos chegue a estranha leveza das próprias coisas.

Nos diálogos de Platão, hinos lógicos, os posteriormente chamados pré-socráticos fazem o papel de pais, até Parmênides é denominado pai. As escolas e pensadores tomam lugar na linhagem, com as inevitáveis querelas de irmãos, salvo um. Protágoras, portador da turbulência sensorial, não localizado na árvore genealógica, sai da terra: prova de que ali jazia, inumado. Sai do túmulo para onde o devolvem. É evocado e reevocado. Provas de que o empirismo, já então, faz o papel de uma sombra. E de que vaga nos Infernos de onde pode voltar. O que significa o nome de Protágoras? Antes do diálogo, antes da palavra, antes da linguagem?

Antigo: que data de antes de nossa história de homens assim tornados pela linguagem. Pré-histórico: de antes de todas as nossas tradições narradas. Jacente entre os mortos nunca libertados, desde há mais de quatro mil anos, do poderio da linguagem.

MORTE

Eis o túmulo do empirismo, revestido de mármore gravado. O corpo, a estátua, nossos saberes ou memórias, bibliotecas, cenotáfios, aprisionam o fantasma negando sua existência.

Eis o túmulo do empirismo, este livro, no sentido da evocação a Couperin o Grande, que Ravel musicou.

Celebração e lágrimas. Comemoração, respeito.

Anterior a qualquer língua, ruína sem ou quase sem vestígio dos tempos que precederam a escrita, ancestral da filosofa e dos homens, salve; salve inimigo da filosofia e por ela proscrito, revestido de línguas e de estelas desde a aurora das histórias, odiado nas reuniões e diálogos, desprezado pelos argumentadores, banido da cidade-pedra que cobre o campo-terra, expulso das praças públicas, a assombrar às vezes os banquetes, plumagem ou nuvem que sai dos frascos de repente, condenado pela voz que curte a pele como um tambor, sentido sobre verbo, verbo sobre voz, voz sobre pele e pele sobre carne, vinte vezes recoberta, ancestral inapelável aquém da voz, como saudar-te aquém do próprio sentido?

Silêncio em torno do cenotáfio: música, murmúrios, matizes, perfumes. Nossos ancestrais embalsamavam as múmias: assim uma sombra olorante flutuava em torno da estátua vazia.

Sabedoria. Que teu corpo não se torne estátua nem túmulo, cadáver antes da agonia, morte antes de morrer; evita qualquer anestesia, droga, narcótico; toma cuidado com o torpedo ou torpor de língua e de filosofia; foge das culturas de proibição. A sabedoria emana do corpo: o mundo dá a sapiência, e os sentidos a recebem, respeita o dado gracioso, acolhe o dom.

Ética. Imemorial memória da gratuidade. Os dados sensoriais, sem troca, são recebidos como um dom. A graça penetra os orifícios do corpo aberto, inunda-o de sapiência. A estátua fecha suas repartições ou guichês.

Cultivo. Começa, filho de homem, pelos orifícios abertos, olho, narina, poro, lábio, orelha, tu sempre falarás bastante cedo, decerto que falarás. Bastante bem, sempre demais. Afina tua pele, desconfia do mármore invasor, teme a rigidez. Desperta tua barda bárbara, tão rude e dura quanto lutarás um dia. Bastante cedo, sempre demais. Torna-te sutil, sapiente, sagaz, arguto, lúcido, fino. Não fiques de orelhas cortadas como um cão, nem esquartejado feito um animal ou esquadriado feito uma viga. Fura a estátua.

Medicina. Imediata medicina sem remédio. Mil doenças vêm de não saberes calar-te nem viver em outro lugar que não numa concha de palavras que te arrancam a pele. A língua mata o tempo, o silêncio de ouro tem mais valor que a boca de ouro, ele nos devolve a duração, nosso único tesouro, e faz desabrochar os sentidos, embotados, fechados pelo estrondo da linguagem e pela intimidação do sentido. Saboreia, ouve, cheira, acaricia, examina, tácito. A estesia elimina as anestesias. O que fica sob o murmúrio olorante morre sob sua dose. Acolhe os dados, o dom, recusa a dose. Pois a linguagem aqui diz a mesma palavra[12] e confirma. Substitua logo dose por dom, por dado: o bom vinho protege contra o alcoolismo, o sabor da comida livra da obesidade. O que não desperta os sentidos drogaos, o empirismo dispensa farmácia. Imerso na cultura das mensagens, insensibilizado por elas, doente pela língua, não procures curar-te com fórmulas. Drogado pelas palavras, excitado pelos apelos, completamente bêbado de informações, fazes um tratamento de prescrições, engrossas

[12] Referência à dose, do grego *dósis* que significa a ação de dar. (N. da T.)

ainda mais a tua língua. Rinoceronte, hipopótamo de couraça de cascos, alcoólico ou drogado, estátua coberta de rótulos, cartazes, máquinas todas programadas como uma agenda de encontros. Faz um tratamento tranqüilo dos cinco sentidos. O gratuito basta. A estátua dorme ou morre de droga, dinheiro e palavras, seu deus único em três formas. Tratamentos de graça, cura garantida, eis a saúde.

Velho sábio calmo, antigo e tranqüilo, refinado como um vapor, delicado, simplesmente são, robusto, o empirismo pedagogo e médico atira longe cenotáfios ou estátuas fúnebres, quando a língua procura cantar seu túmulo. Ele se mantém fora das carcaças desde sempre gravadas.

Salve, doador de saúde.

Então, os convidados do banquete, despertados do torpor em que os discursos mergulham, então, todos os participantes de todos os festins da história, esquecem o trágico dessas representações, erguem-se e erguem os copos em direção ao fantasma dissipado pelos clarões do dia que os liberta da angústia atroz da morte, fazem tinir uns contra os outros os cristais translúcidos onde tremula e cintila o licor d'Yquem: salve! Não a morte, mas a saúde! Salve, alegria, frêmito de júbilo!

Salve, *ave*, alegria; grito, apelo, apenas uma palavra voando sobre vogais, explosão de júbilo, emanadas dos corpos em boa saúde. Primeiro sopro de vida? Primeira palavra? Nascimento do verbo? Salve, ó carne de onde nasce o verbo. Salve, carne cheia de graça. *Ave, gratia plena*. Fantasma ou anjo? Uma graça abandona a carne quando o verbo se faz carne.

O dado não vem da linguagem: então o verbo invade o corpo, enche a carne sem deixar exceção nem espaço vazio. O verbo não quer outro requisito senão ele.

Et incarnatus est: a linguagem desce na carne; traz o verbo, virgem. O verbo, filho da Virgem, apaga qualquer mácula anterior a ele.

O dado não vem da linguagem: não nos vem do mundo nem dos corpos. Nem desses lugares vazios: o mundo não o conheceu; nem da carne virginal: corpo imaculado.

Todo traço não dizível precedente à primeira presença do verbo equivaleria a uma mácula.

Apagam-na os três dogmas: da Imaculada Concepção, do empirismo lógico e da concepção virginal do verbo.

Mal agitando o ar leve, com sua asa e sua voz, o anjo a saúda cheia de graça antes que venha o verbo. Antes de bendizê-la, no momento de dizê-la, o enviado a encontra tomada, saturada de graça. Somente depois, o Senhor aproxima-se dela, mora com ela. Antes de ter concebido, antes que o verbo surgisse nela, antes da linguagem e do conceito, antes da virgindade sem mácula exigida pelo verbo e por ele produzida, ela, a carne, ela a mãe, a mulher, ela, a sensibilidade corporal, vivia cheia de graça.

Plena: ou de graça ou de verbo. Depois: grávida do verbo. Antes: prenhe de graça.

De graça: de gratuidade, de coisas gratuitas, de dados.

Acolhendo o dado, antes. Acolhendo, depois, a palavra. Que me seja feito segundo a vossa palavra.

O dado só vem da linguagem: nada se passa, existe ou se dá fora das palavras. Sem frases, fora do conceito. Toda sensibilidade se apaga fora do conceito, em torno dele, sem ele.

Como denominar uma tal concepção de outra maneira que não virginal?

A virgem concebe o verbo.

Ela vê, sem o dizer, uma macieira em flor. Sempre eternamente coberta de flores. Nunca lemos sobre lugares onde a macieira produza frutos. A carne prometida à linguagem, nua sob a primeira árvore, nunca colheu dela, livre de qualquer traço original do primeiro pecado.

Como nomear o quadro ou a cena de outra maneira a não ser: a Imaculada Concepção?

Ela, a carne, ela, a mãe, ela, a sensibilidade corporal, concebe virginalmente o verbo: sem que o dado a afete a não ser pelo verbo. Antes de assim conceber, ela mesma foi concebida imaculada.

O dado só vem da linguagem: o corpo nunca recebeu nada senão verbo. Antes de só receber verbo, antes, portanto, de receber, ele nunca recebera nada.

Para compreender o dogma do empirismo lógico, é preciso adicionar o da Imaculada Concepção, e basta.

O primeiro diz a mesma coisa pelo mesmo oximoro que a soma dos dois outros que usam o oximoro, um num sentido, o outro, noutro. Todos os três descrevem uma mesma situação do conceito sem carne.

Não há filosofia a não ser da linguagem; não há religião a não ser do verbo.

A mulher nada responde às palavras da anunciação, salvo que ignora tudo e não conhece homem.

Salve, empirismo perdido no dia em que o verbo se fez carne, na manhã em que o anjo apareceu; já esquecido quando nasceu a mãe, a carne branca e virgem.

Salve, carne cheia de graça.

Ave, salve as vogais puras. Só o anjo anuncia o que nos faz recordar que o corpo se enchia de graça antes que o verbo o anulasse e o tornasse, por efeito retroativo, carne imaculada.

Carne plena de graça dizível somente pelo anjo, pelas mensagens ou fenômenos sutis vindos incompreensivelmente do mundo para os sentidos.

Quando o verbo a satura, a carne perde essas antigas graças, velhas mensagens incompreensíveis em língua, esquece, desbota, a graça.

Ela abandona a carne quando o verbo se faz carne.

Não esperaríamos ouvir hoje as palavras da anunciação, mal traduzidas, tão claras e límpidas quanto a tese dita: o dado só vem da linguagem.

Retorno da mulher e da virgem mãe abandonada, no perfil já traçado da venerável teologia reformada. Retorno da estrangeira de Nazaré.

Essa estrangeira não fala.

Isto, que nós bebemos ou comemos, reduz-se a um signo, um símbolo, uma palavra. O dado só vem da linguagem.

Isto, que nós concebemos, só vem do conceito. O verbo não pode resultar do dado.

A carne, pobretona, só come linguagem, ninguém lhe dá mais que boas palavras, deixa-se emprenhar sem falar, quando mendigava alguma coisa para comer, fica grávida permanecendo virgem.

 Pobre carne.

A filosofia da língua alemã soa, globalmente, desde o final do século XVIII, como uma patrística da Reforma, uma teologia da Contra-Reforma. Toma, pouco a pouco, o lugar da patrologia romana dominante até o fim da Contra-Reforma, fundo de referência das filosofias chamadas clássicas. Um colégio de padres substitui o outro, esta expulsão resume, de imediato, a história das idéias na universidade francesa, importadora.

A questão da linguagem e dos sentidos, inocente e apresentada novamente em um aparato de sofisticadas argúcias técnicas, esconde e ocupa o antigo terreno do bate-boca entre os pais reformados das línguas anglo-saxônicas, vitoriosas, e os velhos pais da mediterrânea, gregos, sobretudo latinos, vencidos e enterrados. Reaparecem, revigoradas, as querelas das espécies reais ou de seu símbolo nominal, na mastigação do pão, na primeira Ceia, ou do corpo virginal da mãe, na encarnação do verbo, sob a roupagem um tanto empoeirada das questões empiristas.

A história das idéias parece tão lenta quanto a das placas gigantes que se deslocam, sob a terra, alguns milímetros em alguns milênios.

Ainda se trata do banquete, do amor e da concepção de uma mulher pobre.

Salve, plena de graça.

O anjo fala da graça de uma mulher: encanto, sedução, delicadeza, afabilidade; inclino-me ante tua beleza.

A graça que enche o corpo antes que ele se encha de verbo equivale à beleza, diz a gratuidade. O dom não corresponde à nenhuma obrigação: o doador não o deve, ao recebedor ele não é devido. Poderia chamar-se o dado. Salve, corpo cheio de dados gratuitos, por ele recebidos como dons do mundo. O que entra pelos sentidos ou por eles no corpo não se paga nem em dinheiro nem em energia ou informação, nem em moeda de qualquer espécie, assim concordamos em chamá-lo dado. Salve, carne plena desses dons.

Salve, plena de graça, bela; saúde plena de gratuidade sensorial. O anjo fala duas vezes de estética em uma palavra; no sentido dos dados, no sentido da beleza.

O anjo anuncia a unidade da estética; salve, ó graça única, encanto e dom, sentido e sedução. O que dizer desta unidade senão saudá-la?

Desde que o verbo surge, a gratuidade desaparece; é preciso descobrir quanto custa escrever ou falar, quanto o verbo compra ou recompra. Mas, antes do reino da linguagem, a graça enchia a carne sem contrapartida, unitária, bela e gratuita. Ela abandona a carne quando o verbo se faz carne.

Eis perdida a unidade do campo da estética.

Antes do advento do verbo, a carne, por si, transborda de graça. Dorme durante a longa noite tácita, no meio das messes louras, tão plena do dado que deixa alguns para os respigadores, dormita sob as antigas estrelas sem nome, sonha ouvindo vagamente os bois ruminarem na palha crepitante, sonha entre os perfumes passageiros do asfódelo que uma árvore enorme desprende de seu ventre, cujo último rebento chama-se o verbo. Repousando, o seio nu, junto ao patriarca, também ele pesado de sono, ela sonha em silêncio com um filho inconcebível, no meio da serena noite de verão tão longa quanto a soma dos comprimentos enfileirados da infância de todos os homens, quando o céu mal clareia as sombras. A carne sonha com o verbo, a linguagem ganha raízes nas entranhas, fruto.

Saturada, transbordante de dado, ela dá a sobra aos respigadores. Os pobres, curvados sobre a palha, põem no colo as espigas abandonadas, a margem, parte ínfima que cai do transbordamento do cúmulo saturado, a falta ou o excesso do dado.

Já na aurora, a mulher recebe uma bênção. O anjo saúda: mulher bendita: bem dita. Ela recebe o nome e a certeza de que este nome é adequado exatamente a ela: bem dita, Maria bendita. O anjo que dá a salvação e a palavra, aparição matinal, fantasma a flutuar na porta ou na janela abertas que batem ao capricho do vento leve, logo se dissipa. Pesada, cheia, dura, a carne acolhe uma semeadura doce.

Na genealogia, o bom sangue se bifurca. A que vem dormir no leito do patriarca, tão cumulada de dons quanto ele regorgitava de dado, moinhos, celeiros, ouros e forjas, nunca dará à luz senão crianças infladas, abarrotadas, cheias e redondas como esferas de concreto, gordas de riquezas, que pastam a erva cotidiana entre duas ruminações bem-sucedidas. A verdadeira mãe curva-se atrás das carroças, junta os restos dos feixes redondos amontoados sob as mães gordas, ela se contenta com os relevos. A verdadeira mãe é semeada com o que transborda do alqueire demasiado cheio, com o que fica e vai apodrecer no fundo do silo vazio. Maria, filha, neta, bisneta de respigadores, da longa linhagem dessas que nunca participaram do banquete do dado, Maria virgem, filha de Ana, acolhe, em seu seio, de um vestígio de homem, mal perceptível, tecido translúcido e flutuante, o anjo, o que fica de uma coisa quando ela desaparece, quando não está mais conosco, dado, um som, apelo, saudação, bênção, uma visão esvaecente, um perfume logo esquecido, uma carícia tão leve que nenhum tecido estremeceu, Maria, filha, neta, bisneta da longa linhagem dos respigadores de dorso castigado, atrás de Rute e seus carros abarrotados de trigo, acolhe em seu seio o que resta do resto do resto do resto... do resto dos raros grãos de trigo das espigas quase vazias nas palhas quebradiças, a semente esvoaçante, transparente, tênue, viva, ínfima do verbo.

Ele nasce, encarna-se. Ninguém nunca soube nem conheceu o segredo dessa passagem, nem os evangelhos nem Einstein, espantado de que o mundo se abrisse à compreensão. Mistério para os primeiros, incompreensibilidade para o segundo. Os céus se enchem de cantos, o espaço, cumulado de palavras, anuncia a boa nova: a palavra readquire a carne, o verbo adquire o concreto, ocupa-o, satura-o, de sorte que as messes louras preparam o pão a ser transformado em carne do verbo, e das vindimas carregadas vai escorrer o vinho a ser transmudado em seu sangue, de sorte que as estrelas indicam na noite o lugar em que ele nasce, e a notícia permanece nas constelações e na memória, e o calendário se organiza em torno da epacta, em torno da sexta-feira da Paixão e do domingo quando o verbo ressuscita, de sorte que os bois ruminantes dão o sopro ao verbo gemente, e os ventos, perfumes e ruídos que voam anunciam em todas as línguas o espírito, outra denominação da linguagem e outro conjunto de dons, ou de dados reduzidos ao verbo, de sorte que o mundo pleno dele, das entranhas até os sonhos, dos planetas até o burro, das espigas e bagos até o vento, não mostre nenhum resto, nenhum grãozinho de sorgo, nenhum talo leve, nenhuma brisa, nenhum suspiro pelo qual um anjo malvado, Hermes ou Miguel, possa tocar a carne.

No mundo antigo da carne, o verbo, doce, passava sob a forma de sonho ou de anjo, uma palha para uma respigadeira, resto deixado ao abandono, último rebento no alto da árvore saído das entranhas ou janela que bate ao vento inconstante. No mundo moderno comprado, recomprado pela linguagem, toda carne e toda erva, toda pedra têm o peso dos termos, sem tara. Espaços lacunares ou universo pleno.

Não podendo meter-se pela tara do resto, aquele que compra ou recompra o verbo passa, pois, ele mesmo por sua paixão e sua morte: sexta-feira santa especulativa ou morte de Deus pronunciada.

No mundo contemporâneo onde a ciência tomou o lugar da linguagem, até a linguagem e até o sujeito então tomados, até os lugares ausentes: supersaturação do mundo pela tomada do abstrato, também. A ciência ajusta exatamente a relação do verbo com a coisa: toma a coisa mais do que o fizera o verbo, toma, de quebra, a tomada do algoritmo a seu objeto.

Já passamos o tempo da reaquisição da carne pelo verbo, vivemos o da reaquisição dessa mesma linguagem pelas novas forças. O verbo morre.

O tempo dos respigadores recomeça. Ainda encontraremos algum resto após essa morte?

A linguagem morre. Deslumbrada com sua exatidão e rigor, a ciência tomou-lhe o corpo glorioso. Ele esvoaça como um fantasma a quem outros retiraram os encantamentos, a outra face da glória, ou o ditame do feito sob o domínio da força.

Passada a sexta-feira santa, o dia do *sabbat* marca um tempo de parada. O verbo repousa na tumba. Diz-se que desceu aos Infernos, onde se entra sem corpo.

E no dia seguinte ao *sabbat*, Maria Madalena e outra Maria, mãe de Tiago, acompanhadas de Salomé, levando nos braços jarros de arômatas, acorrem, logo ao amanhecer, ao túmulo onde fora depositado o corpo do verbo, para embalsamar seu cadáver. Não conseguiremos, dizem elas entre si, deslocar a pedra que fecha a entrada do sepulcro, pesada demais, dura demais para nossas fracas forças. Ao chegarem, logo a viram afastada para o lado. Um anjo postava-se em cima, vestido com uma deslumbrante túnica branca . Ou então: ao entrarem no túmulo, viram um rapaz sentado, no lado direito, vestido com uma túnica branca, ficaram estupefatas. Os panos, fora o sudário dobrado em separado em outro local, jaziam por terra.

Na manhã do domingo, enquanto ninguém ainda sabe da ressurreição, o duro faz-se doce: a pedra pesada rola sem que nenhuma força a impulsione, o corpo se esvai e desaparece, restam os panos, um anjo de veste branca, aparências, vozes no jardim.

Vocês procuram a linguagem aí, ela reina alhures, em um outro mundo, onde assumiu um corpo glorioso.

Sabemos agora que nosso saber, em glória e poder, tomou o corpo do verbo, sabemos de que e por que a linguagem acaba de morrer. Não voltará jamais sob sua forma primeira, devemos aprender a viver privados de sua presença real, dura e forte, de sua carne e de seu sangue.

Ela desapareceu sob nossos olhos ofuscados.

O filósofo escreve ao ditame de um arcanjo, outro nome de Hermes, denominação do mensageiro inventor de línguas, inaugurador de vias. O que ele escreve depende do lugar onde passa o anúncio. Sócrates ou Descartes tiveram seu demônio, que aparecia na soleira, ou evocado em um recinto fechado onde arde um fogo, Heráclito espera seus deuses ao pé do forno onde brilha o raio negro. Mas quase todos meditam sob o dito da Anunciação. O anjo posta-se onde a janela bate, lá onde a persiana se entreabre. Tu parirás na pobreza e na beleza, diz ele, e o fruto de tuas entranhas terá por nome o verbo. A linguagem vai vir, prometida por aquele que aparece, assegurada por aquele que já fala.

Lição ou imagem do anúncio: a aparição diz. Ouçam: o fenômeno traz o verbo, a linguagem carrega o que parece. O anjo mensageiro ou anunciador mostra o rosto da palavra, prosopopéia, ou o corpo da linguagem, mas como ele aparece, veste branca deslumbrante, som retumbante ou discreto, carícia doce, espírito leve, deve passar por elemento do fenômeno, pequena percepção, diferencial muito pouco sensível, o que Lucrécio chama de simulacro, uma saia fina que esvoaça no ar. A palavra aparente significa o anúncio, o anjo, no limite do visível e do tangível, que se posta na beira do limiar, reduz o dado à linguagem e diz o dom, diremos os anjos doces. O corpo, o semblante do anjo ocupam exatamente o lugar onde a aparência se faz palavra e vice-versa.

A Anunciação fica no interior do dito. Ela parte da aparência, carrega-a no vente da mulher para dar ao verbo um corpo de carne. Quem escreve recebe o arcanjo, borda extrema do fenômeno onde este se funde com a extrema borda do dizer, depois procura encher o volume com outra coisa que não o vento. Concebe, precisa de um ventre, procura uma mulher. Milagre quando consegue, natal e glória na terra inteira.

Tudo depende, então, do ventre, tudo depende dessa mulher. Quem escreve debate-se no vento, se ela não vier.

Um arcanjo extraordinário guarda o túmulo, extraordinário porque inverte o anúncio. O verbo não se fará mais carne, a carne do verbo sofreu, morreu, desapareceu. Ele não vai vir mais e ausenta-se: eis a cova vazia onde jazia seu cadáver. Morre, primeiro; desaparece, outra vez; antes de sua agonia, supliciado. Mãos e pés quebrados, ossos partidos, ele perdeu a dureza, sua força: flagelado, rosto e pele dilacerados, coberto de suor, de escarros, de fel, de fezes, de vinagre, seu encanto se foi; irrisoriamente coroado de espinhos, deixou a realeza. As três forças do verbo o abandonam. O corpo da linguagem jaz no túmulo.

E eis que na manhã do domingo as mulheres vêem o lugar deserto. Até o corpo morto desapareceu. O anjo não anuncia mais, as mulheres não concebem, elas passam, ele fica, reduz-se ao resto: fica da linguagem uma veste branca deslumbrante, um som que repercute na caixa-túmulo, três mulheres carregando jarros de perfumes, dois homens na estrada de Emaús saboreando o último repasto, Tomás tocando com dez dedos a chaga aberta no flanco do corpo aparecido, resta o arcanjo evanescente dos cinco sentidos, testemunha de que um dia o verbo carne, filho da mulher, veio entre nós, morreu, esvai-se, mas ressuscita.

Ninguém fala do que as mulheres fizeram com os arômatas. A própria Maria Madalena os derramara no corpo do verbo vivo; aproxima-se dele, um frasco de alabastro cheio de nardo precioso na mão, ela o despeja sobre a cabeça dele, dizem uns, sobre os pés, dizem outros, unge o corpo da linguagem e o enxuga com seus cabelos. O cheiro do perfume enche a casa.

Lázaro estava lá, ressuscitado há pouco de entre os mortos, ainda em perigo de morte; ou então: Simão o leproso presidia a mesa, hospedeiro maldito, também ele; o verbo fazia ali sua refeição, condenado, em seguida libertado. Último festim que precede de perto a última Ceia, festim do perfume e ceia de sangue e de vinho compreendidos em conjunto, e um após o outro, na narrativa da Paixão, repasto na casa de Lázaro ou Simão, onde os convidados, entre os quais Judas o Escariote, protestam: "Podiam ter vendido este nardo e distribuído o dinheiro entre os pobres. – Deixem que ela o faça, responde o verbo, ela embalsama meu corpo como que para minha sepultura, como que para me enterrar. O que ela faz será dito mais tarde em sua memória."

O perfume derramado sobre o verbo vivo difunde seu odor no espaço. As mulheres não podem embalsamar o corpo morto, ausente do próprio túmulo.

Nardo ou valeriana, artemísia ou angélica, tomilho, baunilha, segurelha, orégano, cinamomo e benjoim, hissopo ou coentro, melissa, mirra, gengibre, manjericão, belas palavras não perfumadas, palavras de cheiro ou de sabor, elas mesmas sem sabor nem cheiro, qual das mulheres que levam jarro derrama sobre seus pés harmoniosos uma sutil mistura para que eles espalhem sua fragrância no espaço? O milagre ocorre durante a vida rara, excepcional do verbo; durante o curso da história e do tempo, muito freqüentemente, ele se ausenta, e as mulheres, que carregam os jarros, mesmo aquela que antes conseguira ungir a linguagem, não sabem o que fazer com seus arômatas. Entretanto, sentiu-se, antes, outrora, naquele tempo, uma língua olorada pela mão de Maria Madalena. Mulher, vem espargir sobre minha frase nardo e valeriana, artemísia ou angélica, tomilho, baunilha, gengibre ou manjericão, sem ti teu companheiro não sabe escrever perfumado.

O odor do nardo, fixado por ela, distancia-se do termo nardo, fixado por ele; a vida surge, para ele e para ela, espírito odorífico, de ele se derramar sobre ela, de se confundirem, e a morte, de se separarem. Verbo ausente e jarro fechado, linguagem viva e frasco derramado.

O dinheiro não tem odor, fora preciso vender a mistura e distribuir o ganho. Judas avalia em trezentos dinheiros o valor do perfume de luxo, apreçamos em trinta peças de prata o valor do verbo libertado. Viram avaliação em cifras do resgate do mundo e dos homens por ele? Terá pago em espécie, em vida e corpo e sangue? Mas qual o preço do sangue?

O verbo não tem odor, é preciso ungi-lo; o dinheiro nunca tem.

A linguagem dos odores desaparece, expulsa pela competência dos algoritmos, a química dos perfumes enfileira seus cálculos e suas moléculas.

O verbo retira sua carne do corpo da mulher. Não lhe conhecemos sobrenome. Eu te chamo Cristo, disse-lhe Pedro. O homem diz, a mulher faz: ele tira seu nome da unção, bálsamo derramado pela mulher, perfume enxugado por seus cabelos. Chamo-te Pedro, diz ele, em referência à rocha dura sobre a qual construir. Durante o antepenúltimo festim anterior ao dia em que foi libertado, o ungido do Senhor foi realmente ungido por Maria Madalena. Ele se chamava Cristo, seu corpo assim se torna em deferência a esta unção, no repasto de Betânia.

Cristo? Significa ungido. Mas sempre?

Cristo significa: tocado levemente, afagado. Alguém se aproxima o máximo possível e afaga. Então uma mulher aproximou-se dele, enxugou-lhe os pés com os cabelos. Doce véu.

Significa: tocado mais duramente, espetado mesmo ou arranhado, mais: escoriado, esfolado. Então, mais tarde, o chicote flagelará o corpo do verbo, a lança o perfurará, escarificado por mil feridas.

Significa então: marcado. Calejado.

Marcado: diferente, designado pelo suplício, vítima. Nos rebanhos de gazelas saltitantes, a hiena ou o tigre escolhem a que traz uma marca.

Marcado: o corpo do verbo, da linguagem, traz o traço ou arranhão da escrita. A vida e a morte do verbo põem juntos o escrito e o dito.

Marcado no corpo, marcado no sudário, nos panos soltos, dobrados, enrolados, abandonados no túmulo. Telas, véus, peles, pergaminhos escritos para nossa memória, restos táteis legíveis.

Significa ainda: esfregado, indutado. Então uma mulher aproximou-se dele e derramou-lhe um perfume na cabeça. Esfregado: ela o enxugou. Indutado: ela o indutou. Indutou-o como tela e véu e outra pele.

Significa: indutado de cores, de desenhos, de desenhos coloridos, tinturado, pintado, pincelado ou tatuado. O verbo traz a tinta, tintura ou pintura da escritura, abstrata em seu corpo e, logo, concreta, não representativa, iconoclástica em seu rosto e, portanto, iconófila. A unção, encurta, divide a tatuagem, restringe-a, mas a inaugura, pode passar por elemento de tatuagem. Cristo: sarapintado do Senhor. Indutado de vinho, de sangue, de escarros, de fel, de vinagre.

Significa: indutado de perfume, de ambrosia, de veneno. Então a mulher chegou perto dele e indutou-o de nardo precioso. O cheiro do perfume enche a casa durante o festim de Lázaro, ressuscitado de entre os mortos, durante o festim do verbo, antes de sua paixão, sua morte, sua ressurreição, durante o festim de morte e de imortalidade.

O odor marca de longe, e os leões rugidores que rondam em busca do que devorar acorrem atraídos pelo que é indutado. O perfume traz a morte e vira veneno funesto e fedor mortal.

Significa então: indutado, contaminado, sujo. Ungido por Maria Madalena, sujado pela pecadora.

O dinheiro não tem cheiro. Vendam o nardo. Distribuam trezentos dinheiros em moedas entre a plebe. Não se aproximem do frasco de alabastro, afastem-se do perfume, evitem a unção. Judas, já então, pela primeira vez, quer salvar o Salvador. Evitem dar-lhe o cheiro que o marca e o torna marcado. O dinheiro, anônimo, não aponta ninguém e pulveriza-se facilmente nas mãos da multidão, moedas esparsas como substituto dos membros esquartejados. Não apontem o corpo à vingança pública pela unção olorante, vendam, vendam antes mesmo que o perfume tenha tocado ou afagado ou estigmatizado o corpo.

Judas tenta salvar o verbo da contaminação ou sujeira, da inevitável virada do perfume em veneno. Como efeito direto, sobretudo indireto, depois da ressurreição, quando o veneno voltar a ser perfume, ele assumirá a contaminação. Pela segunda vez, glória, louvor a Judas.

Significa enfim: indutado, manchado, ungido como um rei; como um sacerdote, sagrado.

Em torno da mesa dois ressuscitados comem, o verbo e Lázaro, duas vítimas, Judas e o verbo, duas mulheres, Marta, a serviçal, e Maria Madalena que o unge antes do sepultamento e não poderá embalsamá-lo após a ressurreição, Maria Madalena que faz verdadeiramente de Cristo o Cristo. Que o marca para a morte quando Judas procura salvá-lo.

Em torno da mesa circulam os pratos, a unção, o dinheiro, as palavras, a morte. Cena trágica.

Tocado, espetado, marcado, indutado, pintado, olorante, eis no cômputo o que significa Cristo. Morto maculado, trespassado.

O verbo ocupou a carne de uma mulher virgem, uma mulher pecadora lhe dá o tangível e o visível, o legível e o odorífero, no curso do festim em que Marta serve o vinho e o pão que eles degustam. Em torno da mesa trágica onde se sentam a linguagem, o dinheiro e a morte, Maria, sem se sentar ali, assume um lugar muito antigo e marginal, o do sensível. Maria, primeira, dá a carne, Maria, segunda, dá os sentidos.

Ela institui a extrema-unção.

Cristão: corpo tatuado, desenhado, indutado, sarapintado, picado, tangível, tocado, sensível, pintado de tons diversos, como um mapa, coberto de suor, de um sudário, de odores e de perfumes. Ungido.

Crisma: óleo misturado a bálsamo que serve para ungir, mas também: cimento ou argamassa que serve para construir. Tal qual Pedro é denominado, mas, para construir com pedras, é preciso, ademais e pelo menos, uma ligação, um cimento que una e misture, este elo ou crisma dão nome ao cristão. Denominação grega da ligação que o latim conserva na palavra religião.

A unção é feita por uma mistura e a produz, não há mistura sem ligação.

O Cristo vai morrer em virtude da unção feita na realidade por aquilo que seu nome designa. Ungido: marcado, visível, tangível, odorante. Ele vai morrer por causa dos sentidos.

Em torno da mesa circulam o dinheiro e as palavras, mortalmente. Lázaro e Judas, condenados, circundam o verbo, também condenado, brincando de quem morre e quem voltará, presentes, ausentes, substituíveis e não substituíveis. O dinheiro substitui a linguagem, que substitui o corpo, que substitui o pão, jogos de transubstanciação na cena trágica, onde se busca um outro mundo.

As mulheres mantêm-se longe da mesa e fora do trágico, fora da cena das substituições ou transubstanciações. Portadoras de urnas, frasco de alabastro ou jarro de arômatas, portadoras de pratos ou ânforas, pão e vinho, elas trabalham sem fazer histórias.

Cada repasto gira em torno da morte, como as arquibancadas do teatro. Na hora da morte, Sócrates ainda falava, agora, o próprio verbo morre.

Marta servindo o vinho e o pão, Maria vertendo o jarro de alabastro deixaram a cena há muito tempo, ocupadas à volta, trabalham com o que nunca é dito, o paladar e o odor, sem palavra. As mulheres, presentes, acorrem ao túmulo, passada a obra de morte, portadoras de jarros.

Última cena, último repasto: quando a carne não existe mais, resta o pão, quando o sangue não corre mais, o vinho permanece. Antepenúltimo ato ou repasto, em casa de Lázaro, bem longe da morte para que se fale de sepultura e ali se veja ressurreição, como se a distância no ponto fatal de simetria permitisse ampliar a visão do outro lado: o verbo evoca também a memória, dir-se-á mais tarde, em lembrança, diz ele, do que esta mulher fez.

Pouco o repetimos, guardamos lembrança da Ceia, dificilmente nos lembramos do repasto precedente. Esquecemos sempre as mulheres, aquelas e aqueles que não vivem no teatro trágico, aquelas e aqueles que não fazem histórias e jamais participam da ação. Não há história a não ser a da linguagem.

Perdemos os sentidos.

O que resta, outra vez, quando o verbo se retira, o que resta da unção, do perfume, do indumento, o que fica do Cristo?

No fundo do túmulo, panos esparsos, telas, véus, tecidos, e o sudário, enrolado à parte, um pouco mais longe. A caixa-preta do sepulcro vazia, inundada de luz, assim que a pedra rolou. Um último repasto no caminho de Emaús. O jardim-paraíso.

Quando a linguagem morre e surge, alhures, em sua glória, resta este livro.

Salve, cheia de graça.

A graça significa o dado, mesma palavra, mesma coisa, significa aceitação, ainda a mesma palavra: beleza recebida gratuitamente, receptores maravilhados.

Ela diz verdadeiramente o dado?

Não. O dom intervém em uma troca, espera um "contradom", constrói uma lógica, desenha um circuito, conta uma história, inicia uma representação, praticados desde as eras antropológicas. Não. A graça escapa ao dom, à chamada lógica, constitui exceção do tempo das representações.

A graça equivale a um perdão.

Entramos outrora nos tempos do dom e em sua lógica por aquisição e reaquisição – a troca percorria aqueles tempos –, calculando os diferenciais e as valências. A graça indica um mundo ou um espaço fora daquele tempo.

Mundo ignorado por nós, incompreensível em línguas, esquecido desde o paraíso onde passam os anjos, utopia onde a economia suspende sua lei de ferro

Salve, agradável, que diz de teu agrado, de bom grado, sua aceitação à saudação; salve, gratuidade pura antes do tempo do dom.

Salve, cheia de graça.

O corpo recebe a gratuidade. O mundo a dá, desinteressado, não pede que lhe retribuam, não espera o "contradom", não tem balança, nem faz balanço. Nossos sentidos não lhe devolvem nada, não podem restituir nada à fonte das belezas dadas. O que poderia o olho devolver ao sol ou o palato à vinha d'Yquem?

O dado vem da linguagem: faz o contrapeso do dado, constitui um "contradom" ao mundo. O verbo recompra o fruto que a carne colheu na árvore do mundo.

Mas a graça. A estética, sensível e beleza no campo unitário, parece ser exceção às leis de ferro da troca-dom.

Deus não trapaceia nem ganha, nem joga nem troca, Deus, neste sentido, não calcula. Não faz conta nenhuma, nem ecônomo, nem economista, as leis que ele dá ao mundo traçam um lugar de gratuidade. As leis do universo não estão escritas em colunas de deve e haver.

Fonte universal e infinita para nós, o sol não se extingue. Ou antes: quando ele morrer, nossos sentidos terão perdido seu lugar ao sol desde a aurora.

O corpo recebe, sem ter de pagar, o dado. A fonte do dom, ou melhor, da graça, Deus, o mundo, o ambiente, ar, água, sol, como denominá-los? São desinteressados.

Eles dão universalmente, sempre, tudo a todos, em toda parte, sem exceção, interrupção nem falha.

Dão à sensação pura, sem conceito.

Dão necessariamente, e o dado nem sempre tem por fim a subsistência ou o conhecimento ou a satisfação: supérfluo às vezes, temível em todo caso, acontece que nossas culturas o abandonam. Eles dão sem finalidade, sem que ninguém possa ter representação para um tal fim.

Os quatro cânones repetidos nas aulas sobre o julgamento do gosto valem para a graça: era de se esperar quando ela desenha a beleza; mas valem para ela também quando se trata do dado. A unicidade da estética é facilmente demonstrável.

O mundo, belo, oferece gratuitamente o sensível.

Filosofia maravilhada pelo inesgotável, o empirismo supõe o mundo belo e infinito em seus tesouros. O melhor não tem preço. Ao diabo, a avareza; Deus, generoso, não faz conta, o mundo é abundante. Podemos sempre recorrer às fontes da bebida da imortalidade, irreversivelmente, em profusão, sem que jamais o nível baixe.

Os deuses se imiscuem no banquete dos mortais. Vestidos como andarilhos, vagabundos a mendigarem pelas estradas, Hermes e Júpiter, em bordejo, batem à porta de Baucis e Filêmon que vivem numa cabana onde seu amor, filho da pobreza, envelhece. Os miseráveis mortais, com mãos trêmulas e enrugadas, dão de beber e de comer aos imortais insaciáveis. Mesmo na dificuldade resta-lhes ainda o presunto que defuma na lareira, pendurado em um prego na parede escura do casebre. Mesmo pobre o mundo dá até a quem não precisa. A beber, agora. À saúde dos amores velhos e dos deuses em andrajos, à saúde da imortalidade, dos anjos que vêm, hipócritas e irreconhecíveis, dos hóspedes arcanjos, hermes ou ychim. Derramam, bebem, o nível não varia. De ordinário, quanto mais se consome, menos sobra. Aqui, em casa de Filêmon, e nesse dia viram a soma permanecer constante e estável. Milagre.

Milagre? Entramos no festim dos deuses onde a ambrosia torna imortal por seu gosto e volume inesgotáveis. Deixamos os banquetes aos dons, às trocas, do dom de Dom Juan ao dom da carne do verbo, todas as ceias a preço de ouro, de sangue e de morte, onde o Chateau d'Yquem 1947 vale uma fortuna, todas as ceias em "contradom", onde o amor, barato, é recomprado, entramos no repasto da graça, salve, Baucis, cheia de graça, o anjo Hermes diz Júpiter ou Filêmon contigo, eis que estamos à mesa imortal, no paraíso onde os frutos abastam, no jardim supralapsário onde a abundância corre sem tempo, banquete fundamental, original, sem predecessor possível, gratuito. Tal qual no mundo.

O vinho d'Yquem escorre de tonel para jarro ou de garrafa para boca, e quando um nível sobe o outro baixa como qualquer água num vaso. Uma balança intervém quando um prato desce enquanto o outro sobe. Se os níveis não mudam, quando o tempo e a água correm, a balança desaparece.

É preciso uma estabilidade: o que está lá não fica aqui, o que permanece aqui não está lá. É preciso haver invariantes e constantes. Ninguém pode agir sem elas, nem pensar sem seu princípio, nada pode existir sem a soma delas.

Uma balança mantém a exata economia do mundo. Quem pôs o vinho em garrafas não espera barris cheios. Quem o acumula na adega deixa com sede o espaço em volta. Organiza a raridade. O empirismo fica maravilhado com a profusão, filosofia das fontes, a economia a suprime, calcula as trocas equilibradas. O festim de Filêmon com o milagre de Hermes, o banquete de Adão com a fartura das frutas desconhecem a balança, precedem a economia.

Um tonel de graça enche mil garrafas sem esgotar sua estiagem.

É preciso que haja estável e constantes. O que está lá é igual ao que não fica aqui. Todos os desequilíbrios escondem uma equação, uma equivalência, mesmo as transformações o fazem. Donde a ciência, que organiza as milhares e milhares de maneiras de escrever o sinal, iguala. E baseia-se, pois, nos inevitáveis princípios de conservação. A cena de Filêmon com o vaso inesgotável, a utopia do jardim de produtos superabundantes falam da absurdidade, no mínimo duplicidade, do movimento perpétuo. Por ignorância das equivalências, das invariâncias, dos balanços. Precedem a ciência.

Uma cabeça inventiva enche de invenções mil cabeças vizinhas atentas, sem esgotar sua própria torrente de invenção.

É preciso a invariância. O vinho no copo não é o da garrafa. Impossível que este seja aquele, que ele seja e não seja este ao mesmo tempo e sob a mesma relação. Não se trata apenas de beber nem de calcular a vindima do ano, trata-se de falar. De conjugar o perigoso verbo ser e jogar com a negação. Se queres falar, é preciso dispensar os contratos estáveis com os outros e com as coisas: o princípio de identidade vale aqui como equivalência ou conservação, equilíbrio e estabilidade. Ele funda a lógica e toda linguagem possível.

O banquete gracioso do empirismo tem lugar antes do dom, da troca e do "contradom"; antes da ciência, pela perpetuidade da fonte que jorra; antes da lógica e da linguagem, como era preciso demonstrar.

Ele supõe na garrafa, ainda, o vinho, já, esvaziado do copo. Supõe um mundo cheio de graça antes que venha o verbo que compra tudo por meio da balança. Supõe um tempo tão antigo que o esquecemos, um tempo tão inimaginável que não podemos pensá-lo nem dizê-lo.

No jardim primeiro, a árvore do pecado tinha a forma e a função de uma balança: a queda, bem denominada, devia ser compensada por uma elevação. Na balança da cruz. No paraíso tem lugar toda sorte de movimento perpétuo.

Salve, Eva, cheia de graça, Ave.

Quem paga, no jardim dos sentidos, a luz nos olhos, o florilégio à volta dos lábios, o lustroso encarnado da pele, a leveza espiritual dos olores levados pelo vento, as vozes primárias na folhagem?

Salve, Eva, Maria, do amor gratuito.

Beleza sensível, desejo, sem equivalentes, amor sem balança.

Os mortais ou imortais bebiam vinho ou ambrosia, nos banquetes, outrora, a leste do mar Mediterrâneo. Esses ancestrais secam sob a terra, homens ou deuses. Durante o repasto, na Grécia moderna, os contemporâneos bebem um medíocre resinado que chamam: mistura. Mistura do fruto da vinha com o sangue do pinheiro. O vinho de antigamente misturava, nas crateras, a água límpida à calda espessa tirada das ânforas. Nunca bebemos senão misturas, ainda que venham d'Yquem.

Temos dificuldade de falar das misturas ou de raciocinar sobre elas. Elas resistem aos princípios. O analista lhes tem horror. Dêem-lhe um copo de água açucarada, perguntem-lhe onde fica o açúcar e onde se encontra a água: ele se distribui nela que se distribui nele. Onde se encontra a resina no vinho? Ela se mistura a ele que se mistura a ela. Onde se encontra a água na calda, onde o *sémillon* no *sauvignon*? As identidades balançam, sua localização se perde nas vizinhanças imprecisas, a contradição hesita mesmo ante o confuso.

Convidemos a beber lógicos, lingüistas e gramáticos, misturemos as bebidas, brindemos à confusão.

Hermes está lá, de pé, anjo que passa, os pés cheios de asas, diante do amor ancião que logo vai atar suas ramagens, ramagem de Baucis enlaçada aos ramos de Filemon, o vinho misturado corre nas taças, desliza curvando-se da ânfora para o cântaro, da cratera para o copo, faz subir seu corpo longo de escamas de rubi que se funde com outras serpentinas. Hermes verte seu caduceu: esquema claro e distinto dos fluxos confluentes, desenho ou gráfico inverso ao da balança. Bebamos ao caduceu de Hermes, à confluência, à confusão. Pode-se pensá-la, pode-se raciocinar sobre os corpos misturados?

Trata-se de um outro tempo?

O empirismo espera e acredita no recurso. Ignora o raro, a falta, a fadiga, o esgotamento. Zomba do segundo princípio, ri da queda, não paga nem fala.

Ele assombra os banquetes. O festim organiza a experiência crucial de sua filosofia, constitui a forma ótima de sua expressão. Para uma razão fora da degustação. O sol dá gratuitamente luz, formas, cores, calor, força, ainda; o trovão e o vento oferecem perfumes e ruídos, sem contrapartida, também; a casca e a rocha não cobram, também, pelo tato de seus grãos; alguma vez provamos bebida ou comida sem despender um cobre ou um tostão depois do paraíso? Eis o lugar da raridade, de onde vem a informação, velho lugar dos deuses onde a economia, lei do mundo, triunfa, onde reinam a troca e suas representações, cômica ou trágica, por onde passam os discursos, organizados, distribuídos, regrados, hierarquizados, onde giram as conversações, trocas refinadas de discursos e diálogos, eis aí, precisamente, a mesa do dom.

O empirismo entra aí como no centro de sua cruz, vem buscar a gratuidade onde ninguém a reencontrou desde o jardim do Éden. Entra, gracioso, no lectistérnio das estátuas: deuses deitados, na estabilidade, empanturrando-se nas mercearias, na praça central das cidades, enquanto os habitantes morrem da peste ou de fome.

Lugar onde reina a raridade, onde a economia impõe sua lei de ferro, lugar dos discursos refinados, da informação e da ciência agora, pois, agora, o valor, o raro, a fortuna vêm do saber, pois hoje menos que amanhã comeremos e beberemos saber, o banquete de hoje alimenta até a náusea apenas um décimo da humanidade, panteão de deuses protegidos por uma barreira de fogo apocalíptico, lugar de raridade, de economia, de linguagem e de ciência bem definido pelas armas atômicas, cercado de moribundos famintos, privados de tudo a multiplicarem seus filhos, como sempre acontece com a pobreza, lugar onde os saciados dissertam sabiamente sobre o dado pela linguagem... Perguntem ao desnutrido excluído do banquete se o dado se distingue, sim ou não, da palavra, dêem-lhe pão, dêem-lhe palavras, é o que separa simplesmente a vida da morte. Sua vida de sua morte. Nossa vida saciada de sua morte faminta.

A questão termina na gratuidade. Na economia e na raridade. Na organização da raridade. Na organização do festim. Na divisão do espaço em duas áreas: a do banquete rodeado de sebes espinhosas e de barreiras por onde correm, nus, os famélicos. Lá, comem e bebem à saciedade porque sabem, porque sabem falar, calcular, pesar, pensar; aqui, na noite vaga e caótica, erram os que morrem de fome porque não sabem nem podem participar da conversação, do festim de palavras, nem das leis do dom.

Quando é que a graça entrou nesse espaço?

Percorram os caminhos e as barreiras, façam todos entrarem no festim de bodas.

O lugar da filosofia, nestes tempos de hoje como nos tempos da história ou do mito, ainda é o banquete: agora equivale ao mundo. Imenso asilo de desnutrição onde agonizam sombras, no qual se destaca a mesa de raridade ou de abundância onde alguns obesos vomitam seus excessos. Sim, o festim dos deuses que baixaram à terra indica o sentido do termo mortal.

Quando é que o mortal e o imortal, juntos na mesma mesa, esquecidos da balança, comerão, como se diz na França, *à l'œil*[13]? Pagando tão pouco quanto o olhar alimentado de luz.

O empirismo entra no festim das estátuas, deitadas no zero de equilíbrio, como o campeão da gratuidade.

Ele se lembra da aliança entre o sensível e o gratuito, venerável relíquia de língua, trazida pela saudação dos anjos. Lembra-se do jardim do Éden, do paraíso bastante, terra onde correm em abundância mel e leite, do deserto onde cai o maná, da cabana onde as ânforas jorram como fontes.

Espanta-se com um mundo povoado de balanças, de discursos regidos por diversas pesagens, com um tempo onde tudo é pago, pão e beleza, em

[13] Pelos belos olhos, de graça. (N. da T.)

breve, o ar para respirar ou o silêncio que propicia o sono e a existência privada, velhos dados gratuitos. Espanta-se que a economia dite a lei do mundo, sem graça.

Ele entra no festim dos sentidos, única filosofia sem economia, cheia de graça, vibrante de vida, gritante de vida.

A economia tem horror ao dado gratuito, considerado fausto ou desperdício. Ela ataca o sensível. Da graça, ela destrói a beleza, depois investe contra a gratuidade. Tudo tem um preço, diz ela.

Diz ela. Falar, dizer, escrever, avaliar. Pensar ou pesar, mesma palavra, mesma coisa.

E se a palavra vendesse, comprasse a preço fixo ou flutuante, negociável, cambiando segundo as zonas do espaço ou os momentos da conversa, cada dado, antes gratuito, agora reduzido, pelo contradom da palavra, a um dado? A língua paga em moeda de palavras o estado das coisas? Compramos o mundo por meio da linguagem?

E se o verbo viesse no meio de nós para recomprar o mundo?

A economia vende a visão, os sinais sonoros, povoa o espaço de ruídos e de imagens expulsando as vozes e os espetáculos gratuitos para fazer crer que o dado vem da linguagem, faz comércio de estética e de anestesia, substitui a graça. A balança de raridade substitui o caduceu da abundância. Poderíamos saudá-la, despida de gratuidade.

No entanto, ao ver o sol, diríamos tranqüilamente que ele dá, sem preço. O corpo volta-se para ele, os animais, as plantas também, os talos se inclinam, sua fonte inesgotável cria um fluxo irreversível sem retorno. Sem reembolso nem dívida.

E, no entanto, ele esquenta.

E, no entanto, ele gira, dizia Galileu, ao fundar a ciência moderna, diante dos tribunais da Igreja, em cultura fria.

E, no entanto, ele esquenta, diz a memória do gratuito perdido, empírica, diante do tribunal ou da balança de economia, de termodinâmica e de língua, em nossa cultura quente.

A sensação, gratuita, não se paga em moeda alguma. Nunca a chamem de dado: ninguém é obrigado a um contradom. Não a chamem de percepção: quem faz, aqui, a parte do contribuinte e a contraparte do impostor?

Em seu banquete sentam-se os parasitas: eles sabem que recebem e não devolvem, já os conhecemos. Pagam com a língua e fazem crer que o dado passa por aí. Dom Juan preside esse festim, ele que não reembolsa nem as hipotecas nem as dívidas nem sabe manter palavra. Todos ignoram a balança, a equivalência, vivem do e no afastamento do equilíbrio, inclinação jamais recomprada. Assim nasce o mundo em Lucrécio, assim começa o tempo no caos da Gênese, assim se abre a história, por exemplo, de Roma fundada, que se afasta do sagrado.

Há muito tempo procuro a graça. Ou um objeto que não possa ser denominado lance, nem fetiche, nem mercadoria. Não o dom: a graça. Não a gravidade: a graça. Não a natureza: a graça.

Absolutamente não a física, não a ciência e suas leis de valência. Mas a metafísica, para além delas. Em afastamento de equilíbrio em relação a elas. Mas a filosofia: sabedoria, amor, que dizem, também, a graça. Salve, filosofia, cheia de graça.

NASCIMENTO

Quem bebe uma dessas beberagens, que a indústria impinge e divulga em enxurrada, engole termos e pode conhecer o que passa por sua boca, integralmente. Passa como uma linguagem escrita no rótulo sucinto. Tudo o que está na caixa de metal ou de plástico é anunciado no papel, tudo o que está impresso fora das paredes encontra-se dentro das paredes. Essas duas proposições não deixam nenhum resto. A marca anuncia uma seqüência finita, bastante curta: beber análise como ler; o letreiro como o cartão contém a mesma série de palavras ou de corpos: refresco de fórmulas, beberagem de abstração, farmácia. A lei obriga. Impõe a honestidade da publicidade. A lei, escrita, adstrita ao rótulo, escrito, que faz beber o escrito. Beberagem ou droga, decreto mesmo. O sentido começa e pára na linguagem. Anestesia, boca paralisada. Poção.

Quem bebe do bom vinho não saberia falar de marca, não pode dizer integralmente o que está ou fica em seu palato. Desenha-se aí um mapa finamente detalhado, um chamalote, sem palavras entronizadas para desenhá-lo nem frases para descrevê-lo, salvo léxico fraco, sem experiência, do qual todo mundo caçoa. No rótulo figuram o desenho do castelo ou o nome da herdade, a indicação do vinhedo ou de seu sítio. Se fosse preciso enunciar aí o que o vinho contém, a lista alongar-se-ia tanto quanto mais apreciado for o vinho, o papel recobriria a garrafa, a cave, a cepa, a superfície da paisagem, como um mapa fiel ponto por ponto. A excelência abre uma seqüência descritiva que, podemos imaginar, segue ao infinito. Beber envolve essa lista e esse tempo interminável: a singularidade do *cru*, da data e do próprio frasco enrola essa imensa série num lugar reduzido, exatamente sumário. O concreto fica nessa densidade ou o real nesse somatório qual uma essência singular: não uma pureza uniforme, reproduzível pela repetição, análise ou indústria, mas uma mistura numerosa de implicações cerradas. Saborear espera o desdobramento dessa densa e dura evolução, o desenrolar da bola enrolada sobre ela mesma, momento deleitável em que a ave abre a cauda em roda e se pavoneia, inimitável. Virtualmente inanalisável, um fluxo mesclado deixa por onde passa ou permanece um pouco uma meticulosa tatuagem, aurora boreal, corpo achamalotado, constelação de ocelos variados, sob uma tempestade faustosa, um conjunto múltiplo e disparatado, não-padrão, que atesta a essência singular. Depois de ter recebido esse detalhe, o sujeito julga frígida ou anestesiada sua antiga boca, lisa e pura à passagem dos fluxos imitáveis, ou imediatamente analisados.

Os livros entediantes da biblioteca citam os livros da biblioteca: copistas, compósitos, analíticos. Os bons livros vêm de outro lugar e vão para a livraria. À sua chegada, são rodeados pelos maus que os destroçam, analisam, para mostrar que também os escreveram por meio dos livros da livraria. Os maus autores detestam os bons e tentam torná-los parecidos. Tentam dizer que um bom livro é somente a soma de suas análises.

Por muito tempo as crianças terão sido levadas a acreditar que existem bibliotecas de volume infinito, que ninguém pode se libertar de seus labirintos, que se conhecem pedreiros que sabem construir torres de Babel sem fim. Em suma, que a linguagem aprisiona em paredes que interditam o mundo, ao imitá-lo.

Ora, construímos finito, durante nossa vida breve, e mais finito ainda porquanto construímos com o já construído. Nenhum corredor cruzado construído por mão de homem pode encerrar homem nenhum por mais que um tempo relativamente curto. A quina da parede pára aí, o oco do vão nunca é encontrado, fractal. Pode-se vagar pelo mar durante todo o tempo da história, quem procura bastante a abertura do labirinto encontra. O dado singular não pára nunca. Ninguém sai do mundo, qualquer um se liberta facilmente da biblioteca; podemos entrar infinitamente num objeto, chegamos bem depressa ao fim de um livro.

A obra de arte, às vezes, incide sobre si, numerosa, como que interminável, e produz um tempo de história: como uma essência singular inintegrável. Os grandes números intercalam-se entre finito e infinito. Diríamos, nas bibliotecas de filosofia, que diagonalizam e resolvem as antinomias.

A referida beberagem industrial passa pela boca como as listas de livros entediantes, e a deixa frígida: pura, idêntica, analítica, reproduzível. Ela reconhece facilmente sua droga fabricada de propósito para o reconhecimento. O bom vinho, inimitável, engana até os conhecedores. Deserto ao sol ou floresta de folhas todas diversas.

O cão, habituado ao reflexo, acorre à voz do dono e sofre brutalmente se não a escuta, saliva como um autômato à vista e ao som da caixa de metal, sabendo o que o espera e quem o espera, sua droga.

O esperado cria anestesia. A estética prova o improvável. Se queres viver livre, bebe singular. Se queres viver singular, bebe livre.

Autoridade na carne sem a carne, a linguagem passa pela boca deixando-a virgem. O verbo é concebido na carne deixando intacta sua virgindade.

As comidas sem gosto anestesiam a língua como a linguagem. A linguagem anestesia a boca com fazem as beberagens industriais ou as drogas farmacêuticas. Boca de ouro dos bem-falantes, metálica e frígida. A linguagem exige tudo da boca e não lhe dá nem lhe deixa nada, como um parasita.

O gosto é um beijo que a boca se dá por intermédio do alimento gostoso. De repente, ela se reconhece, tem consciência de si, existe por si.

Saída da boca, como um filho, a linguagem exige-lhe nascimento, assistência, não lhe oferece nada em troca. Degustá-la demoradamente lhe dá a existência. O homem de gosto existe onde o porta-voz, desgostado, transido, fica frígido.

Degusto, portanto, existo localmente.

O objeto do gosto existe, concreto, singular, de outra maneira que não numa seqüência finita, curta, de termos técnicos. Traz e cede o detalhe virtualmente infinito que faz supor, adivinhar o real, o objeto do mundo. O sujeito do gosto, agora, existe localmente, na boca e em sua vizinhança que, sem gosto, não existiria, virgem, frígida e falante. O gosto faz o objeto local e o objeto singular existirem ou não: certa bebida inimitável e certa vizinhança de carne, boca, bochechas, palato, centro e ponta da língua, mais todo o odor desprendido.

Eis que termina o banquete dos banquetes, sem que tenhamos reconhecido os convidados. Como ninguém tomou, sucessivamente, a palavra, não sabemos quem estava lá. Quem fala nomeia-se, quem se nomeia tem direito à palavra: uma palavra diz o sujeito que diz as palavras; ou então: aquele que diz as palavras acaba por dizer um nome que diz o sujeito.

No banquete copioso onde copiosos banquetes deram sua cota, os participantes degustavam para construir suas identidades. À volta do Yquem, sentavam-se, de início, ao todo, três línguas ou três bocas somente, três, sem dúvida, para uma pessoa, o órgão que fala, o que recebe o licor, o que dá e toma o beijo: festim de vinho onde se discursa do amor. O Yquem degustado faz existir o palato, o olfato, a costura que alinhava a boca ao nariz, muitas velaturas em torno da máscara. Quem se senta à volta da mesa? Máscaras: de veludo negro, de cetim branco, outras em seda rosa antigo, outras enfim achamalotadas, tigradas, zebradas, mescladas, de todas as formas e cores. O vinho acaba fazendo uma cabeça para cada uma.

Ao longo da mesa que se estende, máscaras e mascarilhas mexem-se, bebem, evanescentes. Rostos sem nucas, cabeças sem cinturas escapulares, guardanapos esvoaçantes diante de um peito vazio.

Degusto, portanto existe um fragmento de corpo: boca, máscara, cabeça, mascarilha. Uma maquete para ORL [Otorrinolaringologia]. Sinto, portanto formam-se placas. O empirismo apresenta um *cogito* local.

Os sentidos constroem o corpo por pedaços, a partir de serem exercitados. Trazemos os germes de nossa construção. O empirismo prevê o diasparagmos de Orfeu, a vida acaba tal como começou. Adicionamos cordas ao alaúde, à lira, depois elas quebram ou afrouxam, a música acorda as artes que afinal fazem secessão, as Musas se mantêm em paz, em seguida as mulheres trácias esgoelam-se, ululantes, na montanha. Muitas imagens, trata-se do corpo. Em torno dos germes sensoriais, ele se constrói, pouco a pouco, de vizinhança em vizinhança, adquire uma visão que logo perde se não a exerce na distância, no detalhe, no instantâneo, no colorido ou na nuança. Cola a vista na orelha, lembra-se do nascimento do ouvido e de quem ele o recebeu, em que circunstâncias deliciosas ou dilacerantes sentiu vibrar sua tripla língua... o retalho é montado lugar por lugar, peça por peça, corpo-retalho bem ou mal cosido, trapos vagamente unidos, flutuantes, alinhavados às pressa... indivíduo divisível, membros ainda esparsos.

O sujeito não forma bloco, tem sucursais; não está sediado em um lugar único, mas forma um buquê de vicariâncias. Eu não existo de repente, globalmente, ao emergir para a existência pelo ato de pensar ou de falar... ou antes: se penso ou se falo, eu existo, sim, em totalidade, sem fazer o detalhe, bloco construído, coerente, mas localmente frígido, estátua fria que entra no banquete para discursar, que se deita como um deus no lectistérnio, mas deixa a taça eternamente cheia, robô de boca anestesiada, com partes de metal ou de mármores, insensíveis, vazias, furadas, tapadas, falhadas. Falo, portanto existo globalmente, sim, mas virginalmente. A virgindade sempre acompanha o verbo. Eu existo em bloco, mas com partes fantasmáticas. O anjo sempre anuncia o verbo. Não, eu não existo nas localidades. Tudo está concentrado na capital, aldeias mortas. Dir-se-ia o mapa desses países onde o Estado impera sozinho. Síntese sem lugares, portanto, fácil, estátua lisa.

Diasparagmos para a morte trivial, para a vida corriqueira também. Esvoaçam à volta da mesa banal corpos de meia boca, sombras desprovidas de pele, uns com as cavidades das orelhas arrolhadas, outros sem olfato, machos manetas, mulheres sem tato, todos corpos de membros fantasmas, humanidade mutilada, com cadeira reservada para o banquete, que passa o tempo a dizer eu. Eu falo. Em pé diante da cadeira para discursar sobre o amor, ergo o copo sempre cheio ou vazio. Cada estátua quebrada tem sua unidade global, pensa e fala lindamente, mas desmorona apesar da unidade capital. Dir-se-ia que os convidados ao festim foram recolhidos dos sítios de escavações: diante da toalha branca, toda uma estatuária estropiada. Sujeitos globais vindos das cidades e dos campos, sob o sol, parecem as sombras lívidas esmaecidas dos Infernos em torno de Eurídice. Falar, pensar fazem facilmente a economia de uma difícil construção.

Atrás da música, Eurídice, caminhando lentamente, constrói seu corpo por placas e pedaços, a começar pelos terminais estéticos ou germes sensoriais, segue a lira ou a totalidade das artes, dessas belas-artes que nenhuma cultura pode dispensar, necessárias como o mundo para a construção e modelagem do conjunto vivo, uma orelha sai da sombra, o membro fantasma se faz carne, o pavilhão e o rochedo se encarnam, o tímpano se retesa, toda uma forja se organiza, com suas bigornas e martelos, uma boca de sombra sai da sombra, um jato de flores cai então dos lábios, o palato vai ser costurado, no banquete, com a orelha já encarnada, a pele ampla é pespontada sobre as ilhotas já emersas, a língua arvora-se além do virtual frígido onde se enrolava antes de nascer ou aparecer, a formação das peças, uma a uma, exige junções aqui e ali, pontos, abas, bainhas, passagens de placa a placa, de germe a germe, transições ou vicariâncias, perfumes doces como almas, gostos sedosos como carícias, matizes cantantes, acordes em vitral, dança, dança, dá sínteses locais tempo a tempo, por explosões de alegria, Eurídice, saindo dos Infernos, convidada ao banquete de suas novas núpcias, desprende suas formas das sombras da anestesia, da farmácia social, da droga lingüística que mantém a carne virgem na impotência ou na frigidez, liberta-se do labirinto passando pelos pontos inseguros, enche suas cavidades, sai da hotelaria dos jantares banais a fim de habitar a casa própria de seu corpo, deixa a prisão, ressuscita da morte sensorial, da corriqueira vida.

Nunca seguro de estar estruturado com bastante solidez, o eu assim construído, peça por peça, ameaça desfazer-se ao vento, desmoronar, dissolver-se na chuva; o corpo, tão logo despido da capa fantasma que o envolvia ao sair dos Infernos, não pode suportar qualquer coisa, a visão de Orfeu, uma pedra dura no caminho, um vinho capitoso demais, uma carícia ardente, o nu feminino emerso do caos subterrâneo esvai-se de novo aos pedaços nos Infernos, primeiro diasparagmos, como o corpo masculino de seu tocador de lira desaparecerá aos pedaços na montanha búlgara, sob os olhares e as garras das mulheres trácias, Bacantes dançantes, como o meu, o teu, modelados ao longo de um labirinto igual, seguindo atrás de uma lira igual, vão-se decompor no usual diasparagmos, nova queda das peças esparsas, disparatadas, e com as costuras desfeitas, desmoronamento dos pedaços que precede a passagem ao pó. Resta às vezes uma cabeça: a cabeça de Orfeu desce o curso do rio continuando a cantar, a falar, seguindo as correntes do mar às ilhas, ela diz: eu falo, portanto sou. Princípio capital estranho à debandada do corpo, que dá a existência ou a unidade, mas, como um fantasma, integra membros fantasmas. Eu canto, falo, penso, cabeça de anjo numa nuvem, ou de profeta numa placa de prata.

Estátuas e assombrações causam grandes ruídos nos banquetes.

O corpo se constrói como se compõe o livro, e as páginas associam-se como as peças e as placas. Todo costurado de pele, no início, nu em seu saco amarrado, como que vestido folha a folha, meias, echarpes e calças,
com peças de pele reunidas ou vestimentas diversas justapostas ou empi-

lhadas, cosidas, que se recobrem, mas às vezes deixam hiatos, pois alguns lugares rejeitam-se uns aos outros. A pele não faz síntese, mas alinhavo, colagem, ou remendo. O que outrora denominamos associação de idéias vale menos para as ditas idéias do que para os fragmentos de corpo ou de derma. Mal amarrados, frouxamente atados, em retalhos, se quiserem: pedaços remendados com esparadrapo. Cada vez que lhes disserem: sistema, para um vivente qualquer, devem entender: manto de Arlequim. Um livro é montado como um tato ou uma veste.

O empirismo, costureiro, constrói localmente, pensa por prolongamentos, de vizinhança próxima à proximidade vicinal, de singularidade à singularidade, de germe à camada, de cavidade a ponto, desenha mapas finos por caminhos de rato, cartografa o corpo, o mundo, os padrões: recorta, alfineta, costura. Sutil e refinado, ama o detalhe e fabrica frágil. Topólogo, tem o senso das bordas e dos fios, das superfícies e das guinadas, nunca seguro de que as coisas ou o estado de coisas, a menos de um passo a frente, continuem as mesmas, tecelão de variedades, no detalhe.

O verbo, ao contrário, não faz o detalhe, ocupa instantaneamente o espaço homogêneo: a voz conduz e repercute ao longe. Címbalo em seu tórax de ressonância, sobe como uma coluna acima da garganta, cone turbilhonante, na frente, ponta plantada atrás da luneta, trombeta, clarim que se anuncia e voa no volume em todo o redor e o torna unitário sob o jugo de sua força vibrante, e dá ao corpo uma síntese prematura e ampla, global e precipitada, dominante. A acústica desmancha com seus acordes as costuras precedentes e faz esquecê-las.

O sujeito falante freme no espaço da geometria e nele desenha as cadeias da razão, longas, simples, fáceis, munidas de lei própria, que traçam, pelo som, um caminho reto em um mundo isótropo. Dono e possessivo, supõe que o global, longínquo, não difere do local, próximo. A razão, lá, está nas mesmas relações que a palavra, aqui.

O empirismo costureiro de pele tem com a topologia a mesma relação que o verbo sonoro mantém com a geometria. Os dois últimos dominam e escondem os primeiros. O racionalismo do verbo, pedreiro, arquiteto, lógico e geômetra, constrói. O empirismo-alfaiate trabalha os consertos, as bainhas, prefere o frouxo ao duro e a dobra à articulação. Não, o corpo não é construído de imediato, dobra-se e desdobra-se, franzidos e bufantes, estende-se como uma paisagem.

Sutil, arguto, sagaz. O costureiro precede o tocador de lira, que precede o cozinheiro. O hábito é alinhavado no corpo fantasma como um véu ou uma capa. O morto-vivo, a uma batida de gongo, de címbalo, a um rufar de caixa surda, entra no banquete. Sem esse trovão acústico, ele cairia em farrapos, ridículo, máscara e capa. O som dá uma síntese breve e temporária. Os fantasmas precisam do barulho para se manterem na vida, é por isso que nossa incultura estrondeia sem parar. Ao dançar à música da lira ou da voz, a roupagem prematura pode fazer-se carne, pelo suporte do verbo. Façam dançar muito as criancinhas.

Os convidados, estátuas, sombras larvares, vestidas, mascaradas, barulhentas de línguas, entram no banquete da vida, onde a orquestra prepara o espaço harmônico, com risco de caírem aos pedaços no último compasso.

Comem e bebem, sagazes ou não.

O empirismo, escanção e cozinheiro, conhece mais receitas do que leis, pois estas valem para os estados de coisas homogêneas, muito raros, e aquelas, para os mistos, freqüentes que chegam ao corriqueiro. Ele cozinhou o cardápio do banquete onde misturas comem misturas para subsistirem enquanto misturas: isto é o meu corpo. Onde corpos misturados bebem corpos misturados: isto é o meu sangue.

O corpo compõe-se como um livro: topologia da costura, as peças se associam por alinhavo, no início; geometria dos sons, em seguida, primeira síntese global pelo suporte do verbo; e, outra vez, topologia das misturas, o cozinheiro refina as vizinhanças entre as peças. E sabe dissolver líquidos em fluidos, ou sólidos, tão pouco coerentes quanto carnes, em molhos curtos ou copiosos, para obter ligações insensíveis. Onde termina a carne e onde começa o ragu, o mesmo gosto, às vezes, mal se percebe. O corpo mal sabe onde começam um sentido, um lugar, uma peça e onde terminam um outro sentido, um segundo lugar, uma placa próxima. O corpo tigrado, misturado é feito de matizes vizinhos. Vai de um sentido a outro insensivelmente. Assim Van Eyck, dizem, colocou sobre a velatura sutil que mostra a coxa de Eva, no retábulo do *Cordeiro místico*, que se vê em Gand, quinze camadas *dégradées* sucessivas, em diferentes matizes cor-de-rosa. Assim fez o Criador. Assim, cada um percebe sua perna. E sua boca quando degusta. O Yquem pinta a abóboda palatina de afrescos e polípticos com velaturas que levam cem *dégradés*. O olho se perde como se olhasse a perder de vista; a boca degusta até a dissolução do gosto; a língua fica sem línguas, não temos quinze palavras para o rosa antigo, nosso léxico titubeia ou gagueja, os *experts* inventam termos para si mesmos, privados, intransmissíveis. Na sexta camada, Van Eyck pensou ter visto a mulher se mexer. Da mesma maneira, quando amassava os pigmentos para misturar novas cores, acreditava criá-las na tela. E Van Eyck criou a mulher. O espectro contínuo, diferencial, insensível, que tatua lugares invisivelmente e os une por faixas transicionais, enlaçadas, fugidias, cola nosso corpo ou mistura as partes, mais do que o constrói, ou o faz síntese. Assim, o bom toureiro não é reconhecido na excelência dos passes, mas na demorada ligação das figuras fundidas, nos volteios do touro na faina. Felizes os corpos fundidos. O banquete ajuda a desfazer a dita tatuagem pela fusão ou confusão das vizinhanças, a apagar o colorido berrante conservando a eficácia. Assim Van Eyck brinca de Deus e de toureiro com a vida, cada qual sonhando com ligações perfeitas. Assim o cozinheiro.

Arte frágil e temporária como um perfume, empirismo fluídico, filosofias passageiras, esquecidas ou desprezadas, deixadas na cozinha. Ninguém quer admitir que vive na cozinha, em família. E, no entanto, é nesses lugares que o corpo se liga. O empirismo desvalorizado, delicado cala-se. Contudo, ele acompanha a vida, por trás do teatro. O banquete se divide em dois: a representação e o ofício. Decidam agora onde se dá o importante, na oficina ou na frente do cenário? Nos molhos ou nos discursos? A máscara ou a vida?

O empirismo educa as pessoas freqüentáveis, vivas, de corpo flexível e ligado, reconhecíveis desde os primeiros compassos da valsa. Não instrui muito, com certeza, não induz altos conhecimentos nem belos discursos. Mas dá as pequenas felicidades que constituem a tonalidade contínua da vida, a descontração do corpo, a flexibilidade da atitude, a adaptação, as armas simples pela luta cotidiana contra os batalhões da morte que ocupam o teatro. A morte ronda, sempre, o banquete. Quanto à representação: trovoada, tambores, a estátua, ela mesma dominadora, anuncia a agonia dos dominadores. O empirismo refugia-se na cozinha, com os ajudantes respingados de molho e as copeiras, moreninhas picantes de avental branco. Um tanto bem comportado, simplório até, ele ouve os discursos que a bebida acarreta, fica com medo dos atores joviais e sonoros, histriônicos, prostituídos, imperiosos, engalanados. Tem medo da filosofia, das ciências e das leis, prefere retirar-se. Deixar a mesa antes do fim.

Na cozinha, ele aprende a não detestar o impuro, enfia o dedo na sopa. Aprende a mistura; na mesa impecável reina o separado. No teatro, a lei comanda; na oficina, contentam-se com receitas. Na representação, soam o verbo e a razão; atrás, o razoável basta. E se a grosseria dominasse o mundo, como um rei desatento e caprichoso? E se uma finura reservada, atenta aos detalhes locais, amante das nuanças, só tivesse lugar atrás do cenário? Empirismo polido, racionalismo unido. O primeiro não fala, não faz história. Prefere a vida.

O mundo ao sol parece o banquete ou um pátio dos milagres. Pernetas, caolhos, castrados, caras lisas sem boca ou nariz, em farrapos, não de roupa, mas de pele ou de sentidos, descascados, homens-tronco, nucas ou crânios sem orelhas, cegos, coxos e manetas, frígidos, impotentes, capengas, paralíticos, eis os que comem à mesa, eis por quem o festim chega ao auge, passantes, curiosos, os que entram e os que saem, ocupados em se embriagarem, anestesiados de um sentido, ou munidos de um membro fantasma, corpos não acabados, malfeitos, pouco educados, inconscientes de nossas aberturas, defeituosos, desconjuntados, todos consertados, recuperados, completados por uma ortopedia atabalhoada, pernas de pau, próteses, pontes, mãos de plástico ou narizes de couro, dentaduras, pontes, pênis artificiais, que dissimulam, sob o artifício, o espaço de nada, que escondem o torpor sob a obesidade, cada um a gritar, verborrágico, brada sua existência ou tenta impor sua linguagem, diz sua categoria na ágora, acreditando realizar o milagre de um corpo unido, bem acabado, harmonioso, pleno, completo, pela emissão da palavra publicada, mas mencionando às vezes, como uma confissão que escapole, que, desde a aurora dos tempos, nossos corpos sofrem, despedaçados. Milagre da linguagem na mesa dos milagres: eu falo, eu falo, ouçam bem que eu existo. Algazarra, estrondo, barulho que cobre o fracionamento trágico dos estropiados. Cada um vê chapéus, casacos e confia no verbo. Mas as roupas não escondem a pele, mostram, ao contrário, seus remendos e costuras. Todos nus.

Eu degusto, minha boca existe. Sinto, pois um pedaço chega à existência. Uma ausência branca achava-se no lugar que o sensível faz nascer. Em meu corpo, túnica de nada, o ser se coloca. O ser remenda o nada. O topólogo varia sobre o *cogito* de Arlequim. As bordas de minha língua não tinham existência antes de emergirem sob a camada de um Margaux; os amplos panos do corpo limpo ficam brancos; a cenestesia nula sofre ou goza esse múltiplo nascimento, criação continuada. Uma língua nova brota. Advém um tato, uma verdadeira mão de cinco verdadeiros dedos, uma palma exatamente minha. Um cocuruto brota em mim, um pavilhão imenso e novo, um rochedo finamente detalhado, um olhar inesperado;
esta pele rara envolve-me onde as zonas vêem, ouvem, estremecem, invo-

luem no interior, profundamente. Esta vizinhança não existia antes, ela nasce. Existiu uma vez, existe de uma outra maneira e cem vezes, adormece e ressuscita. Nasce, quer renascer, sabe fazê-lo logo, conhece seu grau de exigência. Aprende, daí em diante, que se rebaixar a sentir pouco ou mal ou relesmente devolvê-la-ia a seu primeiro nada. Existe, exige, erige-se.

Cresce e se fortalece. Fica doce para sentir melhor, torna-se forte para resistir. Sabe, pode atravessar o túnel de nada onde jazia antes; a doçura do sensível a endurece. A aprendizagem consiste em ligar as fragilidades que garantem a finura receptiva à força que dá o endurecimento. Muitas imagens, trata-se da ereção. Mas com a condição de generalizá-la bem. Ela descreve o fenômeno corriqueiro, local e global, do sentir, em vez de se confinar em órgãos que não têm nomes bonitos em língua nenhuma. Tal partição surge fora de seu nada branco, como Vênus acima do mar ruidoso, cresce, existe, age, brota como um botão, ou dorme esperando a próxima festa. Eu sinto, logo a placa se erige. A construção do corpo segue um conjunto de ereções. Vocês falavam de amor no banquete: davam-nos sem saber o modelo do que se passa em suas bocas e seus lábios.

O pequeno monstro que os filósofos desenham quando mapeiam as terminações nervosas pelas localizações que elas projetam no espaço cerebral, lábios grossos, língua enorme, tronco pequeno, luvas de boxe em cada dedo, orelhas de lebre... erige exatamente seus receptores. O homúnculo põe as antenas de fora, estende-as, eriçado de intumescências. Modelo das máscaras ou modelagens que seguem a cenestesia, que exprimem com precisão o corpo que sente e que nós, os gênios do verbo, raramente compreendemos. A construção topológica do sentir, peça por peça, corresponde, manto de Arlequim por túnica semelhante, ao espaço de cores berrante, manchado, tigrado, ocelado, quase quadriculado, das localizações cerebrais. Não temos necessidade de trépano para reconhecer esse tapete variado, o mundo sensível basta, e nossa pele matizada — ou a boca que se erige diante de um vinho que forma a cauda de pavão. Ave ocelada como um cérebro.

A aparência da festa na mesa dos milagres muda segundo nossa finura, nossos talentos e as circunstâncias. Os dois quadros anteriores recenseavam as mascarilhas e as máscaras dos convidados: na cor de peças de nada, dominó cor de invisível, como diria François Couperin, o Grande. Eis o das peças de ser, dominós ou arlequins de cem cores.

Entram e sentam-se, levantam-se, saem, bebem, comem, gritam e cantam, este aqui de boca grande entre *saints-jean-gueules-d'or*, tipos de lebres de olhos pequenos e orelhas compridas, inúteis e dobradas, corujas espantadas de olhar imenso, imóvel, estudioso e tolo, em órbitas sombreadas, tamanduás de longa língua viscosa, alguns primatas de braços intermináveis que acodem prontamente a todos os pratos, louva-a-deuses de magras pernas articuladas, como que artificiais, e toda a família tubarão e tigre cujos dentes terríficos garantem-lhes o maior sucesso, ladeados por paquidermes frios e lerdos de pele encouraçada, cem coelhos frágeis e fugidios ou ratos infatigáveis... Cada qual erige sua especialidade, aquela que o torna uma espécie de aleijado, cada qual exibe seu dominó de cor triunfante... grandes olhos encimando uns membros enormes, ó vovozinha, que dentes tão grandes você tem... Eis a primavera, eis a festa das metamorfoses, dos milagres cotidianos do sentir, cada qual, risonho, surpreso, comovido, vê surgir um rebento novo, ressuscita em seu enxerto de verdura, coroado, cingido, calçado de folhagem, colares de flores saídos da pele, braceletes nascidos do tato aveludado, corolas em fieiras caindo da boca, espirais de videiras perfumadas em volta do nariz, galhos ou cepas exuberantes prolongando os dedos ou os pés, troncos frondosos, faunos, gnomos, tritões, feiticeiras, diabas montando o primeiro cabo de vassoura que encontram, todos na balbúrdia brindando à glória dos vinhos na glória do outono.

E se os contos, botas de sete léguas, fera transformada em bela, pele de asno, sapatinhas de veiro, sereiazinha com os membros inferiores comprimidos, enfiados em uma luva de escamas esverdeadas, ogro que fareja a carne fresca, e se as festas galantes, bailes de máscaras, comédias arlequinais, as visões e os sabás pintassem em cores vivas somente ruínas perdidas, esquecidas, deletadas do sensível, cuja qualidade a cultura lingüística ou a religião do verbo já não permitem perceber?

Santo Antão, sacerdote do verbo, eremita no deserto liso e homogêneo sob o imutável sol, espaço onde nada de novo pode surgir à luz metálica do meio-dia, vivendo nas pedras a perder de vista, alimentado a pão e água durante o dia inteiro, ébrio de jejum, a salmodiar o texto a toda hora, olhos gastos no Livro, língua paralisada de verbo e de crostas duras, sente sua pele de anacoreta lógico horripilar-se de súbito sob as carícias numerosas, tácitas, do múltiplo que lá risca seu chamalote. O paraíso perdido,
jardim dos sentidos, disparate, de frutos e bichos e diabos e mulher, volta

ao deserto unitário do verbo que jamais o compreendeu nem recebeu, mas percebe-o como um inferno que o tenta: banquete que assombra no meio da dieta, festim do sensível fantasmagórico no reino da linguagem.

O santo, hoje em dia, vive e lê na cidade, no meio do asfalto a perder de vista, alimentado de regime para o estômago fraco e de comidas destituídas de gosto pela agro-indústria alimentar ou indústria farmacêutica, move-se na luz unitária da eletricidade que impede até a noite de chegar de novo ao dia, respira só os cheiros da gasolina e do querosene e, sobretudo, não conhece nada além da escrita, palavras-imagens que cobrem de ponta a ponta a cidade desértica, paredes, telas, painéis, lojas, veículos, em breve, o céu, o santo enfim existe somente no verbo que exige, para uma tal existência, ascetas que não tenham outra ciência senão a do verbo: lógicas, mídias, gramáticas, anúncios, fórmulas, códigos... informação em todos os sentidos, cenobitas que demonstram que o cinza da cidade e o fedor de que se impregnam nunca os irritam mais que as frases e a sintaxe. Vitória da razão: o damasco já não tem outro gosto senão o da palavra que entra na boca para dizê-lo.

A cidade é povoada de eremitas que só têm uma língua.

Que não pode dizer o sensível senão monstruosamente ou anormalmente ou infernalmente.

A abominável teratologia, nas tentações de santo Antão, vem de acoplamentos estranhos: nus em fundos de panelas, focinhos enxertados em élitros, baleias florais, bifurcações de reinos diversos, os corpos misturados implantam-se mal. E, no entanto, misturam-se!

Essas quimeras reduzem-se a palavras, justapostas por traços-de-união: imaginações lógicas, gramática dos sentidos, digital. Incapaz de seguir o fio, o movimento, a coesão, o contínuo, a história, o espectro *dégradé*, a carne, a mistura do sensível, a língua descreve em palavras-acrônimos as deliciosas velaturas que a banham. Quinze monstros se contradizem na coxa rosa de Eva.

Impotente para dizê-la, o verbo a amaldiçoa.

Breughel, Bosch, Flaubert: banquetes traduzidos em língua, pelas palavras, pela gramática, pela erudição e pelo dicionário, pesadelos de maldição, bichos construídos pelo computador. Assim também, nos simpósios atuais, ouvimos que *p* supõe *q* substitui tranqüilamente o Yquem que se pavoneia.

Nenhuma cultura atingiu o grau de ascetismo como o que hoje impõe a chamada civilização de consumo, nosso banquete.

A linguagem aí domina três vezes: a administração impera pelo componente performativo do verbo; as mídias dominam por seu componente de sedução, a ciência se impõe por seu componente de verdade. O verbo trismegisto produz uma classe dominante abstrata, bêbada de códigos: legista, informática, rigorosa, três vezes eficaz, e, assim, produtora de um mundo.

Nunca os que detiveram o poder ao longo da história praticaram um tão alto grau de austeridade. Nossos príncipes habitam o discurso. De direito, de retórica imagética, de ciência. Não comem nem bebem, não passeiam docemente nem conhecem as Belas-Artes. Mas onde estão as festas de antanho, no Trianon ou em Versalhes?

Santo Antão triunfa, dobra a humanidade, sujeita, ao verbo, impõe-lhe o pão seco da abstração, só lhe deixa o dado através dos três canais da linguagem, no deserto incorpóreo das cidades administrativas, informadas, tecnicistas. Ele comanda, fascina, diz verdade. Vai refazer o mundo por programa.

Daí, vivemos no meio de uma imensa e coletiva tentação de Santo Antão. Para criar uma cultura, é preciso um corpo e sentidos. A língua ou a inteligência artificial produzem uma subcultura, por falta de corpo. O sensível reaparece, sombra teimosa, infernal, através da abstração imposta, nas imagens e na língua, desfigurado pelo estrago do desprezo. Sentadas no festim, as estátuas ou robôs sonham com listas e ícones. Anacoretas exaustos, à noite, de trabalho formal e solitário, buscamos um sono raro, saturados de crimes da tinta vermelha, fascinados freqüentadores da gente do poder, saciados de trepadas ginásticas, empanturrados de rega-bofes de cores desagradáveis, de todo um banquete instantâneo, quimérico, evaporado à pressão de um toque. Esse subfestim perpétuo e desprezível, imaginário, aberto pela pressão lingüística, quem melhor o disse que este que assina o nome esperado: santo Antão?

Nos frascos, ao redor dos lábios, jaz a cultura. E o saber no fim de todas as contas: a inteligência e a sabedoria. *Homo sapiens*, homem que sabe saborear. Sagaz: o que sabe cheirar. Coisas todas que se perdem pela força das lógicas ou gramáticas, monótonas, loucas, quando se privam de corpo.

VISITA

PAISAGEM (LOCAL) ~ DESPAISAMENTO (GLOBAL) ~ MÉTODO E RODEIO (GLOBAL E LOCAL) ~ CIRCUNSTÂNCIAS ~ O LUGAR MISTURADO

PAISAGEM (LOCAL)

E se o paganismo, se o politeísmo construíssem igualmente um mundo em retalhos por meio de peças semelhantes às que montam o edifício do corpo? Como se o mundo não se diferenciasse, na superfície aparente, da pele: paisagem-molambo vestida de pedaços. Banal, aqui, magnífica, ali. O *pagus*, região, província, repartição de solo ou de espaço, faz a peça do país, o elemento da paisagem: canteiro de luzendro, vinhedo, pedaço de terra, pequeno pasto, um jardim bem tratado e o pomar adjacente, a praça da aldeia, a alameda. No *pagus*, domínio do paisano[14], costado de sua velha nobreza, fixam-se divindades campestres. Ali repousam os deuses: no vão da sebe, à sombra do olmo.

O paisano coabita com seu deus pagão no elemento de paisagem.

Paisano pagão, a língua antiga guardou sua lembrança: recordem-se das florestas mediterrâneas de antes do maqui, das arenas de antes dos trabalhos conexos, do tabuleiro que não se podia chamar de panorama: topologia de uma carta montada por placas díspares, diversamente coloridas, extravagantemente encaixadas, capa de retalhos de vinhas, prado, lavouras, bosques, pontos de referência, ruínas de politeísmo apagadas desde o nascimento do verbo. Quem viu a roupa de Arlequim de minha mãe Terra conhece a Antiguidade. Ela desaparece pouco a pouco, manto branco que volta a ser virginal, campos abertos onde o milho, monótono e desolador, ocupa o espaço até o horizonte, feio, esverdeado. A linguagem e o monoteísmo tornam homogêneo o trapo pagão, a técnica passa sobre nichos

[14] Aqui, a tradução de *paysan* por paisano obedeceu a critérios etimológicos que me pareceram mais afinados pela intenção do texto. (N. da T.)

sagrados: destruição dos velhos deuses vicinais, abolição da gleba e dos limites. O empirismo respeita e dá vida a cem divindades locais, adorará até a do verbo. O monoteísmo torna possível a intervenção tecnicista global: para formar um espaço isótropo, foi preciso primeiro matar os ídolos. Nada de novo sob o sol, em todo o Middle West. Paisanos expulsos, paisagem destruída.

O corpo se junta por membros esparsos, uma roupa é montada por peças e costuras, seria de pensar que a paisagem veste o corpo de minha mãe Terra, os semideuses do panteão pagão a prenderem jóias, aqui e ali, para adorná-la? O paisano vela ou viola esse corpo? Não perguntem mais como se vê uma paisagem, pergunta de criança mimada que nunca trabalhou, descubram como o jardineiro a desenhou; como, desde há milhares de anos, o agricultor lentamente a compôs para o pintor que a expõe ao filósofo, nos museus ou nos livros.

Ele a compôs *pagus* a *pagus*. Ora, esta mesma palavra latina, de velha língua agrária, assim como o verbo *pango*, ditam ou dão a página, a que lavro, esta manhã, em sulcos regulares, com a relha do estilo, pequeno recorte onde se finca, ou se planta, ou onde se estabelece a existência de quem escreve, onde ele a canta. Prado, lugarejo, campo forrageiro, jardim ou povoado, lugar de referência de seus trabalhos, ares e habitat, onde ele nunca pode viver sem a companhia de um deus. É preciso um deus por página, pelo menos, para que ela exista, para que ela ajude a existir aquele que a faz, lentamente: ele nunca deixa uma página sem ter arranjado nela o santuário secreto que ele roga humildemente a quem lê ou passa que pare um instante para saudar. Um deus repousa aqui, escondido, invisível. A página onde se concentra tanto tempo carrega tanta escrita densa somente para que ele advenha, para que estabeleça aí sua morada e seu lar. Se procurarem um pouco, hão de encontrá-lo. Roguem-lhe um instante, por vocês e pelo paisano do lugar de referência.

Como o paisano, o escritor compõe. Permanece demoradamente na página ou no torrão, e honra o nicho sagrado, trabalha nos limites, no muro do campo protegido que o separa do santuário vizinho e, às vezes, medita sobre a paisagem, no meio do vale: ano que vem será preciso plantar um álamo, um cedro, um teixo, no alto do barranco, entre o cemitério e o lago, para que, daqui a trinta anos, um requinte a mais encante o viandante, distraído ou a meditar sobre a percepção e a natureza.

Sem paisagem, sem obra nem história, sem acidentes ou acontecimentos singulares que propaguem ao redor alguma empresa regional, inesperada para quem vem da vizinhança. A singularidade que os atinge dificilmente é reportada aqui. É preciso trabalho e tempo para traçar os caminhos vicinais que separam ou encadeiam, costuram ou misturam essas circunstâncias vizinhas. O tempo corre nas estradas. Chamemos circunstância um estado, ou melhor, um equilíbrio local rodeado por uma zona de influência, irregular ou caprichosa, estrela festonada ou desvios assimétricos, bola espinhenta em todo o não necessário. Na periferia da bola circunstancial, outras correm, tangentes, exatamente contingentes: esta última palavra significa que elas se tocam entre si e conjuntamente sem lei que as obrigue. A paisagem, a obra, a história integram parcialmente essas circunstâncias contingentes e formam então um quadro, parque ou jardim, pedaço escolhido, período ou intervalo. A integração global, estrada reta que penetra a floresta, apela ao método ou à ciência.

Aldeia, casas espremidas em torno do campanário, e o cemitério; vale de longa margem inclinada, sublinhada por sebes que descem o barranco; lago coroado de esplendores concêntricos; plataforma ao vento a correr sabe-se lá para onde... quadro. O viajante narra e diz o detalhe, suas estupefações e descobertas, o rodeio ao longo do caminho vicinal, cita as contingências e percola como o tempo. O marinheiro se perde na baia de Kekova dos múltiplos golfos, ansas, ilhotas, desfiladeiros, praias estreitas e em concha, bifurcações estranhas, enseadas e barreiras, vê somente cenas, só compreende o plano na mesa do quarto de vigia, sonha com uma obra em que cada livro ponha em páginas ou quadros uma perspectiva de baia, total, bela, suficiente, que abra e esconda o acontecimento de sua vizinhança, que mostre e encubra o geometral global, esperado como uma divina surpresa ou rejeitado como uma tarefa grande demais. Mas o nível constante das águas condena o marinheiro à abstração ou aos astros, para ver. Ele segue em horizontal. O tempo da obra, inesperado e esperado, percola durante toda a rota de circunavegação, ou melhor de rodeio, em cima e embaixo, aventuroso e amarrado no volume do espaço, vezes e vezes, redescobertas e novidades, de súbitas visões grandiosas.

Que mundo forma o andrajo pacientemente costurado das milhares de páginas lavradas, antes, e das milhares que esperamos, depois, que país elas embelezam, de que terra traçam um mapa, de que corpo compõem a roupa? Pele tigrada, zebrada, estriada de quem escreve, raiada de linhas e de letras, pedaços de corpo, placas de derme, campos de paisagem, páginas de uma outra terra desejada, paraíso.

Como colar este mapa sobre a paisagem ou sobre o terreno da carne movediça, sobre as peças que brotam na primavera, eréteis, para festejar o sensível, pois cada página assim se erige? Obra morta sem essa colação, estéril sem essa colagem. As páginas só dormem na linguagem, extraem sua vida das *pagi*: da paisagem, da carne e do mundo. Quando reencontrarem a roupa de Arlequim de minha mãe Obra, conhecerão a Antiguidade: essa volta obstinada do paganismo, do trabalho paisano solitário, obrigado por suas próprias contingências, da paisagem local pacientemente modelada, essa atenção às vizinhanças sem leis, realidade que brilha e nos ultrapassa a cada momento de sua germinação, gritos de vida.

A obra data da paisagem, da Antiguidade perdida, dos sentidos. Recomprada subitamente, integrada pelo verbo.

Não procurem saber como se vê uma paisagem, componham um jardim. Compreendam o erro estético de submeter tudo a uma lei: aplainar entedia e enfeia, mundo sem paisagens, livros sem páginas, desertos. Retirem as coisas todas, nada mais verão. Ver o espaço exige tempo, não matem o tempo. Evitem o erro simétrico de se contentar com o fragmento. A ausência de narrativa entedia tanto quanto a lei primeira e enfeia ainda mais. Compor exige uma tensão entre local e global, vizinho e distante, narrativa e regra, a unicidade do verbo e o pluralismo não analisável dos sentidos, monoteísmo e paganismo, a auto-estrada internacional e as cidadezinhas retiradas, a ciência e as literaturas. Mantenham firme a rédea do cavalo que galopa, contenham os caprichos dele, prevejam o caminho acima e ao longe. Zelem com precisão, antecipem. A filosofia, às vezes, exige sínteses. Visitem.

Subitamente, vocês vêem ao mesmo tempo a miniatura e o panorama.

Podemos fixar as páginas-unidades?

Seja a fotografia da beldade, outrora diziam o retrato, recentemente, a representação: de pé, nua, recortada, em determinada escala de tamanho. Ampliada até o detalhe, grão da pele, molécula do grão, átomo da molécula, a beldade entra em abstração. Como Gulliver, no meio de todas as suas viagens na dita representação, surpreende o seio de sua ama-de-leite gigante. Para levar facilmente a beldade em viagem, vocês podem, inversamente, mandar miniaturizar seu retrato, diminui-lo de redução em redução, até conseguir alojar milhares de beldades em um caroço de cereja. Como Gulliver viu pulular liliputianos em pencas de anjos ou de lilases à volta de seu ventre-montanha, como o pintor faz passar multidões por uma ponte atrás de duas faces-falésias que oram. Como sabemos fabricar *chips*. A beldade em miniatura prolifera.

Superponham as representações, umas sobre as outras, ampliações sobre miniaturas, acima ou abaixo do primeiro retrato em uma escala de tamanho médio. A superposição pode chegar à lua ou mesmo ao infinito, pois nunca vimos limites para o tamanho, acima ou abaixo, salvo práticos. A cena mostra uma espécie de prisma ou cilindro astronomicamente alongado ou então um cone ou pirâmide imensamente evasê. O mapa ou a foto do belo ambiente exibe o retrato da moça em pé, a zona acima das vistas mais e mais a cavaleiro, longínquas, dão lugar a uma multidão crescente de beldades.

Imaginem caminhos que vão de um retrato a outro no volume da pilha, um conjunto de vias transversais ao cone ou prisma, interligando as diversas dimensões de um mesmo lugar. Cada conjunto de caminhos, o volume que ele define e recorta nesse prisma ou cone infinito, entra em outras dimensões que não a do espaço comum. Dimensão deve ser compreendida primeiro no sentido da grandeza e, depois, no sentido da invariante topológica que define um espaço em duas ou três dimensões, ou em dimensão fracionária. Em decorrência, nossa visão se transforma, transtornada. A beldade inteira está ao lado de suas peças, tecidos, células, grandes moléculas ou no meio de suas irmãzinhas gêmeas ou clonadas. Entre sua composição elementar e suas reproduções possíveis.

Assim repousa a montanha entre as rochas e as rochas nos seixos, os seixos entre moléculas ou cacos, o todo formando uma grande mistura; o oceano golfa dentro e fora de seus mares, fora e dentro de seus estreitos e de suas golfadas; a floresta dorme entre os bosques, a planície avizinha a clareira; o *pagus* de dimensão variada associa-se a outros em espaços de dimensões diversas. Eis a paisagem, soma movente de seus fragmentos reais, pavimentada de páginas misturadas, desenhem então, *para ver*, uma via ou várias *através de* suas possíveis representações.

Uma obra, como um parque, é composta de choques de átomos e de oceanos, de gotas d'água e de montanhas. O marinheiro observa as estrelas e sonha com a margem, mas manobra diante da onda que bate no paredão antes do navio e o faz desaparecer sob a espuma.

Páginas amplas e diferenciais tênues.

Aqui. A paisagem reúne os lugares. Uma localidade é desenhada como um ponto singular rodeado de uma vizinhança: fonte, poço, ponta de cabo que avança além da margem, ilha, pequeno lago, longo fio de riacho, estrangulamento no alto da garganta, guichê imposto pela margem do rio que lambe o pé da colina, clareira, passagem, porta, acontecimento topográfico, obstáculo, limite ou catástrofe; qualquer um prefere viver junto à singularidade, já ali, e guarnecê-la com a sua própria. Quem não sonhou em parar aqui, no meio do circo de montanhas secas, ao sol, em montar aqui sua tenda e esperar a morte? Habitat ou nicho, lugar do leito e da mesa, em torno do qual as marcas de passos fazem mil festões e arabescos, guirlandas locais da vida corrente. Aqui, alguém, vive, come, dorme, pratica seus hábitos, ama trabalha, sofre e morre. Quem passa sabe logo que transita por um lugar, pára no sítio ou diante da pedra que o assinala: aqui jaz o desconhecido que fez manchas na paisagem e cuja lápide tumular perpetua a ocupação. Ele encheu o ponto singular com seu odor, seus dejetos, com suas propriedades estercorais, trabalhos, gostos e cores, milho e vinha, descendências, depois, com seu último lixo, as cinzas de seu cadáver, mármore gravado no túmulo. O passante se inclina, visita o deus do lugar. Aonde vais? A este lugar. Donde vens. De meu sítio. Por onde passas? Por aqui mesmo. A cada pergunta, seria preciso uma narração infinita detalhada para servir de resposta, que não preencheria o lugar ocupado pelo gênio daqui, suas tonalidades e bálsamos, seu contato e seu silêncio, seus despojos ou restos que não têm nome em nenhuma língua.

O traçado de um jardim miniaturiza a paisagem, reúne lugares, sítios, recantos ou praças, compõe alguns aqui. Uma marca facilita a mancha de reconhecimento: a estatuária indica a singularidade do sítio. Modelem-no como ilha ou cabo, garganta ou lago, cadarço de rio ao longo de uma colina, a escultura assegura a continuidade, coloquem-na como deusa do lugar, em vez da lápide fúnebre sob a qual jaz o fundador, mítico ou não, do referido nicho, da página paisagem.

Quem sabe escrever um pouco pode desenhar um jardim.

O caminho passa pela paisagem, salta os obstáculos, catástrofes ou limites. Sacode os deuses dos lugares, vai reto. Resiste às obstruções.

Para onde corres? Para lá, onde correm, dizem, o mel e o leite. De onde vens? Perdi o paraíso de partida onde o pai jaz sob a terra, onde a estrada agora cruza e vinha de mais longe. Por onde passas, onde não paras? Como sabê-lo sem a referência, e como o caminho segue reto sem sua medida? Eis o hermes posicionado, o termo, a baliza militar ou quilométrica. As trilhas de cabras ou de alpinistas, nas montanhas, são marcadas por *cairns*, montículos, pirâmides, túmulos... Que vestal ou outra vítima jaz sob essa lapidação?

Eis os lugares da paisagem que as pedras assinalam.

Eis os sítios do jardim que as estátuas designam.

Eis, na estrada sinuosa, os *cairns* ou túmulos.

Eis, no caminho reto, os termos ou balizas, hermes.

Pontos de acumulação munidos de vizinhanças ou referências de metragem, em todo caso, pedras de reconhecimento para um aqui bem fundado.

Aqui: singularidade do mundo onde um indivíduo persiste em sua tumba. Lembrem-se, aqui, de que o primeiro teorema de medida surge à sombra de uma tumba piramidal egípcia, na época de Tales. Não sabemos se ele comparou a sombra do túmulo com a sua própria: para isso devia ter ficado imóvel como estátua, ao sol de meio-dia.

Podemos ver uma página-soma?

Antiga, pagã, a paisagem precede o verbo arquiteto, novo. O paisagista costura, apõe, junta, experimenta. O arquiteto concebe a síntese unitária: a peça decorre da obra enquanto o parque é induzido da página. Um muro adiciona pedras e o edifício soma os quartos no euclides do pedreiro, as três dimensões, enquanto a árvore passa do tronco às ramagens ou ramificações, bifurca-se do enorme ao mínimo e abrolha, fractal: e se cada espécie de flora desabrochasse em uma dimensão própria? Aí está o que resiste às uniões simples. Um paisagista conta com os indivíduos e o tempo, o arquiteto raramente está atento às vizinhanças, desconhece o *pagus* variável, calhau, poeira ou colina, seu espaço global desliza na mesma dimensão das peças localizadas. Le Nôtre e Mansart não habitam o mesmo espaço e não pensam a mesma soma. E o tempo da conversação ou da usura não bate como o da vida.

Apesar do verbo, o escritor não se desfaz facilmente do paganismo, sujeito à página local como à miniatura infinitamente pequena da intuição frágil trazida por uma sonoridade muda, um enorme sopro que a habita. O jardineiro, tal qual, coloca deuses e estátuas, oratórios, em cada ocelo do parque e ergue pavões e laranjeiras, jóias do manto, luzes pupilares. Duas variedades de paisanos pagãos. Ora, nunca, o Deus único foi invocado sob a denominação de paisagista, mas o evocamos com freqüência como o arquiteto do universo. O organizador cria, como um mestre de obra, uma soma. Guarda só para si a visão global e a previsão, planifica e divide.

O jardineiro entrega o mundo aos olhos multiplicados da paisagem. O visto, múltiplo, tem seus próprios olhares.

Avaliem o imenso trabalho dos profetas escritores de Israel para construírem uma Bíblia, livro único, costurando suas páginas no monoteísmo, lutando contra um povo idólatra que os manda para o espaço, que os dispersa para que façam uma paisagem, jardim perdido ou paraíso, país onde escorrem mel e leite, terra prometida, abandonada no mundo por angústia do deserto. O profeta da voz clamante assim como o povo eleito transitam pela planície vazia e branca durante toda a história entre duas paisagens, o parque imemorial e o da esperança, vida do verbo austero que lamenta ou que promete.

Avaliem o infinito trabalho da ciência para fundar um sistema unitário por entre o caos de suas páginas, numerosas como a areia. O conhecimento bate, sístole, diástole, hesita, em equilíbrio no tempo, passa de uma fase a outra, entre a esperança de um universo e o pluralismo irredutível de um mundo, entre uma soma sistemática e o crescimento irreprimível da diferença. Como se não pudesse deixar a terra ou o jardim das mil espécies pela esperança de um deserto.

Avaliem o trabalho impossível do filósofo, preso nos sistemas arquitetos, lógicos, desérticos, para ressuscitarem um mundo sob a explosão dos fragmentos. A felicidade quer que a paisagem resista ao ocre pálido do deserto como o corpo à máquina ou a menina ao velho barbudo, que a erva tenra cresça sob as escavações da rodovia, que os anjos às miríades de vez em quando reajam sob o reino do Deus arquiteto do universo e o afoguem no jardim de suas asas oceladas, que o prazer do banquete multicor resista à grisalha imposta pelo verbo abstrato. O empirismo traz a lembrança inolvidável dos jardins. Onde Deus, em pessoa, entra livremente por entre as espécies.

O arquiteto habita a síntese; o filósofo a procura, mesmo quando a adia por um bom tempo, e passa por um bom tempo pelo empirismo e pela ciência para retardá-la outra vez, e fica mais perto do paisagista para aprender com ele, para inventar, praticar, projetar com ele um conceito mais impreciso que a soma, menos completo que a síntese, mais fluídico que a adição, mais frouxo que a integral, mais vivo que o sistema, mais inconstante que o próprio conceito... o edifício cria totalidade, como o conceito, o verbo, a lei de ciência; a paisagem reúne: esboço, padrão, pois os deuses locais resistem muito ao esforço federativo, conjunto, agrupamento, coleção, reagrupamento, pacote, remembramento e a operação fica mais exata como lembrança do corpo de Eurídice e do tempo interminável necessário para sair da sombra infernal. Os campos desenham os membros que se cosem ou se atam, confluentes, que se lançam uns nos outros como fazem os afluentes. Nós frouxos, escorregadios, como os de uma leve echarpe adaptada ao movimento e que dá uma graça sutil, aérea, essa unidade movediça e instantânea que chamamos elegância.

Quando as ciências da vida usam termos de sistema, eles são emprestados de outros saberes, música, mecânica ou astronomia, que nunca compreenderam o tempo, ao passo que elas têm sob os olhos uma paisagem a remembrar, peças coladas com esparadrapos em cruz, laços de echarpe. Deveriam procurar, como aqui, subtotais, confluências movediças. Elas pensam duramente um objeto mole. O arquiteto concebe a dureza, o paisagista reúne a moleza do vivo.

A paisagem diz exatamente a página das páginas, por redobramento ou exponenciação das *pagi.* Um livro pode ser fechado, concluído, labirinto, poços ou prisão; a página das páginas, sempre aberta, expõe, livre, legível, estendida, desdobrada, descoberta, manifesta e patente, nunca esconde uma página com outra, eis o livro a ser buscado, frágil. O ornamento da terra não mente.

Pango, escrevo na página, *pango,* eu canto, o hino começa com uma declaração pagã, *pange, lingua, gloriosi corporis mysterium,* canta, ó língua, o mistério do corpo glorioso, *sanguinisque preciosi* e do sangue precioso, corpo morto e sangue vertido pelo preço do mundo, *in mundi pretium.* O hino medieval anuncia *pange* bem no alto da página, estabelece o paganismo antes da língua, antes do verbo, seu rei. O verbo dá seu corpo e seu sangue pelo preço do mundo; a linguagem compra o mundo a preço do corpo e do sangue.

Nobis datus, nobis natus: o mundo já não nos dá o dado, recebemos o verbo como dado, a linguagem o dá a nós, *sparso verbi semine*, ela semeia o mundo. A carne faz-se verbo, o verbo faz-se carne.

Recomprou, de imediato, todo o lamentável desmembramento do solo, do mundo e do corpo, *tender off* de todas as páginas. Já não encontrarão um só cantinho, uma moita abandonada, uma pedra no caminho ou no meio do campo, um inseto, um brejo que não estejam revestidos de suas categorias. O verbo fez o revestimento universal das páginas, não importa o tamanho, soma ou átomo, integral ou evanescente. A paisagem recua ao lugar anterior à língua e à sua glória: *pange, lingua, gloriosi...*

O paganismo reduz-se a um papel velho, *antiquum documentum*, antigo documento; garatuja ilegível não escrita; lição arcaica, exemplo, instrução, educação em ruína; não transmitido ou mal transmitido visto que sem língua, escrita ou falada: documento exatamente pré-histórico que dá lugar ao rito novo. A linguagem engendra novidade, ensinamento que data da Antiguidade.

Este livro, página por página, descobre justamente o antigo documento, busca sua antiga lição sob todos os arquivos, chamados novos, do verbo.

Os sentidos, apanhados em falta, falham, *sensuum defectui*. A língua canta os sentidos para enunciar seus erros. Eles se enganam não só diante do verbo, mas sobretudo diante do próprio corpo. O antigo documento cai em farrapos. E a filosofia, quando for ensinar ou educar, começará sua primeira lição pegando os sentidos em flagrante delito de erro nos mesmos lugares.

A fé no verbo acentua essas falhas, substitui esses defeitos. Ele os remembra, pois ele mesmo é corpo e sangue.

A vitória da linguagem sobre um empirismo sempre destruído repete os ritos novos mas um tanto antigos...

Felizes tempos quando a orelha percebia que o adorador, em seu templo, o lavrador, em seu pedaço de terra aluviana, o escritor, em sua página, trabalhavam os mesmos lugares, e quando o olho via isso.

Esse lugar data de um tempo tão remoto que o diziam antigo desde a Antiguidade.

Nunca anunciamos novidade senão do verbo: advento, vinda, batismo, Epifania, parábola. Paixão e Ressurreição. Modelamos nossa cultura para que ela ressoe o nascimento da linguagem ou seus renascimentos, em qualquer língua que se anunciem: em grego, latim, falares romanos, depois anglo-saxões. Cada uma assume sua vez e ressoa de novo, convencida de se levantar com a aurora. Cada língua acredita que toma o lugar da linguagem, como toda etnia em algum momento da história está convencida de possuir a dimensão da humanidade.

Cada língua celebra o nascimento da linguagem no tom de seu mundo interior. Anuncia o logos em matemática, em metafisica, segundo a voz, a lei e a relação em um espaço traçado, regrado, calculado, mensurado, conhecido, embelezado por ela... Diz a *ruagh*, espírito, vento, sopro, voz que passa sobre as águas no dia zero da Gênese, preliminar criador. Afirma que no começo era o verbo... Descreve a linguagem positivamente ou logicamente ou cientificamente por algoritmos, equações, códigos, fórmulas, em todo caso exclui da filosofia o que não se refere à linguagem... A mesma boa nova vibra de novo, o logos ordena e compreende, o sopro paira sobre as águas primordiais, o verbo vem pela recompra e pela retomada, a linguagem supre o dado, os chamados pré-socráticos, sacerdotes, sábios, filósofos recentes alinham-se estritamente pela variação de modo pouco mais ou menos religioso, metafísico, ontológico, positivo (histórico, lógico, formal, mecânico mesmo), ninguém, que escreva ou fale, cansa-se de anunciar que o reino da linguagem finalmente advém no meio de nós. Nossa cultura ocidental, por ela modelada, só diz dela, entra em ressonância ou harmônicos com ela, mora nela. Hoje adquirimos uma visão nítida dessa lei constante, porque agora começamos a perdê-la. Percebemos o último frêmito do choque multimilenar que nos fez nascer ao mesmo tempo que a linguagem, no momento em que ela vive sua agonia. Nossa cultura, nascida da linguagem, modelada por ela, vibrante nela e com ela, só fez regozijar-se com essa conturbadora emergência e grita ainda a boa nova em todas as línguas: míticas ou piedosas, abstratas, eruditas. Não voltávamos dela, saímos dela esta manhã.

Sob essa novidade, estável, que resume e celebra nossa cultura, descobre-se a Antiguidade. Não, claro, a que os livros de história relatam, imersos na novidade do verbo, seja qual for a época ou o intervalo que relatem, mas a do corpo e da paisagem, páginas compostas de ocelos mortos e vistos por olhos cegados. A ancianidade jaz sob o revestimento transparente do verbo, naufragada em seu claro dilúvio. Podemos descobrir algum lugar sob esses revestimentos, alguma carne desocupada? Antes do rito circular da novidade, antes do grande ano litúrgico da filosofia, rondas que passam sem deixar senão adventos, existia uma paisagem?

Um país cultivado mostra lugares, altos ou secretos, imediatamente visíveis como as estações. Um equilíbrio reina aqui. Paremos, fixemos nossa tenda, fundemos muros, esperemos tranqüilamente a hora mortal, evidentemente mais doce nesta situação. Aqui está a tese, nome grego da estátua latina. Neste lugar, uma janela parece abrir-se, de onde cai uma luz, onde a quietude se difunde. A paisagem entrelaça os percursos em tais paradas, semeia berços, escalas, longas pausas, túmulos ou portos, granitada de pequenos altares. Em torno desses umbigos ou germes, plicas ou singularidades, a vizinhança habitável lança seus braços, raios ou caminhos para a irrigação do local, assim festonado de sendas vicinais, direções que daqui partem e para aqui voltam, constelação de sentidos, pequeno trevo. A definição do lugar exigiria fronteiras, no entanto ele se organiza como um nó, aberto e fechado, como uma estrela, ou um corpo vivo. Animais que habitamos casas, não as assentamos nem fundamos em qualquer lugar, mas somente aqui, neste meio onde os deuses dormem e brilham, hospitaleiros, em cada lugar severos e incomparáveis embora próximos. Nosso corpo singular munido de uma vizinhança caprichosa que nos defende e alimenta, como uma couraça porosa que também nos pode sufocar, adapta-se com facilidade ou prazerosamente a um aqui local semelhante. O lugar, a casa e o corpo desenham os nódulos e pseudópodes análogos. Existência e influência da divindade vicinal, penates semelhantes ao nicho animal. E a paisagem remembra os sítios munidos de seu entorno, que a voz defende ou anuncia como o canto do rouxinol à noite. A língua sobe da paisagem marmorizada como conjunto de gritos que delimita vagamente esses lugares guarnecidos de vizinhanças irregulares, às vezes mais extensas que o alcance do órgão. Dos pontos singulares uma brilhância emana ou uma nuvem de odores ou um rumor ou uma coroa de espinhos. Os cinco sentidos colaboram para os contornos: do habitat, da localidade, como do próprio corpo. Este fede, grita, arranha, brilha para se definir também, ou acaricia, perfuma, encanta, ilumina para acolher. Assim como o corpo de minha mãe terra, remembrado em paisagem, germes, umbigos, sítios e vizinhanças, docemente composto ao sair dos Infernos subterrâneos, após as eras geológicas onde a pangéia não tinha nenhum olho para a voz, emerso das águas, enrugado, abalado, quebrado, alteado, recoberto, erodido, entregue aos gelos e às transgressões marinhas, dominado por uma flora cambiante e adaptável, irreconhecível sob suas novas roupagens, logo pisoteado por viventes lúcidos, irisa, cintila, crepita, deslumbra. A alta antiguidade da paisagem, cem vezes modelada por forças inertes, cultivada milenarmente por seus paisanos, pagã, olha-nos vê-la num formidável silêncio.

A paisagem resolve as variações sobre a noção de variedade: delgada ou espessa, leve ou pesada, inerte, viva, sensível, social, atingindo os bordos comuns ou separados do ar e do subsolo, nas vizinhanças longínquas ou conectadas do coletivo e do contentamento individual, variedade multiplamente contingente neste sentido, a paisagem equilibra, originalmente para cada subtotal, inúmeras exigências astronômicas, físicas, de história natural e humana, num quadro maravilhosamente singular que por sua vez irradia vias vicinais. Habitamos um lugar interessante dessa variedade, camada reversa de formação demorada, logo dilacerada, quase sempre em farrapos: paisagem tão rara quanto um corpo totalmente construído. Dormimos muitas vezes em suas falhas ou lacunas.

A paisagem começa quando se cala toda a ciência exata ou humana.

Frágil revela-se a face fractal da terra, tão freqüentemente assolada. A terra ergue para o céu o rosto desses assolamentos, toda sorte de populações transformou-a em vale de lágrimas, exércitos, indústria, turismo, invasões. Saqueada pelos que passam sem ficar, dela só vemos as ruínas. Nunca tivemos sob os olhos a não ser os restos de uma terra devastada, vivemos em meio a lembranças.

Como o corpo, a pele, o sensível ou o empirismo, a paisagem se veste de trapos remendados. Frágil, tantas vezes perdida e há tanto tempo quanto o próprio paraíso, é reencontrada ou descoberta em farrapos. Pedaços daqui, vestígios de lugares. O paraíso verdeja como um jardim paisagístico.

Em certa língua morta tão próxima que ainda vive na nossa, a devastação ou a destruição são ditas pela palavra população. Que terra veremos em breve sob o imenso crescimento das populações? Empreendimento delicado o de povoar a paisagem. Que novos saqueamentos nos preparam os métodos que seguem reto sem ver lugares nem vizinhanças nem caminhos elegantemente entrelaçados, doravante retificados?

Piedade para a terra frágil dilacerada ou recoberta de restos violentos e lixos imundos.

Chamamos descoberta, em relação às minas ou jazidas, a manifestação súbita, depois, a extração do húmus vegetal ou arável, areias finas, tufo calcário, manto mais ou menos espesso que jaz sob a areia, a pedra, o metal, a ser explorado, diamante, mineral.

Nada parece mais humilde que a terra; quando o verbo quis dizer a humildade, escolheu o húmus, o terriço, essa face da paisagem que nunca vemos quando passamos ou permanecemos, absorvidos em paixões e negócios. A erva, as sebes, o bosque, as flores o escondem ao mais perspicaz, e aquele que dá atenção às coisas profundas retira-o para encontrar o cobre ou o ouro. Ele está enterrado sob o fenômeno floral, funde-se no verbo, o real subjacente o elimina. Nossos maiores filósofos desconhecem a humildade.

Ela é reencontrada pela atenção e também pela nostalgia que inspiram vidas, cegas, que passam ao lado do mundo, nosso único bem: assim, sobrevoar a Sibéria, à noite, em tempo claro, não permite perceber luz alguma. A lucidez chega, entretanto, como se, de repente, uma porta se abrisse, como se um nascimento passasse pelo estreito da humildade.

... No Brasil, nas altitudes de Congonhas; na Turquia, nas ruínas de Pinara; e no meio do Entre-deux-Mers...

O vinhedo banhava-se nas primeiras luzes de setembro, a glória de agosto findava. Entramos nas colinas suaves como em um outro mundo; reina um intenso silêncio; o ar, imóvel, traz os tons e a claridade. Duras belidas nos caem dos olhos: a espessura comum da terra se eleva, tudo sobe em direção ao sol, ele inunda tudo de quietude. Nunca antes vimos azul nem verde, nunca vimos vinha, o visível está lá tranqüilo e sereno, tangível e tácito, espiritual ou embalsamado. Os caminhos que correm ao longo das fileiras não vão a parte alguma, participam do jardim como guirlandas. A terra, morena, as cepas, quentes, os cachos escuros e olorantes, os entalhes, baixos, as pedras do lugar, as árvores raras, todos esses pequenos detalhes singulares, familiares ou irreconhecíveis, sobem juntos, sem mácula, conosco, docemente, em direção ao céu como no dia antes de nosso batismo.

A paisagem, ao levitar, nossos corpos, ao nascerem, descobrem-se no lugar: obra comum de quem vê e do vinhadeiro que, há dois mil anos, aqui, prepara o visto, paraíso entre dois rios.

O sol explode em cem estrelas cintilantes através da brancura movediça da macieira ao vento diante da janela, constelações louras, avermelhadas, acobreadas, douradas, palha, ocre, areia ou amarelo pálido, multiplicando os raios retos, centrados, curtos, agudos e vivos como um trilho; o verão dos indianos colou a paleta dos verdes: esquecidos a tília, o pistache, a esmeralda, o celadon, maçã, garrafa, oliva, matizes repousantes no cansaço de agosto, a folhagem dos sicômoros entremeia-se de garança, carmim, cinabre, coral, escarlate e papoula do campo, tijolo e papoula encarnada, laranja, bordô, carmesin, sanguínea e rubi, as velaturas, ricas de vermelhos, grenás, púrpuras ou rubros, dão ao mundo uma carne corada sob um céu de azul sobrenatural onde o vento lança sua transparência laminar e seca de modo que as ramagens se contorcem diante da luz solar e a difundem em fragmentos trêmulos, banho, embriaguez, fúria; haverá uma idéia ou palavras que valham este minuto de deslumbramento?

Devolvido brutalmente às cores elementares, anã amarela do sol, árvores flamejantes, perfeito azul-celeste, o espaço cai numa beleza fundamentável que esmaga, como na Grécia ou na Provence. Expulso de suas finuras, o corpo, cegado, foge para o abstrato, pintor ou geômetra. Inventará o grafismo branco e preto, o conceito sem cor nem forma, a consciência ou a demonstração, lançar-se-á aos mundos subterrâneos.

Filho do Midi, na velha juventude abstrata, aprendi a preferir Flandres ou o norte da França, os mistérios dos mares brumosos, lugares onde a luz se perde sob vapores baixos e astros ausentes, plana cinzenta e vaga, textura escura dos troncos raros, mas onde, súbito, o luar satura os artifícios discretos, encanta o concreto local, clareira ou cozinha, não como definição seca, mas suspendendo os objetos num banho de luz de leve brilhância: pérola rosa-cinza desmaiada ou esmeralda casta em almofada de veludo, cerejas e melões encastoados como berilos ou jade em travessa de prata pura, longos panos de vestido em coloridos que se fundem na espessura, naturezas ditas mortas, mas em estado nascente, retratos onde o olhar se volta, o espectador submisso à lucidez de um olho gema, tons quebrados em ocelos mínimos, blau, lavanda, índigo, pastel, turquesa, pervinca, miosótis, marinho, ultramar. Poucas línguas conhecem a palavra vergonha, é preciso que matizes pudicos tragam gentilmente as coisas à existência, ternuras aquitanianas.

Há uns vinte anos, os pescadores de alto-mar deviam apresentar à inspeção um conjunto completo de cartas marítimas e os instrumentos de navegação em bom estado de funcionamento. Questão de previdência, de segurança, será que essa obrigatoriedade ainda ocorre? Ou agora, com o parasitismo crescendo como peste ao sol, é acompanhada de múltiplas tramóias?

Um dia, naquele tempo, esses instrumentos pareceram demasiadamente em bom estado aos olhos do inspetor. As cartas virgens, brancas, novas, magnificamente dispostas, sem uma dobra, em um grande móvel de gavetas, pintado, e a chave, que de início custaram a encontrar, precisava ser um pouco forçada por excesso de ferrugem. Toda a técnica exigida desaparecia sob a pintura. Que tinha um quê de exibição. A tripulação inteira preparara-se para os caprichos da lei, um pouco como quem carrega o estandarte: pavilhão erguido. A bandeira só serve para isso.

Vocês não usam nunca essas coisas! exclamou, ríspido, o funcionário da fiscalização. O marujo perdeu sua falsa contenção, pôs-se a balançar de uma perna para outra, hesitante. O funcionário preferiu sorrir, queria saber e prometeu não punir. Vamos, como fazem para encontrar Murmansk ou Terra Nova, nas duas estações do bacalhau? A resposta demorou; foi preciso sentar, abrir uma velha garrafa, dispor os copos, distrair bastante as crianças primeiro, um barco de alto bordo não se rende tão depressa. Vejamos, como fazem para ir até lá?

É preciso imaginar um campo sem postes indicadores. Que paisano haveria de se enganar para ir à fazenda do lado? Ele vira à esquerda no fim da moita sempre verde, segue reto até o entroncamento, desce ao longo do muro de pedra e, aí, vê, no fim do barranco, o telhado vermelho do vizinho meio encoberto pelos cedros. São perguntas que não se fazem. Aprendemos as respostas enquanto aprendemos a andar, falar ou ver.

Assim íamos a Saint-Pierre: siga em direção ao sol poente enquanto determinada algazinha flutua, vire um pouco à esquerda, quando tudo fica muito azul, não tem como errar, há paragens preferidas pelas belugas, aquelas onde uma forte e constante corrente leva para o norte, aquelas onde o vento dominante sopra baixo, em pequenas lufadas, onde a onda passa, sempre curta, depois, o imenso quadrado azul, em seguida o local onde cruzamos a rota dos grandes cargueiros, quando os vimos, o primeiro banco de peixes está lá, ao vento. Sulcado, às vezes, pelas lontras.

 O capitão não parava de falar, teria dito tudo até noite fechada. E o que ele descrevia ali, o que via desde a adolescência, a transformação que observava à medida que por ali passava, o que não tinha realmente aprendido da boca de ninguém, já que seus dois sucessivos patrões não balbuciavam uma palavra durante todo o santo dia, apenas mostravam com a mão, às vezes, na hora de virar ou de mudar de rumo, tudo isto que ele expunha de supetão, diante da mesa e da toalha de renda manchada de rum, essa superfície achamalotada do mar, essa superfície compósita diferenciada, assim como nossos velhos campos, por retângulos de lupulina, pequenos bosques, banhados, fileiras de vinhas sob pereiras, tudo o que ele descrevia com detalhes decisivos, cores, peixes, vento, céu, batida de onda, sim, tudo isso reconstituía exatamente o antigo documento, uma enciclopédia submersa, como a grande catedral. Nesse dia, morria um saber, o empirismo exalava o último suspiro. Ouçamos agora seu rumor que sobe das águas.

Lá onde o antigo sábio só percebia o monótono, o patrão via evidentemente um corpo estriado, nublado, tigrado, mosqueado, zebrado, exatamente diferenciado, uma superfície onde ele reconhecia as regiões locais, onde o ponto, a cada instante e mesmo na neblina, já estava feito; lá onde o antigo sábio não via mais que o instável, o patrão percebia um espaço que pouco mudava.

Mas só porque um saber nesse dia inspecionava o outro, controlava-o, teria o poder de puni-lo, de fazê-lo obedecer? No mais velho diálogo da filosofia moderna, o da razão e dos sentidos, seja qual for o nome que lhe demos, a razão aborda o mais velho saber do mundo e o leva a pique. O dia dessas últimas declarações anunciava o tempo da etnologia dos vencidos. Dele farão apenas um romance da moda ou uma ciência humana de sucesso nas cidades universitárias, onde vão pesquisar a língua do povo entre os selvagens.

Aprendemos desde a primeira infância que a ciência pode tornar visível o invisível. E, de fato, a carta marítima faz sobressair as profundezas, indica à distância o rochedo escondido pelo nevoeiro. Os instrumentos vistoriados pelo fiscal fazem melhor ainda, indicam o lado, desenham o fundo do mar, calculam com rigor um ponto automaticamente. Todos nos inclinamos diante de tais performances, mas é preciso que nos inclinemos, ainda, diante do inspetor. Por que a razão por si só não basta, por que ela prefere a força para impor a razão? Sobretudo, como é que, em troca, ela torna invisível o visível? Esse corpo achamalotado, estável e inconstante como um prado na primavera, esse espaço reconhecível e misturado desaparecem. Sim, a superfície dos oceanos, sua paisagem se apagam e submergem.

Aprendemos desde a primeira infância que os sentidos enganam. Não dizem os sentidos de quem. O inspetor não vê nada nas altas paragens onde passam as fragatas, a razão, na superfície do mar, só percebe o monótono, ele, o patrão do barco, é que vê claro, preciso e detalhado. Os sentidos raramente enganam quando são exercidos, a razão engana-se freqüentemente quando não seguiu o encadeamento. Esses princípios, semelhantes em qualquer parte, devem julgar de maneira semelhante em toda parte.

Os sentidos não enganam. O palato de um fino degustador julga mais precisamente que mil máquinas, a máquina mais fina é feita da carne de um ser vivo, a inteligência artificial fraqueja somente por falta de corpo, qualquer órgão de qualquer inseto ou serpente percebe misturas em escala molecular. O empirismo é julgado apenas cientificamente, e se nos puséssemos a julgar empiricamente o racionalismo? O questionamento que Descartes praticou não se reduz a um exercício de escola nem a uma ascese solitária. A força sempre se misturou a esse enorme movimento de história. O visível se foi, evaporou-se no invisível. Desprezamos as qualidades. Um outro invisível chega a nossos olhos. Ninguém mais viu o chamalote do mar, todo mundo procurou o distante, o profundo e os tornou sensíveis. Pode-se dizer que apagamos o imediato, o próximo. E o patrão do pesqueiro de bacalhau não teve nada a dizer. O mar tornou-se virgem.

Assim os fabricantes de cartas de navegação puderam dizer que descobriram a América, conseguiram que se acreditasse nisso e assumiram a glória, enquanto cem pescadores, seguindo os caminhos traçados do chamalote, já a haviam alcançado sem o proclamarem em altas vozes na história. O triunfo do verbo escrito produziu uma catástrofe perceptiva. A idade da ciência refez iconoclastas quanto aos sentidos e, por cúmulo, destruiu um saber prodigioso na vizinhança do percebido. Dele só conservamos ruínas, vestígios, fósseis.

Hoje já refinamos bastante o lado das razões e das ciências para afinal compreendermos a que ponto de fina sabedoria podem chegar os sentidos. Após séculos de mapas simples, os do inspetor, ou mapas violentos que apagam a percepção diferencial do patrão para substituí-la por um papel branco cheio de cifras esporádicas, desenhemos o mapa imediato daqueles que chamamos os práticos dos lugares, desenhemos a cenografia superficial dos mares: nebulosa, tigrada, mosqueada, zebrada, adamascada.

Eu nunca tinha visto o mar antes da noite em La Rochelle, quando, depois de horas a ouvir o velho pescador de bacalhau, deixamos o espaço enfumaçado em desordem, e a toalha de renda toda salpicada de cinzas, de manchas, de respingos.

Meu país até há pouco tempo ainda era plantado de vinhas em fileiras bastante espaçadas, embora próximas, para receberem entre elas, conforme o ano, o milho ou o trigo. Ao longo da vinha, uma ameixeira, mais freqüentemente, pêssegos, amarelos, brancos, uma cerejeira, alternadas, ritmavam a seqüência das cepas. O vinho às vezes guardava o sabor do pessegueiro de polpa branca e amarela, ou o odor das cerejas, os bois achavam sombra onde escapar do trabalho e das moscas, então o boiadeiro dormia ali, deitado, o rosto sob o chapéu e as pernas cruzadas. Há trinta ou quarenta anos, não sei que chamada mão invisível arrancou o imenso jardim, as crianças há muito tempo já não sabem como era quadriculada a planície do Garonne. Ela desenhava um tapete compósito e furta-cor; o milho às centenas de quilômetros, irrigado por jatos circulares de água, agora lhe dá ares de Middle West americano. Cem paisanos viviam ali onde já não passa mais que um motorista, raro, montado em cem cavalos, que se tornou produtor, como se diz nos jornais, de matéria-prima, uma única, de preferência, e bruta, ainda por cima. A monocultura e a economia concorreram nas duas últimas guerras para eliminar a classe paisana e apagar a paisagem.

Receberam os mesmos golpes e agressões que a cidade e a língua. Os urbanistas à Haussmann fizeram um bulevar passar reto, destruindo, perto do Sena, vinte capelas góticas e dez hotéis renascentistas: a tropa avança e o canhão acerta mais. Lineu diz em uma palavra latina ou grega trezentas denominações vernaculares para uma planta ou um bicho. Vernáculo: adjetivo erudito que designa o popular, assim declarado não-instruído; notamos aqui a palavra *verna*, escravo nascido na casa grande, ignorante, vulgar, que fala, mal, o patoá local da fazenda. Quando surge um termo erudito na moda ou no uso, quem considera o número de palavras, longas obras do povo e dos tempos, que ele destruiu, substituindo-as na página? Avenida de sentido retilíneo que recobre a paisagem. Nunca dizemos que um país está "despaisado": o que se poderia dizer praticamente da terra inteira. Como, qualificar, da mesma maneira, nossas línguas e nossas cidades?

Entrelaçamento complexo de ruelas sombrias e tortuosas; verbos ou nomes variáveis de aldeias e vilarejos, apropriados para colorirem um atlas; fileiras de vinhas com anotações mutáveis de árvores frutíferas, que formam espectro ou partição: antigos empecilhos do empirismo, sabiamente opostos à paisagem do global abstrato, postos nas circunstâncias locais.

De um canto a outro do deserto verde, o motorista só tem um trabalho e uma idéia, somente, na monocultura.

Começaram pelo mais difícil, fino, frágil: pelos problemas de mil exigências e cem incógnitas, evidentemente não-lineares. Dez variedades de frutas, de legumes e de animais, a vinha de vinho e a latada de uva brancas, as técnicas requeridas pelo inerte: solo e meteoros, o vivo: flora e fauna, o social: trabalhos, famílias, festas e ritos, mais a caça, o amor e os cogumelos, cem ocupações, mil idéias, vinte deuses, além de ignorâncias nem sempre dominadas, as dores e as tolices: mundo misto, sarapintado, mosqueado, na cabeça como na terra, cultura tão parecida que chega a ser confundida com os *Ensaios* — campos justapostos, curtos ou longos, ao sabor da sorte, como os capítulos que citam Hesíodo ou os marmeleiros, Virgílio ou as avelaneiras, vizinhanças raras, artistas, que introduzem a variedade amarga, seca e adstringente na monotonia doce demais. A inteligência regozija-se ao discernir a variedade, cultivemos o variado para que viva, ativa, a inteligência. Tudo cintila e muda ao sol nublado no céu volúvel de abril; Deus desaparece um pouco atrás dos santos e dos anjos. Policultura, politeísmo.

Monocultura. Nada de novo sob o sol só. As fileiras intermináveis, homogêneas, expulsam ou apagam o chamalote; o isótropo exclui o inesperado; o agrônomo afasta o agrícola; umas poucas leis tomam o lugar dessas permutas pontilhistas feitas de pequenos toques. Em vez da cultura, reinam a química e a administração, o lucro e as escritas. Um panorama racional ou abstrato expulsa mil paisagens, em espectros combinatórios.

Diante de nossos olhos, exibidas, duas visões da razão ou da inteligência apresentam seu espetáculo.

As dificuldades não-lineares de mil exigências logo desmoronam ante as longas séries de trigo, de milho, todas simples e fáceis. O único toma o lugar do múltiplo. E a desordem pura, ante a ordem homogênea, expulsa as misturas refinadas. Entendam por esse caos a solução industrial, pela agitação ou pelo calor. O motor exige da desordem molecular a ordenação única do mundo visto de avião. A facilidade, ei-la duas vezes: o rendilhado frágil mantido a grande custa de discernimento e grande quantidade de homens passa, à esquerda, do variado ao unitário e, em frente, do variável ao desordenado. Vai, duas vezes, aos limites simétricos. A paisagem, difícil, misturada, fica entre essas margens.

Será que chegamos, hoje, a uma era terceira, em que jantaremos nas bodas do global com o local, sem expulsar do festim de núpcias os que foram desprezados há pouco, conforme as normas, com os nomes de empíricos ou abstratos? Consideramos distintamente o segmento que vai do caos à ordem unitária ou monocrômica quando atravessamos uma infinidade de multiplicidades intermediárias. Por que opor as margens ao que elas encerram? Já forjamos os meios, intelectuais e práticos, de escolher tranqüilamente a solução oportuna, lugar, no segmento, adaptado às exigências e necessidades. Utilizamos às vezes o universal, preferimos passar pela auto-estrada abstrata, pelo bulevar global e pelo conceito formal, ao longo das fileiras homogêneas de milho que desfilam depressa, mas também gostamos de flanar por caminhos vicinais tortuosos, de nos perdermos na paisagem, para compreender e saber. Por que racionais e inteligentes, eruditos e cultivados, variáveis e sensatos não se tornam conjunto? Em numerosos casos a paz só acontece por intermédio do Deus único, em outros casos igualmente numerosos, os anjos são de maior valia. Conservemos a razão monódroma na tolerância da paisagem, o pensamento não-linear tolera o pensamento linear, cúmulo da ironia, como caso particular.

DESPAISAMENTO (GLOBAL)

Quem sou eu quando o avião desce lentamente em uma paisagem volúvel de nuvens turbulentas ou através da bruma opaca, sob o ciclone tropical, ante o *blizzard* onde a neve voa em horizontal, ou no meio de alguma fornalha seca, e uma voz indiferente anuncia na caixa em três línguas, Atlanta, Christchurch, Xangai, Copenhague ou Dacar? Exilado, migrante, cidadão do mundo, imerso nos meteoros, quem, hoje, errante, poderia sem inquietação, assim despaisado, fazer-se a pergunta cartesiana?

Pequeno senhor rural, paisano portanto, militar em serviço num lugar qualquer da Alemanha, sentado no quarto aquecido com seu fogareiro de faiança azul, ali fechado, protegido do inverno, imóvel, à procura de um ponto fixo, perdendo pé somente quando em delírio banhado de suor, posicionado no espaço e no tempo, no meio de suas coordenadas, diante de Deus, Descartes prazerosamente faz nascer o verbo e o sujeito ejetado abaixo dessa situação estável. Morrerá em viagem na Suécia.

Nossas vidas instáveis sofrem três despaisamentos pelo menos, após a passagem por três bifurcações duras. Tivemos de deixar o país, o telhado vermelho pela ardósia preta e o zinco cinzento, uma língua e seu sotaque pela que diz sim de outra maneira. Descartes nunca mudou de idioma, nascido no centro do francês oficial, e nunca trouxe dentro dele essa voz dupla que, sempre, faz tremular uma dúvida. Depois tivemos de deixar um pouco a França centralizada: aprendemos a amar o Pó, o Spree, o Tâmisa, da mesma forma que o Garonne e o Sena, após três guerras com milhões de mortos; e, em seguida, o São Lourenço, o Amazonas, o Congo e o Huang. Outras línguas entram no corpo e fazem a cabeça vibrar de modo bem diferente quando os olhos se perdem nos campos de gelo ou de arroz. Já não nos lembramos da perdida alegria de ser: ser aqui, estável e constante, no meio familiar da paisagem, grupo e ocupação seculares, beira de rio, cascalho, juncos, inundações, banhados de agrião, salgueiros e choupos, areia movediça, cobras d'água, patoás de sotaques cantantes, doces nomes próprios, usos, costumes, ó delícia muda de ser eu. Duas vezes despaisados, pela mudança da paisagem, depois por errância em vários países, eternos emigrantes, ou fogo sem lar, é dolorosamente indiferente para nós, destacados desde então, morar na banquisa ou no Pacífico, numa ilha ou num deserto, contanto que, de manhã, sirvamos a página.

O fogo volante, perdido, erradio, fátuo, instável, ardente, rápido, inquieta a alma gasta, retificada, aplainada, reduzida a nada, puída, de nomes e sobrenomes anulados por força de serem pronunciados em gargantas estranhas, devolvido a *nemo*, ninguém, ao corpo quase transparente, tantos olhares o atravessaram, aos gestos fluídicos pela adaptação a mil hábitos, o fogo inexistente, dançante, ocupa seu lugar, não o lar, mas a página, sua última paisagem.

Esse despaisamento verdadeiro, o terceiro, concerne, daí em diante, à humanidade. Ela perdeu seu lugar e seu eu, destacada, igual a mim, de seus países e da terra inteira. Não só por seus deslocamentos flutuantes e suas misturas ao sabor do acaso, iniciados desde antes do neolítico, mas por sua emigração global e nova do espaço para os signos, da paisagem para a imagem, de suas línguas para os códigos e das culturas para a ciência. Deixa os locais do trabalho: minas, pedreiras, rios, canteiros, pastagens, lavouras, pelos interiores sem janelas; metamorfoseia seu corpo musculoso e seus dedos calosos e enrijecidos em sistema nervoso que desconhece qualquer relação física com o espaço fora, sentado para calcular. Logo só habitará os esquemas, mensagens e números, tudo digital. Nova humanidade sem terra, cega enfim ao que outrora chamávamos o real, drogada ou lúcida, quem o dirá? Nova terra, sem paisagem, ela própria despaisada?

Por termos vivido e pensado intensamente três desses despaisamentos, por termos visto cem paisagens despaisadas uma a uma, entramos, desde então, no universal? Será que o habitamos assim como nos movemos, errantes, no globo terráqueo, assim como sabemos gravar uma página válida para qualquer parte do mundo?

Somente a matemática soube nos abastecer do universal. Ora, ela ensina, há séculos pelo menos, que o global reduz-se com freqüência ao local inflado. Donde novas cautelas: quem se pretende universal esconde que ganhou a última guerra, pela língua ou pela força. Singular que se propaga, particular que enfuna com sua voz os canais de publicidade. A frase dita sábia do rei Salomão: nada de novo sob o sol canta a vitória de um astro que proibia, em seu espaço desértico, qualquer mudança que lhe fizesse sombra. Ora o sol, anãzinha amarela, bem próxima de sua nova mortal, avizinha milhares de estrelas parecidas, diversas, estranhas até. Auto do reisote local.

A errância faz passar de paisagem à paisagem, as páginas voam ao belprazer. A que alta generalidade as longas cadeias de razão, de linhas na página, de trigo ou de vinha na face da terra, criam, por sua vez, empecilhos? A que raio rápido, a que mensagem fulminante, as auto-estradas, as linhas aéreas, os satélites de comunicação, em poder de tão poucos homens, fazem oposição? A que graciosa declaração de amor? A que leal partilha do poder?

Já havíamos conhecido um tal abuso de dominação pela idéia ou pelo nome de homem, já fôramos devolvidos a uma singularidade proposta pelo modelo porque ela triunfara em abomináveis batalhas e porque criava, por sua vez, empecilho a qualquer outra língua ou noção. Sobre tais abusos as ciências exatas por uma única vez dizem a mesma coisa que as humanas.

Quem compreenderá o Huang, a angústia chinesa diante da inundação e suas devastações na planície de loesse, se não passou noites amargas, na enchente de abril, no Garonne transbordante de meter medo, quem pode falar aos bambaras, camponeses-bateleiros nos meandros do Níger, se não conhece a comunhão do rio e da margem em sua própria paisagem de nascimento e trabalho, como os marinheiros do São Lourenço iriam reconhecê-lo, mesmo que o degelo cause obstáculo a sua adaptação... a experiência faz com que as localidades percorridas sejam adicionadas a um local já vivenciado, enquanto o universal passa, retendo de toda parte somente o universal, global tão local que esquece todos os outros lugares: grandes princípios fechados em sua vontade de poder. O corpo soma lentamente os gestos necessários para viver no Huang, no Níger ou no São Lourenço, mestiça-se. O errante, o exilado, adaptado, que rodou rios e mares, dotado de tão pouca identidade que admitia chamar-se ninguém, soma em seu corpo passagens, paisagens, costumes, línguas, ele as mistura: mulato, quadrum, híbrido, oitavão... águas mestiçadas dos rios do mundo pulsam em suas artérias.

Assim como a odienta, a mortal paixão da pertinência, responsável por quase todos os crimes históricos, nunca foi objeto de qualquer estudo, pois mesmo os que estudam têm necessidade de pertencer a: uma seita, uma linguagem-chavão, um partido, uma disciplina científica, enfim, um grupo de pressão, para manter uma posição inacessível a qualquer crítica possível, também a mestiçagem corporal e o misto em geral continuam desconhecidos da filosofia, discurso pela separação e pela pureza, fechado na odienta e mortal paixão da pertinência.

Quem sou eu? Ninguém. Quem sou eu de novo? Mestiço, oitavão, mistura tão precisa e refinada quanto os códigos que especificam as coisas desenhando um espectro combinado de faixas e números. Os despaisamentos, ao queimarem todas as pertinências, mas fixarem as somas em uma muito antiga experiência local preservada, fizeram de meu corpo aparente e flutuante um espectro longo, tigrado, rajado, nublado, chamalotado, sarapintado, matizado, adamascado, adição fina de mil exercícios; meu sangue real deve poder exprimir-se por um código análogo. Este tecido estampado, ó maravilha, serve de metáfora irônica a Platão, para definir a democracia e dela zombar, no oitavo livro de sua *República*. Uma estamparia dessas não poderia ser um ser. Quem sou eu? Esta sarapintura nublada. Contudo alguma coisa ainda me aproxima de um homem: gesto ou cor, rito e sorriso, maneira de nadar ou de se curvar sobre a terra, usanças, trabalhos. Falta-nos uma grande filosofia das misturas e mestiçagens, da identidade soma ou combinação das alteridades: o discurso e a abstração estão mais atrasados que o corpo que sabe fazer e pratica o que a boca não consegue dizer. Quem sou eu? O que quer dizer este curioso verbo para o despaisado, misturado, mesticizado, para o errante que se adapta? O que pode significar afora a mortal pertinência?

A filosofia quando vem da mistura conecta o global e o local, irenicamente, e supõe uma outra antologia.

MÉTODO E RODEIO[15] (GLOBAL E LOCAL)

A paisagem junta lugares, página de páginas. O deserto, sem lar nem lugar, leva o global, nunca nada de novo aparece no espaço homogêneo. O método atravessa o deserto, a paisagem incomoda o método, todo lugar constitui obstáculo. A estrada que passa pela paisagem chama-se rodeio.

No léxico da caça, correr à *randon* significava exaurir o animal, por exemplo: perseguir a cavalo um cervo na abalada que ele faz a partir do lugar de levantamento até ser morto. Impetuosa, rápida, a corrida devia mudar de direção freqüentemente, pois o animal, em saltos bruscos e imprevisíveis, procurava despistar a matilha. No entanto, os cães, a todo momento, reconduziam ao caminho certo a música, os cavaleiros, toda a barulheira da caçada a cavalo, com matilhas. *Randon*, em equilíbrio no meio da Mancha ou do São Lourenço, era partilhado pelas línguas francesa e inglesa. Na primeira, *randonnée* acabou por significar excursão um tanto longa e acidentada, na outra, *random*, em lembrança da abalada irregular e imprevisível da caça, quer dizer ao acaso. Gostaria de usar *randon*, num sentido próximo ao de sua origem em que seria acrescido de algumas corridas à roda da sorte para a escolha da direção tomada e para a extensão do trecho percorrido. Os meteoros, as más paragens, as correntes desviantes fazem da *Odisséia* muitas vezes um rodeio. Ulisses sai do melhor caminho por uma afluência de circunstâncias.

Um método traça um percurso, um caminho, uma via. Aonde vamos, de onde partimos e por onde passamos, questões de teoria ou de prática a serem colocadas para conhecer e para viver. Por que se apressar, aproveitar ou empregar o tempo, como prendê-lo? Mas não o dominamos o tempo todo.

Vejamos de início algumas vias retas. A que mais depressa liberta o viajante medroso da floresta em que se embrenha, a que a luz sem massa e

[15] Tradução livre e intencional de *randonnée* (N. da T.).

fulminante segue, quer dizer, a via cartesiana. Encadeamento de elos na cadeia, seqüência de série de proporções, álgebra estruturada pela relação de ordem. Via reta significa toda maximizada, as regras do Método fazem reinar os superlativos. Em primeiro lugar, não compreender nada além... do que seja apresentado a minha mente tão claramente e tão distintamente que eu não tenha qualquer meio de pô-lo em dúvida. Em segundo, dividir cada uma das dificuldades em tantas parcelas quanto seja possível e requerido para melhor resolvê-las. Em terceiro, seguir a ordem dos mais simples aos mais compostos. Enfim, fazer em toda parte revisões e desmembramentos tão gerais e tão inteiros que eu esteja certo de não omitir nada. Diríamos antes uma função critério maximizada sob imposições. Leibniz não estava errado em escarnecer de uma tal acumulação de aspirações litânicas, mas não tinha razão, porém, em não ver aí um desenho cuja lei ele tentara formular. Pois amontoar assim superlativos sobre comparativos consiste em propor uma estratégia extrema. Em minimizar as imposições da dúvida, da dificuldade, da composição, da omissão, para traçar a via ótima, via leibniziana por excelência, *de maximis et minimis*. Descartes, que não gostava do infinitesimal, leva o mínimo a nada: nenhuma ocasião, nada omitir, se não pode, é óbvio, levar o máximo a alguma coisa. E é assim que a luz corre, para inundar metaforicamente a intuição de claridade, que ela percorre o melhor caminho, e é assim que o perdido sai do bosque, pela via reta, a mais curta, assim, dirá Leibniz, o mundo chega à existência, como caem os corpos. Ao melhor resultado pelos menores custos: para, seja como for, gerir seu patrimônio como bom pai de família, ganhar o máximo desembolsando o mínimo. Economia das leis da natureza, ou leis supostamente naturais da economia. A idade clássica, aí, triunfou, não conhecemos outra estratégia senão esta, a diretíssima, tornada razão. Quer viajemos por terra, mar ou ar, quer aprendamos as matemáticas, por axiomas e deduções, quer aproveitemos nosso tempo ou o dos outros, quer entremos em conflito ou guerra, aplicamos sempre a tática *extrema*, com a qual nos vangloriamos de otimizar nossas práticas. A razão, a eficácia, o investimento, a violência jazem juntas sob essa lei da economia, entendo por economia essa relação estratégica *extremum-optimum*. Ela se torna nossa norma: quando a moral é transferida para o conhecimento, para o conjunto clássico das vias de nosso racional e de nossas direituras. De uma certa maneira, reduzimos o mais possível a zero toda perturbação, toda flutuação que nos afastem pouco ou muito deste caminho que o conjunto de nossa cultura nos fez ver como necessário.

Eis o talvegue de nossa cultura racionalista.

Mas somos também herdeiros de vias não econômicas, que não se preocupam com esse equilíbrio extremado. Podemos supor que Ulisses fosse um cartesiano antes do tempo. Que a partir do aprestamento do barco, uma vez Tróia conquistada, destruída, saqueada, ele tivesse pensado no caminho mais curto para Ítaca, seu recôndito desejo, que tivesse decidido, projetado a navegação de retorno. Ela não deveria, com certeza, seguir a linha reta, mil circunstâncias impediam, atravessavam esse traçado. Mas o marinheiro hábil, que também era, devia otimizar o percurso: aqui, seguir por uma certa costa, evitar então certas paragens, aproveitar, lá um certo vento regular, embocar um estreito acolá, ancorar tranqüilamente mais ao longe no momento certo, e assim por diante, usar de astúcia com as adversidades. Donde uma rota sinuosa, claro, em que os obstáculos definem as voltas, mas uma rota escolhida por astúcia entre os possíveis contornos. E, no entanto, não. Eis que a *Odisséia* desenha caminhos fora dessa ordem, vias de desperdício. O barco aproxima-se de Penélope e afasta-se mais ainda, entra na boa rota e dela muito freqüentemente se afasta. A curva festonada de sua navegação escapa à via normal. É assim que ela descobre terras desconhecidas, é assim que inventa quando a astúcia fracassa.

O método traça bem um percurso, caminho através de um espaço. Sabe de onde parte e aonde vai. Entre essas duas situações, o traçado metódico passa pelo meio e não escapa às definições extremas, sob exigências, bem entendido. Mas, o caminho da odisséia nunca ou, pelo menos raramente, apresenta-se metódico, no sentido que a filosofia platônica canonizou antes da idade clássica, onde a dicotomia passa justamente pelo meio, onde a articulação procura a economia. Não se pode dizer que o caminho da odisséia seja método, mas êxodo. Êxodo no sentido do caminho que se afasta do caminho, em que a via ganha o exterior da via. Onde o traçado tomado e seguido, localmente, se não escolhido, é exceção à norma da escolha. O êxodo mosaico marca um exterior diferente: Moisés sai do Egito com seu povo; sujeito às adversidades do deserto, ele nunca chega à Terra prometida. De sorte que o próprio caminho, qualquer caminho, fica fora de sua partida e fora da chegada: aberto à vizinhança de seus termos. Ulisses parte em êxodo de outra maneira, deixa Tróia e volta a Ítaca onde entra, onde retoma seus direitos de realeza, onde ele fecha o círculo. O êxodo, os afastamentos, não contam nos locais de estabilidade, mas no próprio caminho. Quando tiverem um método, então dirão: o percurso do método, redundância. Mas, quando se trata de um êxodo, podem dizer: discurso do êxodo, equivalência. O discurso cria afastamento em relação ao percurso, assim como o êxodo se distancia do meio, do equilíbrio, do extremo metódico.

Ulisses portanto se submete às flutuações: às do mar e do vento, flutuações de fluxos. Balanço na bonança, nos tornados, nos redemoinhos de Caribde e de Cila. Fora do caminho normal, ele se imobiliza, na calmaria, ou preso por outras estabilidades. Como se existisse o estável desviado em relação à via normal, ela mesma estável e bem definida em seu curso. Como se um rio afastado de seu leito habitual encontrasse uma planície onde formaria um lago, onde permaneceria por um certo tempo antes de retomar sua queda previsível. Como se existisse uma ordem fora de ordem, ou equilíbrios originais ou singulares fora da rota-centro equilibrada. Atratores estranhos[16]. Como se existissem tipos de ordem imprevisíveis em relação à lei normal, de equilíbrio, à lei ordinária da ordem. Como se a flutuação ao acaso, tempestades inesperadas ou arrebentações de ondas estocasticamente lançadas no espaço do mar alto, levasse de repente a (à formação de) uma localidade temporariamente estável, uma ilha onde nasce um outro tempo, local, esquecido do antigo, do comum, esquecido do tempo do percurso. Afastadas em relação à via metódica, essas ilhas formam ordem por flutuação, uma outra ordem que bem podemos chamar exódica. Como vocês nunca as encontrarão no percurso do método, elas ficam fora dos equilíbrios globais do epistêmico, exódicas, exóticas, ergódicas. O método minimiza, anula as circunstâncias; o êxodo mergulha na desordem delas.

Já não conto, para nosso divertimento, a história de um velhinho, pior, de um velhinho cego. Sustento um discurso científico, um discurso em ruptura de epistemologia, um discurso científico não epistemológico; ele rompe com dois milênios de método. Ou antes, esse velho diz-que-diz está saturado de um saber diferente e prodigioso. Novo. Não um diz-que-

[16] No original, *attracteurs étranges*; no *Diccionnaire des sciences*, dir. Michel Serres, ed. Flamarion, Paris, encontrei a explicação que traduzo aqui: "O caráter caótico de um sistema dinâmico não torna impossíveis todas as previsões. Ainda podemos classificar comportamentos ao infinito (limites, órbitas periódicas), que chamamos de atratores estranhos, e, eventualmente, atribuir-lhes probabilidades. [...] Por exemplo: ainda que o movimento de um dado seja muito sensível às condições do lance, portanto, imprevisível, sabemos que, ao infinito (e mesmo desde que ele se estabiliza), essas posições são os seis atratores estranhos do sistema. Podemos atribuir uma probabilidade 1/6 a cada um deles." (N. da T.)

diz e não uma história, mas o discurso de êxodo que procuro e, muito exatamente, o divertimento, a via da diversão do muito astucioso Ulisses que guardava em seu saco o conjunto das voltas e viravoltas da nova ciência, a teoria do conhecimento cego, ou da evidência não-visível, dessas evidências escondidas por vários séculos de método inútil. Inútil em vista do novo.

Ulisses tem uma relação interessante com os atratores estranhos distribuídos em seu pseudocaminho. Ele procura evitar as seduções sonoras das Sereias, teme os vácuos turbilhonantes de Caribde e de Cila; passa ao largo e, por uma vez, procura a linha reta. Mas se atira, é atirado aos pés de Nausicaa, jovem com a bola. Sedutor, dizem, e astucioso, com certeza, Ulisses nunca passa de seduzido ou indefinidamente sedutível, por Circe ou outras que tais, seduzido quer dizer conduzido para fora de sua via, fora do caminho reto, normal ou da ordem. E porque sabe disso, às vezes ele tapa as orelhas. Porque sabe que, na bifurcação, é atraído para a má ramificação da forquilha, fascinado por ela, extraviado.

Conta-se que Hércules sempre escolheu a boa ramificação, a virtude e não o vício. De onde decorre que o vício tem a cara de Ulisses ou da astúcia, e que a virtude tem a da força. Hércules, deus clássico virtuoso, potente, forte, heróico, otimiza suas vias, como fazem nossas ciências, nossas práticas e morais. E quando se permite desviar um rio de seu curso normal, ele o faz por um bom motivo, lavar o esterco amontoado nas estrebarias sujas. Sempre a melhor estratégia, invariavelmente vencedor. Mas, que eu saiba, ele mata: mata o leão, mata a hidra, mata o javali, o touro, os pássaros. Mata o vivo e morre na fogueira, no meio da dupla chama, da lenha, de sua túnica envenenada. Hércules tem sempre o método, e a boa, a melhor estratégia, a boa escolha diante da bifurcação, perfeito militar: portanto, o mais forte, o que tem sempre razão; ele ganha, vence, mata, método otimizado da violência máxima, caminho do equilíbrio em direção à morte. Suponho, ao contrário, Ulisses a retardar sua volta a Ítaca onde o espera a carnificina mortal ao lado do leito conjugal, e a retardá-la por escolher, *nolens volens*, na bifurcação, uma via diferente da via ótima, descobrindo outras estabilidades que não o equilíbrio geral. O saber tripudia com a morte, seu êxodo forma um conjunto de anabases: deixar a costa, evitar o talvegue, retornar em relação ao irreversível, afastar-se o tanto quanto possível da via mais curta. Portanto, não reduzir a zero o efeito das flutuações. A vida tem confiança no acaso que, por sua vez, repugna à razão.

Discurso de êxodo, a *Odisséia*, narrativa, torna-se então uma enciclopédia do saber. Ali as crianças gregas aprendiam sua cultura e suas técnicas, da cozinha ao conserto das naus, sua história, mitos e geografia. As crianças gregas: Platão, Teodoro e Eudóxio meninos. Liam ali a dinâmica inventiva da anabase. Não, como acreditamos, uma ciência arcaica e selvagem, mas um saber muito refinado que começamos a conceber. Não um método pela via mais curta, mas um caminho longo, contornado, rendilhado, sarapintado. Por aí, eles se preparavam para demonstrar a racionalidade do irracional, por exemplo, ou para cartografar as terras desconhecidas.

Lamento, tão logo digo, o termo enciclopédia, que os gregos, justamente, pouco formaram. Se o saber desenha um ciclo encerrado em um círculo, se a pedagogia fecha um ciclo dos ciclos, os gregos deveriam ter-nos dito, se o tivessem pensado por um momento, eles para quem o círculo representava justamente o ótimo. Pois não nos disseram. E não o disseram pela virtude do êxodo homérico. O esquema enciclopédico convém, quanto a este ponto, ao traçado dos métodos. Que corre pela via mais curta assim como o ciclo, ou o círculo, extremo, que fecha a maior superfície pela menor curva. O estoque, o capital ou a acumulação do saber seguem as mesmas leis de seu funcionamento, as mesmas leis econômicas. Neste sentido, toda enciclopédia permanece metódica, aí estão as duas noções máximas. O êxodo primeiro do saber grego assume um discurso não-econômico, percorre vias longas, vias interessantes, tanto quanto o interesse supõe um intervalo, uma distância, um afastamento que não se reduz ao ponto zero, umas interseções, umas interferências. Aí o saber se dispersa e se distribui, mas não se integra em uma totalidade, não concebido sob figura ótima. Sempre em afastamento de si mesmo. Desde que o saber se reduz ao método e à enciclopédia, à reta e ao círculo, ei-lo imediatamente dominado pela redundância: em grau e como norma, repetitivo. Atrai as leis locais dos rendimentos decrescentes. *A Odisséia* portanto não desenha uma enciclopédia, mas uma escalenopédia. Escaleno, como se diz um triângulo escaleno, não isósceles, não retângulo, não equilátero, não equilibrado em canto algum, escaleno significa capenga como Hefaísto, inventor e marido de Afrodite, capenga como certos parentes de Édipo, ou quem sofre dos pés que nem ele; escaleno descreve um caminho oblíquo, tortuoso, complicado, barroco, exatamente como na época em que foi concebida, mas não realizada, a enciclopédia. Ulisses toma rotas escalenas e assim descobre e inventa rotas de "grecidade", as da cultura não redundante. Das culturas de história. A história não reciclada, não reciclável em um modelo equilibrado ou preconcebido, em um modelo nos dois sentidos da palavra, e teórico e ótimo. O êxodo diz antes de tudo palavras de uma história. Há culturas em que ela forma um cenário que repete uma legislação, uma estrutura, presentes em sua evidência ou enfurnadas e para virem à tona, um cenário padronizado, percurso metódico. Começamos a aprender a construí-los, esquemas desse tipo não nos faltam mais. Vieram uma ou duas culturas em que a história se livrou desse equilíbrio e pôs-se a flutuar fora dos ciclos, a bifurcar fora dos esquemas repetitivos, a se deixar levar por caminhos escalenos. Ulisses, navegando ao sabor da sorte, deixa os saberes herméticos e as histórias moldadas em estruturas, inventa o saber inventivo e a história aberta, novo tempo.

Os pequenos mares exigem outros marinheiros que não os dos grandes oceanos. Obrigam Ulisses a uma manutenção e uma habilidade de manobra que o almirante Cristóvão Colombo, astrônomo, ignora. *A Odisséia*, ensina um saber que o da Renascença, ao largar das Colunas de Hércules sob o emblema da caravela, despreza e esquece.

O *Concorde*, atravessa a água em duas horas; do Cabo Canaveral ou de Kouru, os foguetes desprendem-se da gravidade terrestre rumo ao espaço, à Lua ou a Vênus. Vemos um outro espaço, através do vidro de qualquer veículo. Mudaremos de saber?

A vaga atlântica alonga-se para manter qualquer nave em seu comprimento de onda; por mais altas e encapeladas que se apresentem as vagas, elas abrem espaço para que o barco ou o transatlântico, o porta-aviões ou a fragata, o cargueiro caiam e afundem numa espécie de berço. Feroz, o oceano permanece manipulável. Os mares estreitos de onda curta, da Irlanda, Egeu, Iroise deixam qualquer nave de qualquer tamanho, caíque ou de cabotagem, no perigo atroz de quebrar: a quilha raspa montes de calhaus de pontas serradas. O elemento de espaço muda, os vãos já não estão limitados pelos mesmos muros.

O rodeio de Odisseu com terras à vista não requer a mesma força ou paciência, nem os mesmos talentos que a rota das Índias ou a da aventura americana. Para longas jornadas em amplidões imensas entre ondas muito grandes, a marcha reta ainda é exigida e possível. Ulisses tenta e cede, força e desiste, singra de um cabo ao abrigo do vento para uma angra, dá conta de cem contratempos, precisa astuciar. Se seguir reto, vai naufragar. Ainda no início do século XIX, Chateaubriand, partindo do Egito, levou meses
para chegar à Tunísia, espumando de raiva contra seu patrão; desviou-se

dez vezes e procurou vinte refúgios. Há trinta anos, nas mesmas paragens, apesar dos milhares de cavalos, meu navio, desamparado, desviou-se também. Visto de avião, o oceano parece simples, sulcado, riscado, de grandes traços; o Iroise ou o Mar Egeu, com forte vento de travessia, parecem nebulosos, tigrados, localmente ocelados, revoltos, alguma mistura terrível. Ulisses embarca nesse corpo misturado de mil variáveis, Colombo traça a rota segundo a simplicidade do mar alto: longa série de razões fáceis, mil pequenos desvios de difíceis manobras.

Quando um contratempo ou variável supera todos os demais a tal ponto que estes podem ser considerados negligenciáveis, desenha-se uma linha reta ou curva simples e tudo se esclarece. Retirem todas as coisas para ver somente uma; o que é negligenciado vira detalhe. Podemos, ao contrário, dever ou querer levar em conta cem contratempos, pode acontecer que seu fio prenda ou ate: a malha de fios que correm em múltiplos sentidos representa um lugar de mar atado por onda, uma turbulência de ventos cruzados, uma célula circunstancial de dimensões iguais; nessa singularidade, Ulisses perde a cabeça linear.

Tê-la-ia tido algum dia? Descartes ou Bacon nos deram uma, depois de Colombo, hoje a perdemos. Ou antes, sem perdê-la ganhamos uma segunda que nos faz voltar a Ulisses, sem menosprezo. Consideramos a cabeça linear um tanto rígida e grosseira, eficaz e ótima até recentemente, agora, um pouco passada.

Ulisses, do remo ou da enxada, paisano ou marinheiro, pratica uma engenhosidade não linear ante a exigência dos cem contratempos; a inteligência dos múltiplos desvios, habilidade de manobras, invenção rápida e viva de expedientes adaptados às circunstâncias que a ela acorrem aos montes e borbotões, nasce do Mar Egeu e de outros mares continentais, ou da paisagem agrária de parcelas singulares, conjuntos de células ou marchetaria de lugares modelados pela brisa que salta bruscamente de um leito a outro qualquer, pelas correntes caprichosas, pelos recifes espalhados por toda parte, pelas sereias e pelos meteoros. Esses monstros governam as paragens como as hamadríades as árvores. As circunstâncias fazem os lugares; exigem uma inteligência que habite os lugares e os povoe de deuses que presidem às circunstâncias.

A necessidade do paisano e do marinheiro antigos — por Antiguidade, entenda-se a idade durante a qual a humanidade tirou substância de um tal conjunto de células não *standard*, idade que, em certas regiões da Europa, termina depois da Segunda Guerra Mundial e pode subsistir ainda hoje em outros lugares — a necessidade múltipla, não maciça, local, não global, variável, imposta por uma mistura de leis correntes e golpes da sorte, é parecido a ponto de se confundir com o caráter estranho das mulheres ou a conduta social de certas cidades: humor dos meteoros, teimosias dos tiranos, extravagâncias políticas... As baías, os bosques, as grutas e praias são submetidas a caprichos flutuantes e sarapintados de heroínas adoráveis e temidas. A paisagem mostra a mesma complexidade da famosa passagem do Noroeste, e pelas mesmas razões: a natureza e a cultura apresentam a mesma estrutura. É preciso usar de artimanha com a corrente como com uma mulher, evitar a rajada de vento tanto quanto a reprovação do rei, tornar-se múltiplo diante da hidra da multidão ou do furacão, ou ser ninguém para melhor resistir ao destino. Uma vez que tem mil caras ou variáveis, ela pode surgir sob a máscara de uma deusa, de uma lei, natural ou política, de uma têmpera, o essencial fica sendo a multiplicidade, não a aparência. Múltiplos desvios no caminho, inúmeras aparições à vista, lugares incontáveis na terra e no mar, mil artifícios da astúcia.

A dominação clássica do mundo e das coisas escolheu um único contratempo ou variável e dá os outros por nulos. A vontade mantém o cabo, atravessa o oceano pela loxodromia ou pelo arco de grande círculo, ou pela floresta em linha reta, nada distingue o local do global. A idade das grandes viagens supõe uma dissolução da paisagem, o surgimento de imensos mapas, o obstinado desprezo pela circunstância, o monoteísmo e a supremacia da vontade sobre a inteligência. Sábio, marinheiro, filósofo ou viajante ganham a cabeça linear e confundem-na com a razão. Bela conquista, grandes vitórias: a necessidade não-linear, inesperada, irreconhecível, de cem caras e mil contornos, cai no esquecimento com a inteligência correspondente e a paisagem antiga e politeísta. É preciso dizer que no Atlântico, na temporada dos alísios, qualquer um, em doze metros de tábua, vento por trás, passa ao Oeste sem esforço nem risco de confundir o regime estável de uma única variante com sua dominação e possessão de uma natureza lisa. Mais louvaremos sua decisão e obstinação que sua adaptabilidade. Estação de retorno.

Quem, durante a Antiguidade, haveria de acreditar na existência de uma lei universal, se nenhuma oliveira verga-se da mesma maneira que outra e nenhuma lufada de vento é igual à da véspera? Antes de imaginar uma tal possibilidade, Platão precisa conceber um espaço liso, sem cor, invisível e insensível. Antes de se converter a essa existência, o povo hebreu percorre o deserto, espaço não variado, isótropo e homogêneo. As matemáticas nascem à sombra das pirâmides, único sol que marca com o traço da morte ou de outro mundo a areia unida. A intuição obriga-se a ver sem acidentes. Ainda um Deus único realiza o renascimento da ciência.

O olho vê a paisagem ou o espaço: percebe um e esquece o outro. A cartografia antiga exprime o perigo da viagem, a multiplicidade de obstáculos, a dificuldade de ver globalmente que se está imerso em uma paisagem variada. A floresta cartesiana, ao contrário, vira um conjunto cujo curso direto do passante abandona as espécies e variedades: já não se inclinará ante o ramo de ouro. Não hidrogafamos cada onda. Atravessar a fronteira do local, o limite ou a catástrofe da clareira onde todo o grupo se acredita fechado, às vezes requer séculos, alguns gênios e as chamadas crises da história.

As coisas que chamamos de entendimento e sensibilidade, razão mesmo, compartimentos secretos no sujeito do conhecer cuja existência e cujo lugar ninguém nunca demonstrou nem localizou, onde os manuais e os tratados relatam que ocorrem operações que mudam o detalhe em síntese ou nas obras da subsunção, não se reduziriam simplesmente a camadas ou estratos de memória, a monumentos de culturas passadas ou perdidas pela história? Podemos ver o Atlântico com o olhar que dá o ponto no sextante ou com o olho meticuloso do velho homem do mar, em ambos os casos, nada determina que nos digam empíricos ou abstratos. Nossa longa cegueira para ler bem a rajada quando impressa na página marinha vem de uma falha em conceber a turbulência fractal ou de uma insensibilidade para receber os pequenos tapas seqüenciados nas grandes borrascas de granizo? Há muito tempo dizemos que a visão molda o conhecimento e todas as línguas ainda dizem o mesmo, e se ela guardasse suas lembranças e seus esquecimentos?

Entramos em um terceiro estado que desestabiliza os outros dois: a paisagem pode passar por um modelo abstrato, formal pelo mesmo motivo que o do espaço uniforme da geometria ou da mecânica clássicas, cuja abstração nos parece bastante apressada e grosseira e, sobretudo, cujas virtudes concretas e práticas nos escapam. Euclides vem do lado do pedreiro, e Langrange com o engenheiro. A visão local e singular não surge como um detalhe acidental a ser afastado, a visão global sozinha não faz a lei. Já não compreendemos por que a primeira pertence à ordem do sensível, o abstrato tem sua finura, por oposição à outra, situada do lado do entendimento, do concreto e sua geometria. Ambas passam a nossos olhos por visões tão concretas ou abstratas quanto os dados podem vir a sê-lo. A distribuição das multiplicidades, digitais, homogêneas ou diversas, predomina sobre a distinção entre o sentido e o concebido ou tende a apagá-la, fazendo crer a todos que tudo se passa no nível da linguagem.

Quando damos a volta ao mundo em algumas horas, e alcançamos certos astros mais depressa do que, há cem anos, as ilhas, pensamos que uma viagem detalhada em torno de uma horta pode nos reservar outras tantas informações surpreendentes. Quando o universo se amplia, volta a paisagem. Equilibramos melhor o mundo e o lugar, quando a antigüidade ou o que assim chamamos, sufocada de local, não podia chegar ao global e quando a idade moderna desprezava facilmente qualquer obstrução local às leis globais. De repente, reequilibramos o que nossos predecessores denominavam empírico e abstrato, o sensível e o intelectual, os dados ou a síntese. Sem dúvida será preciso redefinir o abstrato enquanto tal, distinguindo-o cuidadosamente do homólogo todo liso.

De resto, toda grande mudança de saber ou de intuição, de relação com o mundo, corresponde a uma crise do conceito ou da realidade da necessidade, velha comparsa temível de nossas lutas milenares. Ela já não nos esmaga com suas leis universais nem com seu múltiplos golpes, inesperados ou previsíveis. Abandonou a batalha desde os anos cinqüenta, em pleno meado do século 20, e o combate cessou sem que o soubéssemos realmente. Muitos ainda dão socos no vazio e armam-se até os dentes para a última guerra. Esta não acontecerá mais. Sim, nós ganhamos. Não abusemos da vitória. O velho imperativo de dominar o mundo volta-se agora como em *feedback* para nossa dominação definitivamente conquistada. Transformamos as coisas, devemos compreendê-las, ou antes: compreendemos as coisas para possuí-las ou transformá-la à nossa vontade, devemos compreendê-las para protegê-las. Passar pela floresta sem considerar as árvores, sem ver o que fazemos às árvores com a operação de passar, parece-nos, hoje, incultura e grosseria. Reencontramos o local pela necessidade que fazemos pesar sobre ele. Nossa antiga adversidade mudou de campo: reside em nossas políticas. Temos de regular as leis de nossas vontades coletivas tornadas tão globais e incompreensíveis como, outrora, as leis do mundo.

Por tudo isso reconsideramos com outros olhos Ulisses e Colombo, o antigo e o moderno, os pais do terceiro estado tão novo.

Ulisses devia ter mil truques na mochila, para o imprevisto e a improvisação; quem não tem previsão deve contentar-se com a previdência. A previsão supõe a visão de um espaço global, homogêneo, onde a lei é traçada; a previdência requer a paisagem, a intuição de um espaço historiado de células circunstanciais, conjunto de localidades; o previdente não sabe o que a célula vizinha lhe reserva amanhã, donde essa bagagem de cem truques, nas costas ou dentro da cabeça. Ora, a circunstância faz com que lhe falte um truque, o acontecimento apanha Ulisses desprevenido, pois essa conjuntura mais rara deixa-o despreparado, desamparado. Ele sai da rota? Não, seria preciso que tivesse essa rota traçada como a lei no espaço global e liso, linha reta na floresta ou loxodromia através do oceano. Não, Ulisses acrescenta came ou cordão e alça à sua rota que contará como novo truque em sua mochila e desenhará uma nova circunstância na paisagem. O itinerário é festonado de tantas guinadas quanto as voltas que o marinheiro consegue dar no cabo da sua mochila, as artimanhas que guarda na memória, os lugares inesperados que enriquecem o espaço, os deuses que pululam no panteão, tantas quanto o relato se ramifica em episódios. O adjetivo polimecanicista serve de título à circunavegação ou à qualidade da inteligência, ou à fluência do poema: a visão de um espaço e sua fabricação. No balanço da vida, Ulisses ganha e perde, oportunidades arriscadas, nem todas arriscáveis, no caso a caso, na bifurcação eventual, lance de dados na encruzilhada. Guirlandas e espinhos: paisagem. Desvios e bifurcações: limites e ápices de células de circunstâncias. Ulisses segue exatamente as geodésicas de seu espaço, de seu lugar paisagístico, assim se desenha sua cabeça, não-linear. Assim se reencontram os deuses.

Bacon, Descartes, Colombo deixam o saco de artimanhas, nada de astúcia nem de artifício. A razão abandona a inteligência pela vontade. O Mediterrâneo, culturas e povos não-lineares, dá lugar ao Atlântico novo e à linearidade. O método passa pela floresta considerando nulas as árvores; atravessa o grande mar. Assim lavra o agricultor para matar todas as plantas ou raízes e estimular a cultura de uma única reação do campo que a faz reinar absoluta; despreza como sendo selvagem o homem das matas, conhecedor de árvores e de cipós, cada lugar e cada tempo que possam estar situados na floresta sem estrada nem bússola, por referências tão eruditas que se tornam instintivas. Sair da mata pelo caminho reto sem ver nada é o mesmo que se livrar da selvageria. Essas duas relações com os lugares e o espaço marcam ainda hoje a distância entre um homem de ciência e aquele que chamamos, por desprezo, literato ou poeta, selvagem, distância entre a paisagem e o panorama.

Desenhemos um rodeio de mil voltas e conexões, politropo, polimecanicista, o saco de artimanhas de Ulisses. Ele se parece com um labirinto, como se o herói, cretense, tivesse traçado no mar o dédalo da terra. O método direto, impaciente com as lonjuras, atravessa e sacode esse laço emaranhado seguindo seu ótimo ou máximo. O rodeio cai em dessuetude, adaptativo ou empírico e o método se diz voluntário e abstrato: um na direitura, o outro, torto e reverso.

Com que direito preestabelecemos em um único lado do corpo aquele que vai mais rápido. Em nome de que valores selvagens e enterrados condenamos o variável e conexo como esquerdo e o sentido constante como direito? Este, mal nomeado, nunca vira à mão direita.

Mas o rodeio nos parece agora semelhante a um *chip* de portas e passagens ou a um dos circuitos integrados que hoje fabricamos para otimizar nossos cálculos e estratégias formais. A nova indústria, cartesiana é claro, mas também odisséica, reúne prática e abstração no que o computador pode ser dito instrumento universal: instrumento construído e concreto ao alcance da mão, mas de aplicação aberta e indefinida como um teorema. O termo circuito substituirá em nosso paraíso metódico a palavra reta? Mas o rodeio parece ainda com essas curvas que passam por todos os pontos do plano — universais? — onde cada curva concebível pode ser definida como um recorte local. Introduzam aí alguns lances ao acaso, o termo rodeio será mais justificado ainda.

Desenhemos um percurso interessante que sai de seu talvegue ótimo e põe-se a explorar um lugar: não resolve de maneira previsível, mas procura; parece vagar; não por determinação ou convicção própria, mas precisamente inquieto, fora de seu equilíbrio e sem repouso; em busca, à espreita, bate toda a extensão, sonda, prospecta, reconhece, vagueia, pula daqui para ali; pouca coisa no espaço escapa a sua varredura; quem segue ou inventa esse percurso, corre risco de perder tudo ou inventar; se descobrir, diremos que sua rota deixou o talvegue por atratores estranhos.

Se encontrarem um método fecundo, sigam direto por um momento. Ele produz. Perceberão logo a classe de questões que ele resolve. Parem, pois estão caminhando para o tédio: rigidez, velhice e asneira, rapidamente. Sem falar que a repetição e os frutos, que recuperam a função canônica, fazem-na parecer ao que já conhecemos: dinheiro, poder, saber, coisas já feitas. Mortas, imitáveis, desejáveis. Contudo, a idéia, maravilhosa, no início, prometia vida.

Caiam fora. Guardem o método ou os métodos reconhecidos como seguros, para caso de doença, miséria, cansaço, partam novamente em rodeio. Explorem o espaço, mosca que voa, cervo acuado, viandante sempre expulso do caminho natural pelos cães de guarda que rosnam ao redor dos lugares confortáveis. Vejam seus próprios eletroencefalogramas que pulam em todos os sentidos e varrem a página. Divaguem como um pensamento. Façam o olho brilhar em todas as direções, improvisem. Com a improvisação, a vista se surpreende. Considerem a inquietação uma ventura, a segurança, uma pobreza. Deixem o equilíbrio, o vazio do trilhado, percorram as baías de onde voam as aves. Perfeita expressão popular: virem-se. Supõe um emaranhado confuso, alguma desordem e essa confiança vital no acontecimento descoberto de improviso que caracteriza os ingênuos, solitários, amorosos ou estetas, em plena saúde.

Essa higiene de busca nos distingue das máquinas e nos aproxima do que o corpo sabe fazer. Mais que a mente, o corpo nos afasta do artifício.

O método descansa no domingo; o rodeio, todos os dias, salva a vida. Se vocês têm necessidade de vitória, de lugar previsto, de batalhas, bancos ou instituições, sigam pelo método. O rodeio fica para o tempo e a inteligência, a saúde do pensamento, liberdade, paz: criação de lugares imprevistos.

Mas percorram os dois, não condenem nenhum; o amante de paisagens às vezes precisa da auto-estrada. Abandonem portanto o pensamento selvagem que privilegiava, indevidamente, o lado direito. Orientar-se no pensamento não deixa escolha senão a de virar a leste.

Mesmo as naves espaciais não seguem uma via simples, nem direta, monótona, cartesiana. Elas não vão em direção à Lua, a Marte, a Vênus ou ao cometa de Halley pelas vias do método mais rápido, como o extraviado que se apressa a escapar da floresta, direto em frente, em rumo constante. Uma bateria de computadores vigia sem cessar, controla, retifica em tempo real sua direção, de sorte que elas desenham um percurso bastante quebrado no detalhe. Se conservassem sempre o mesmo rumo, divergiriam, perder-se-iam no meio do astros. O diálogo dos computadores, em terra e em vôo, deixa nos arquivos extensas tábuas de números.

Lembrem-se de Julio Verne. O velhinho sonhador engana-se muito pouco, afinal. Chega aos mínimos detalhes do empreendimento, situa bem o ponto de partida, prevê a amerissagem de chegada; ingênuo talvez, ridículo nunca; a análise social, cômica, ainda é verdadeira, no entanto: o projeto astronáutico é pesado demais para que o entreguemos apenas a militares; o Gun Club de Baltimore parece um círculo de velhos matadores. Julio Verne errou em um ponto, quanto à linha reta, sublinhemos seu erro, canônico e memorável. A *Columbiad*, dedicada a Cristóvão Colombo, monstruosa bombarda enfiada na terra como um poço, carregada de toneladas de algodão-pólvora, atira em linha direta, direta no sistema, direta na imagem, perde o real.

As naves de hoje em dia atingem a meta em freqüentes bifurcações. Deixemos a questão da deflagração inicial e sua decomposição em estágios para evitar que a nau afunde antes mesmo de partir, olhemos apenas o rumo. O obus quer ir reto até o fim, a nau discute, hesita, resiste. A bomba, confiante, desliza em um sistema liso, sem se preocupar com o estado local, e precipita-se, como o amedrontado viajante perdido só pode ver manchas contrastantes na paisagem por onde passa. As naves no espaço, mais atentas, observam sua posição: nós as observamos, não as deixamos voar sozinhas. Não sabemos lhes dar um rumo suficientemente preciso desde a partida, tememos que elas divirjam muito se as abandonarmos na direção inicial. Desconfiamos de sua memória e de um sistema muito complexo.

Ou seja, o obus de Verne, por um ligeiro erro de tiro, não dará a volta à Lua, são maiores as probabilidades de partir em um passeio errático e ornamental: essa aventura acontece com todo viajante perdido que se obstina em andar direto em frente no meio da mata seguindo o preceito do método: ele diverge e se desvia de modo crescente. Mas então, o obus partiu direto na teoria, lançado em sistema simples, certamente se afasta, ao passo que nossas naves, prudentes, meticulosas, orientam-se diretamente no e pelo fenômeno. As tábuas de números, aqui reunidos, parecem as velhas tábuas de observação, alfonsinas e toledanas, que as leis da astronomia moderna nos levavam a julgar muito empíricas.

Por uma única vez, o cálculo pende para o fenômeno e a prática, e os três se afastam do sistema simples e estável, dos princípios e das leis gerais. Que o computador desenhe, como sabe fazê-lo, a paisagem indicada pelas tábuas de números e atravessada pelas naves, aí contemplaremos um corpo misturado, matizado, tigrado, zebrado, adamascado, tão diferente do vazio abstrato quanto despreza o obus canônico. A paisagem volta, inesperada, para o vazio ou o sistema, como um arco-íris na relva. A nave corre de vizinhança em vizinhança como se reconhecesse mais barreiras que transparência. Quem imaginaria a geografia tão próxima da mecânica?

A geografia tem por objeto a paisagem. Já disseram que ela mostra e esconde a física: a geografia, pois, só teria por objeto um cenário. Envergonhada de um estado tão flutuante, ela tenta fundir-se penetrando as entranhas do solo para encontrar, na caixa-preta, as profundezas e simplicidades mensuráveis da geologia, em seguida, as da geofísica, ciências cada vez mais exatas à medida que descemos e nada percebemos a não ser por meio de aparelhos; prefere sempre o invisível ao visível e a grande falha entre as placas do Atlântico ao solo atormentado da Islândia que é explicado pela falha; ao subir novamente ao visível, costa rendilhada ou rocha cinzelada pelo vento ou pela onda, entrega-se à contingência das vizinhanças sempre sem ver que elas carregam tantos conceitos poderosos e abstratos quanto o simples, geral e escondido. Até um mapa-múndi que desenha a carta de identidade da terra como a impressão do polegar traça a nossa, pode virar modelo de meditações altamente formais. E tem mais, a estética constitui um saber, topológico aqui, sem precisar recorrer sempre a uma realidade que ela recobre. Recurso necessário, claro, mas não suficiente. Se descobrimos a paisagem no sistema dos três corpos e sob suas equações integráveis, já não devemos acreditar que um sistema esgote a lição sobre ela. Nada tão profundo como a paisagem, o rosto e a pele.

Eis a posição exata da paisagem ou da ocupação de geógrafo, em um novo mapa onde se desenham as ciências exatas, vasto oceano, e a física: sistemas, manipulações e leis, imenso mar na vasta planície de água, e a geofísica, mar mediano no coração do imenso... ali, o paleomagnetismo em meio à teoria dos campos... aqui, a ecologia na teoria dos vivos...à medida que recortamos subconjuntos, os mais agudos dos mais largos, sem negligenciar acavalamentos nem interferências que produzem uma distinção complicada, as ciências exatas lentamente desaparecem nas humanas... os vivos trabalham e mudam o inerte, os coletivos modelam e transformam os ambientes inertes e vivos que habitam e por onde passam... ecologia, sociologia rural... estreitos e golfos desenhados pelos novos mares, e mares de novo pertencentes ao grande oceano das ciências ditas não-duras, acabamos de transpor a passagem para a geografia. Se a definimos como a interseção de dez ou vinte saberes, dizemos dela o que outras ciências, ou todas, podem dizer de si mesmas, não desenhamos sua singularidade. Ela nos transporta, de fato, de um saber maior para o que está em frente, pela passagem do Noroeste. Nela, o carrilhão das ciências duras acaba por se calar, quando o das ciências mal começa. No seu lugar quase silencioso jaz a paisagem.

Estado intermediário de onde partem, de um lado, os cálculos e medidas e do outro as histórias, ambas prometidas aos grandes mares da enciclopédia, estado misturado, a paisagem, imediata e frágil, funda nossos conhecimentos, teoria e prática. Porque ela nos alimenta e nos alegra, pomona e flora, não a supomos transcendental, e porque podemos destruí-la, não a imaginamos fundamental. Mistura de vizinhanças contingentes para onde confluem as informações eruditas e onde se calam por temperamento recíproco, concreta, abstrata, o mais que quisermos, ela dá o modelo dos modelos: que esquema não se reduz a um corte simplificado da paisagem? Como se o concreto mais imediato se encontrasse no cúmulo do abstrato, como se o abstrato mais puro fosse lido imediatamente.

Prova de que essa nova carta dos saberes reproduz a antiga, a do mundo, ou uma vista atual da passagem do noroeste: grandes oceanos invaginados em mares, depois estreitos e golfos ou baías, entremeio de arquipélagos e ilhas redesenhando o imenso em pequeno, acavalamentos e becos sem saída, passagens confiáveis e obstáculos, paisagem misturada em estado flutuante, estado intermediário e complexo entre duas bacias de água onde as rotas se mantêm, constantes, metódicas.

Podemos vir de longe pela loxodromia ou pelo arco do grande círculo até o mar de Beaufort ou o estreito de Davis, mas, entre esses dois lugares, impõe-se o rodeio. Podemos vir da física para a paisagem ou da sociologia ou da história a seu detalhe local, mas, ao chegar lá, impõe-se o rodeio. Seja para meditar esse modelo de métodos simples e fáceis conectados de repente a um emaranhado.

Deram o nome de geógrafos aos que escrevem sobre a terra: a propósito dela, a seu respeito, somente, pois, nela, só os paisanos o fazem de verdade. Seria melhor chamar de geografia a escritura da terra sobre si mesma. Pois as coisas, resistentes, duras, agudas, elásticas, móveis, marcam-se, escavam-se, usam-se entre si. Nosso estilo, excepcional, utiliza esta propriedade geral. O que a terra revela é resultante do que deveríamos chamar de marchetaria recíproca das coisas.

Arrastadas pelas torrentes e por seu peso, sustadas pelos obstáculos ou
por sua forma, as pedras descem e quebram, gravam extensamente sua

queda ou seu rolamento no talvegue. A areia a rodo no curso do vento lima a montanha. O gelo racha e quebra os calhaus e as árvores, as falésias e a terra da planície, tal como a seca. Quem escreve? A água, a neve, o retorno da suavidade, o ofito, o granito, o equilíbrio, a densidade, a força, o sol, a flora, a fauna. Uma cobre, a outra mancha. Sobre o que escrevem eles? Sobre a neve, e a água, sobre a fauna ou a flora, sobre o mármore e o gelo. O que terra revela é resultante das rugas que ela dá a si mesma. Página.

O que damos a perceber aos outros resulta da erosão que os outros e as coisas deixam sobre o rosto e a pele, ou da retração do esqueleto mais duro, arcabouço usado que ameaça ruir. Quando escrevemos, quando servimos de suporte à gravura, nosso caso não difere das coisas usuais da geografia. Os componentes da carne utilizam-se mutuamente: biografia.

Talvegues, erosão, rugas, essas escarificações recíprocas formam um relógio. A paisagem desenhada, marcada pela usura que cada coisa inflige à sua vizinhança e que seu meio ambiente lhe dá, é povoada e entulhada de lembranças, coleção de restos, monumentos, memória. Podemos datar cada lugar por essas escavações mútuas, por essas ruínas, literalmente, por estes detalhes: o que fica dos talhes. A antigüidade da paisagem vem do que ela traz e mostra e marca desse tempo, o relógio da usura e do talhe das coisas duras entre si, da duração. Assim a geografia, escritura da terra sobre si mesma, precede a história e qualquer pré-história imaginável, ela a condiciona aqui e agora, e chega ao tempo fundamental das coisas, marcado pelo traço de cada uma sobre outras e de outras sobre cada uma, e logo pelo traço dos homens, sulcos, dragagens e estilo.

Mas a relação do verbo com o mundo deixa menos marcas que um leve toque. O doce não atinge o duro, deixa-o intacto. A denominação não escava, não põe sinete no denominado. A água do batismo, o santo óleo da unção imitam a doce carícia da denominação, e a circuncisão que reproduz sobretudo a dura mordida da biografia, uma, quanto às coisas, a outra, quanto à palavra, uma definitiva como uma singularidade na paisagem antiga, as outras lábeis ou temporárias como contratos. As durezas gravam-se entre si e esta relação institui sua duração. O doce em relação às coisas ignora a dureza, é por isso que ainda anunciamos a novidade do verbo.

A geografia, ciência dura das coisas duras, tem relação com a dureza; a história, posterior, leve e nova, segue o verbo. Ela começa com a escrita, gravura do doce sobre o duro, tempo inédito e novo.

Ulisses e Colombo, Bougainville ou Cook partilham junto com todas as populações do mar, da sorte rara de habitar e ao mesmo tempo passar.

Ninguém sabe o lugar se não o erigiu, duro; cavou ali seu túmulo, pois o muro encontra apoio na cova de fundação, de fecundidade, de tesouro e de funerais; circunda de alicerces as primeiras escavações, eis a catedral; vai deixar seu suor nesse lugar, a pele das mãos, seu tempo, uma memória em pedra e cal, e o pórtico arqueado como o oco de sua inquietude. A casa, esqueleto, descarnado, depois vestido, enfeitado, imóvel, endurece o corpo apoiando-se em seu cadáver e sua fadiga, vê a paisagem de suas baías imensas; assim, em certos cemitérios as lápides tumulares adornam-se de casinholas onde, por trás das janelas, apodrecem os buquês. Corpo estável agarrado a um lugar de terra como a uma carne. O outro nunca saberá se construiu em honra do deus local ou se cedeu à ambição irrisória de uma modesta apoteose.

Construir, depois, habitar ensina que o domínio do construído vai até a quadra de castanheiros, brancos à esquerda olhando o riacho e rosas do outro lado, a partir de onde o terreno, em queda brusca, dá lugar a espaços alheios, quase intocáveis. Não passamos aí, em respeito aos vizinhos. Topologia do imediato e do mediato, bestial, pagã, vital, onde a vizinhança da vizinhança logo parece tão estrangeira quanto o imensamente longínquo. O caseiro ou paisano que a língua crioula reveste com o nome de habitante acha-se tão à vontade ou pouco à vontade nos limites de sua comuna ou paróquia como nos confins do universo. Vive em uma mancha larga e sarapintada cujos contornos abraçam frouxamente os acidentes do relevo e as circunstâncias da história, circundado, em intervalo medíocre, por uma coroa delgada e homogênea, geométrica, onde a distância que separa a Austrália do Mar Branco tende rápido para zero. De repente, pode tornar-se um viajante intrépido, indiferente a se estabelecer perto de Seattle, Manilha ou Timbuktu, desde o momento em que deixou seu lugar. Para o habitante da casa enraizada na morte divina que colore a vizinhança de seu domínio, como para seu gêmeo errante de aeroporto em aeroporto, tudo está equidistante do paraíso, onde as variações eclodem.

O espaço euclidiano do pedreiro funde-se na superfície topológica do habitante. Ou então: em torno do domínio epicurista do jardim e após a travessia do pórtico de saída, começa a coroa ou o toro do universo estóico das causas isotrópicas ou séries harmônicas, lugar de comunicação. Ou então: a bola compacta de concreto onde o habitat toca suas vizinhanças e onde a construção mede suas divisões esvazia a vida de seu detalhe superabundante, ao passo que, em três minutos, podemos compreender as leis que governam o espaço restante. Ou ainda: o bloco do sítio, singular sarapintado, abre um volume vazio, infinito simples e tedioso, atravessado pelas flechas vetoriais dos percursos. Melhor: a paisagem onde o rodeio passa por caminhos festonados, alças, anéis ou voltas, reúne os blocos ou bolas; as vias extremas do método atravessam o universo homogêneo da comunicação. Enfim: por que diabo um mundo excluiria o outro?

Questão: onde estamos? *Ubi*? Nós, habitantes, estáveis, estátuas latinas, teses gregas, posições, situações afirmações lógicas. Resposta: no jardim, célula circunstancial de paisagem. Não, só vejo o deserto, elemento redundante de universo, por onde passo. Onde estamos? Aqui, em um lugar. Singular, rodeado de vizinhanças, localidade bordada de festões. Viemos de um lugar assim, lembramo-nos dele, nosso corpo animalmente, sente esta memória, vamos para ele, nosso corpo freme a esta esperança, mesmo que atravessemos um espaço liso de nudez vetorial, mesmo quando seguimos a auto-estrada rasgando lugares juncados de lixos.

A reivindicação do corpo, duplo, do animal imóvel e movente, de nicho complexo, variado, agitado, inerte, vivo, verbal, toca a paisagem do local ao global. Pede ao mesmo tempo curso e repouso. Busca navegar.

Eu canto o contentamento que um barco dá ao atingir o porto depois de ter aplainado o oceano como a uma prancha áspera, o prazer delicioso do estrangeiro em cuja vizinhança adormecemos no familiar. China, *iceberg*, Trópicos, visitados em seu próprio habitat. Não, os marinheiros não viajam; por isso é que só eles se arriscaram às grandes descobertas. Retornam a cada noite ao mesmo canto e à mesma maca, que ignorante teria o topete de opor a vida marítima à estabilidade paisana, como a errância à imobilidade? Barco: pequena aldeia de alguns lares em uma casca frágil. O homem do mar não se move, colado à barra, incorporado ao edifício, nariz a vante, costas à ré, bigodes em volta da *proa* e cabelo flamejante batendo na ponta do mastro. Sua cidadezinha segue. Parece correr por um espaço estranho, mas a construção agrária também se afunda em uma coroa vaga. Amarrado a quatro mastros, uma bela noite, o marujo parte em bordejo como o fazendeiro sai para a caça, absolutamente certo de que logo voltará para jantar na mesma gamela morna, que encontrará odores fixos e a medida dos estreitos corredores. Timoneiro caseiro.

A viagem começa quando queimamos nossos navios, a aventura tem inicio com o naufrágio. Só então os deuses deixam o marinheiro que os abandona, então ele naufraga a vinte mil léguas de casa como o paisano convocado sai da fazenda para a guerra. Seja o que Deus quiser. Mas antes ele viu de graça. Como no teatro ou no cinema ou num álbum de imagens. Bem sentado no balanço, ondulando na arfada, embalado em águas maternais, atrás da portinhola lavada pela onda, ele olha, salvo. Ele narrará.

Leva com ele, no mar ou no céu euclidianos, seu nicho topológico e volúvel.

Prendemo-nos ao lugar, olorante, saboroso, colorido, plantamos o habitat aqui mesmo, mas eles formam apenas nosso seminicho, como uma espécie de terreno morto, semeado de túmulos, marcado de fundações. Saímos e alcançamos o outro seminicho, do outro lado das margens; ele não tem limites. Núcleo, fitas. Dormimos perfeitamente bem nos caminhos, na paixão de deixar o equilíbrio estatuário, de abandonar a tese, em favor das variações. Esquecer a casa, início da metafísica, do que existe além; mas como o medo prende ao ventre, o aventureiro constrói seu barco. Não abandona o berço. O primeiro objeto verdadeiramente metafísico promete o alhures sem deixar o aqui. Inventa um equilíbrio movente, uma estabilidade em torno de suas flutuações, mas também um deslocamento dentro do seminicho aberto do seminicho fechado, uma maneira de agitação fixa. Enquanto a caravela oscila sob os pés, a segurança não vai embora. O além revela-se quando os sapatos ardem no fogo, com os hábitos e as habitudes, os varais da velha carroça e as traves da casa do ovelheiro. Encontrarás se e somente se não te voltares para a estátua da filosofia velha.

Assim a terra revela os traços coletivos desse nicho-soma de núcleos ou nós que irradiam fios. Não podemos passar sem jardins nem viagens, temperando a austeridade destas às vezes desesperadora com as delícias daqueles, ou o tédio entre as plantas com o salto além das moitas. A errância faz parte do território humano; a história compõe o edifício estável, a inclinação do barco e a aventura metafísica. Os paisanos que lá permanecem esquecem facilmente a longa emigração de seus ancestrais que sempre vieram de longe, os viajantes querem se lembrar de seus pais enraizados na gleba. O nicho integral dos coletivos humanos, terra, água, globo terráqueo, adiciona os jardins aos êxodos, mistura as circunavegações às ilhas, prolonga os vales felizes ou minados de rastros intermináveis; persegue os ladrões de maçãs para torná-los caçadores. Do parque jorram vias infinitas em estrela escalena, acumulam com certeza as energias, lembranças, fauna, flora e pomona que delas vieram. O espaço visto lucidamente chega a ser confundido com um suporte do pensamento, semeado de células estreitas e densas de desenhos franjados providos de axônios gigantescos e filiformes que o prolongam e o conectam ao próximo e ao distante. Não há nada no intelecto que não possamos ver no mundo: lugares disciplinares que muitas vezes resultam de rastros atípicos e de onde são excluídos os que têm vontade de retomar o caminho, metódico ou exódico. Mesmos desenhos, destinos semelhantes, decidam onde se encontra o abstrato ou o concreto tirando cara ou coroa.

O universo e o lugar conectam-se em um nó difícil de fazer como de pensar. De um lado, o local vê em suas fronteiras obstruções que tornam as vizinhanças inacessíveis; a via extrema, ao contrário, não conhece nenhum obstáculo e não reconhece lugar algum. A paisagem parece as *pagi*, o universo deixa os vetores passarem, a verdadeira dificuldade está em costurar singularidades locais na via global ou traçar caminhos fáceis na paisagem. Donde a tentação de verter, numa cultura ou na outra, multiplicidade de relatos, de sentidos ou de aldeias, unicidade erudita formal, rápida, transversal, que reputa antiga uma, e moderna a outra.

O adjetivo grego católico significa universal, mas os que o utilizam esquecem muito freqüentemente este sentido e, ao contrário, dizem uma religião com ritos de santos, virgens e mártires, um monoteísmo figurativo mergulhado em milhões de anjos. Essa lembrança da origem lingüística e do sentido hoje corrente, associados um ao outro, mostram uma síntese rara e delicada, fonte de artes e de beleza, entre a unidade ausente com a qual manter um diálogo íntimo ou uma submissa relação de amor com essa paisagem pagã retornada, semeada de lugares, estátuas, estações, santuários e vizinhanças, contudo ligeiramente inclinada para o campo unitário; entre local e global, existências e lei, o Deus único e o próximo. Essa união ou difícil comunhão, onde a tolerância conserva o politeísmo, expõe o catolicismo a uma situação de constante ruptura entre um monoteísmo exclusivo e desértico, o universo do espaço vazio do qual tem o nome — nada de novo sob um sol assim —, e a profusão de disparidades pagãs, pequenos ritos florescidos em uma primavera variável e, portanto, a trabalhar sem descanso, heroicamente, dentro da incompreensão geral, no núcleo paradoxal — e de repente, tão contemporâneo — do infinitamente distante e do próximo: amor a Deus e ao vizinho.

Contemplo agora o duplo mandamento da religião cristã e a dupla pessoa a que ele manda amar. Amar o universal ausente, o próximo singular. A vizinhança do próximo ameniza a ferocidade do monoteísmo, violência radical que esvazia o espaço em proveito de uma lei única. O conjunto inesperado das reaproximações repovoa esse espaço de singularidades pinturiladas. Contemplo a assimetria inteiramente racional da lei de razão e das circunstâncias circundantes, para um dado qualquer.

Balança desigual, de travessão inclinado: a justiça aqui não separa o verdadeiro do falso, o justo do injusto, a razão da sem-razão; o dualismo, o duelo acaba de desaparecer. A balança causa um afastamento de paz. Amo a ausência daquele, do único a quem foram entregues o poder e a glória, que se resumem ao crime e só ao crime, aqui, amo a presença imediata daquele que tem espaço apenas em minha própria vizinhança. A paz desce, duas vezes. O universal e o singular com o qual me comunico são duais e não duelos. Deus estará no prolongamento, de proximidade em proximidade, do próximo? Que relação esse próximo mantém com Deus?

Contemplo a estranha presciência do que nossas ciências começam a aprender: figura antiga da razão toda nova, antigamente chamada boa nova. A razão universal é temperada pelo ímpeto das ciências locais. Topologia, flutuações, pequenos desvios e circunstâncias misturadas, as singularidades voltam em peso ao espaço vazio e monótono da lei. Ora, não podemos, não devemos afastar a razão, o rigor, nem as exatidões puras. E no entanto devemos acolher esse local superpovoado. Eis uma razão reconciliada: Deus e o próximo, a razão pura e perfeita mais as singularidades vicinais. Sistemas e misturas fazem o mundo.

Quem poderia imaginar que a razão e o patético, juntos, hoje nos conduziriam a esta assimetria, lição do velho mandamento cristão?

Devemos rever ou revisitar a conexão entre o global e o local. O método passa pelo panorama, uniforme universo. O rodeio percorre os lugares, paisagens.

Eis uma esfera de contornos frouxos, acontecimento singular, turbulência ou turbilhão. Para este lugar ou a partir dele converge ou diverge uma estrela de caminhos metódicos transformados em ruelas complexas após a travessia dos contornos.

Vamos denominá-los circunstâncias, vamos chamar de trevos os pontos de conexão.

CIRCUNSTÂNCIAS

A sombra de uma árvore; a sombra, para todas as coisas, conforme o sol, as nuvens, o vento; o porte da árvore e sua forma que por sua vez dependem de suas sombras. Os pés confundidos, sobre-impressos, que patinharam em torno da fonte, passos que vão e vêm, encontro dos extraviados. A beirada de um poço e sua influência sobre a planície aonde atrai os rebanhos e os pastores. Os arredores do grande edifício. As sebes nas encostas com alinhamentos ou não de arbustos circundando o campo defendido. Fronteiras que protegem o reino. Sonoridades que anunciam uma importância: o séquito que rodeia o poderoso intercepta as notícias. Baluartes. O pátio dos gentios, aquele onde Nossa Senhora se apresenta. *Faubourg, subúrbio*[17] ou antigo lugar de banimento, nas periferias das cidades. Limiares onde a intimidade respira protegida. Auréolas. Reflexos, opacidade; brilhância; rumores; vapores abafados emanados de um lugar de fogo ou de gelo, frescores; perfumes exalados. Seguir a caça pelo rastro, descobrir a ilha antes de vê-la, adivinhar nas marcas flutuantes ao redor. Intuições que percebem os ambientes imperceptíveis. O jardim dos mortos junto ao muro da igreja, com lugares vazios. A multidão que se comprime à volta dos portões, à noite, no estádio. Clamores. A maré na costa plana onde a terra e a água partilham o espaço, segundo a lua, a brisa, o trimestre e as sizígias. O brilho do sol tão amplo que moramos na estrela e não à imensa distância de bordas inatingíveis. Halo de lua, Saturno com os anéis. Manto aquoso, cabeleira gasosa em torno de certos objetos celestes, cauda de poeiras cometárias. Glória que precede o corpo, o nu, os santos, os astros, o rosto, olho, pele, pensamento, glória às palavras novas que fazem cair do cavalo. Vasto poder do ódio, no terreno e na história, ressentimentos de cheiro forte. Prece entre sexos, atração pelo turbilhão, voz nas paragens das Sereias. Cinturões. Águas rápidas descontroladas a montante das cascatas, avenidas de turbulências a jusante. Nossas fragilidades se defendem por uma dupla ou tripla pele invisível, couraça que repele um

[17] No original, *banlieu.* (N. da T.)

agressor mesmo doce. Embriaguez de longo alcance lançada por uma inteligência produtiva, uma obra de arte, o encanto. Vertigem. Corolas que saem dos lábios daquela que vai dizer sim. Emoção, silêncio que seguem e precedem o acontecimento. Flocos de neve nas agitações do ar, vôos de arcanjos diante de Deus, pétalas planando na sombra da árvore.

Cascas, membranas, muros porosos, peles, coroas, matizes, auréolas, no espaço, no tempo, nos campos de força, nas fases, causas, pretextos, condições... relacionamentos, afastamentos, flutuações, vizinhanças da definição estrita: lugares onde passam as mensagens sensíveis, circunstâncias.

Lógica. — O princípio de razão explica qualquer existente ao afirmar que ele existe mais que tudo. E, singularmente, que ele existe mais que nada. Ora, existir mais que tudo é redundância e repete, pelo verbo e advérbio, uma discordância ou um excesso, o afastamento do equilíbrio. A existência diz esse desvio, pois o radical exprime a estática, e mais que tudo quantifica vagamente a tara. Como se o travessão de uma balança não se mantivesse inteiramente plano. A existência indica um estado fora do estado zero, ou, melhor, um fora-de-estado. A ciência grega, chamada *epistéme* desde sua fundação, significa, pelo próprio nome, ao contrário, o equilíbrio, uma espécie de acima do estado. A palavra sistema significa em suma a mesma coisa. A oposição tradicional, a estranheza sobretudo da existência e da *epistéme* tornam-se claramente legíveis. A coisa qualquer cria geralmente um afastamento que a ciência leva estritamente a zero. O saber rigoroso ou preciso desenha o fiel da existência. Ou seu estado. Sua redução ao equilíbrio. Sua supressão. A ciência considera a existência como uma tara. Balança de justeza e de justiça, de equilíbrio e de política, moral e mortal. A partir daí, a existência significa um modo estranho ao da ciência.

Penso, logo existo, contradição nos termos. Eu penso, peso, incido sobre um pé, uma base, um prato, imóvel ou fixo, em repouso; eu existo, aqui estou eu retirado do equilíbrio, em afastamento em relação ao repouso, já quase móvel, exatamente inquieto. Ou então, tautologia: eu peso, logo a balança reage.

Aristóteles coloca o princípio de identidade no fundamento da necessidade da ciência. Desde sua primeira formulação, ele é definido em relação à contradição. É impossível que o mesmo atributo pertença e não pertença ao mesmo tempo ao mesmo sujeito, na mesma relação, sem prejuízo de todas as outras determinações que possam ser adicionadas para fazer face às outras dificuldades lógicas. Deixemos por um momento o caráter atributivo da definição aristotélica e digamos, com Leibniz, por exemplo, que o que é A não poderia ser não-A, ao mesmo tempo, na mesma relação etc. Sempre a dupla negação, a identidade como a impossibilidade contemporânea de si mesma e de seu contrário, ou seja, de seu contraditório. Observemos de passagem que o termo grego, para as determinações que podem ser casualmente acrescentadas, διορισμοί, marca evidentemente alguma coisa como um limite. O encontro de A e de não-A é descrito cuidadosamente por um conjunto de identidades: no mesmo tempo, na mesma relação, em geral, sob condição de mesmas determinações. Curiosa necessidade que só pode ser imposta sob um completo universo de condições. O princípio de identidade advém se e somente se outras identidades forem observadas: de tempo, de relação, de determinações em geral. Curiosa definição que requer como condição o definido si mesmo. O primeiro princípio reduzir-se-ia a uma petição de princípio? A um retorno à própria identidade?

A partir daí, podemos retomar Aristóteles e Leibniz, dizendo: nas mesmas circunstâncias, é impossível que o que é A seja não-A. Observamos de imediato que o famoso princípio, cuja universalidade ou pretendida necessidade pulveriza-se sob a pressão das condições, avizinha-se de um outro, mais familiar, o do determinismo: nas mesmas circunstâncias, as mesmas causas produzem os mesmos efeitos. Ora, como todo mundo ignora o estatuto das causas e dos efeitos, como a filosofia da causalidade pode muito bem ser posta entre parênteses tanto quanto a lógica atributiva, mais acima, resulta que: nas mesmas circunstâncias, os mesmos *x* produzem os mesmos *y*. Ou melhor: pela identidade das circunstâncias, há a identidade, ou estabilidade da experiência, possibilidade de repeti-la à vontade. Ou: por um recorte idêntico, as experimentações continuam invariantes. Assim, nos dois casos, físico, aqui, metafísico, lá, a identidade formal de A qualquer, ou a identidade de fato ou de fenômeno, a da experiência, só têm lugar sob a condição expressa de reduzir à identidade o conjunto ou um conjunto daquilo que os circunda. Nos dois casos, a identidade das circunstâncias passa em primeiro lugar, como condicional, na teoria como na prática. Sem ela, não há lógica, não há manipulação nem filosofia.

A filosofia trabalhou para riscar essa condição, para afastá-la ou derrubá-la. A história da filosofia ou das ciências fez com que a esquecêssemos para manter independente e isolada a universalidade desses princípios necessários. Leibniz, portanto, retoma Aristóteles e redefine de início as verdades de fato e as de razão. No meio destas, as primitivas verdades de razão não fazem mais que repetir a mesma coisa, sem nada nos ensinar. Ou afirmativas: A é A, ou negativas: o que é A não poderia ser não-A, para a mesma proposição. Dito isto, resta fazer experiências. No campo da lógica e da álgebra, discursos puros, como se diz, o funcionamento dos princípios fica distinto e claro, sob condição, bem entendido, de nunca variar quanto às proposições, o que é justamente a identidade da circunstância, para qualquer linguagem. Mas tudo muda muito de pressa, mesmo sem sair das matemáticas: basta mergulhar o discurso no espaço e no tempo, geometria ou mecânica. E, por aí, todo o resto. Suponhamos, dizia ele, que exista uma multiplicidade de estados de coisas, e que estes estados não envolvam nada de oposto: podemos dizer então que eles existem simultaneamente. Em Aristóteles, a contradição ou a identidade só podem ser definidas sob condição mínima de simultaneidade: ao mesmo tempo. Leibniz inverte o dizer de Aristóteles e define o simultâneo como um estado de coisas onde a contradição não está presente nem implicada. Esta inversão parece decisiva.

Ela permite definir o espaço e o tempo. Não como condições aos princípios, mas, ao contrário, como que produzidos por eles. O espaço torna-se a ordem das coexistências, a ordem das simultaneidades, ou a ordem dos não-contraditórios, visto que não poderiam existir simultaneamente. Inversamente, o tempo torna-se a ordem das coisas não simultâneas, que podem portanto ser contraditórias. As que se produziram no ano passado envolvem ou implicam estados opostos de uma mesma coisa, em relação às que se produzem este ano. Basta inverter a condição para produzi-la pelo condicionado. Se não há simultaneidade, então pode existir uma contradição. A partir daí, o tempo, ordem dos sucessivos, entra na implicada ordem do contraditório. Invertam novamente a proposição e obterão: se há contraditório, então há tempo. Eis o próprio Hegel. Que esquece de passagem que o objeto pode implicar o contraditório, no tempo. Passa do possível ao necessário e suficiente. E a dialética põe-se a produzir a história. Sem muito esforço.

A inversão, dupla, da condição aos princípios lança um tempo monódromo onde o objeto nunca continua o mesmo. Então a reduplicação da negação não volta forçosamente à posição. O trabalho do negativo transforma a essência de A. A velha linguagem de dois valores desce então para os objetos, vivos ou históricos. Ela os produz. E o real é racional, o racional é real.

Esse artifício refugou todas as condições do princípio. Escolheu uma delas, o tempo, e a utiliza para ocultar as outras. Por uma inversão sutil, os princípios produzem o tempo ou a história. Portanto a história se autoproduz nos e pelos princípios e, dessa forma, suprime as outras condições. Não há mais sequer relação, nem outras determinações, nem o conjunto das circunstâncias: reduzidas ao tempo, são produzidas, por seu turno, pelo funcionamento do contraditório e da identidade. Tudo desaparece na máquina da lógica disjuntiva ou binária. Pelo viés do tempo e da história, que viraram da condição ao condicionado, como do possível ao necessário, a razão produz o fato. A razão equivale à existência, identicamente, e a produz dinamicamente. O imperialismo do racional absorve no logos os afastamentos do equilíbrio da existência.

Mas o real ultrapassa o racional. Por acasos residuais, esse algo sobre o qual não tenho ou nunca poderei ter informação, o ignoto, o excesso, o ruído, o grande número e a diferença.

A partir daí, a verdade é que só há e só podemos conceber identidade ou contradição sob condição da circunstância. De lugar, de tempo, de posição, de situação, de relação, sem prejulgar outras inúmeras determinações ou limites. Que a filosofia das circunstâncias condiciona os princípios primeiros sem os quais ninguém pode pensar, nem transformar o mundo. Que só erros de lógica, petições de princípio e uma hipocrisia induzida pelo instinto do poder puderam reverter essa condição e fazê-la produzir pelos princípios racionais que ela condiciona. A existência não é deduzida da identidade, como as lógicas modais não são produzidas por uma lógica de duplo valor.

Muito pelo contrário. A existência, afastamento do equilíbrio, refere-se às circunstâncias. A circunstância forma conjunto, sem balanço nem cálculo possível, das próprias existências, dos desvios, taras ou inclinações do travessão, o conjuntos dos, "mais que tudo", como diz o princípio da razão, ou do que se mantém fora de estado.

Esse conjunto inumerável, real, e rumor do real, contorna, como curvas de nível, distanciadas ou na mais próxima vizinhança, o cimo de um colo singular. Nesse ponto muito excepcional, acontecem o equilíbrio, a igualdade, a congruência, o paralelismo, ou seja o que for do mesmo gênero, quem sabe, a identidade. $A = A$ ou $A \equiv A$. Estabilidade rara no topo do colo, rodeada de circunstâncias. A identidade, a contradição, raríssimas, são excepcionais singularidades ultra-estruturais sobre as variedades infinitas dos afastamentos, desvios, taras, e assim por diante, existências e circunstâncias. A filosofia nunca percebeu, ou quis ver, senão essas cristas, fazendo subir acima do terror para afogar o relevo. Os que sobressaem nessas ilhas dizem que governam o furor das ondas, pobres náufragos.

A linguagem institucional, a lógica e a ciência, arquipélagos ou milagres improváveis na multiplicidade dos afastamentos do equilíbrio ou da regra, na polimorfia das circunstâncias, não produzem nada, ao contrário, são condicionados. Não por uma outra regra, mas por sua ausência. Com efeito, quer digam infra-estrutura ou superestrutura, equivale sempre a uma ultra-estrutura. Os máximos ou mínimos equivalem aos extremos. Colos, cumes, ilhas.

A paisagem, páginas circundadas de rodeios, tornam-se um modelo lógico, e a lógica, inversamente, redesenha a paisagem.

Gramática. — As gramáticas clássicas distinguiam, em sua sintaxe, as orações subordinadas completivas das adverbiais. As primeiras estabelecem uma ligação direta entre o sujeito e o objeto ou o inverso, centradas num ou noutro ou em ambos. Ação, passividade, discurso ou pensamento: todo o programa da classe de filosofia. As adverbiais, ditas secundárias, deslocam essa centralização e descrevem o tempo, o lugar, a condição, a conseqüência, o concessivo ou comparativo ou causal, e assim por diante. Quando ele via uma rosa, pensava que a primavera tinha voltado; o rio enchera a ponto de não se poder atravessá-lo a pé; eu poderia se quisesse ou quando e porque quisesse, ou no local que eu escolhesse. O mundo mais algumas emoções voltam em peso em torno do eixo austero parcamente transitivo. Reduzido à identidade ou à repetição, esse múltiplo é suprimido: nas mesmas circunstâncias, nos mesmos... completem vocês.

Na morfologia usual das mesmas gramáticas, nem os adjetivos nem os advérbios gozam de grande reputação. O que é demais não faz falta, dizia-se. Sempre Deus, nunca os anjos — uma circunstância de anjos, diz Tertuliano; vão ao essencial, não divaguem. Estilo e filosofia em preto e branco, fraque e plastrom, pensamento, ação, ciência e transformação do mundo: não temos um minuto a perder. Ora, o adjetivo nos afasta, transviado, sedutor, desviado, divertido. Exatamente parasita: ruído demais, a devorar ao lado do mestre a parte do mestre substantivo; bichinho importuno. O advérbio provoca um afastamento na ação, faz com que ela perca o equilíbrio. Ambos denotam as circunstâncias, margeiam e concretizam o ato, a pessoa, ou a coisa. Um pequeno desvio começa pelos cantos, os momentos, as qualidades ou restrições, os meteoros; e se tomássemos nosso tempo? Tão escasso, tão precioso, controlado, com freqüência, liberado, miraculosamente, magnífico, estático, nunca monótono, junto de nós, afastado, secreto, disponível, rico, pleno, saboroso, gratuito, misturado.

Como o advérbio ou o adjetivo, a oração circunstancial acrescenta o sensual ou sensível frondoso ao sentido ascético ou puritano ou rigorista do sensato. Quando queremos dizer fielmente o sensível, mais vale um epíteto de Colette que dez demonstrações de aplicativo; ou a visita, melhor, a criação circunstanciada de um jardim.

As filosofias universitárias não conseguem dizê-lo em seu alinhamento completivo ou atributivo, pela concordância exclusiva com os verbos e os substantivos: com o abominável verbo ser, desconhecido ou câncer, com a predicação, imóvel, com a dicotomia das figuras de bode... aborrecimento dos resultados duais de rimas ricas: realismo-idealismo, empirismo-formalismo, dialético-analítico... rigidez dos substantivos: ontologia, fenomenologia, epistemologia, molo, nolo, tolo, rimas internas, pode-se pensar certo escrevendo tão feio? Declaro culpado.

Visitem o meio ambiente. Percorram as circunstâncias em coroas flutuantes ao redor da instância ou substância, ao redor do eixo do ato. Usem o que corre para o lado. Descrevam o parasitário nos sinais, o coletivo ou o vivo: ele come na mesa vizinha. Estudem as vizinhanças, percorram os caminhos que contornam e formam a paisagem. Considerem as flutuações, afastamentos ou inclinações, nas avaliações ou conceitos da ciência. Os átomos, às vezes, correm para o lado. Não desprezem as interferências nem as passagens. Hermes, muitas vezes, diverge em seu caminho. E se destaca. Vejam os fluxos misturados bem como os lugares de permuta, compreenderão melhor o tempo. Hermes encontra pouco a pouco sua língua e suas mensagens, ruídos e música, paisagens ou caminhos, saber e sabedoria. Ele corre para o lado, para os lugares onde os sentidos vibram e estremecem, turbulência vizinha do corpo, sensação. Ele ama e conhece o recanto onde o lugar se afasta do lugar para ir ao universo, onde este se afasta da lei para se invaginar em singularidade: circunstância.

Estática — Uma estátua é colocada sobre um pedestal e não se mexe mais. Imobilidade, repouso, fixidez: tese.

Uma balança entra em repouso por uma relação de igualdade ou de troca entre seus braços, pratos e pesos, anula todo movimento virtual de cada um compensando-o pelo do outro: equilíbrio.

Um pião, planetário de bolso, fica de pé, estátua vibrante, balança turbilhonante, com sua rotação rápida, assim a Terra, os astros, em todo o sistema solar, permanecem constantes em suas variações de períodos compósitos. Digamos sistema em geral quando um conjunto complexo e movente ordena-se em torno de um invariante.

Estátua ou tese: únicas; equilíbrio: dualidade; sistema: pluralidade.

Movimento nulo, deslocamentos em torno da posição: rotação, trajetória, órbita, vibrações, ritmos, composições diversas.

Tempo reversível.

Pensamos por teses, afirmações, equilíbrios, sistemas, o termo pensar, literalmente, significa pesar, sopesar. Penso, logo existe uma balança. Eu não poderia pensar sem ela. Existe uma estátua ou um sistema. Uma tese, antítese, um ponto em torno do qual o travessão resolve sua permuta ou acordo ou não resolve suas desigualdades. Se ele oscila ou resiste, penso ainda? Se não tem constância, flutua, se ele sempre se afasta do estável... Montaigne diz excelentemente a vizinhança do não-pensamento por essa balança dupla da dúvida e pela oscilação perene do mundo como ele se desloca. Não posso pensar sem me referir às estabilidades em geral. O princípio do equilíbrio reproduz na realidade das coisas a afirmação do eu penso e sua exigência de constância quanto ao sujeito. Sujeito, objeto, não sei; sei em todo caso que a língua diz sempre a mesma coisa, não sabemos nada além disso. Eu afirmo: isto está assentado sobre sua base, tese ou estátua, pensamento, mesa ou cuba. Penso: peso sobre esta base. Quem, eu? Pouco importa.

O trabalho do pensamento ou da história introduz a face da estabilidade nos campos onde, à primeira vista, ela não tem lugar nem tempo. O impensável é igual ao instável. O não-conhecível equivale à flutuação. A condição dita ou não dita da ciência ainda é a identidade. É preciso poder dizer o dito, reencontrar a estátua no mesmo lugar, reconhecer a tese, firme, afirmada, sem mudança, repetir a experiência, estável como um termo, determinada, determinista.

Daí em diante, o referido trabalho consiste em reconhecer o estável no instável, o equilíbrio no movimento, o pião reto embora turbilhonante, o sistema estável se bem que animado por ritmos de desigualdades diversas, o invariante na variação.

Penso se e somente se vou introduzir minha inquietação nos lugares onde o peso comporta riscos.

No calor que agita os mínimos elementos; por entre os fluidos não consistentes e as turbulências; sobre a inclinação dos átomos; no meio dos meteoros; nas qualidades puramente sensíveis; por entre as misturas e as paisagens; nas ciências humanas e na história. O programa de trabalho para o pensamento segue a famosa passagem do Noroeste. Rodeio mais que método. Errâncias, viagens, perigos.

O exemplo do rio nos alegra: partindo de uma fonte ou de várias, desce o talvegue para o mar ou o lago, à primeira vista, diríamos que corre, turbulento ou tranqüilo, para seu equilíbrio; verdadeira para cada gota d'água, esta afirmação pode ser sustentada para o rio? Ele se mexe, é claro, mas repousa, estável, em seu leito admiravelmente denominado. Parece correr, mas de certa maneira dorme. Se algum Hermes passar por ali, se obras de caráter civil por qualquer razão desviarem seu curso, ele voltará. O rio cava uma estabilidade global, do princípio à foz. Homeorréia. Seguimos o curso de um ribeirão assim na formação embrionária, da fecundação ao nascimento, e o leito de um rio semelhante, até a hora da morte?

Exemplo ilustre entre centenas de outros, para o progresso pensante: introduzir a inquietação, esse afastamento do repouso, entre as coisas evidentemente inquietas, cujo equilíbrio parece impensável. Lá nos aguarda, com freqüência, o acaso que opõe sua desordem à nossa identidade: com razão ou sem razão, quem pode saber? Quem pode adivinhar, antes de pensar, sem se acreditar Deus, que o real é racional e o inverso. Pensar consiste sem dúvida em errar, inquieto, por um lugar onde este princípio ainda não se manifesta .

O Sena ou o Garonne apresentam a homeorréia; o Yukon e o Machenzie não a demonstram. Afastam-se incessantemente do equilíbrio. Ora correm a cem braços, ora não correm, gelados, bloqueados, barrados por obstáculos e calhaus, têm um leito ao alvorecer, dez ao meio-dia, vinte em outro momento e no mesmo local, ou em outro local e no mesmo momento. Marcam um tempo diferente? Diríamos que escrevem na terra ou na paisagem todo o programa das circunstâncias: constâncias, instabilidades, consistências, inconsistências, circunstâncias.

Que ordem levam eles em suas flutuações? É preciso manter o esforço do pensamento nessas latitudes: caminhos fixos num meio aleatório ou caminhos aleatórios num meio determinado. O tempo já não corre como a água, mas percola tal qual.

Mecânica celeste — Laplace deduz os movimentos celestes da lei de Newton e faz do mundo um sistema. Não tem necessidade de outra hipótese. E no entanto uma outra idéia que não a da atração domina sua exposição. Todo mundo se lembra do famoso texto da *República* onde Platão descreve um pião. Ele repousa em equilíbrio sobre seu pé, mas move-se pela relação entre todos os seus pontos fora desse eixo. Platão acha contraditório esse movimento associado, inseparavelmente, ao repouso. Ele não diz que o pé pode se mexer, avançar, recuar, que o eixo pode nutar etc. Essa contradição define, no entender dos mecânicos modernos, um novo equilíbrio, uma constância pelo movimento, uma invariância pelas variações, uma imobilidade pela mobilidade. No prefácio da *Mecânica celeste*, Laplace se permite cem variações lingüísticas sobre os dois elementos em questão: os objetos celestes mostram oscilações, librações, nutações, vibrações, períodos, desigualdades anuais, seculares, multisseculares, que podem chegar a novecentos anos, etc., em torno do equilíbrio.

Assim, o sistema do mundo pode ser nomeado não só pela dedução de todas as aparências — a palavra fenomenologia tem origem nas observações astronômicas — baseada em uma lei, mas por sua estabilidade. Um grande número de objetos ficam juntos em equilíbrio. Mas eles se movem (e, no entanto, ela se move). Sim, mas todas as anomalias aparentes, nutações ou librações, reduzem-se ao repouso, todas as variações pelo tempo se restabelecem. Constância. A harmonia do mundo vem da composição de movimentos complexos de uma corda, de uma placa ou de um tubo de ar.

Por outro lado, os objetos celestes não se apresentam de maneira homogênea; a terra tem um núcleo sólido, recoberto aqui e ali por uma mancha líquida, oceanos e mares, envolvida no todo por uma massa gasosa, a atmosfera, três estados que a tornam um tanto viscosa. O pião de Platão move-se da mesma maneira, sólido em todos os pontos. O manto dos mares pode deslizar, adquirir movimentos rítmicos próprios, que, em compensação, podem influenciar os ritmos do sólido movente. O invólucro atmosférico também é atravessado por vibrações cujo período, se é que existe, ainda não descobrimos.

A questão do movimento dá lugar à lei de constância.

A da composição dá lugar ao conceito de consistência.

A consistência caracteriza o sólido, mas também o raciocínio dedutivo rigoroso, a não-contradição de um sistema. Na mecânica celeste à maneira de Laplace, a matemática corresponde ao mundo como dois sistemas consistentes. Mas quanto ao sólido, hesita-se e vacila-se. A mecânica do sólido proporciona muitas certezas; para o manto aquoso, pode-se adiantar uma teoria das marés; os meteoros, o fogo e o ar ficarão de fora. Complexos demais para entrarem no sistema.

Mas que trazem o quadro de sua formação. Em estado de regime, este que conhecemos, o mundo segue o tempo reversível, o do balancim: nada mudaria nem nas equações nem nos fenômenos ritmados se o tempo fosse contado de modo regressivo. Questão nova: como se forma este sistema, como ele chega a este regime de equilíbrio por seus movimentos? Laplace passa da cosmologia à cosmogonia na *Nota VII* anexada à *Exposição do sistema do mundo*. Observem a linguagem com que Laplace observa os planetas: "expor" lança fora do equilíbrio o conjunto das coisas que se põem nele, "sistema" ou composição. O astrônomo raciocina e abre uma rubrica; cinco circunstâncias gerais caracterizam, diz Augusto Comte* depois de Laplace, a constituição do sistema solar: as circulações, rotações e satélites seguem todos a direção Ocidente-Oriente, nunca outra, orientam-se muito exatamente; as órbitas mostram todas uma excentricidade, embora fraca, nos planos que se afastam uns dos outros, embora pouco.

Trata-se justamente de circunstâncias: fenômenos não compreendidos na definição estrita do sistema, não dedutíveis do equilíbrio geral, à parte. Nenhuma balança compensa as direções gerais pelos movimentos que eu diria ocidentadas, nem os afastamentos do equilíbrio, excentricidades ou inclinações, pelas obliqüidades simétricas. O tempo reversível não integra suas exceções em uma soma ritmada. O clinâmen de Lucrécio volta, e em dimensões gigantescas. Lança-nos no tempo da gênese, irreversível, o tempo do fogo: na cosmogonia, o sol deixa seu papel de massa central para reassumir o de fonte de irradiação. A distância espacial ou temporal que dele nos separa, nebulosa original, não é contada por suas forças, mas por seu resfriamento. Donde a história linear em que vai girar o sistema circular: as circunstâncias em questão, fósseis da nebulosa quente em rotação, condições iniciais para o duplo sentido das matemáticas, para as equações, e o do sistema mecânico, para a evolução, circundam bem as constâncias ou equilíbrios de seu desequilíbrio dado, de falta de consistên-

* Augusto Comte, *Cours de philosophie positive*, 27ª lição, Hermannn, t. 1, p. 434. Ver também a palavra *circunstância* usada para a maré: *Id, Ibid.*: 25ª lição, pp. 405 e 406.

cia. Ao se resfriar, o sistema torna-se mais duro, menos viscoso. A história e o tempo irreversíveis mergulham em substâncias bizarras. Nascem as circunstâncias.

Termodinâmica — Carnot distingue as máquinas movidas a fogo das que não recebem movimento do calor. Erro: os homens, como os animais de carga, as quedas-d'água, como as correntes de ar, sempre tiram suas forças do calor e, em última instância, do sol. A teoria mecânica estuda estas últimas e as explica, diz ele, pelos princípios gerais aplicáveis em qualquer circunstância.

Falta uma teoria assim, completa, global e local, para as máquinas a vapor. Elas ainda não encontraram seu Lagrange quanto ao sistema, nem seu Belidor quanto ao caráter das artes e manufaturas. Ora, para atingir a generalidade desejável, é preciso que os princípios se tornem independentes do mecanismo utilizado. Lagrange não fala de Belidor. Carnot não diz uma palavra sobre as aplicações nem sobre as circunstâncias.

Ele raciocina em relação a toda máquina a fogo imaginável, qualquer que seja a substância empregada, qualquer que seja a maneira de agir sobre ela. A substância perdeu sua importância.

"Mas a produção do movimento nas máquinas a vapor é sempre acompanhada de uma circunstância sobre a qual devemos fixar a atenção." Acompanhada: o que vai como acompanhante anda ao lado; sem muita importância, refere-se à instância que vai como principal. Poderíamos dizer: o movimento e sua produção continuariam se retirássemos esse acompanhante. Donde seu nome de circunstância, ele fica em derredor. O texto dissera entretanto que evitaria as chamadas circunstâncias, contudo; aí está uma.

Trata-se do "restabelecimento do equilíbrio no calórico, isto é, de sua passagem de um corpo onde a temperatura é mais ou menos elevada a outro onde ela é mais baixa". Carnot descobre aqui as duas fontes, quente e fria, e o transporte do calor de uma à outra. A produção da força motriz vem desse transporte que equivale a um restabelecimento de equilíbrio entre as duas fontes, equilíbrio que se supõe rompido pela combustão ou por qualquer outra ação. O termo circunstância ganha um sentido excelente e descreve bem o processo.

Eis dois corpos em equilíbrio, não por sua massa nem por seu peso, mas em nova relação ao calor. Como nada no mundo pode ser considerado neutro em relação ao calor, este pode ser considerado universal. Primeiro estado: estabilidade, tese ou estância. Um dos corpos ou uma das substâncias entra em combustão, põe-se, de repente, em afastamento do equilíbrio. Instabilidade. Mal ousamos dizer que as duas fontes, frente a frente, quente e fria, e em afastamento por essa razão formam antítese entre si. Para que a estabilidade ou síntese volte, deve ocorrer um transporte de um corpo ou fonte a outro, aqui, transporte de calor, como de água ou de ar, alhures, ou de tara. Ele se dá. Produz movimento. Mas a combustão continua, no corpo quente, reproduz-se em afastamento do equilíbrio, o transporte se perpetua, todo mundo reconhece um ciclo célebre que bem gostaríamos de chamar exatamente a circunstância. Equilíbrio dado, rompido, reconduzido e circularmente retomado e desfeito.

A circunstância torna-se todo o motor. A substância já não tem importância: é queimada no fogão.

Mas ela significa duas vezes um ciclo ou círculo: não só o da ruptura e retomada da estabilidade, mas o da definição e fechamento do processo. Pois o segundo princípio, também descoberto por Carnot nessa ocasião, interdita qualquer dialética, que é reduzida a um movimento perpétuo absurdo ou trivial, ou melhor, a um erro de conexão entre local e global. Torna-se facilmente universal.

Um século depois, ao meditar sobre as duas fontes, o equilíbrio e o movimento, o impulso, Bergson, como todos os sábios que o precedem e o seguem, esbarra na questão, condicional, do aberto e do fechado. A descrição de Carnot, seu ciclo de equilíbrios e de rupturas ou circunstância, é válida num sistema fechado em um entorno, no meio do qual se forma, no fim das contas, um outro equilíbrio. O recinto fechado também poderia ser denominado, por essa razão, circunstância. A questão que Bergson legou, hoje retomada, como aqui, pelas ciências, consiste em conectar o fechado e o aberto, o local e um outro local ou um início de global, em prolongar os equilíbrios nos afastamentos ou fora de prumo, franqueando o limiar ou a divisória da circunstância. O que se passa ali, quero dizer: ao lado?

A circunstância diz às maravilhas o trabalho produtivo do local e seu movimento temporário, espaço e tempo; e mais a periferia que o fecha e no meio da qual se estabelece e reina, enfim, um equilíbrio; e mais o conjunto das flutuações que contornam as janelas abertas na membrana ou pele ou fronteira, ou recinto ou clausura. O que é permutado aí: na vizinhança desse olhar?

Vá lá, o sol sempre irisa em algum canto... A circunstância entra em ciência enquanto a eliminam da ciência; entra em filosofia como sua questão atual; ela está no sensível: também o define?

Ver: com o olho aberto ou fechado, do local ou do global olho-ilha e olhar-caminho, órgão local ou percepção ampla, tecidos ou véus por onde passam e se permutam fótons, enzimas, outros elementos.

Zoologia. — Os vertebrados têm olhos. Os da toupeira são muito pequenos, mal aparecem. O aspalax, toupeira persa, não os tem, assim como o proteu, pequeno réptil aquático que vive nas águas subterrâneas profundas. Os vertebrados têm dentes: a baleia não, nem o tamanduá; as aves apresentam um bico córneo. Os vertebrados todos têm orelhas, sem exceção. Explica-se: o som se propaga universalmente; a luz, não: local, a visão, global, o ouvido. Lamarck escrevera um tratado sobre o tema do som e suas vibrações. Teremos de voltar ao banquete dos pássaros.

A vida revela um plano de conjunto, diz Lamarck, progressivamente composto, aperfeiçoado ou complicado pelo e no tempo. Mas uma causa externa atravessou aqui e ali a execução deste plano sem, contudo, destruí-lo: deu lugar às lacunas reais da série ou às anomalias: climas, solos, lugares e meios, fluidos ambientes ou circundantes, meteoros... Ao se deslocarem, os bichos mudam.

O plano da vida desenvolve-se na ordem e na generalidade, como uma lei global. Ora, se descrevermos ao detalhe local os órgãos dos animais, nem sempre encontraremos essa marcha de composição crescente. As circunstâncias impuseram-lhe obstáculo e introduziram acidentes, variações, desvios, irregularidades em seu desenvolvimento, que, a partir daí, apresenta desordem e contingência. Lamarck dedica-se a pensar a conexão do local e do global como o maior problema levantado pelos vivos: a simplicidade da lei acha-se desviada ou perturbada aqui e ali; as circunstâncias dão lugar.

As circunstâncias dizem a multiplicidade irredutível à unidade: não em número apenas, mas em localização, forma, tempo, cor ou matiz, matéria, fase, vizinhanças... contingência. Quando possível, são levadas a nada, anuladas ou excluídas: reina a lógica das mãos limpas. Retirem todas as coisas que vejo aí: vejo com a condição de olhar sempre o mesmo. Nada de novo sob o sol. "Nas mesmas circunstâncias" faz um belo oximoro, diríamos verdadeiramente circunstâncias se elas se apresentassem mesmamente? E, neste caso, já, apareceriam a lei ou a unidade.

Elas podem resistir, com seu caos frondoso, sarapintura diante da regra. Todo o esforço do pensamento passado consistiu em ajustar a multiplicidade do ponto de vista da unidade ou da lei. Ajuste ao mesmo tempo racional e irracional, mesmo no âmbito dos processos da razão. Há desgosto, às vezes, nos métodos e protocolos. Aclimatar, amansar as circunstâncias ou, decididamente, excluí-las, em todo caso, distingui-las bem do saber pensável — e considerá-las com horror ou benevolência segundo a saúde de sua pele; objeto ou obstáculo, conforme.

Vejam que esse ajuste funciona como se o saber assinasse sucessivas convenções com um adversário cada vez mais premente. Acabamos de ler o contrato de expulsão completa: não será caso para rir quando a lógica — ou a gramática — falar do sensível. Vejam a aproximação inteligente e meticulosa desses casos complexos de equilíbrio onde os afastamentos se anulam ou se compensam em um tempo, também ele compensado, vejam a sustentação circunstancial de certos afastamentos. Vejam como Laplace agrupa as circunstâncias não redutíveis às leis periódicas e reversíveis e coloca todos os desvios e todos os afastamentos em uma hipótese exterior à ciência então convencionada, e, com isto, acelera a formação paradoxal de uma cosmogonia. Vejam como Carnot encontra um equilíbrio num ciclo e um novo desequilíbrio nesse equilíbrio fechado, admirem-no quando inventa o motor na própria circunstância. Ajustes refinados na ponta aguçada do saber e do não-saber: as circunstâncias, sempre presentes aí, formariam o objeto privilegiado do contato delas?

Vejam como Lamarck ajusta outra vez. A vida, para ele, vira plano, lei, unidade, ordem. Todo sábio considera-se do lado da ordem e da lei, como todo político, no fundo, como todo homem. Posição comum: o que significa geral, global, vulgar e estúpida. O saber que pratico vira regra. Lamarck: a vida desenvolve seu plano único, de composição crescente. Por irregularidades? Agrupem-nas, rejeitem-nas em uma outra ordem: o mundo, o meio, climas e meteoros, em suma, as condições da vida, o meio ambiente inerte e vivo também; as circunstâncias encontradas riscam ou matizam com sua multiplicidade o espaço e o tempo onde a vida, unitária, mergulha. Por seu turno, ela ajusta as circunstâncias, adapta-se a elas, pois não pode anulá-las nem considerá-las nada nem supô-las iguais sempre e em toda parte nem agrupá-las em classes. Ela mergulha em uma mistura e muda. Visita um mundo pinturilado. Lamarck enuncia leis: grandes mudanças nas necessidades produzem grandes mudanças nas ações e, se essas ações perduram, dão lugar a hábitos que produzem novos órgãos, transformados, ou seja: em outras circunstâncias, as mesmas causas produzem outros efeitos. Certo? Errado?

Vocês encontrarão dentes escondidos nos maxilares do feto da baleia, e sua ranhura no bico das aves: a lei guarda seu traço. O aspalax conserva sob a pele vestígios de olho, tal como o proteu, esse órgão fossilizado que já não tem sequer acesso à luz. Mas as aves vivem em circunstâncias que lhes retiram a mastigação e as toupeiras rondam nas covas profundas.

Que Lamarck esteja ou não errado, pouco importa, o essencial ainda é vê-lo distinguir um mundo pinturilado, circunstancial e multiplicitário de uma vida unitária que desenvolve seu plano legal. A vida desce no mundo como aliás o espírito na história, donde a variedade de avatares locais.

A biologia, por seu turno, avança negociando as multiplicidades. A nuvem circunstancial, fora da vida, em Lamarck, entra nela, de alguma maneira, em Darwin e seus sucessores: a mistura povoa a genética e seu material. A vida produz por si circunstâncias que ela apenas refletia. A negociação continua, fina, hábil. Separa menos o global, lado vida, do local, lado mundo. Mutação e seleção aproximam melhor a conexão do local e do global.

O pensamento visita as circunstâncias, em vez de a mente sofrer o inferno delas.

Amor. — Julien acaba de segurar a mão da Sra. de Rénal: "As horas passadas sob a grande tília, que a tradição local diz ter sido plantada por Carlos, o Temerário, foram para ela uma época de felicidade. Ouvia deliciada os gemidos do vento na densa folhagem da tília, e o ruído de algumas raras gotas que começavam a cair sobre as folhas mais baixas. Julien não notou uma circunstância que bem o teria tranqüilizado; a Sra. de Rénal, que fora obrigada a retirar-lhe a mão porque se levantou para ajudar a prima a erguer um vaso de flores que o vento acabava de derrubar ao lado delas, assim que se sentou de novo, devolveu-lhe a mão tranqüilamente como se, entre eles, isso já estivesse convencionado".

Eles se mantêm como um grupo estatuário: cada qual sentado, a mão dela na mão dele, o jarro colocado, sistema em equilíbrio. Mas um golpe
de vento joga no chão o vaso de flores: o objeto mais baixo sai de sua base,

as duas mulheres deixam seus assentos e se levantam, as mãos se desatam, os três elementos do sistema perdem o equilíbrio ao sabor da lufada. Podemos dizer imprevisível o sopro de brisa. Mas dessa mesma circunstância segue-se uma certeza verdadeira. O vaso reencontra sua base; em vez de irem dormir, as duas amigas voltam a se sentar; as mãos retomam contato. Mesmo equilíbrio de antes do vento, contudo, bem diferente: a convenção emergiu da circunstância. Uma nova ordem nasce dos caprichos do ar. As duas mãos que chegam ao contato por uma convenção física, ou literal, voltam juntas para firmar uma convenção contratual. A brisa traz o contato, ao empurrar, com um tapinha improvável, as mulheres, o vaso e as mãos para a inquietação, fora do repouso. A circunstância desenha um equilíbrio mais um afastamento vindo do arredor.

Na periferia do sistema, sua sombra: a espessa folhagem da tília; mais uma coroa de ruído: gemidos do vento nos galhos, crepitação das gotas de chuva nos ramos baixos. A circunstância emite seu ruído de fundo a partir de um halo. Louise escuta em deleite o murmúrio. Desse ambiente vem o vento, desse burburinho vem o desequilíbrio, a convenção contratual resulta do ruído de fundo.

Sigamos a gênese da convenção. Voltemos atrás, ao mesmo lugar, à noite sob a tília, à vigília. "Julien falava com ação; ao gesticular, ele tocou a mão da Sra. Rénal que se apoiava no encosto de uma dessas cadeiras de madeira pintada que se usam nos jardins. Mão que logo se retraiu." O primeiro contato tem lugar por acaso, sem intenção nem projeto de qualquer das partes, o rapaz a fazer muitos gestos. A palavra abstrato não diz disso mais que a palavra concreto: a contingência descreve exatamente um contrato, como se o reencontro tátil ou material trouxesse com ele a ocasião, o fortuito, o acidental e incerto. Dizer que o contato tem lugar por acidente é, pois, redundância. Quando Cournot define o acaso como a interseção de duas séries causais independentes, descreve apenas o termo de contingência, não passa da própria palavra ou do sentido dela. Duas seqüências se encontram, duas mãos se tocam, dois cursos se cruzam: eis um concurso de circunstâncias. A mão que logo é retirada significa que o gesto improvável não podia dar lugar a um estado. O encontro não pode se reproduzir nem resultar em um equilíbrio.

 O movimento vai da contingência à convenção. Desta àquela, o afastamento mal é percebido, pois as duas palavras têm quase o mesmo sentido: duas mãos, após o encontro, vão vir ao concurso. Do acaso à intenção, o caminho passa ainda, ironicamente, pelo acaso: a conjunção ou coincidência fortuita transforma-se em convenção pelo golpe de vento que confirma o equilíbrio. Cúmulo da irrisão para quem, de ler e imitar Bonaparte, segue implacavelmente sua vontade, um fim, o dever, a ambição sem descanso nem fraqueza, a igualdade, todas essas coisas. A sorte recorta em pizicatos diferenciais a curva decidida que só acredita em seu arco, enquanto a casualidade integra mínimos acasos.

A circunstância diz de maneira excelente três coisas: o entorno impreciso dos sujeitos, objetos ou substâncias, mais distanciado ainda que o acidental; os acasos muito solidamente imprevisíveis; uma história delicada de repouso e equilíbrios, de inquietudes e voltas ao estado, de afastamentos em direção ao meio flutuante. Portanto, a tília e sua folhagem espessa, a obscuridade profunda ao cair da noite, as nuvens, o vento, os meteoros, a brusca lufada que derruba o vaso, a gesticulação das mãos e dos braços em torno do corpo, o ruído da chuva, a explosão vocal vinda de quem se abala, o silêncio convencional.

Em torno da substância estável distribuem-se atributos, implicados num sujeito substancial. Em torno dos atributos, os acidentes podem variar. A circunstância flutua como terceiro halo. Esse anel longínquo cria de repente um detalhe que perturba a substância estável ou o sistema e não os transforma ou os transforma; e, se o faz, transforma-os muito, um pouco ou totalmente. A nuvem circunstancial, como toro volátil, bombardeia o centro de elementos imperceptíveis, negligenciáveis, eliminados; às vezes, contudo, decisivos. A desconhecer essa auréola, a filosofia pareceria ainda uma conta de antes dos grandes números, uma medicina anterior aos micróbios e vírus, uma mecânica ignorante dos átomos ou partículas, uma mensagem sem informação nem ruído. A nuvem ou toro de circunstâncias aproxima-se às vezes do nódulo substancial e o apaga, assim como seu séquito dependente de atributos e de acidentes; pode obscurecer também as séries ditas causais. A multiplicidade impede-nos decidir do sujeito ou do objeto como a neblina da manhã turva o vale, como as silveiras que nascem nas sebes alastram-se pela paisagem que vira brenha ou deserto quando ninguém revolve mais os campos recortados.

Os gemidos do vento e da chuva iniciante, a gesticulação do rapaz perturbam a cadeia exata do projeto decidido ou a inclinam ou fazem-na bifurcar; assim a lama, o sono e a folhagem dos arbustos escondem a grande estratégia de Waterloo aos olhos dos que passam pelo caminho.

Entre o instante contingente ou a fortuita carícia e a mão concedida sob a chancela da convenção decorre uma jornada: múltiplos desequilíbrios marcam esta espera com afastamentos mínimos. Ela perde a cabeça, ele sente o coração bater forte; a voz dela se altera, ele fala gaguejando; o excesso de emoção deixa-o fora de si. Como um rio que saiu de seu leito, a narrativa vai buscar outras estabilidades, tira da base tudo o que vai encontrar uma nova base. Um conjunto se reorganiza como por vibrações, os sons, palavras e coração, os movimentos, o vento: uma tempestade se anuncia, a brisa quente passeia as nuvens pelo céu, as duas amigas, como as nuvens, passeiam: rodeio.

Imaginem várias bolinhas em repouso no compartimento próprio, como vemos em certos jogos infantis; um choque ou algumas vibrações fazem-nas sair do sulco ou da concavidade onde dormem, e, com inclinações finas e sutis, vocês devem reunir duas em uma cavidade predeterminada. O rodeio das bolinhas em um plano segue um percurso interessante embora imprevisível: tão pouco regido por leis simples que cada tentativa, com certeza, distingue-se de todas, original e impossível de ser repetida. O bombardeio circunstancial torna singular cada situação ao passo que o percurso metódico atravessa um deserto homogêneo. Assim as horas que decorrem da contingência à convenção, marcadas de afastamentos do equilíbrio ou de estados extremos, instáveis, violentos, enchem-se de singularidades: olhares apaixonados, arritmia do coração, qualquer ação, nesse dia, parece singular, imprevisível, rara, única.

O sistema atinge sua base final por rajadas de pequenos choques fortuitos que fazem cada elemento perder sua estabilidade local e precipitam todos num repouso intensificado.

De momento a momento, a vida avança, gloriosamente improvável. Programada, sem dúvida, obstinada, ambiciosa, tensa, num caso assim, mas mergulhando numa nuvem turbulenta de solicitações que deveriam ser chamadas meteorológicas. Lúcidos para o halo volúvel das circunstâncias, compreendemos ou conhecemos melhor, a felicidade cotidiana aumenta, a aventura está aí.

Nesse halo, toro ou borda, o global ramifica suas conexões com o local e inversamente. Para que uma lei geral seja aplicada, aqui e agora, de forma repetitiva e previsível, exigimos, antes de tudo, as mesmas circunstâncias: prova de que desconfiamos delas e de que elas constituem o conjunto das condições para a referida experiência. Elas poderiam perturbar o fio do encadeamento causal; em outras circunstâncias, as mesmas causas não produziriam os mesmos efeitos. Elementos vindos do referido halo têm o poder de perturbar o sistema determinista e fazê-lo desviar para outras conseqüências. Em outras palavras, o próprio princípio do determinismo implica, em suas condições iniciais, sua própria generalização, ou, melhor, mostra o mundo em que mergulha e como o desbasta para atravessá-lo. A série legal transita pelo halo antes de chegar ao lugar e aí ajusta sua passagem. Assim os raios do sol franqueiam o cinturão de Van Allen e a atmosfera, correntes, nuvens, umidade, antes de nos atingirem, transformados por esses obstáculos ou filtros. Mudem consideravelmente esse manto, a vida na terra perece. O determinismo como a identidade poderiam ser concebidos como estados estáveis, no fundo de algum buraco: cada poço tem sua borda, seus entornos, a planície circundante onde as circulações poderiam tomar a direção de outros lugares baixos. Ou como estados raros, no topo de alguma ilha: cada lado tem seus recifes, suas beiras, o mar flutuante onde os navegadores poderiam ir a outros arquipélagos.

As estradas irradiam ao redor das vilas, vindo de cidades distantes e vizinhas ou indo para elas; formam treliça no solo, drenam os elementos do espaço. Carregam circulações e fluxos para a periferia onde se fazem as misturas, triagens, trocas, os mercados. A capital, cabeça ou centro, parece viver dessas crostas, como se um equilíbrio ocorresse numa plataforma ou num buraco, acrópole rodeada por um cinturão flutuante que bombardeia, destrói, restabelece o estado, em suma faz ele variar. Podemos ou não marcar os pontos ou lugares das triagens e misturas, os trevos; podemos ou não isolar o local do centro, as trocas que podem ocupar todo o espaço. Sem capital? Eis o castelo ao menos. Sem castelo central? Eis o rei ou o secretário-geral. Os cavaleiros arautos cruzam os canais nas fronteiras do reino ou nas do trono, mas a cabeça solitária do próprio presidente carregará outra coisa senão milhares de neurônios e axônios que sussurram mensagens como qualquer cruzamento e perpetuam as trocas? A auréola das circunstâncias e os trevos invadem o lugar; onde encontrar agora o sujeito, a substância, substrato, centro ou capital? Íris usa uma echarpe flutuante, reconhecemos Hermes nas serpentes cruzadas: espaço anelado de comunicações, totalmente descentrado, que invade o centro.

O global — matéria, energia, informação... lei — advém a uma localidade — célula, corpo, vila... elemento de paisagem — por seu entorno — membrana, pele, muros periféricos, fronteiras... circunstâncias — onde ajusta seu trânsito ou passagem por um trevo.

Trevo. Uma via permite a movimentação em uma pista e segundo uma linha. O método resulta de um cálculo de otimização. Sigam direto, mas sobretudo: não multipliquem os sentidos e as direções sem necessidade, escolham. Entre diversas vias possíveis, é preciso eleger uma e manter-se nela. Mas antes mesmo dessa escolha, considerem ainda que é preciso eleger também uma e única dimensão e manter-se nela. Não se dispersem no plano nem no volume: o viajante perdido na floresta erra na clareira e sobe nas árvores para ver apenas folhagem. A bifurcação, tanto quanto o balão ou o retorno, define um plano pelas retas ou uma superfície por duas curvas: o móvel se dispersa. O mesmo acontece no detalhe muito pequeno: a otimização exige uma linha lisa e não pistas de buracos ou calombos onde o móvel se desfaz por uma multiplicidade de deslocamentos minúsculos no mesmo espaço: solavancos.

Pois bem, o trevo faz a linha passar a duas e, para evitar o cruzamento no mesmo plano, a três dimensões, em sua eflorescência. Esquerda, direita, por entre, balão, retorno, por cima e por baixo, em cima, embaixo, o nó explora o lugar. Rodeio ordenado. Aqui a otimização não exige atravessar depressa mas enfiar-se entre: em vez de anular o espaço, o deslocamento o cria ou o torna abundante. Nunca imaginaríamos o céu tão volumoso antes de termos visto a aurora boreal e desenhado seus festões: o desenho celebra e cria imensidade; nunca imaginaríamos nosso torrão tão grande antes de construirmos nele: o projeto instala cem detalhes decorativos e úteis. A via passa entre duas vias promovendo outras entrevias. O nó pratica lugares por onde podemos introduzir mil novos nós. O transporte da mensagem dá lugar a novas mensagens. O espaço infla.

A tumefacção torna-se uma condição da análise ou um resultado de seu exercício. Desatar faz inflar. Todos sabem que o transporte ou a movimentação de um monte de areia com pás ou gruas não pára de inflar o volume. As sacudidelas criam interstícios entre os grãos como fazem os nós entre os elos. Que diferença separa um trevo rodoviário da rede de estradas que cobre um país? Unicamente a inflação, o vazio entre os intervalos. Se bem que a inflação não goze de crédito algum no meio dos pensadores, ninguém no entanto analisa sem desatar, ninguém pode desatar sem dar margem aos afastamentos, nem soltar sem fazer inflar. Escrevemos, ora um volume numa página, ora três tomos a propósito de uma linha, ora uma soma com uma palavra.

O nó ou trevo inventa o local por uma proliferação semelhante, analítica mesmo. Inventa intervalos por entre cujos limites a via passa; de repente, ao passar por um interstício, a própria passagem faz nascer outras novas: entre sua margem e o limite. Ao retornar sobre si mesma, a via abre portanto novas vias de retorno. A implicação sobeja e multiplica-se por si mesma. Cria seu espaço, suas vizinhanças e intervalos, abertos e fechados, fronteiras e continuidade, preenche, pois, o volume que o fio estendido nega ao atravessá-lo, abstrato. A junção vira bola ou boneca. Trança, pomo, rosa, buquê, nó de frade ou de andorinha, cabeça de porco e rabo de rato: emergência de uma coisa em um lugar. Já não tomo por imagens os nomes dos nós: quem dirá o que uma cabeça ou uma rosa deve às invaginações de mil vias? Elas brotam.

A operação inversa à tumefacção amarra. Mas um nó bem-feito pode-se apertar à vontade, ele continua desatável. A análise não tem necessidade de desatador: a velha linguagem faz falta, podemos amarrar e continuar analíticos. A obra excelente amarra da mesma maneira: cria seu espaço, preenche um volume, infla sem vazio. Vemos justamente aí que a moção global por sua força cria bolsões, e as implicações locais procuram mais além por suas riquezas: como uma paisagem do mundo.

Como o órgão de um corpo. Ao visitar o atlas de anatomia o olho hesita em reconhecer trevos ou nós cerrados, abundantes, em qualquer escala de tamanho, que preenchem com suas bifurcações ou pregas, filetes e alças, envoltórios ou fendas, janelas, um volume local.

Qualquer coisa, inerte, viva, trabalhada pode ser definida como uma turbulência que se ordenaria em trevo?

A princípio, ele só serve de passagem, ainda global. Logo, em algum canto onde a circulação torna-se mais rara, forma-se uma espécie de garagem; longas filas de caminhões, à noite, repousam no turbilhão, os motoristas, apesar da balbúrdia, dormem ali. A polícia construiu, numa ilha, barracões para achados e perdidos e para seus próprios serviços. Árvores cresceram nos círculos de grama na cavidade dos retornos e balões, onde os passarinhos se aninham; ali, grupos de mendigos descobrem seu paraíso, protegidos do mundo pela circunstância turbulenta, fronteiras que só são ultrapassadas em perigo de morte. Ali eles vivem, bebem, copulam e fazem pequenos comércios com os grandes caminhoneiros, sob o olhar paternal da lei. O trevo agora está rodeado por uma alta paliçada opaca que protege o entorno do ruído, de sorte que vemos os veículos saírem ou entrarem pelas portas ou janelas praticadas na placa da paliçada, a soma das saídas já não iguala a das entradas numa caixa que se torna cada vez mais preta, estamos assistindo à emergência de um lugar comparável a uma colmeia, uma cidade, um palácio, organismo, célula?... O trevo inventou um lugar por tecelagens, nós e passagens, que recria um novo por paradas ou oclusões e essas estabilidades criam outras compensações que...

Com fio ou cabo, a mão cria um olho ou buraco por onde passar, pratica pois um intervalo distinto. Claro, ou seja, não envolvido nem embaralhado, o fio passa quantas vezes quiser ou puder em todos o sentidos ou dimensões que a própria passagem invente. E o gesto reitera o olho aberto e o caminho-meio. Eis a análise, mas ela ata sem desatar, ou prepara-se para desatar atando firme, de modo claro e distinto. O nó cria lugar multiplicando seus meios distinta e claramente. A análise aí, longe de destruir, constrói e a dicotomia ou cisão é incessantemente observada. Aí o entre é tão superabundante que une em vez de desmembrar.

Esse gesto de tecelã ou de tricoteira, de marinhagem nos vem da noite dos tempos e do corpo: até as aves do céu, com o bico ou com as patas, sabem dar nós ou tecer quando fazem ninhos. Eis as origens recônditas da topologia, portanto, da geometria, primórdios onde a vista desaparece no tato, onde o tato, sensível e delicado, vê o relevo, o liso o separado: origens que precedem de toda uma era a vinda da palavra.

Mão e olhar aplicam-se pela laçada, pela tecelagem ou pelos nós, em conectar o distante e o próximo ou em realizar variedades lisas ou ásperas, apertadas ou frouxas, densas ou ralas, a partir de uma simples linha. O lugar começa a inflar por esse mesmo elemento que o nega quando persegue o global economicamente. Prende-se a outros lugares pouco a pouco como o ponto de amura passa à bolina e por ela a todo o velame do barco que parte para os confins do mundo.

Por seu desenho topológico, seus atritos e sua força, em diferenciação e clareza, os nós soldam o local ao global e reciprocamente.

Falamos a várias vozes. O mundo é visto como localidades rodeadas de vizinhança, circunstâncias, conectadas entre si pelos trevos que viram lugares, ligados entre si pelas vias que irradiam no global, cujo *status* mais ou menos local não sabemos decidir. Essas proposições valem para o inerte, o vivo, simples e complexo, para as cem espécies de coletivos, para a obra e o pensamento, formal ou belo, rodeados de condições ou de guirlandas; deveríamos seguir para uma teoria global dos trevos e circunstâncias, vizinhanças e misturas, coroas de trocas em torno do lugar ocelado, válido para a paisagem, mas em busca da universalidade. Onde se encontra, aí, a passagem do local ao global?

Mas o sensível de que este livro fala e paradoxalmente se proíbe de reduzi-lo à palavra — a ciência experimental também só deveu seu nascimento e sua existência, seu sucesso em perceber as próprias coisas e conceber suas leis, a uma análoga defesa paradoxal contra o domínio imperialista de uma filosofia da linguagem que, na Idade Média, impunha sua rigidez — mas o sensível em geral é igualmente a presença constante e a flutuação de circunstâncias cambiantes na coroa ou auréola que avizinha o corpo, em torno de seus limites ou bordas, além e aquém da pele ou da superfície, nuvem ativa, aura onde têm lugar as misturas, triagens, bifurcações, trocas, mudanças de dimensão, passagens da energia à informação, ligações e desligamentos, em suma, tudo o que conecta o indivíduo local e singular às leis globais do mundo e às flutuações do nicho móvel. Pelo sensível, este lugar raro e imprevisível domestica ou aclimata os reinos do calor, da luz, do choque etc. A própria gravidade ou a atração universal ao passar por sua situação distribui a simetria do sensório e esculpe um corpo que certamente adquiriria uma forma radial na ausência da gravidade. Nesse turbilhão periférico onde se multiplicam os trevos, eles mesmos de certa maneira turbulentos, ata-se nossa relação movente com o mundo: base estável, audácias instáveis, pequenos golpes fortuitos que ele lança à periferia, metaestabilidade de nossa vida que daí em diante deveria ser chamada circunstável.

Sensível tem um sentido comparável ao dos adjetivos seguidos de uma mesma terminação. Revela uma sempre possível mudança de sentido. Assim a agulha imantada goza de sensibilidade: vibra e tenta equilíbrios em torno de um azimute frágil. Por solicitações mínimas que vêm de toda parte, em qualidade, dimensão ou intensidade, em todos os comprimentos de ondas, a sensibilidade estremece, flutua e varre em seu rodeio dançante os espaços por onde as coisas, o mundo e os outros a bombardeiam ou chamam. Assim o eletroencefalograma parece procurar por toda parte numa extensão branca os apelos eventuais, sua varredura passa e repassa como uma atenção flutuante e completa, aberta, inteligente porque instável: se aqui ou ali uma espiga ficou por respigar, seu movimento, circunspecto, inconstante, não a perderá. Mil cílios vibráteis pululam aleatoriamente em torno de atratores estranhos. O ato e o pensamento, fascinados, elegem um fim e uma órbita; o sensível, aberto como uma estrela ou quase fechado como um nó a todos os sentidos, móvel em todas as dimensões, a varrer os azimutes da vizinhança, dedica-se, infatigavelmente, ao seu rodeio dançante, trevo em funcionamento até a hora chã da morte.

O termo visita e o verbo visitar significam primeiro vista e ver; acrescente-se aí um percurso, quem visita vai ver, e alguma insistência ativa, ele examina e perscruta, revela benevolência ou autoridade. O portador do olhar, na filosofia tradicional, geralmente não se mexe: vê, sentado, pela janela, uma árvore em flor. Estátua posta sobre afirmações e teses. Mas nós muito raramente vigilamos parados, nosso nicho ecológico compreende mil movimentos, pode até acontecer que façamos a volta ao mundo por admiração pelo visível. A terra gira, nosso posto de vigia global há muito tempo abandonou a estabilidade, o próprio sol, doador de luz, móvel, corre, aparentemente, em direção a um outro lugar do universo. O observador, na maioria dos casos, desloca-se, para longe ou para perto, com maior ou menor velocidade, e realiza no mínimo a rotação do observado. O corpo se move, o barco, a nave espacial, nosso planeta, os fótons marcam justamente o limite de rapidez; o mundo passa da paisagem ao panorama, do local a um universal, o rodeio transforma-se em método e este em rodeio. Deus sem dúvida via mundo e coisas, nós os visitamos: não só devido ao sítio ocupado pelo corpo; não só por meio dos utensílios, instrumentos e máquinas; mas também intelectualmente: cada disciplina, experimentação ou teorema libera uma vista que é preciso ir buscar, outro deslocamento. A enciclopédia, se ela existe, é visitada como o mundo, se ele existe. E a velocidade da luz limita inteiramente tanto o visível quanto o conhecível ou os nossos sucessos técnicos. Assim, o ato de visitar vale ao mesmo tempo para o empírico, a máquina e a abstração. A visita que termina não quis separá-los.

Ela também não separou a pesquisa, o controle ou a inspeção, rondas legais ou jurídicas às vezes consideradas esmiuçadoras e insistentes nos mínimos detalhes. Assim os vasos de guerra têm direito de visita sobre os navios mercantes, conforme certas convenções e circunstâncias. Ela não separou o sentido erudito do que é imposto pela força ou pelo direito; nem os objetos da visita: paisagens, corpos vivos, pessoas a quem devemos retribuir a que recebemos delas. Acabamos de atravessar outra vez a passagem do Noroeste, da observação bruta ou medicinal ao intercâmbio social e mesmo ao Deus da teologia quando ele quer se manifestar: primeiro sentido testemunhado do verbo visitar.

Os deslocamentos para ver tomam caminhos, entroncamentos, trevos, a fim de que o exame entre nos detalhes ou passe a uma sinopse global: mudanças de dimensão, de sentido e direção. Mas o sensível, em geral, mantém juntos todos os sentidos, como um laço ou trevo generalizado, todas as dimensões e todos os conteúdos. Entendam por conteúdo os diversos terrenos por onde a visita passa: lugares, mundo, estátuas e jardins, desertos, oceanos e mares, meteoros, países e despaisamentos, a mudança do prado em página, o chamado concreto ou a suposta abstração, a lei, o direito, o hino medieval e os mandamentos do amor, a apologia dos nós e o espectro das cores... a visita explora e detalha todos os sentidos do sensível envolvidos ou presos em seu nó. Como poderíamos ver a capacidade compacta dos sentidos se os separássemos? Nós os visitamos sem desassociar os sentidos da palavra visita. Só a língua analítica desata o nó: então ela perde o sensível. Não pode ganhar duas vezes, no elemento separável e na soma conexa.

Como fazer, porém, para não os desatar? Poderíamos tê-los visitado em grupo: ele nunca visita a não ser a si mesmo e seu ruído, embora às vezes perceba alguns fragmentos daquilo que vem ver. Teria sido preciso dar nomes próprios a todos os participantes da viagem e, como se diz, um caráter ou uma identidade a todos. Cada personagem, com este título ou esta denominação, teria discursado, como de costume, sobre um conteúdo. Vocês já ouviram alguém sair às vezes de seu texto? Teríamos dado um nome latino a quem perora sobre a página, um prenome cristão àquele que desvenda o antigo documento, um nome judaico ao que descreve o deserto ao sol, um título universitário ao topólogo ou ao astrônomo, um grego teria recitado a *Odisséia*, um gascão cantado o Garonne e Stendhal, de volta, sob as folhagens teria dito os amores de Louise, numa noite de vento. Platão não escreve de maneira diferente. Os chamados conteúdos são desatados por corpos, e cada corpo carrega a palavra como um painel de madeira nos ombros onde seu discurso estaria escrito. Calicles brada Calicles, outro nome da violência, o belo Alcebíades contesta e perturba como um filho de rico mal educado, Sócrates exemplifica e corta, professor de jardim da infância, Teeteto morre como geômetra, ninguém sai de seu número. Colóquio. Assunto: o sensível. Um psicanalista aí só fala de sua instituição, um membro da escola analítica discursa sobre o sentido ou a falta de sentido do discurso, o marxista de serviço decide não sair da luta de classes, cada qual dá sua disciplina, nenhum corpo denominado ultrapassa a tumba de tábua ou de mármore em que está gravada sua pertinência. Insiram nesta caixa uma fita cassete pré-gravada na caixa da pertinência, a presidência do colóquio pressiona os botões do painel para acionar as fitas, e tudo começa muito bem no melhor dos colóquios, as diversas disciplinas científicas se manifestam. A análise dos conteúdos já se desliga pelos corpos separados, e a soma ou conjunto dos corpos equivale à soma ou conjunto das línguas. Os corpos, de repente, saem do jogo. O sensível é dito pelo colóquio ou língua. Sócrates e companhia morrem bem antes do *Fédon*: desde que mantêm colóquio sobre o sensível.

A mente vê, a linguagem vê, o corpo visita. Ele sempre excede seu sítio e sai de seu papel ou de sua palavra, ou seja: nenhum corpo jamais cheirou e somente cheirou o odor único de uma rosa. O entendimento, talvez, a língua, certamente, realizam essa performance de isolamento ou seleção. O corpo cheira uma rosa e mil odores em torno e ao mesmo tempo toca a lã, vê uma paisagem múltipla e estremece com as ondas de som, ao mesmo tempo, recusa todo esse borrão sensível para imaginar a seu bel-prazer, recolher-se abstratamente ou cair em êxtase, trabalhar ativamente ou interpretar seu estado de dez maneiras sem deixar de experimentá-lo. O corpo sai do corpo em todos os sentidos, o sensível ata esse nó, o sensível ou o corpo nunca ficam num mesmo terreno ou conteúdo, mas mergulham e vivem em um trevo perpétuo, turbulência, turbilhão, circunstâncias, mantidos assim até o instante de sua morte, quando o nó se desata, desliga-se e analisa-se, onde a turbulência desfaz seu elo ou se esvai nos fluxos. O corpo excede o corpo ou desfalece, esse eu ultrapassa o eu, a identidade liberta-se a cada instante de tal pertinência, eu sinto, logo, passo, camaleão, por uma multiplicidade sarapintada, viro mestiço, quarterão, mulato, oitavão, híbrido. Como dizer a palavra sensível nomeando um locutor fixo por disciplina ou papel numa ciência ou num colóquio? A palavra sensível bifurca e muda de sentido, ondulante e diversa, e perde o eu, menos detestável que improvável. Se sou legião, como dar partições e a quem? A palavra desliza, enfraquece, corre da descrição ao relato ou do raciocínio à evocação, francamente fiel ao estado de coisas que o corpo vive e conhece, visita o trevo, o nó, o turbilhão as circunstâncias...

Desde o dado maciço e flutuante do sensível, a filosofia não é repartida: nem por corpo — eis as estátuas — nem pelos papéis nos diálogos ou colóquios — eis as máscaras mortuárias — teatro, políticas inúteis — nem por disciplinas — eis a ciência. A filosofia guarda este tesouro infinitamente precioso, ainda por descobrir apesar de milênios de atenção fervorosa: a densidade do sentido atado nele mesmo e desdobrado no mundo, à procura, sem encontrar, de uma outra palavra pacientemente lavada.

Visitamos a compacidade do dado.

O LUGAR MISTURADO

O Livros das fundações desenhou recentemente uma paisagem ondulada, enevoada, tigrada, zebrada, pintalgada, adamascada, exatamente historiada, denominada lugar transcendental da história, constituída de pedaços e peças, de localidades. Lutam ali o senhor e o escravo, ou os azuis contra os verdes, um estádio é fechado onde a luta se circunscreve; nas portas do estádio abrem-se os guichês, é preciso pagar para entrar; o que ganha, no interior, o azul ou o verde, o escravo ou o senhor, difere do que ganha do lado de fora porque este guarda a caixa: sua lei não é regulada pela luta nem pela partida. O jogo muda de regra conforme o lugar. Quando se desloca na paisagem chamalotada, ele nos parece heterogêneo quanto às regras e leis, tecido de localidades singulares. Acontecem, é claro, longos momentos de homogeneidade onde uma lei única se propaga a grande distância, mas afinal, muito raramente. As leis, em geral, não se generalizam. Enquanto os sabinos, filósofos, estão fascinados pela luta local entre o senhor e o escravo, no estádio, os romanos, impetuosos, roubam suas sabinas. A lei da rua difere da regra do jogo na arena. O estádio recorta um pedaço de espaço, sua margem dá passagem a um elemento bem diferente, as ruas vizinhas formam um terceiro; três leis regem esse tabuleiro, a luta, o imposto, o roubo.

Esse lugar enevoado, zebrado, misturado ressurge neste livro que só fala dele, descreve-o, procura vê-lo melhor e fazer vê-lo. Espaço transcendental, por outro lado: chamalote diverso, diferenciado, onde jogam mil formas e cores, de todos os relevos imagináveis, recamado de manchas, perpassado de curvas, longas, curtas, fechadas, abertas, interrompidas, vazado de buracos, de vales, sanfonado de colos e protuberâncias, variável; é preciso imaginar essa variedade em diversas dimensões, sobrecarregá-la
de propriedades. Uma viagem se transforma aqui em aventura, com os

numerosos encontros e as peripécias bem inesperadas, a vista aqui se transforma em visita. A paisagem aqui se descobre, magnífica, sob os espaços lisos e homogêneos, sustentáculos da lei, onde vagueia a razão pura, como o condicional desses volumes unidos. Espaço transcendental sarapintado, condicional, mas não geral.

O termo transcendental significa geral na tradição que precede Kant: ele lhe dá o sentido de condicional e geral ao mesmo tempo. Kant descreve o habitat da ciência clássica, suas condições de possibilidade no sujeito; mas a fundação nesse sujeito do mundo newtoniano das leis universais tiradas da experiência diz respeito à mesma generalidade dessas leis.

Abandonamos ou perdemos um habitat assim; uma mesma ciência já não oferece o mesmo consenso aos sujeitos; o condicional figura no leque das circunstâncias variadas. Aprendemos a duvidar de certa generalidade, não encontramos com freqüência, nem com a mesma facilidade, outras leis universais. Newton teve a oportunidade, deparou com um caso feliz: já não confundimos a sorte grande com o conjunto dos números.

O global parece-nos um local inflado: assim o espaço de Euclides ou o tempo da mecânica ou do que é ritmado pela série numérica; o sol, sob o qual nada de novo acontecia, brilha, anã amarela, em um pequeno rincão, de onde a revolução copérnica removeu qualquer vizinhança. O Deus único teria tentado a mesma sorte entre os pequenos deuses singulares, tão numerosos quanto os arcanjos, tronos e domínios? O geral dissimula um local em inflação, nas unidades, no mundo e no céu; mas para o eu, em todo caso: eu sou legião e ainda o serei por muito tempo. Podemos chamar esta constatação de revolução astrofísica?

Vemos um bolo de localidades, um retalho, um tabuleiro adamascado; se existe um transcendental, só podemos descrevê-lo como um remendo de lugares singulares. Claro, o geral, caso pouco freqüente, às vezes acontece, mas, por felicidade, como um número sorteado: sob este acontecimento liso, o condicional permanece um lugar salpicado de páginas locais, uma paisagem circunstanciada. Este lugar enevoado, chamalotado, pinturilado jaz sob o transcendental kantiano que o encobre com seu verbo: particularidade dilatada desse chamalote geral, razão que não conhecia sua chance. Vemos o espaço liso, homogêneo, solar, teologal, verbal, como uma inflação súbita, extensão ou ereção, via reta. A multiplicidade pinturilada, não *standard*, hiperabstrata sob a usual abstração simplificada, torna-se, se ouso dizer, o caso geral.

Esse chamalote geral vibra aos nossos olhos, deslumbra por sua riqueza e por sua novidade inesgotável: matizes infinitos, estranhos relevos, montes e fossas, vales e quebradas, acontecimentos inesperados nos planaltos monótonos... E se o nomeássemos a variedade universal?

Lugar transcendental da história no *Livro das fundações*, de onde Roma, aldeola ou *pagus* local, estende seu império sobre o universo mediterrâneo; lugar transcendental da geografia no curso da visita que termina aqui; este lugar chamalotado é visto, tocado, na pele tatuada, ocelada, planície dúctil do senso comum, fundo dos sentidos onde suas singularidades se misturam; encontra-se ou envolve-se nos estados das coisas, telas, cortinados, variedades; desdobra-se na soma das artes que chamamos a música, casa múltipla das Musas; ei-lo quando se abre a cauda de pavão do sabor ou o leque rutilante dos aromas; ei-lo, em tudo, corpo próprio montado com grandes reforços de costura, andrajo com falhas e remendos; ei-lo paisagem pagã, tecido, farrapo, formado de *pagi* diversas coladas com esparadrapo, antigo documento visível na terra e no mar, que podemos descobrir ao sondar o espaço; ei-lo marcado nas páginas do livro, escrito de propósito para redesenhá-lo, da pele, transformações, da escuta, frêmitos, do sabor, leques, da vista, paisagens, eis o sensorial, em tudo, o sentido comum. Eis o fundo da *empirie*.

Esse transcendental, esse condicional tão formal, tão abstrato, esse conjunto variado de singularidades que constitui o fundo das ciências, não está, parece, no sujeito — não conhecemos o caminho que leva a ele —, não vibra em nossas línguas, mas constitui, muito simplesmente, o lugar comum que descobre o exercício dos sentidos, quando eles procuram esquecer as anestesias da linguagem e as obrigações sociais do saber.

O transcendental apresenta-se como o nosso mundo: o mais abstrato e ao mesmo tempo o mais imediato. O real, tocado, degustado, visto, ouvido, chega a ser confundido, como um gêmeo, com o ápex da abstração. Diríamos justamente que a linguagem e o saber retardam o momento dessas bodas, como guichês obrigatórios onde devemos preencher infinitas formalidades.

Depois das bodas do corpo e do entendimento, cantaremos as do espaço e do tempo.

ALEGRIA

VITRAL ~ CURA NA FRANÇA ~ ASSINATURA

VITRAL

Pode-se morrer de calor ou de frio. Embora o mais belo dos objetos saídos das mãos humanas e também um pouco sagrado, um barco nunca constitua mais que uma casca de lata que o sol incandesce no exterior e abrasa no interior. No meio do porto de Djibuti ou no eixo do mar Vermelho, perto do Cabo Guardafui, a oeste de Áden, no auge da estação quente, quando a madrugada, já, abafa, e a noite não dá uma trégua e, ainda por cima, é preciso assar o pão a bordo, o trabalho no porão, nas caldeiras ou junto do forno sufoca. O lado de fora não oferece mais conforto. Nos anos cinqüenta, todos os dias, quando o navio atingia a terra, pelo menos um marujo baixava ao hospital para reidratação; era preciso separar os que brigavam de faca, bêbados de queimor. Em que água tomar banho? A dos tanques ou a do mar queimavam a pele. Pegávamos terríveis faringites quando visitávamos os navios de guerra americanos, providos de ar condicionado. Desdenhávamos esse luxo e os corpos ignorantes das terríveis condições do mundo. Os que descansam no conforto não imaginam, poderosos demais, o desprezo com que os consideram aqueles que vivem duramente, tão alto é o preço da realidade. Os oficiais, indolentes, no frescor de sua sala, bebiam gelado, folheavam uma revista geográfica e lançavam um olhar distraído à terra vermelho-telha além da escotilha. Assim chegou o novo mundo, doce abrigo para as peles frágeis.

O vento laminar, compacto, sem turbulência, penteia a planície canadense sob o imóvel sol de inverno, céu azul sombra imaculada. A clemên-
cia vem com a neve. Senão com as facas: fura-orelhas, corta-narizes,

navalha-faces, dilacerantes. Entram até o esqueleto, os ossos se desfazem, o corpo cai: o frio, a morte; a morte, o frio.

Certas sensações concernem à epiderme, nas regiões bem temperadas que as correntes marinhas amenizam, outras atingem os músculos e os sacodem, algumas abalam ainda o sistema nervoso, entumecem as veias ou as inutilizam, geladas, as mais violentas atacam o último baluarte: a ossatura. É preciso ter sentido frio além dos ossos, até o eixo da espinha dorsal, para saber que não usamos aqui uma figura de linguagem. O duro se liqüefaz, as pessoas caem, a polícia montada as recolhe. Em certos dias inclementes, em Quebec, o alerta geral mantém todo o mundo dentro, de onde estiver, sob pena de morte, fora. Nas estradas ao redor das vilas, na Sibéria, de madrugada, alguns cadáveres barram o caminho: passaram diretamente da droga dura do álcool, tomada para esquecer a droga política, ao enrijecimento pelo frio: os humilhados no vale onde até as lágrimas congelam.

Como nossos ancestrais puderam subsistir, do Labrador ao Wisconsin, diante de fogueiras de lenha? Todas as crianças nascidas no começo do outono morriam. Na Baía de James, a escavação do alicerce para a barragem da Grande Rivière, paredão tão pesado que faz tremer a terra, descobriu restos de habitats indígenas, quase tão antigos quanto o neolítico. Nossa pele, que se tornou tão frágil no frio, não nos permite compreender esses corpos nus enfiados em peles de animais sob a metralha do *blizzard*. Diante dessas cinzas descobre-se o antigo mundo, do qual, frágeis, estamos abrigados.

O calor inspira o medo, o frio, a angústia pura. Morremos menos de água, no mar, do que, por acidente, do vento que abala, podemos então morrer de frio; mas antes de tombar sob o último estremecimento que sacode a roupa de vida e faz soltar as amarras, o medo vem e mata. Ele antecede o gelo, como prenúncio. Vimos, nas altas latitudes, no cinza delirante do Ártico, longas baleeiras repletas de cadáveres ainda sentados nas bancadas, mãos empunhando os remos, prontas a impelir, fixas, rígidas, olhos abertos, os bordos do esquife abarrotados de víveres e peles de animais, tudo ia bem a bordo; mortos de pavor, os fantasmas deslizam pelo mar calmo, náufragos do terror branco. Eu morria de frio, tinha medo do branco, amo o inverno.

Senti frio à beira da agonia, sem ir além dos montes de Auvergne. Um de meus livros ali morreu de primavera, escrito naquela altitude: mãos contorcidas, tiritando sob sete cobertores ásperos, os pés duros e dormentes, cabeça ardendo num gorro mal tricotada, num quarto sem aquecimento, na amarga chuva de abril mistura de neve e brisa acre. Um livro sobre Platão, matemáticas e conhecimento juntos, ficou paralisado ao cabo de trezentas páginas, como um conjunto de estátuas, pela imobilidade congelada, tiritante, de todos os meus sentidos. Não há nada no conhecimento que antes não tenha sido liberado pelos sentidos. Quando eles se enrijecem, adeus matemáticas. O rigor da cabeça exige um dorso que não trema. O sol, nessa primavera, escondia-se atrás das montanhas que me impediam de ver meus amores, além do ser. Quem pode dizer Platão no frio? A condição sensível do trabalho de conhecimento está num quarto quente, o transcendental enrubesce no fogareiro, aprendi isso nos meus ossos humilhados.

Quente-frio. Sentado diante dos tijolos incandescentes, os braços enlaçados em torno das pernas juntas, nu, coberto de suor, imóvel, prestes a sufocar; mais calmo, adaptado à fornalha, imaginando nadar em meu próprio suor como que envolto em um sudário, olhos fechados, mergulhado num torpor úmido, escutando com o ouvido distante as vagas conversas dos vizinhos, afogado no calor mas longe do sono; súbito, depois da ducha fria, ao mergulhar na piscina-banquisa, eis que a pele se objetiva: descola-se, destaca-se, flutua na água como uma capa, separada, distanciada do corpo; o sujeito enrosca-se, dentro, inquieto mas tranqüilo, denso como um pequeno diamante negro no centro do plexo, deixando que todo o resto se torne, independente de si, um objeto posto no mundo, ali, estável, imóvel, à vontade, solto no líquido, feliz.

Abandonamos o paraíso pela árvore do conhecimento; por causa dela e por imitar Deus, jamais voltaremos ao jardim à beira do rio. Durante noites inteiras, na planície à volta do médio Garonne, a um pouco menos de quarenta e cinco graus de latitude norte e um pouco mais a partir da origem, em longitude. Meio ambiente dos países temperados, a temperatura ameniza tanto, depois que as ameixeiras ou os pessegueiros perdem suas flores, que a pele, nua, não sabe decidir se faz calor ou frio tampouco se está agradável ou fresco, morno. O corpo não procura vestimenta, passa, angélico, no escuro. É preciso que uma brisa lhe trace um chamalote para que ele veja que corre do lado de fora. Por que motivo ter deixado esse jardim onde as águas murmulham?

O despertar ocorre no banho da pele e do leito, imerso na espessura comum à carne e à lã. O lençol prolonga a epiderme, o corpo se expande em suas pregas e bolsas macias. Uma ponta emerge da sombra, do calor, da estranheza, fim do percurso em baixo d'água, o nado esbarra em uma margem para onde uma corrente o arrasta. Os ossos e tendões das batatas das pernas, no meio, os das coxas, por dentro, a dupla concavidade dos rins aguilhoa sob o empuxo de um benéfico estiramento, no plexo solar passa um alimento sem peso, posta-se, tranqüila, a simetria. O interior, vencido, explorado, conhecido na cegueira do sono, encolhe-se, invagina-se para dar lugar ao exterior, o mole do lado de fora terá de subir ao palco para representar a dureza.

Adormecer imita o sim, o despertar vira o não. Mergulhar, consentir, alçar-se à costa rochosa. Nascer a cada manhã ao nascimento do dia. Alegria.

O corpo não se comporta, nem por sombra, como receptor passivo. Por mais que a filosofia o ofereça ao dado do mundo, estabelecido ou deformado, mole e feio, recentemente tornado repugnante. Ele se exercita, treina, quase por si mesmo, ama o movimento, espontaneamente, regozija-se de entrar em ação, salta, corre ou dança, só conhece a si mesmo, imediatamente e sem linguagem, na e pela sua impetuosidade, descobre sua existência no ardor muscular, quase sem fôlego, nos limites da fadiga.

Ele respira. O fôlego, involuntário e voluntário ao bel-prazer, plástico, pode mudar, transformar-se funcionando como um fole de forja. Passado o grito dilacerante da inspiração natal, primeiro suspiro, o corpo começa a gostar de respirar, primeiro prazer. Gosta tanto de fazer isso que tenta perder o fôlego para recobrá-lo, como uma mulher desejada que foge e brinca de reaparecer, gosta de passar ao segundo fôlego e recomeçar, para atingir, em etapas sucessivas, arfantes, um ritmo novo, um outro mundo, espaço onde tudo se torna fácil. Nada mais vasto que a complacência do tórax. O primeiro apelo da Gênese, na aurora do mundo, acima do *tohu-bohu*[18], diz Deus *ruagh*, aliteração rouca do sopro, no fundo do palato, no oco da garganta, antes da língua, antes da raiz da língua, lá onde o arquejo arranha e reconhece o divino; *ruahg*, fôlego, sopro, vento, brisa de espírito, a ponto de falhar, dominando a batida do coração.

A morte tem como prenúncios o sufocamento, a asfixia, que têm como prenúncio a agonia que corta o fôlego.

[18] Corruptela francesa da expressão hebraica *tohou vabohou*, usada por Rabelais (ilhas de Tohu e Bohu) que significa o estado primitivo da terra. (N. da T.)

O salto, elemento de corrida no início, constitui o segundo prazer depois do fôlego, vencidos os velhos ritos de elevação dos recém-nascidos e as alegrias dos primeiros passos. O animal se agacha, encolhe suas molas em dobras. A tomada de impulso, imóvel ou, ao contrário, rápida, enlaça o virtual do vôo, o branco de seu ápex, sua decisão, sua certeza na esperança, sua inquietude, uma nova postura fora de prumo. O impulso, mais deleitável que o vôo, dá à densidade muscular um arrepio agudo mais álacre que a distensão, como se a potência, em terra, ultrapassasse em força o ato, no ar, promessa de embriaguez mais inebriante que o êxtase. O êxtase, exatamente falando, encerra os pequenos saltos repetidos, ao rés do chão, da corrida de fundo, o vivo arremesso da bola-ao-alto ou o lançamento da bola na cesta, a defesa do goleiro, no alto, no canto do travessão, mas sobretudo as lentas bodas do ventre e do dorso com o fio estendido no meio do sotoar. Quem não viu, com os próprios olhos, um anjo? A tradição define o anjo como um corpo que pode fazer de imediato tudo o que a mente concebe, projeta ou deseja. Se ela pensa, por exemplo, que ele está longe, lá está ele de pronto. O arcanjo que vi chamava-se Tracanelli, o nome não importa, se ele me estiver lendo, eu o saúdo, e, desta vez, quem saúda não é o anjo. Ele voava, sem esforço aparente, por cima da barra, fino, solto, longo, flexível, as asas cobrindo os braços que acabavam de soltar a vara, espiritual. Nada, no vôo, no impulso, experimentava atração terrestre cuja ação universal parecia, por um momento, suspensa: milagre seráfico. Sem esforço, sem suor, surpreendia que voltasse ao chão. Um anjo passava, no grande silêncio do estádio.

Não escolhi Hermes como totem, emblema ou teorema apenas por razões especulativas ou por esta previsão de história, necessária em filosofia, que me levou a dizer, há bem um quarto de século, que se iniciava uma era onde Prometeu dominaria, uma vez que detinha o mundo e o pensamento há mais de cem anos. Tomei-o como insígnia também porque ele voa, primeiro anjo, asas nos pés. Hermes precede o anjo do silêncio que passa, como o anjo que passa em nosso silêncio deixa um resto de Hermes. Ele passa, corre, voa e salta.

Desenhem sempre as asas nos pés: os membros inferiores lançam o vôo. Que erro prender às costas essas grandes envergaduras! Na densa escuridão dos músculos inferiores, o êxtase prepara-se, freme e estremece antes de acontecer. A morte chega como um desmoronamento, a gente cai, distende-se a tensão principal das pernas onde se sente a vida.

Os que exercem profissão de falar, professores, atores, advogados, toda sorte de reitores, vocês cujo ofício cotidiano passa pelo canto, que precisam lançar a voz para fora do corpo de modo a encher um espaço até a parede do fundo e têm de erguer uma coluna vibrante acima da garganta como um torvelinho de chamas, sonoridades intensas e inflexões primorosas, saibam que tudo vem da base, do embasamento, da sustentação na terra, da conquista animal do solo pela planta do pé, da firme fixação dos artelhos em longas raízes, que não sei que fonte ardente vem de não sei que corrente chthoniana, e que tudo sobe ao longo das colunas musculares das pernas, das coxas, das nádegas e do abdômen, que essa voz que grita ou diz, que significa, deve sua inspiração profunda a esta fundação, e que, hoje, esta tarde ou esta noite, vocês parecem a antiga Pitia que só podia dizer ou significar em cima dos vapores emanados do ventre da terra, vocês podem captá-los com os membros inferiores: a voz voa se as asas do verbo lhes puxarem pelos tornozelos; saberão que podem falar, cantar, encarnar o verbo em seus corpos graças aos joelhos e metatarsos. A música, o sentido, como o êxtase, saem dessas molas. A voz volante vem da terra pelo corpo-vulcão. A alma venta num pé só.

Nada tão divertido quanto saltar numa cama elástica e dura. Toda criança desfrutou esse prazer até danificar o estrado de molas, má lembrança. Duplo êxtase do esforço muscular nas coxas e panturrilhas, salto possante, quase metálico, e da parada no ar, que parece eterna, quando o corpo faz figuras, entra em representação.

Nada fez de meu irmão um irmão como este prazer usufruído a dois. Nunca na vida — lembra? — rimos tanto. No alto, fazíamos caretas. Em baixo, a cama quase nunca nos acolhia harmonicamente, enquanto um podia se esborrachar, por falta de impulso, o outro piruetava no ar como uma estrela. Deliciosa aprendizagem das circunstâncias.

A civilização às vezes faz alguns progressos; existe na terra um objeto mais maravilhoso, a técnica humana algum dia realizou um aparelho mais divino que o trampolim? Lamentem-me, jovens, lamentem o homem bastante infeliz por ter perdido, pelo peso dos anos, a educação trampoliniana.

Duas mulheres, belas, esculturais, talhe esbelto, seios eretos, nádegas firmes, pernas rijas, no maiô de uma estrita peça azul-marinho marcada com o emblema nacional (fazem parte da equipe olímpica de salto ornamental) treinam, como todo dia, no trampolim, saltam frente a frente, como meu irmão e eu, outrora, fazem figuras no alto do vôo, lentamente, decompondo com atenção gestos e posturas, simetricamente, como por imitação, como se um espelho as separasse, treinam vendo-se uma a outra.

Como para elas tudo está encadeado pelo hábito e pela virtuosidade, saltos em parafuso, de carpa, salto do anjo ou mortal, ficam um pouco entediadas dessa mecânica, embora difícil, e falam. Não sei o quê, mas parecem interessadas, entusiasmadas, discutem como se nada houvesse, indiferentes. Um diálogo a mais de dois metros de altura, onde os corpos que treinam voam, imóveis, em posições acrobáticas e naturais, permite saber como falam os anjos. Eles falam de amor, com certeza, alegremente, como os pequenos *putti* e brincam. Eis de onde vem a palavra.

Ainda existem, graças a Deus, desses carrosséis singelos cheios de correntes que sustentam um pequeno assento que só dá lugar a uma pessoa. À volta toda, podemos contar às vezes vinte e cinco dessas cadeiras suspensas. A máquina gira, como um pião, as correntes se inclinam e buscam a horizontal, em coroa ao redor do aparelho, pela força centrífuga; quem está sentado perde a gravidade. Acredita voar, sem gravitação. Trocou uma força por outra, pesa de outra maneira, falso vôo, segunda corrente, no não-volante.

O verdadeiro começa quando minha amiga sentada diante de mim e em minha órbita atira-se em meus braços ou faz flexão com os meus pés: ela se lança em epiciclo e eu, em compensação, recuo ou regrido, planetas aberrantes no sistema circular ensolarado. Perco a gravidade, mas também a simples e tola centrifugação, os movimentos parecem-me vir da força amiga e da minha, de nossa exclusiva relação: ela me atrai, me arremessa, me retoma, me intercepta, eu a solto, a reencontro, delicada, descabelada, quase nada corpórea, vôo se ela quiser, ela voa se eu quiser, voamos à toa, sem despender muito esforço, ao bel-prazer, num piscar de olhos, leves, nossas relações criam nosso êxtase sozinhas, existimos somente por nós, o resto desapareceu, aqui se revela o amor seráfico.

Então nossa turma contava seis ou sete garotos mais ávidos de parque de diversões que de estudo, o carrossel ficava no seixal entre nossas casas e o Garonne. Lá vamos nós, voando. Em bolos de três ou quatro, nós nos aglutinávamos, nos desprendíamos, explodíamos como uma bomba, um aparecia de quatro, outro escorregava deitado de costas, um outro rolava como bola, outro ainda, polichinelo, braços em cruz, fazia o grande *écart*, comprimidos em fila ou separados ou contrariados, grande estrela, retrogradações, festões, ou girávamos freneticamente sobre nós mesmos, parecíamos anjos, *putti* a brincarem nas nuvens em grupos ou compósitos risonhos. Prazer mais intenso que o de pular sozinho, de manhã, na cama dos pais, coisa sem graça.

Revi esse carrossel quarenta anos depois numa cidadezinha montanhesa, no vale de Livigno, onde a cultura latina dança e ri, aglutinada, beirando no entanto o congelamento moral da Alta Engadina germanófona suíça, na mistura romanche, seis ou sete moleques brincavam de se segurar e se soltar, dois namorados voavam, sérios querubins, soube então que eu havia nascido de um grupo de anjos traquinas, que ocupam as nuvens e passam em bloco ou fuzilam de repente em órbita solitária e ornamental, por divertimento. Após cinqüenta anos, ao rever esse espetáculo, todo o saber de astronomia entra no corpo outra vez e o adulto vira criança, quando era planeta. O garoto, que se tornou sério, proporciona ao pensador um corpo novo que levita, que vive o amor arcangélico.

Contrariar o peso com uma outra força, para fazer enfim o que quiser, por meio de uma fraca terceira força, eis o espírito.

Andar cria ritmo, dá à voz bateria, caixa clara, timbales e pratos, andar também martela o silêncio. Dupla medida do passo e do coração, da marcha e do sangue. O corpo permanece desconhecido se não o levamos a cem mil passos de sua liteira. Considerem as estátuas que datam de três séculos ou mais: pé grandes, coxas maciças; perdemos o andar do qual provinha a nobreza do porte e do transporte. O mundo está à distância de um passeio, nossos ancestrais da Ásia atravessaram Bering para se disseminar na América, certo bisavô correu de Granada a Moscou, granadeiro da Guarda Imperial. O avião, dizem, encolheu o mundo; ao contrário, todos os meios de locomoção ampliaram-no desmesuradamente diante de nossos passos. Nossas pernas frágeis já não procuram franquear o espaço.

Mas é bom andar na montanha para que elas voltem a ser quase braços, o corpo arremedando o quadrúmano; subindo rampas íngremes para sentir o pé se agarrar, os membros inferiores folgam em perder um pouco o porte e descobrem uma outra função. Os pés tornam as mãos melhores, e as pernas, os braços mais firmes. Os músculos mais abaixo têm sempre vocação para a altura, parte espiritual, pilares, plataformas de vôo, apelo. Hermes tem sempre as asas nos pés.

Correr: terceiro prazer, soma do fôlego e do salto. Quando a roda do vagão passa sobre a junta de dilatação que pontua o trilho, o choque produz um som que, de início, dá ritmo ao curso do trem, mas quando a velocidade cresce, a roda parece voar em cima do vazio, silenciosa, a viagem se suaviza. Assim, o pé no chão. Quem nunca correu acredita que quem corre põe regularmente pé na terra e, de fato, não está muito enganado: o passo cita o chão precipitadamente. Quem corre não o escuta assim, mas repentinamente suave, como o viajante no vagão. Em certo momento da abalada, ele juraria que suas sandálias já não tocam o chão, ele voa, paralelo ao horizonte, seus membros inferiores fundiram-se no silêncio ou na ausência; a corrida, rasa ou de fundo, o arremesso em um mundo novo de pássaros que planam ao rés da pista, alto e baixo ao mesmo tempo. Ela não acelera a marcha, mas generaliza o salto. O que a fundação do corpo, os membros inferiores, molas ou colunas de vida sabem fazer diferencialmente no salto, executam na corrida integralmente. Trabalham e desaparecem, transportam e se ausentam. Como o sujeito que pensa mas falha. Fazem sem ser. Eis o que dizem as asas dos pés, a mensagem de Hermes corredor.

A juventude tem mais facilidade para correr que para andar. A idade pensa mais do que sabe, ou aprende a lançar muletas e pernas.

Acredita-se comumente que a carga obriga à escravidão. Indianos esmagados sob o peso da juta ou chineses arqueados sob o palanquim, vocês já transportaram alguma vez? Perdemos o porte. Ninguém conhece seu corpo se sua cintura escapular ignora o peso, fica virgem de pressão.

Um piano emite sons, mas curva-se à pressão de vários tons, duro e doce. O filósofo presta homenagem ao mestre com a mão estendida, mas também ao construtor, e ainda ao carregador.

Um dia carreguem alguém nos ombros do cume de uma montanha ao vale, a princípio pensarão morrer, o suplício dos músculos que não sabem trabalhar na queda parece abominável; depois, como de hábito, chega o recurso, o segundo fôlego, e o costume à nova dor, descobrem-se, pouco a pouco, fibras musculares desconhecidas, ângulos inusitados, articulações adormecidas, estofos de silêncio no meio da carne fazem ouvir pela primeira vez músicas estranhas, mas familiares, inauditas, mas logo reconhecidas, a coluna do porte, não homogênea, decompõe-se, móvel, todo um mundo nasce por dentro, acomoda-se, adapta-se, troca suas responsabilidades, sob o implacável esmagamento, o corpo vira arquitetura, alvenaria movente, nave, o esqueleto torna-se estrutura, firme, vigas, contrafortes, os músculos fazem o muro e as paredes, toda uma rede fluida de dormentes elásticas, as ligações tendinosas, variando de ângulo no tempo, fornecem fundações quase líquidas, maleáveis, pneumáticas, adaptáveis a qualquer momento com risco de derramar, o corpo vira tripé, poltrona, liteira, balanço, arco de triunfo, catedral, barca, berço e torre, fundação sólida e dura para um edifício, apoio fluido para a nave ou o balão, o corpo, então, ejeta-se sob, sabe de súbito o que deve ejetar sob, e como fazê-lo, conhece-se como ejetado sob, *sub-jectus*, sujeito. Eu porto, logo sou.

Porta-carga, porta-estandarte, porta-voz.

Ó felicidade imensa de transportar sua dançarina ou sua namorada, voar não vale se não se sabe fazer voar, o êxtase completa-se pela estática do êxtase, no apelo do vôo. O par se une com gravidade.

Aquele que deposita seu fardo cresce.

Carregar por tanto tempo as ciências e os livros, grandes autores no *corpus* imenso, carregar tantos e tantos pais, línguas mortas e vivas, saber duro e conhecimentos doces, agüentar a memória e a história durante tanto tempo: no instante em que a carga enfim é depositada, aos pés, voltar a ser criança. Diretamente feliz no sensível.

Transportei, do topo da montanha coberta de gelo até o fundo do vale onde cantam os arroios, uma menina, minha filha.

Pas de deux no vale feliz, do par educativo incorporado.

Macho, sexo tão frágil, sabes carregar? Só a mulher conhece, vive às vezes, o carregamento incorporado em que duas idades se adicionam.

O fôlego arfante fez soar a *ruagh* no fundo da garganta antes que ela pensasse em falar; o tórax liberta-se, fogo e vento, de seu lago de lágrimas; o pulo é arrancado do ventre da terra; o andar concorre para o passo do coração; a corrida anula os músculos inferiores no pé de impulso; o porte chega ao corpo no momento em que ele deposita a carga do conhecimento e da consciência de si; então começa a dança, integral dos primeiros prazeres, júbilo-soma. A alegria inspira, vibra, dança. A vida dança qual uma cortina de chamas, a morte enrijece; a inteligência dança, a burrice se fixa, repetitiva; a intuição dança, a lógica e a memória programam os robôs; a palavra dança quando nasce e desaba no estereótipo; o desejo dança, a indiferença dorme.

A dança reina antes da linguagem, como música do corpo. Conta o início do tempo: corre e salta num ritmo que se repete, entra em redundância, reencontra gestos, refaz passos, enrola-se sobre si mesma, mas de tempos em tempos, surpreende com uma atitude súbita, o corpo acaba de inventar uma cifra nova, a dança semeia o inesperado no retorno eterno do ritmo, eis o começo do tempo.

Um corpo jamais nasceu antes de ter dançado.

O nado distribui pela superfície da pele a sustentação que o andamento usual exige somente da planta dos pés. A responsabilidade do porte em um meio que não oferece qualquer resistência ao peso quando concentrado no polígono banal passa para o corpo que, de repente, inteiro, torna-se pé. Sandália, em turco, quer dizer barca. A cabeça, fora d'água, no ar mais leve, firma-se em uma pele, couro de sapato imerso. A pele se exalta e negocia nos mínimos departamentos a sustentação frágil do fluido, mas integra essas pequenas impressões, cada uma confiando nas outras para a flutuação-soma. O nado dá toda a pele, em lugares ínfimos e de repente. Batismo que nos remete a antes de nosso nascimento. Devemos, inversamente, repensar os pés como modelos reduzidos do corpo inteiro ao qual fornecem flutuadores quando o fluido se endurece. Liberada de uma obrigação, a pele toda exercita o tato, diferencial, quando não transporta, integral. Tatuada, pois.

Então a posição em pé e o andar impõem-nos, pela gravidade, a simetria axial que esculpe nossa forma e aparência, e nos religa todos ao centro da terra. O nado na água e a dança no ar nos desligam desse lugar comum e substituem essa reta por um ponto vago que denominei alma na passagem pela portinhola de nascimento. Todas as nossas simetrias mudam. O nado borboleta, a *glissa de*, o *jété*, o mergulho nos transforma em seres radiantes — quero dizer em radiolários. Se vivêssemos na água durante alguns milhões de anos, viraríamos estrelas-do-mar? Já vimos muitas dançarinas cujo tronco desaparecia. Cilindros postos em terra, olhos e joelhos que se respondem como rins ou seios, eis que somos esferas em torno do ponto, tanto o fluido, volúvel, obriga à redondez enquanto o sólido impõe o quadrado arquitetural pesado. Tudo o que diminui ou anula a gravidade reduz-se a esse centro que sai da terra para se entregar a nossa autonomia, em torno do qual se enrodilham nossos movimentos na água, e que governa o salto. A cabeça e os tarsos no eixo aspiram ao centro, ei-los na periferia, nem base nem topo, tudo se reordena em relação ao plexo, pouco distante do sexo: se flutuássemos ou mergulhássemos por alguns milhões de anos, ficaríamos um pouco menos racionais: emotivos e ternos?

Pois bem, curvado, nadando lentamente no seio da mãe, o feto enrola-se em torno do mesmo ponto; gira em torno de sua alma antes de seu nascimento, no parto ele a fixa, vai reencontrá-la quando nadar ou dançar, na magia das mil simetrias esféricas. Não nadem o *crawl*, não se arrastem com quatro patas ao se deitarem na água, não respeitem a simetria axial, postura competitiva e orgulhosa, obediente, enrodilhem-se no líquido de embrionária memória, em busca da alma escondida, aí está o verdadeiro progresso.

A atenção dá ao corpo um arco convexo que situa o mesmo ponto, na convergência, no centro do círculo. Ele sai de mim e vai tentar a sorte no mundo.

O ponto de simetria esférica em torno do qual natação, mergulho ou dança rodopiam seu vôo e onde o nascimento ou passagem pela vigia aberta no navio em chamas revela a existência ou a qualidade de alma chega a se desviar para fora do corpo conforme posições, movimentos, exercícios. Sabemos nos mover em torno dele, desde a iniciação fetal, sabemos fazê-lo nascer fora de nós. Nascemos, parimos. Pólo sujeito, minha alma, pólo objeto, logo em seguida.

O desajeitado joga a bola e a faz circular em torno dele, planeta aberrante que recebe sua lei do sujeito sol; dissonante, rígido, voluntarioso, comandante, ele nunca aprenderá nada. Não sabe fazer nascer. Refere as coisas a si mesmo. Estátua, robô. O balão, ao contrário, joga com as habilidades que transitam, planetas errantes, em torno do novo pequeno sol, objetos consonantes e flexíveis, ao redor da bola, sujeito. Estes poderão aprender tudo porque abandonaram sua lei própria e renunciaram a submeter todas as coisas, para se adaptarem, submissos e portanto sujeitos neste novo sentido, à lei do que, agora, foge para longe deles, em que reconhecem sua antiga alma. Suave ao toque, de perto; de longe, visível, sonora, às vezes odorante. Eles pariram a relação e o objeto. O ponto quase-sujeito torna-se quase-objeto, relação e em seguida coisa. Estes sabem dar. Portanto, também sabem receber o dado. Hábeis ou atentos, logo conhecedores.

Saber nascer e fazer nascer, reconhecer um lugar de cissiparidade, no corpo, em torno do qual o sujeito se ordena, e que sai do corpo e torna-se relação e objeto, o íntimo se coloca à distância e de repente se ausenta de mim, generoso, onde o distante inteiramente estranho também pode receber, à vontade, o refúgio, o abrigo, habitar a vizinhança e a interioridade. O espaço dos cinco sentidos constrói o conjunto das distâncias, próximas do gosto e do tato, distanciadas do ouvido, dos cheiros, da vista, onde esse lugar se mexe e é descoberto.

Quem na juventude jogou jogos coletivos pode reconhecer um estado de forma, pessoal, onde o corpo de repente torna-se angelical e consegue tudo o que empreende: sem fadiga, sem esforço aparente nem dor, salta mais alto, passa por tudo, corre incansavelmente, penetra, atinge todos os alvos. Os anjos, voltemos à tradição, fazem do corpo o que seu espírito decide, de imediato. Então ele se lembra de ter recebido durante alguns períodos um corpo de anjo, de ter passado sem saber como para um outro mundo, um espaço sem erro nem fraqueza, onde o projeto mais louco encontra um fácil sucesso, gestos aguçados, movimentos soltos, decisão sempre afinada e justa, sim, a vida a um metro da terra, em levitação. A própria bola estica o braço ao máximo. A música compõe para o autor sem ele.

O êxtase individual deixa uma memória imperecível, de esporte e de corpo, de intelecto ou de emoção, a melhor coisa que acontece na vida, podemos até organizar o tempo para colher semelhantes ápex, boa e fecunda existência; o êxtase a dois, mais raro, é deixado ao pudor, quem sabe que o estado seráfico pode acontecer de súbito a todo um grupo?

Lembrarei até a hora de minha morte que esse acontecimento fulminante nos sucedeu duas vezes, a um grupo de cinco mais uma bola redonda, a um grupo de onze mais a bola oval. Lembro-me sobretudo do silêncio denso que formava o volume estreito e compacto onde dançávamos juntos, com uma certa surdez ou uma cegueira, entramos no mundo do milagre. De hábito, quando a bola passa — e ela voa rápido para não ser interceptada —, é comunicada entre mãos adestradas e um olhar arguto e vigilante, precedido muitas vezes de um chamado, palavra, grito, breve interjeição, vogal, mesmo um sinal com a mão, código convencionado ou não. A bola corre com esses sinais, atrás deles, ao mesmo tempo que eles, sobre a rede de canais flutuantes que os sinais desenham. De repente, a bola ocupa seu lugar, todos os outros sinais se apagam. A equipe inteira entra em uma caixa, uma gruta um tanto escura, os brados dos espectadores distanciam-se como a margem de um mar ao longe, a equipe adversária dança como um coletivo de sombras, sem força, fantasmas, então meu corpo se posiciona onde a bola vai passar, lanço-a em um vazio que outro querubim vai preencher, imediata e infalivelmente, não nos olhamos mais, não nos vemos mais, não nos ouvimos mais, não nos falamos nem nos chamamos, olhos fechados, boca cerrada, ouvidos tampados, sem linguagem, mônadas, sim, nós nos conhecemos, prevemos, amamos, nós nos antecipamos de maneira fulgurante, não podemos errar, a equipe inteira já não pode errar, ela joga enfim: não eu, nem meus parceiros, mas ela, ela mesma. Atiro-me rápido à direita, sei que alguém sabe que ali estarei, que a bola vai me esperar ali. A bola segue tão rápido que tece, entre nós, elos de uma segurança irrepreensível; como esta segurança não tem nenhuma falha, a bola pode circular ainda mais rápido, e porque vai mais rápido, ela tece... Ninguém pode saber o que significa estar junto se não viveu esse êxtase. Parece que compreendo no íntimo, como que intuitivamente, como deve viver a peça ou o elemento de um organismo. Mas para ele, aonde vai a bola, para ele, de onde vem a bola? E ainda, aonde vai, qual é a bola em um coletivo que não joga? E que fala, desenfreadamente, ao contrário dos anjos?

Encontram-se na vida sublimes e raras dançarinas. Quem dirá o êxtase mudo do que se assemelha sempre a um *pas de deux*? Como sucede que a mão erguida encontre logo outra mão erguida, que a perna flexione exatamente no mesmo instante, que o pé antecipe a decisão do pé, que a docilidade do tronco venha colaborar com exatidão, que os dois corpos conspirem, mudos, silenciosos, sem programa, cada qual de olhos baixos a se deixar levar pelo prazer harmônico, pelo ritmo, pela música: ela tomou, invadiu os dois corpos, os dois dançarinos tornam-se a música feita carne, seráficos.

Mas quando fazem amor com encontros tão exatos e tácitos, digam, aonde vai a bola, de onde vem a música?

Deus sem língua do acorde perfeito.

Nada melhor que um grande pensamento porque ele abre uma paisagem grandiosa e deixa-lhe um chamalote sarapintado, a miraculosa alegria de compreender melhor amplia a morada de quem quer que durma num quarto medíocre e súbito arruma seu palácio mundial; nada melhor que uma demonstração elegante, que acrescente finura à razão; uma intuição que faça o corpo voar à velocidade do pensamento que imaginamos mais rápido que a centelha; a meditação profunda, a altitude, a lentidão, a planície serena de uma sabedoria; nada melhor que a tentativa ou a espera, e se eu erro ao menos não terei prejudicado ninguém, e se não erro exultaremos de alegria; nada melhor que a noção instigante, viva, em afastamento do equilíbrio, que coordena seu movimento à série longa e divergente de grãos ideais que aparafusam seu caminho paradoxal no espaço aéreo; acima de tudo, o melhor é a expressão adaptada, linguagem própria, água tranqüila e transparente do estilo, diamante de reflexos duros e aveludados, a vida inteligente dá oportunidade ao júbilo total que um dia entra em seu templo ajoelha-se e não quer mais sair.

Mas o céu azul-marinho de outono, grave como quem só tem poucos dias de vida e já não os desperdiça, mas a luz acobreada das últimas belas tardes, tremulante de timidez nas árvores rubras, o atrito crocante dos passos arrastados nas folhas entrelaçadas à relva ainda verde, a brisa indecisivelmente fria ou fresca, extremo fim de calores ou primícias de inverno, mas as nozes abertas e sempre amargas, com sua membrana, as uvas podres, as ameixas secas seis vezes cozidas, cristalizadas nas grelhas tiradas do forno, a acidez do vinho novo, quase tão azul quanto a pele, quase tão verde quanto a polpa das uvas, mas a alta floresta de Auvergne na glória de outubro, a derradeira vinha vindimada, a quietude sobrenatural do campo no fim de setembro, plenitude onde as divindades descem, tangíveis, entre o ainda-não e o não-mais, minutos densos em que o corpo apreende mais do que o faria a inteligência, existe uma frase que valha as delícias do dado?

O sujeito conhecedor dilata-se e estende-se de corpo inteiro, o antigo sujeito se condensa em uma abstração simples, em qualquer canto, apagada, desconhecida, num lugar transparente que deixa todo o resto na sombra; o corpo, agora que conhece, torna-se espírito hipercomplexo, deixa o antigo saber, esquecido, à sua simplicidade primitiva e o tem por sabido, parte para esta conquista total e nova: conheço ou compreendo pela pele tão fina quanto a íris ou a pupila, elas mesmas tão finas quanto a intuição, no banho de sons e ruídos, anarmonia, compreendo ou conheço pela sapiência, gosto bem denominado enfim, arte e sabedoria, e pela sagacidade, faro enfim devolvido à sua dignidade cognitiva, mas apreendo e concebo também pelos músculos e ligamentos, ossos tornados transparentes, estatura em afastamento do equilíbrio na trepidação do mundo, postura atenta e dócil, pelo ritmo do coração e pela túnica das artérias que batem de encontro aos obstáculos rochosos, pela assimilação e inspiração, pela corrida e pelo salto, marcha, dança, amor, o sujeito conhecedor ocupa enfim sua casa, sua verdadeira casa, sua casa toda, toda a sua velha caixa-preta e escura, por que crueldade imbecil foi reduzido outrora a esse buraco ausente, por que ter sido excluído, sem lar nem lugar, exilado do corpo, expulso, fora de casa, por que ter sido forçado a detestar finalmente seu torrão ancestral e a destruí-lo por razão e ciência? O sujeito conhecedor retorna a casa, filho pródigo há muito tempo em viagem pelo vago mundo ou pelos espaços abstratos, a casa adorna-se de toalhas brancas e ramalhetes nos vasos, guirlandas nas paredes, tochas acesas, lençóis recendentes de lavanda nas camas para as festas da conversão, o sujeito conhecedor ocupa o corpo todo, cátedra faustosa de um conhecimento ampliado e completo, assentado e fundado na doçura e na competência dos sentidos, conhecimento acordado aos membros e ao mundo, suavizado, pacificado, pronto a dizer sim, libertado do ressentimento, concordante, corpo sujeito, luminoso, transparente, vibrante, espiritual, leve, rápido, vivo: pensante.

CURA NA FRANÇA

A França raramente produziu uma filosofia empirista: não teve necessidade, toda sensual. Os que vivem falam pouco, os que falam não fazem. A cultura francesa, tradicionalmente, trata de saborear, trabalha isto. Queijos, vinhos, caças, confeitaria, cozinha: carta de identidade como esta natureza-morta. Na toalha resplandecente, copos e garrafas transparentes, vinhos de pernas de rubi, centro de mesa e conversação. Que emerge do fino gosto. Conhece-se outra cultura, fora a chinesa, que tenha tanto e por tanto tempo refinado seu gosto? As culturas vizinhas hesitam: maravilhadas ou desgostosas. Quando condenam os que vivem para comer, vocês que dizem comer para viver decidiram por que vivem?

Conhece-se outra cultura que tenha tanto e por tanto tempo trabalhado o refinamento dos perfumes? Odores fortes e pesados, outrora, sutis e vaporosos, recentemente, a rosa substituiu o almíscar. O perfume é para o defumado como o perdão é para o dom ou como o perfeito é para o feito, a quintessência. Se o dado a nosso corpo reduz-se à linguagem, o que diz o perdoado? O buquê, compósito, reúne o olfato e o gosto, a cultura francesa excele em sua composição.

A conversação, flutuante, extingue-se. O buquê não produz a linguagem, mas impulsiona a conversação, arte consumada, perfumada, do espírito efêmero, fugidio, vivaz. Perde-se, flutua e desaparece no ar; em ruína, em filigranas, volta, às vezes numa cintilação, como a excelente arte de piscar. O paraíso perdido é encontrado em cintilações. O diálogo luta, obstinado, faz ouvir o palavrório dialético, teimoso e tolo como um par de bodes que entrechocam seus cornos, a conversação acorda e se espreguiça, enlaça-se, dissipa-se, vive em paz, diz a inteligência vívida, suspensa no espaço como um pequeno eflúvio.

Não há nada na conversação que não tenha estado no buquê. Fogo de artifício que ondula, mosqueia ou listra temporariamente a noite.

A língua é conservada nos dicionários, o saber nas enciclopédias, o dinheiro nos cofres-fortes. Os sinais, escritos, ficam. As artes povoam os conservatórios ou os museus, peças preciosas, telas, bustos, ícones encerrados em caixas protegidas dos ladrões. A teoria se interessa pelo que permanece. Pelo invariante. Não há nada no intelecto que não tenha estado primeiro nos sentidos: fica o sensível. Embora transformado, comporta o invariante. Só nos interessa o que fica de sensual no intelecto, o que subsiste, em geral. O verbo voa, a escrita fica. O buquê não permanece, nem o gosto, nem o perfume, a conversação que dele deriva, arte humana suprema, em nuvens de sinais acima dos amores, perde-se no ar. Tudo isso se esvai, nada aí se conserva nem se comunica por muito tempo, nada se compara nem se reduz ao dinheiro, tudo se dissipa em uma inflação fulminante. Nenhum lucro, diz a teoria que conta com o lucro de um capital que se concentra nos lugares ou na cabeça.

O dado pode vir em centelhas, a arte que daí deriva foge, a língua fica como dinheiro. Fluxo sem estoque no primeiro caso, circulação com capital, no segundo. Se o dado, pois, é reduzido à linguagem, bancos de dados são facilmente constituídos. Não se pode abrir um banco para o volátil. Conhecimentos, ciências, línguas são colocadas em bancos, não o sensual fugaz. Não há nada no intelecto que não tenha estado primeiro nos sentidos: o que significa que o intelecto recolheu o que fica dos sentidos, que se torna, portanto, uma memória, um estoque, um banco de dados. Inversamente, todo banco de dados realiza tecnicamente o sonho dos filósofos clássicos. Então, como chamamos aquele que, em lugar de inteligência, carrega um banco assim, a cabeça feito um favo de abelhas com alvéolos rotulados? Um rematado imbecil.

Há no sensual uma finura que não fica, buquê, conversação, essa alegria que não permanece. Ainda mais fina e viva quando passa, grosseira quando se estabelece. Conhece-se uma cultura mais leve que a minha, que o universo mais tenha acusado de leviana? Sem peso, sem preço, duas vezes graciosa. A graça passa, pudica demais para se impor. O intelecto não recebe, não reconhece a sensualidade graciosa, da qual nada pode ser depositado no banco. Donde o desprezo em que minha cultura é mantida agora. Ela não produz nenhum interesse, nem teórico, nem social, nem bancário, mas escapa, gratuita. O que não fica dos sentidos graciosos, gratuito, leve, passageiro, forma nossa cultura; o que fica dos sentidos acumula-se como o dinheiro, a teoria do conhecimento venal, acumula e calcula. Epistemologia sem prazer e sem graça; sensualidade dada. Porque o dado escapa, pois, à linguagem, não há banco de dados, salvo por abuso de língua. Não há senão bancos de dinheiro, mesmo na ordem teórica. Não conheço, pois, cultura mais leve, mais graciosa, mais abstrata que a minha, menos arrendadora.

Sobretudo, mesmo quando fala do que não lhe diz respeito, a língua francesa instiga. Denomina dado o que vem do mundo para o corpo. Chama de percebido o que é recebido por nós como vindo do mundo. Tomamos o que nos é dado, diz ela. Como se exigíssemos, como se descontássemos, à maneira de um imposto, por uma percepção, o gratuito, o que se oferece. Estranho paradoxo. Para que tirar, arrecadar o dado, para que cobrar as graças? Para que esse esforço a mais?

Recuperamos o dado com o verbo, o mundo, recomprado, esconde-se sob seu preço. Agora devemos recuperar os dados, sem preço, graciosos, gratuitos.

Posterior à sensação, a percepção fica à distância econômica. A primeira recebe a graça, a segunda paga com linguagem. É a própria língua que o diz e o ensina, tendo mantido com exatidão sua relação com o mundo.

Generoso quem se entrega ao que passa, esquece a conta, deixa o banco, acha tempo, sente prazer no efêmero. O dado passa, gratuito porque instantâneo. O prazer dura um momento, diferencial do tempo. Há no sensorial fugidio a dissipação infinitesimal do tempo. A estética faz brilhar o instante ou o acende, reúne o conjunto dos incoativos. Não sabe somá-los, não os pode integrar, nem reter. O banco os retém, a linguagem os retém, parece que conseguem, mas, de fato os perdem. O tempo é acumulado nos bancos, mas nunca reencontramos lá o que lá colocamos. Acreditamos segurar pelo menos um subtotal do tempo, uma espécie de soma, de fato mergulhamos na flutuação caótica de seus incoativos, de sua dispersão. A estética responde a essa nuvem, esse mar marulhante. O intelecto, a linguagem, o banco tentam pseudo-integrações das pequenas percepções sensoriais de tempo, não integráveis. Conhecemos outra cultura que mais se tenha aproximado desse mar ou dessa nuvem, desse prazer, do instantâneo? Que alguma vez tenha soltado o tempo?

Corajoso quem se entrega, abandonado, a esse caos, quem mergulha nessa mistura. O medo, o horror ou a economia levam a sair daí, a entrar no banco. A conta quer ganhar, avareza vício intelectual. O intelecto tem horror aos sentidos, esbanjadores. Mas erra na conta, como todos os sovinas. Se queres perder teu tempo, procura salvá-lo; se queres salvá-lo, consente em perdê-lo. Nunca reencontrarás no banco todo o tempo que ali colocaste. Ele congelou nos sinais. Ao passo que o buquê, o perfume, o matiz, a conversação que se perdem no ar esposam finamente as diferenciais do tempo, evanescentes, escoam, passam, desaparecem, voltam, piscam, percolam. Os sentidos brincam de esconde-esconde com o tempo, o que se perde se acha, recupera-se em um momento inesperado. Ausente onde o imaginamos, perdido onde o colocamos. Não conheço cultura menos avara que a minha, menos preguiçosa e menos apavorada. Não há nada em sua inteligência que não passe ou se adapte como se ela fosse um sentido. Não há nada no intelecto se ele não for rápido, doce, vigilante, caprichoso como um sentido. O sentido é o modelo da inteligência, que, sem ele, arrisca-se a não entender nada do tempo.

Todas as sabedorias celebraram o instante, o sábio deixa a memória, tem poucos projetos, envolve-se no presente, habita a diferencial. Conhecemos outra cultura mais sapiencial que a minha, leve, mergulhada no esvaecimento? A estética, prazer dos sentidos, refinamento, beleza das formas fugazes, fuga do tempo, ri das morais da histórias. O sábio, no instante, não conhece banco.

Conhecemos outra cultura que tenha tanto e por tanto tempo amado os amores refinados? Amabilidade em ruínas sob o bombardeamento teórico, sob a descarga da língua chavão, eis três gerações sem piedade pelos amores breves, que abandonaram o buquê por uma língua doente, as flores de antanho desapareceram na caixa-preta da palavra. Não há nada no banco inconsciente que um dia tenha aflorado os sentidos. O sábio, no instante, esquece a longa memória de sua triste infância. Jamais conheci cultura tão amável, tão livre de tais fardos.

Esse povo não pode evitar ser leve. Já o sobrecarregamos bastante de saber e de dinheiro, já o abarrotamos de história, já o massacramos com línguas chavões, incapaz para o tédio, este povo riu e rirá. Sorri e sorrirá, ele zomba. Não cuida do poder, ama o instante, a média. Irremediavelmente leviano, de cultura móvel, frívola, delicada, fútil, volúvel, superficial até, dançante, desenvolta, flexível. Não somos profundos, nem sérios, lógicos, nem abstratos, preferimos o buquê, o pequeno eflúvio, e a nuança à cor, a elegância ao conforto, o espírito à verdade, a harmonia esconde-se por trás da graça das apojaturas, a construção foge sob as guirlandas, o consentimento passa diante do prazer, o gosto antes do julgamento, a vida acima do resto, a pequena marquesa em rosa antigo, impertinente, diante do douto sombrio e feio, temos o supérfluo, para que precisamos do necessário?

Se nos acontecia o incômodo da riqueza, do poder, ciência ou razão, nós o dissimulávamos com pudor, leves mais que tudo. As mulheres, leves aqui como a inteligência, a inteligência leve aqui como um sentido, têm o toque aveludado, o olfato sutil, o paladar delicado, o ouvido fino, o olho que combina exatamente a echarpe com a saia, leves como a pomba que plana agoural, graças à turbulência, na limpidez da manhã, nossa língua enfim deve ser usada de maneira leve, réplica viva, rápido impudor, escondam, pois, sua ciência prenhe de publicidade, nossa língua feminina, ensurdecida, velada, é rendilhada de vogais mudas.

Este povo não poderá evitar ser mulher, sua cultura mostra a feminilidade pudica do mundo.

Os lugares organizados para que se tome a palavra, construídos em função do discurso, com os lugares de escuta ao redor, geralmente favorecem o monólogo: alta tribuna da eloqüência sagrada no meio da nave, cátedra de sábio especializado no fundo do anfiteatro, agora mesas de microfones e câmeras. Silêncio, ele fala. Ele fala e, para ser ouvido, obedece a certas regras de lógica e de retórica. Agradar e não se contradizer, no mínimo.

Já conhecemos lugares em que o diálogo florescia: duas personagens em busca de verdade lutam para excluir do meio delas o ruído que as impede se ouvirem e tentam incluir entre si o sentido que nasce da interseção do vocabulário e pelo laço da boa vontade delas. O diálogo é praticado por quatro pessoas, as duas que parecem falar, mais a terceira excluída, o demônio delas, mais a terceira incluída, sua esperança, deus que desce no meio delas.

Em Paris, houve salões em torno de certas mulheres. Ninguém ali perorava sozinho, nenhum par dialogava ali, lugares de conversação. Sem anúncio, sem profecia retumbante, sem ensinamento, melhor ainda, nenhuma disciplina, nada disso tem lugar sob pena de pesado tédio. As mulheres daquele tempo não toleravam que se aborrecessem em casa delas. Que eu saiba, a filosofia, embora brilhante no século XVIII francês, embora estabelecida em regime de conversação, nunca consagrou um termo metódico a essa rede multipolar, como consagrara lógica e retórica para o discurso ou dialética para o diálogo.

A conversação deve ser entendida como é dita ou escrita, ou, melhor ainda, praticada, sob a égide cortês das mulheres, como o conjunto das conversões, a repetição freqüente de todos os giros corporais, lingüísticos, teóricos dos participantes. Dir-se-ia a configuração do célebre problema inintegrável dos *n* corpos: vários astros enfileiram-se juntos para obedecer minuto após minuto à lei da atração. Nada é mais complicado, já que cada um sofre a de todos e todos recebem a de cada um. A conversão, rara e simples no caso da eloqüência ou no da lição científica, repete-se aqui, freqüente e complexa: múltipla, rápida, instantânea. Nunca conceituamos o estado hiperplatoniano da conversação: conjunto de aplicações, de traduções, de interferências, de comunicações, de passagens, de distribuições que desenhariam seu mapa flutuante, seu labirinto às vezes, sua rede metastável, sua transformação, quando Hermes passa.

No salão entretinham-se o mecânico, o médico, o compositor e a marquesa, o economista e o diplomata. Chamemos de conversação o que o médico, ao falar com o mecânico, obriga-se a dizer o homem-máquina, a mergulhar, sem saber, no que é do outro, mas, inversamente ou vice-versa, o mecânico vai querer mergulhar o que é dele na psicologia, enquanto o economista diz a circulação em termos de hidráulica, e assim por diante. A conversação é o conjunto de aplicações de um saber em ou sobre outro, o conjunto de suas conversações. Essas aplicações multiplicam-se rapidamente, sem exclusão possível, os modelos passam como o anel na brincadeira de salão, essa passagem ou multiplicação torna-se o objeto do pensamento, não a disciplina.

A eloqüência sagrada institui, o sábio especialista instrui, emitem sem receber, o salão não forma um local de ensinamento e permanece sem disciplina. Ele produz um objeto de pensamento: esse conjunto de passagens. E sua condição: a tolerância. Condição e objeto impensáveis na escola.

A epistemologia da conversação morreu, acredito, quando as grandes
universidades tomaram o lugar das massas da igreja. A escola supõe uma

divisão disciplinar, conflitos de seitas, onde recomeça a exclusão dos heréticos, pela opinião ou pela idéia.

Podemos integrar esse problema a diversos planetas? Sim, com o nome de filosofia. Essa filosofia que desprezamos com o nome de literatura de língua francesa.

Observo encantado quanto o escritor de língua francesa rompe com o douto. Tem pavor ao pedante, teme sua ira e seu ressentimento: portanto, ele faz logo rir de quem corrige os modos, os corpos, as palavras e os raciocínios. Um escritor não revisor convida à liberdade. Já falei bastante da literatura lida do ponto de vista erudito para querer mudar de posição e ouvi-la falar quando descreve os mestres. Ela os criva de flechas. Rabelais zomba deles, Montaigne duvida, Molière os ridiculariza, Marivaux os persegue, sim, nossa literatura, melhor, nossa cultura teme os professores. Vejam a longa série dos repetidores, detestáveis e tolos, dominadores raciocinantes: Janotus, Marphurius, Honorius, Blazius, ele se chama Mouillebec no imortal Labiche. Percebam pelos nomes latinos que a língua deles está morta.

Ouçam os nomes das citações eruditas com notas explicativas. A nota consagra uma língua-chavão. O escritor de língua francesa ri desses nomes próprios porque não tem medo deles: eles dominam, despóticos, devoram, vampirizam, destroem, enfeiam os textos e deles se apropriam. Para exibir seu saber censuram sua língua. A beleza, a felicidade da obra vem primeiro da limpeza, da leveza, dessa bela liberação. Escrevam um texto nu, estão começando a viver livremente.

Como gostaria de dizer, invertendo a perspectiva como um dedo de luva, que a literatura, a filosofia e o pensamento começam quando o pedante sai. Quando o saber pesado se retira. Quando a língua-chavão queima. Quando a prisão da linguagem se abre. Enfim livres, livres para falar a nosso bel-prazer, sem regras azedas nem referências canônicas, para pensar à nossa vontade, leve, sem dogma prévio, nem crítica interminável, para escrever galantemente longe dessa presença pesada. Para escrever a uma mulher, mas nunca contra um revisor.

Aprendi mais trabalhando a terra ao lado de meu pai nas margens do Garonne ou em sua gabarra, aprendi mais em Pinara, sob a falésia dos quinhentos sepulcros e no teatro de Epidauro, sozinho, sobrevoando o Yukon e o Mackenzie ou numa grande tempestade ao sul de Creta, entre dois chamados de socorro, na falésia do homem-pássaro na Ilha de Páscoa de frente para o Pacífico e de costas para o vulcão, aprendi mais caminhando ao sol lentamente nos prados de Auvergne ou nas florestas brasileiras, durante viagens sedentas de mundo, do que em qualquer livro já lido. Não, não desprezo os livros, eu os amo tanto que lhes dediquei minha vida, amo minha língua a ponto de lhe ter dado todo o meu tempo, mas só podemos fazer viver uma cultura, um pensamento, se os alimentarmos do que não é ela. A língua se fecha do lado língua, encerrada em sua exatidão, precisão, seu rigor, suas qualidades, abre-se do lado mundo, incoativa e inexata, hesitante e fecunda. O professor, crítico, teórico ou político habitam o lado fechado, o escritor estabelece domicílio nos flancos abertos, voltados para as coisas geralmente duras.

A estética fica do lado aberto da linguagem, habita o lado jardim.

Aprendi mais trabalhando a terra como criança paisana, nos canteiros de estradas ou de obras, operário, pedreiro, calceteiro, aprendi mais nos barcos, marinheiro de água doce ou salgada, e nos salões em companhia das últimas verdadeiras marquesas, em cabanas dentro da mata falando com velhos bambaras cuja língua eu ignorava e que não conheciam a minha, sob os lambris dourados dos palácios ao lado dos poderosos temporários, espantando-me com seus costumes, nos hospitais com os que sofrem, diante dos altares com os que rezam, nas torres de canhões ou diante dos lança-torpedos com os que querem matar ou morrer, no meio de equipes de jogadores, quando a bola passa depressa e ninguém fala, nos espetáculos onde todos aclamam, diante dos leitos de morte onde os olhos suplicam, com as crianças ainda sem palavra, aprendi mais durante minha tácita viagem pelo corpo social ou gênero humano, aprendi mais entre os pobres, os simples de espírito e os humildes que em qualquer livro lido, que por qualquer palavra douta.

A língua nasce na emoção da descoberta, as palavras nascem como não as esperamos. Aprendo mais contigo do que em todos os livros de filosofia,

tu que me deste meu corpo, a quem ofereço as últimas palavras deste livro, em humilde retribuição.

ASSINATURA

A linguagem tomou o lugar do dado, a ciência toma o da linguagem. O que significa nessa troca a palavra lugar?

A história das ciências conhece com atraso os avatares da crítica literária, outra disciplina de interpretação, basta mudar o texto. Tem, pois, seus historiadores mais ou menos puros, externos ou internos, suas escolas de intérpretes, suas grandes vedetes mundiais, seu teatro. O mesmo quanto à epistemologia, ao menos no velho sentido francês do termo. Forma-se uma disciplina única, a crítica em geral, da qual variam os objetos. Ao menos dedicam-se seguramente à história e à filosofia das ciências quando continuam nas ciências, quando as tomam como objeto.

Confesso nunca ter desfrutado dessa segurança. Eu tinha uma espécie de certeza intuitiva de trabalhar nesse campo, convencido no entanto de que não me achava nele. O julgamento profissional unânime, também, levava-me a pensar que eu exercia em outro lugar. Onde? Não sabia.

Eis o espaço que os gregos começaram a delimitar, por definição e por exclusão — que ninguém entre aí se não for geômetra —, que o século XVII europeu reconheceu e ainda está empenhado em definir, o espaço da ciência. Ficamos fascinados, depois, com o seguinte julgamento: isto pertence, aquilo não pertence à ciência, isto dentro, aquilo fora. Inclusão, exclusão, estratégia de escolas, mas gesto originariamente religioso: o áuspice outrora destacava com cuidado o terreno sagrado, desenhava plintos nele. Eis o profano, eis o sagrado. A ciência e a não-ciência misturam tão pouco os seus respectivos terrenos quanto o civil e o religioso, com risco de serem profanados. Ora, as fronteiras do saber, flutuantes, mexem-se, as filosofias do conhecimento são afetadas e transformadas por essas mudanças. Acontece simplesmente que coisas estranhas à ciência já não o serão amanhã e expulsaremos o que dela hoje faz parte. O tempo zomba dos dogmas e do terceiro excluído.

Reconhecemos o estudante, o universitário, o eclesiástico, pelo sintoma de colocarem a questão onde, a do lugar apropriado. Em que lugar tal discurso reúne um certo consenso? Ortodoxo, herético, anátema, escolhas. Onde você mora?

O espaço da ciência fascina: é por isso que se compara ao templo, à zona meticulosamente recortada pelo sacerdote por meio de um bastão ritual que ninguém pode tocar. Eis o objeto, eis aquilo a que devemos dar uma atenção máxima. Um grupo inteiro concorda, nessa fascinação, sobre essa objetividade.

Nosso tempo ainda não tomou um distanciamento frio em relação à ciência, ainda não está laicizado no que diz respeito a ela. O espaço da ciência guarda nossos últimos valores, ele exercia sobre nossos pais, exerce ainda sobre alguns de nossos contemporâneos, uma atração da ordem do sagrado. Qualquer trabalho de epistemologia ou de história das ciências pode ser lido sob esta luz. Ainda vibramos com a espantosa aparição do saber exato no meio de nós. O que suscita a interpretação, como fazia a palavra divina.

Há mais de um quarto de século assumi uma posição laica a esse respeito. Jamais considero a ciência como um objeto nem como um espaço externo a ser descrito, analisado, julgado, fundido, cidade a ser defendida ou praça a ser sitiada, templo a ser protegido de qualquer impureza, eu a *suponho.* Não somente a suponho adquirida ou admitida, sabida, mas suponho-a, absolutamente falando. Um objeto está posicionado na frente. Um espaço nos circunda, podemos mergulhar nele. Mas supor a ciência é colocá-la em posição de *sujeito.*

Sabemos a ciência de maneira muito nova. Primeiro a descobrimos, em seguida estávamos mergulhados nela. Ei-la, agora, mergulhada em nós. Ela pensou fora de nós, ela pensa em nós. Fizemos nela a nossa morada, de agora em diante ela mora em nós.

Que meu leitor suponha seu autor o mais sábio possível; o autor sabe seu leitor o mais sábio possível. Exposto ou mostrado, meu saber aponta a falha na laicidade, ou a falta de digestão. Não trabalho, pois, sobre a ciência, a ciência trabalha em meus textos. Ela poderia trabalhar sobre a ciência: e o faz nos textos de ciência que a filosofia pode recopiar, e também pode achar inútil recopiar por razões de redundância e de honestidade. Em meus textos ela trabalha, ativa, sobre coisa diferente dela.

Revolução muito secreta que não tem nome algum: o saber objetivo, suposto, tomou o lugar do sujeito. Esta transformação dá lugar a um mundo novo, a textos novos, a um outro pensamento.

Sabemos a ciência de uma maneira nova: nós a digerimos. Outrora,
uma instância que lhe era estranha pensava a ciência como objeto. Ela

ocupou seus quartéis nessa instância. E então a utilizamos como sede e sujeito de pensamento.

Nós a usamos como fazemos com a linguagem. A linguagem não constitui um objeto ordinário, ela mora no lado do sujeito, pessoal ou coletivo, brinca de desaparecer no lado do objeto.

A linguagem tomou o lugar do sujeito desde nossa própria aurora, desde o alvorecer da filosofia e o início das religiões, desde a filosofia atual. Levamos milênios para compreender a aparição da linguagem no meio de nós e em nós, nosso pensamento ainda vibra com sua espantosa vinda. A linguagem tomou o lugar do sujeito desde a aurora do sujeito.

Nossas religiões e nossas filosofias falam desse susto.

Puséramos a ciência diante de nós, como um objeto entre outros, excepcional somente por suas atitudes e performances. Da mesma forma, puséramos a linguagem diante de nós como um objeto entre outros, excepcional apenas pela doçura e transparência.

Ainda levamos muito tempo para compreender o que quer dizer compreender.

Levamos muito tempo para digerir a linguagem. Surgido no meio de nós e em nós, o verbo habitava um mundo onde ninguém o havia recebido. Sua luz clareava as trevas e as trevas não o haviam recebido. Antes de o verbo penetrar em nossa carne, tornar-se nossa carne, o espaço conservava a divisão entre a obscuridade e a claridade. Antes de o verbo virar sujeito, o sagrado luminoso separava-se do profano escuro em que a luz não penetrava. Mas nós recebemos o verbo, nós o comemos, digerimos; descido no meio de nós, em nós, tornado nós mesmos, sujeito. Filosofias e religiões há mais de três mil anos ainda ecoam este acontecimento por tanto tempo incompreensível, esta virada que atravessa e faz nossa história, melhor, nossa hominidade.

Algo de tão grande assim mudou lentamente desde os gregos até nossos pais, revirou bruscamente os tempos de agora. Enfim recebemos a ciência e a digerimos. Ela não desenha mais um espaço exterior, um cenário teatral de luz e sombras, campo de batalha ou terreno sagrado, horror ou atração, expulsão ou acolhimento, como se a idade das Luzes houvesse repetido para ela a tragédia do nascimento e da morte do verbo, ela entra em nós, no meio de nós, faz-se carne coletiva, individual, sujeito de pensamento, condicional ou reflexivo.

Em mim, aguda, ativa, laboriosa, vigilante; em nós e no meio de nós, saturando o mundo objetivo e o de nossas relações. Os velhos sujeitos à língua tornam-se novos sujeitos à ciência. O sabido torna-se nosso inconsciente, que se estrutura como um saber.

As religiões e filosofias da linguagem ainda constroem nossa morada milenar. Falta desenhar a casa de hoje.

Não se trata de um estado de cultura ou de história. Decerto todos sabemos, mais ou menos, sobre ciência, como cada um, na Idade Média, com certeza sabia, mais ou menos, sobre cristandade, vivia mergulhado nela, mesmo que não andasse todos os dias à sombra de Lumièges; decerto vivemos mergulhados na ciência, como os gregos, com certeza, no século V traziam em si as narrativas cantadas de Homero ou os mitos do Olimpo, em fragmentos de lembrança. Mas essas comparações nos levariam a contra-senso.

De ver nosso saber fora de nós, de aprendê-lo em retalhos, de viver nos objetos que dele nascem, esquecemos que ele está em nós. Que, sem ele, não poderíamos aprendê-lo. Esquecemos mais e mais que o esquecemos.

Para o viandante da Idade Média, a cristandade, presente, permaneceria na lembrança, para o grego da idade clássica, o panteão continuava inesquecível. Mas, para todo mundo, a linguagem é esquecida. Se penso que falo em uma língua estrangeira, falo mal ou não falo. Só consigo falar realmente se a esquecer. Raramente penso que falo em minha língua materna. Este estado da consciência ou da memória reproduz-se mil vezes mais acusado ou fundamental quando já não se trata de sua própria língua, mas de linguagem, do fato de falarmos. Quase sempre esquecemos que falamos. O sujeito se define por essa linguagem sem memória, quer seu estado de cultura seja considerado baixo ou elevado, qualquer que seja o momento da história em que ele vive.

Por seu turno, a ciência, hoje, perde a memória da mesma maneira. O sujeito se define pelo saber esquecido. Doravante vivemos e pensamos ciência, não como havíamos pensado ou vivido olímpicos ou cristãos, viramos sujeitos de linguagem desde que somos homens.

Falar uma língua diferente daquela com que nossa mãe fez fremir nossa pele fetal ainda é um acontecimento da cultura ou da história; nossa pele põe-se a vibrar de outra maneira. Passar à ciência não consiste apenas em mudar de língua, mas em se estender ao acontecimento principal de adquirir a linguagem quando, brutos, não a possuíamos, a pele estremece uma vez primeira. A ciência nunca teve, não tem, jamais terá a dimensão, o peso ou o status de uma cultura: ela afastou as culturas para se impor ou instalar seu domínio, ao lado; a ciência não tem o status de uma língua, mas o da linguagem: ela não transforma a história mas a evolução, e diz respeito ao processo de hominização. Universal no espaço e para as culturas, ela marca, por essa passagem trans-histórica, sua universalidade no tempo.

Esses processos que modelam o sujeito que fala ou que sabe jazem em um esquecimento bem mais profundo do que aquele que a história transforma em sua fome cotidiana.

Sócrates pedia para demonstrar a um menino escravo um raciocínio simples sobre uma figura de geometria e concluía que o ignorante lembrava-se assim que acabava de saber. Essa memória marca somente o primeiro estado: quando me lembro do que Sócrates disse e demonstrou, refiro-me a esses conhecimentos que chamamos escolásticos. Depois, felizmente, esquecemos, a verdadeira ciência começa. Senão, estaríamos tão estorvados por nossas recordações quanto o pescador da *doris*[19] que acaba de caçar duas baleias, de amarrá-las a bombordo e a estibordo, e ainda pretende remar para ir mais depressa.

Falar consiste em esquecer que se sabe falar, exige que nos atiremos nus no sentido ou no objeto ou no raciocínio, no esquecimento total de que passamos pela língua. A eloqüência verdadeira zomba da eloqüência, não por um vão desdém das regras ou da disciplina da oratória, mas porque, ao ouvir intensamente o silêncio, mergulha na piscina viva do que procura dizer. Nadar supõe esquecer que se sabe nadar, tal como andar, correr, pular, fazer amor, pensar. A cultura se reduz a este esquecimento: aprendam as maneiras para nunca mais aprendê-las, aconselhavam as antigas marquesas, aprenda todo o possível para jamais o exibir, sua cultura não terá lacunas a não ser as grosserias de que se lembrarem, que estorvarão sua língua. A citação marca a incultura, o retardamento da digestão, a eructação flatulenta do dispéptico afetado.

Penso se e somente se fico por minha conta. Saber exige o esquecimento do próprio saber. O pensamento zomba de suas lembranças. A ciência perde consciência na consciência do sujeito sábio que, por esta perda, pensa e inventa.

Busquei apaixonadamente isto: que o saber e a ciência sejam esquecidos em meus livros escritos para que esta perda mesma trabalhe novos objetos, para que esta perda traga um sujeito novo.

[19] Pequena embarcação usada para a pesca de linha na ilha canadense de Terra-Nova. (N. da T.)

A questão da filosofia hoje poderia, pois, ser formulada assim: o que pensamos quando sabemos? O que podemos pensar quando sabemos como falamos, quando sabemos a ciência no sentido que, ativa, vívida, funda-se no pensamento, no sentido que, depois de aprendê-la, a carne a incorporou?

Não: o que há para pensar na ciência? A ciência, que eu saiba, objetiva ou coletiva, responde por si a esta questão.

Não: o que há para pensar fora dela? Ou: da ciência separada ou reduzida, o que pensar?

Coisa que suporia ainda um espaço dividido, um interior e um exterior, o velho terreno inaugural que o áuspice indica com seu bastão; e que pudéssemos tranqüilamente pôr a ciência fora de circulação ou entre parênteses, gesto fácil quando não se sabe nada.

Ou colocam questões válidas antes e depois de nossa aurora, perenes até esta manhã, como se a ciência nunca tivesse tido lugar nem tempo: bela via da metafísica.

Ou consideramos a ciência como objeto, sem nunca avaliar o saber de quem fala, questionamos saber e conhecimento, seu fundamento e seu funcionamento: bela via da epistemologia.

Para as duas belas vias mencionadas, o exercício, observemos, é designado por um prefixo: além ou acima. Um pouco desdenhoso ou arrogante. Epistemologia ou metafísica: além da física, acima do saber. Como admiramos a altitude dos sítios tão eruditos e tão profundos, de lugares sempre mais retirados, mais altos que todas as nossas casas: inacessíveis patamares.

Ou admitimos que a ciência constitui nosso conhecimento, que ela se torna agora o que a linguagem outrora se tornou em nós quando nascemos, e perguntamos, sem arrogância nem vontade de ultrapassar: o que falta pensar?

Bem sabemos que resta pensar tudo, retomar em novas bases, resta construir um mundo. Resta fazer tudo, bem o vemos. Nós que sabemos, que pomos em atividade o pensamento que supõe a ciência, o que vamos fazer?

Já dissemos muito que as ciências transformavam o mundo e os corpos, dizemos, agora mais raramente, que elas se tornam o nosso destino ainda mais que nossa história e nossas esperanças, ainda não dissemos que elas desqualificam as línguas e, pior, a linguagem, ao substituí-las por algoritmos reais. Já não podemos falar a língua corrente, precisão e rigor abandonaram-na para sempre e emigraram para o saber das mil disciplinas, as máquinas gigantes de comunicação e de espetáculo roubaram seu charme e seus encantamentos. Pulverizada, laminada entre a Babel erudita e as redes ruidosas de informação, a língua agoniza, meu livro celebra a morte do verbo.

Mas desde que somos homens, só conseguimos crescer transformando o verbo em nosso alimento, os mais importantes dentre nós assim se tornaram por tê-lo magnificado. Perdemos irremediavelmente a memória de um mundo ouvido, visto, percebido, sentido por um corpo desprovido de linguagem. Esse animal esquecido, desconhecido, tornou-se homem ao falar, e o verbo modelou sua carne, não somente a sua carne coletiva de mudanças ou de percepção, uso ou dominação, mas também e sobretudo a sua carne corporal. Esse período estável da hominização, não digo da história, termina. Amanhã, nós, bichos de linguagem, já não veremos o mundo ou os poderes da mesma maneira.

A ciência desenraíza a linguagem depois de tê-la abalado, este acontecimento transtorna nossos corpos, o coletivo e o mundo. Começamos a ver, a ouvir um mundo por uma carne prenhe de ciência e não mais de linguagem, nosso corpo sabe mais do que fala; falava mais do que sabia. Ele sabe, esquece que sabe, assim como falava esquecendo que o fazia. Carne, nos dois casos, transparente e obscura. Tão sábia, no caso daqueles que sabem pouco ou mal, que falava pelos tímidos, inexperientes, mudos ou gagos. No mais profundo do subjetivo, do coletivo e do carnal, a substituição ocorre, a ciência erradica a linguagem, o que explica nosso tempo.

Essa queda brutal do verbo, essa perda ou essa morte permitiram que vislumbrássemos fugidiamente o mundo e os outros, tal como provavelmente puderam ser vistos antes que a linguagem se encarnasse em nós. Breve clarão entre dois reinos a iluminar os cinco sentidos.

Vivemos hoje uma crise aguda das línguas. Outrora tidas como tesouros, caem em menosprezo, cada qual vandaliza a sua como fizemos com a terra. Nossos ancestrais paisanos, cujas cartas às vezes encontramos, exprimiam-se com mais elegância e clareza do que a atual classe dominante. Pela verve do relato e pelo gosto da palavra adequada, perdi mais ao passar da agricultura para a universidade onde os chavões chegam ao auge. Nossos sábios mais conhecidos já não sabem escrever, e as editoras reescrevem os livros desses escritores. As mídias propagam algumas centenas de palavras e cultivam o erro e a vulgaridade para se fazerem de povo e vender mais. Os poetas perdem os ouvidos, a *intelligentsia* há muito tempo os aboliu. Os professores encontram vinte "casos perdidos" em grupos onde, até recentemente, não se encontravam mais que dois ou três, chamemos casos perdidos os que não demonstram ler nem escrever, por mais que o professor se esforce. O artesão da língua torna-se raro, ninguém experimenta as formas. Os que dizem ou acreditam ter nas mãos nosso destino nunca se mostraram tão bárbaros, chamemos bárbaros os que gritam, por meio de borborigmos, comunicados quase sempre provenientes de uma língua dominante.

Não vejam aqui uma velha queixa, exatifico um diagnóstico. A linguagem desmorona, ainda mais que a língua; nossa relação com o mundo e com os outros e com nós mesmos já não passa, preferencialmente, por ela, desde a era da ciência.

Exemplo. Quando usamos a palavra estrela, designamos um ponto luminoso desses que pulsam acima de nossas cabeças nas noites claras. Conhecedores, chamamos Sírio a maior, na canícula, Vega, a azul, vizinha do zênite nas longas noites de verão, denominamos cabeça de Medusa aquela que, instável, muda até de cor no meio do Escorpião, Antares. Imaginávamos que o confronto com Marte, deus da guerra, valera esses dois nomes a um rosto atravessado por tantas tempestades. Abandonamos essa rubrica tão vaga ou arbitrária quanto um nome de batismo; a noite perdeu seus gigantes e seus bichos. Mas, práticos, conhecíamos a posição delas para inferir a nossa, no crepúsculo, por meio do sextante; precisávamos prever o lugar em que se acenderiam, cedo, enquanto todas as outras continuavam eclipsadas pelo pôr-do-sol, para observar ao mesmo tempo o horizonte ainda visível e o novo fulgor. Os satélites extinguiram esses sinais antigos. Exatos, doravante, precisos, fiéis às coisas, chamamos de supergigante azul a antiga Rigel que fica diante do velho Órion, e de anã amarela perto de sua nova o astro que nos assola ao meio-dia. Mais rigorosos ainda, escrevemos equações. A coisa há pouco tempo chamada estrela é classificada, distinguida e dividida em famílias novas, ou agrupada em gigantescas galáxias, em todo caso, é designada por um corpus de códigos ou de catálogos, por um conjunto de cálculos e de teorias. A estrela enquanto tal ou assim nomeada não existe mais, dela a astrofísica pouco se ocupa, tampouco a biologia da vida ou a física da matéria. Desqualificaram essas palavras, fazendo as coisas desaparecerem. Vida, matéria ou astro pertencem menos à filosofia ou à história do que à velha linguagem abandonada pela exigência de precisão e pelo dinamismo do conhecimento objetivo. Os RR Lyrae ou a luminosidade NGC 1036 já não fazem parte de nenhuma língua e se afastam da linguagem como as fórmulas que são discutidas a seu respeito.

Quem usa a palavra estrela abandona a exatidão ou o objetivo da coisa como tal. Cálculos ou códigos substituem o termo. Resta uma carcaça vaga e vazia que entra lentamente em dessuetude. Nossos ancestrais e nós falávamos de vida, ou de estrelas, não ouviremos mais aquelas falas, boas de gravar nos troncos de árvores pelos namorados ingênuos.

Da mesma maneira, quando usamos erva, inseto, gladíolo ou fúcsia, esmeralda... o raciocínio é remetido ao idêntico. Os códigos eruditos devoram com todos os dentes nossas velhas línguas, captam-lhes aquilo que origina a coerência com o real ou a fidelidade a ele; delas só resta um farrapo solto. Já não encontraremos, no bosque, o que nossos pais denominavam erva ou inseto, já não iremos ao bosque de onde essas espécies desaparecem. A ciência, com os fertilizantes, os motores, a aspirina ou a bomba atômica, não mudou somente a profundidade do mundo ou as relações entre homens, mas também as transformou ao tirar a realidade das coisas designadas pela linguagem; já não podemos falar. Teríamos dificuldade em achar a matéria onde dizemos partículas e núcleos, em achar a vida onde dizemos ácidos ou enzimas, em achar a erva ou o trigo onde brotam clones ou mutantes de uma cepa resistente em outra violentada, obtidos por engenharia genética. Os novos agricultores deste novo neolítico fazem proliferar novos bosques, nos laboratórios, por bifurcações de possíveis, só iremos a esses bosques onde as estacas estão codificadas.

Desde o início de nossa história, o mundo global e local, da glória dos céus aos mínimos detalhes e recônditos, sulcos, brejos, seixos, dormia sob as águas da linguagem, inacessível e submerso como a grande catedral. Ninguém podia chegar ao objeto sem passar por ela, como ninguém pesca alga sem retirar — mas de que espaço inimaginável? — o braço encharcado.

Tudo hoje submerge, da mesma maneira, no dilúvio erudito, nada escapa ao império da ciência. Nada. Nem a erva, nem a palavra erva, nem as estrelas nem a palavra estrelas, nem nossas relações: nossas ligações emocionais, nossas obrigações coletivas, retenções ou declarações, os humildes termos que trocamos sem muita preocupação com seus sentidos. Amor, abuso, dom, dizer, guerra, imposto, devoção, eis, de forma nova, objetos de ciência submetidos a transferências de linguagem em que passamos da retórica a uma espécie de álgebra. Ao trabalharem nossas relações, as ciências humanas desenraízam a linguagem passando por trás dela, como fazem as ciências exatas com seus objetos, comutando-a por um algoritmo correto. A própria linguagem é submetida a equações ou fórmulas. Para terminar, o eu que outrora pensava, que ainda há pouco falava, esquece, de agora em diante, que sabe. Em suma, a linguagem guardava os objetos do mundo, as relações do sujeito com o objeto, mais, com o próprio sujeito solitário e sem dúvida com o nós coletivo: ela anuncia a integral do mundo, que ainda podemos chamar histórico, onde ninguém podia crescer sem viver na intimidade de sua língua; eis que a ciência agora guarda todos os sujeitos ou objetos, mais suas trocas, mais a linguagem que os guardava.

O velho falante exato e pertinente acha-se esmagado entre o gigantesco crescimento dos algoritmos corretos, que lhe roubaram a precisão, e o crescimento gigantesco dos farrapos restantes, midiatizados, que lhe roubaram a sedução.

Por que ter escrito sobre os cinco sentidos em uma língua que tantos algoritmos corretos há muito tempo desqualificaram, sem biofísica, acústica, nem óptica, nem lógica... abstendo-se da longa série de experiências, fórmulas, modelos, esquemas, cálculos analíticos? Por que escrever de um objeto que se perde numa língua que morre?

Ou: por que não escrever em berros do circo?

Os três poderes de hoje em dia, sem contrapoderes, tiraram os componentes da linguagem. As ciências tomaram-lhe o vínculo verdadeiro com a realidade; as mídias se apossaram de sua sedutora relação com outrem; a administração assume seu poder performativo: o que ela diz ou escreve existe e impõe-se porque ela o escreve ou diz. Estes três novos poderes ocupam os espaço e só conhecem como contrapoderes um ou outro dos dois outros.

Resta escrever três tipos de livros nesses componentes de linguagem, desde que se ame o poder acima das coisas e dos homens.

Minha boa velha língua sólida e pertinente perdeu sua força em proveito das ciências, deixou sua sedução e seus encantamentos às empresas gigantes de informação e de espetáculo, deixa seu dito aos que ditam o fato.

Dela não restam mais que farrapos. Este fantasma em andrajos guarda uma vaga função estética. Estética?

Pois que fale dos cinco sentidos, que celebre a beleza do mundo.

A aventura da filosofia recomeça exatamente no lugar onde sempre começou.

Presentes, ausentes, as ciências são esquecidas no sujeito que, doravante, sabe. Ele sabe, portanto não tem necessidade de exibir seu saber. Conhece o endereço dos bancos onde procurar, se quiser recordar. Não vivemos mais na idade das bibliotecas raras. A informação, disponível em qualquer lugar, torna possível o esquecimento. Ela corre no ar que respiramos. Para que citar ou recopiar uma lista de disciplinas ou de artigos que todo mundo pode conseguir em um tempo infinitamente curto? Por que encher uma lista já bastante longa com um novo item que contém de novo a própria lista? Quando a memória se torna objetiva, o sujeito pensante torna-se esquecidiço. Quando o acesso ao saber não encontra qualquer obstáculo, muda o status do próprio saber. Quando a linguagem se transforma, tudo se transforma.

A memória e a linguagem se libertam. A primeira, por máquinas e redes, já não escreveremos teses. Vamos pensar diretamente, alegres, aliviados das referências depositadas no banco, fora do texto, fora do corpo, exatamente fora do sujeito.

E a linguagem abandona três vezes seus principais componentes.

Podíamos considerá-la morta, podemos considerá-la livre. Enfim liberada de suas obrigações.

Mas toda vez que um órgão — ou uma função — livra-se de uma velha obrigação, ele inventa. Liberada pela postura em pé da esmagadora obrigação de apoiar ou de andar, a pata ou a mão muda, apreende e acaba modelando o instrumento; liberada pela verticalidade da necessidade vital de segurar, a boca ou o maxilar ou a garganta põe-se a dizer uma palavra. Pois a memória é liberada três vezes: pela vinda da escritura, pela descoberta da imprensa, agora nos computadores. Quem saberá dizer o que a invenção da geometria deve à escritura, o que o advento das ciências experimentais deve à imprensa, por que emergência ganhamos um terceiro esquecimento?

E por que nova disponibilidade nossa língua ressuscita?

Procuro retirar o livro que escrevo e este que o escreve das listas objetivas, da memória maquinal, dos algoritmos assinalados, para restituí-los a um novo sujeito ou para reiniciar a aventura da filosofia. Ao novo sujeito pensante, esquecidiço e sábio, aparelhado de inteligências artificiais e estoques de informações, de monitores e aplicativos, que deles dispõe e deposita-os longe de si, afastado, pois, por um novo distanciamento, de suas antigas funções legadas aos artefatos e aos algoritmos, dou o primeiro objeto vindo: o dado.

Objeto tradicionalmente primeiro da filosofia tradicional que a partir dele pretendia construir o conhecimento, objeto primeiro para nós porque resta a competência daquilo que resta da linguagem quando ela perdeu tudo, exterior abandonado de nossas memórias quando elas apreenderam todos os dados. Primeiro portanto hoje porque permanece último, já não temos as mesmas pretensões. Migalhas do festim de língua que se passa alhures.

O sujeito esquecidiço, destacado, mergulha no inesquecível mundo.

Os cinco sentidos, ainda no início de uma outra aventura, fantasma de real timidamente descrito em um fantasma de língua, eis meu ensaio.

Gostaria de chamá-lo: ressurreição — ou renascimento.

Impresso no Brasil pelo
Sistema Cameron da Divisão Gráfica da
DISTRIBUIDORA RECORD DE SERVIÇOS DE IMPRENSA S.A.
Rua Argentina 171 – Rio de Janeiro, RJ – 20921-380 – Tel.: 2585-2000